Sterben – der Weg in ein neues Leben

Patrice van Eersel

Sterben – der Weg in ein neues Leben

Auf der Suche nach der jenseitigen Welt –
der umfassende Wissenschaftsreport
über den heutigen Stand
der Todesforschung

Scherz

Für Jean-Marie und Isolde, meine Eltern.
Den Krankenschwestern und Krankenpflegern,
den stillen Helden dieser Geschichte.

Erste Auflage 1987.
Einzig berechtigte Übersetzung
aus dem Französischen von Elke vom Scheidt.
Titel des Originals: «La Source Noire».

Schutzumschlag von Graupner & Partner unter
Verwendung eines Fotos von Gerd Weissing.

Inhalt

1 Ronald Siegel: Eine tödliche Überdosis

Es war zu Beginn des Frühjahrs 1981, und es sah so aus, als werde es in der Redaktion eine ruhige Nacht werden. Wir hatten soeben die April-Nummer unserer Zeitschrift fertiggestellt, und die Atmosphäre war locker. Wir hatten keine Eile, jeder blätterte lässig den Zeitschriftenstapel durch, den er vor sich hatte, auf der Suche nach neuen Themen. Da ich Deutsch spreche, hatte ich einen Stapel *Stern-* und *Spiegel*-Nummern auf meinem Tisch.

Es muß gegen dreiundzwanzig Uhr gewesen sein, als ich im *Spiegel* auf einen Artikel mit dem Titel «Mit einem Fuß im Jenseits» unter der Rubrik «Todesforschung» stieß. Ich erinnere mich so genau an die Uhrzeit, weil ich mit einem Freund zum Nachtessen verabredet war; ich habe den Artikel, fast ohne die Augen zu heben, im Treppenhaus, dann auf der Straße und schließlich im Restaurant weitergelesen. Dieser Artikel!

Ich war sofort wie elektrisiert. Der Text ging über drei Seiten und war illustriert mit Fotos von Liz Taylor, Charles Aznavour und einem gewissen Dr. Ronald Siegel, Psychologe an der Universität von Los Angeles. Die beiden Stars waren nur als Blickfang abgebildet – beide waren Opfer eines schweren Unfalls gewesen; der wahre Held des Artikels war der Wissenschaftler. Man sagte, Ronald Siegel habe endlich eine wissenschaftliche Erklärung für die seltsamen Visionen gefunden, von denen Leute berichteten, die man *in extremis* wiederbelebt hatte.

Wie die meisten meiner Freunde (ich merkte das in der Folgezeit) hatte ich von diesen «Visionen» schon sprechen hören. Zum allerersten Mal, glaube ich, im Fernsehen.

Ein Philosophieprofessor aus Toulon (Professor Robert Blanchard, den ich später kennenlernen sollte) hatte von einem unwahrscheinlichen Abenteuer berichtet. Er sagte, er sei neunzehn gewesen, als man ihn im Krankenhaus von Poitiers an einer Hernie habe operieren müssen. Nachdem die Operation beendet war, sei er nicht normal aufgewacht, sondern sei ... außerhalb seines Körpers wieder zu sich gekommen. Es habe das Gefühl gehabt, in einer Art «eckigem Raum zu schweben, dessen Decke sich in den Wolken verlor». Sehr bald habe er sich gesagt: «Meine Güte, ich bin ja tot!»

Entgegen allen Erwartungen sei diese Situation ihm aber angenehm erschienen. Er habe sich nie so wohl gefühlt. Ruhig, unendlich ruhig; und frei wie die Luft.

Nach einer Weile habe ihn eine mysteriöse Kraft nach unten gezogen. Da er das unangenehm fand, hatte Robert Blanchard versucht, sich zu wehren – umsonst. Die Anziehung war zu stark, und er sank nach unten. Nach unten wohin? Zu seinem eigenen Körper, den er schließlich ausgestreckt und leblos einige Meter unter sich liegen sah, umstanden von Schwestern in weißen Hauben – das Krankenhaus wurde von Nonnen geleitet. Dann war die Mutter Oberin gekommen und hatte angefangen, den jungen Mann heftig zu ohrfeigen. Danach war etwas geschehen, das Robert Blanchard nie vergaß: Er hatte das Gefühl, langsam in seinen Körper *zurückzuschlüpfen, wie man einen Overall anzieht*, und zwar angefangen beim Kopf. Diese Empfindung war äußerst unangenehm, denn dieser «Körperoverall» erwies sich als unendlich schwer, schmerzhaft und außerdem um mehrere Nummern zu klein. Als sein Blick sich endlich wieder «hinter seinen Augen» befand wie hinter einer Brille, bewegte sich sein Körper – zur großen Erleichterung der Nonnen, die ihn schon tot geglaubt hatten.

Im weiteren Verlauf der Sendung hatten andere *dem Tod Entronnene* noch unglaublichere Geschichten erzählt. Manche sagten, nachdem sie einmal «ihren Körper verlassen» hätten, seien sie auf ein strahlendes Licht am Ende eines Tunnels zugeschwebt und von diesem Licht sei ein «unermeßliches Gefühl der Liebe» ausgegangen. Manche Berichte waren mit erstaunlichen, paradiesischen Einzelheiten ausgeschmückt – da war die Rede von Kristallpalästen, den Tänzen längst verstorbener Eltern, Riesenschmetterlingen.

Daß man für diese Visionen eine wissenschaftliche Erklärung hatte finden können, faszinierte mich auf Anhieb. Was also sagte Dr. Ronald Siegel? Es war recht einfach. Zumindest, wenn man einige vage Vorstellungen von der Gehirnchemie hat.

Unser Gehirn umfaßt einige hundert Milliarden Neuronen, und jede dieser Zellen ist mit ihresgleichen durch etwa tausend Stege verbunden – was mehrere tausend Milliarden von Verbindungen ergibt. Ein unvorstellbarer Computer. Nun ist aber die Natur dieser Verbindungen ebenso faszinierend wie ihre Zahl. Der Nervenzufluß, das heißt der Transport unserer Empfindungen und Gedanken, geschieht elektrisch, solange er im *Inneren* eines Neurons stattfindet. Sobald er an eine der Verbindungsstellen kommt und in die folgende Zelle eintreten will, wird er in eine chemische Sprache übersetzt. An der Stelle, an der zwei Neuronen sich treffen, gibt es jedoch keine Brücke, sondern eine Spalte, eine winzige Spalte von einigen millionstel Millimeter, die sogenannte *Synapse*.

Wir haben einige tausend Milliarden solcher Spalten, in denen alle Informationen, die uns am Leben erhalten, durch chemische Boten weitergegeben werden. Bestimmte Boten wecken uns auf. Andere bringen uns zum Lachen, wieder andere flößen uns Lust ein, mit jemandem – oder allein – zu schlafen, zu essen, zu laufen oder zu beißen ... Ein unglaublicher Cocktail, dessen «menschliche» Realität man sich kaum vorstellen kann, da diese chemische Symphonie sich an tausend Milliarden Stellen gleichzeitig mit Hunderten von verschiedenen Botenarten abspielt.

Was mich damals am meisten amüsierte, war die enge Verwandtschaft dieser chemischen Boten, die auch *Neurotransmitter* heißen, mit dem, was wir gewöhnlich als «Drogen» bezeichnen. Denn die Rauschdrogen wirken auf genau dieselbe Weise. Mit einem Wort, das Gehirn ist der größte Dealer aller Zeiten. Es verfügt nicht nur über das größte Arsenal an Drogen, das man sich vorstellen kann, sondern diese Drogen sind zugleich von einer Konzentration und Präzision, die furchterregend sind. Ein millionstel Gramm Serotonin zuviel in Ihrem Hypothalamus, und schon macht Ihre gute Laune der Wut Platz, Ihre Lethargie der Euphorie oder der Verzweiflung – je nach Dosis.

Um auf Dr. Ronald Siegel zurückzukommen: Was sagte er also in dem Zeitschriftenartikel? Sinngemäß hieß es ungefähr, in dem

Augenblick, in dem der Organismus das Herannahen des Todes spüre, setze er automatisch eine enorme Menge seiner synaptischen Drogen frei und provoziere damit eine Art natürlicher, endogener Überdosis. Daher das euphorische Gefühl, das so oft von Menschen geschildert wird, die dem Tode nahe waren.

Eine natürliche Überdosis!

Im Augenblick des Sterbens stünde also uns allen eine schöne, kostenlose Überdosis zu, die uns – die Zeugenaussagen im *Spiegel* ließen daran keinen Zweifel – eine *sehr* gute Reise garantiere. Ich erinnere mich noch an die Aufregung, in die uns in jener Nacht die Lektüre des Artikels versetzte. Eine natürliche Überdosis! Ganz automatisch! Für jedermann! Man brauchte sich nicht mehr zu ängstigen vor dem Ende, dem schrecklichen weißen Moment, dem Abgrund zwischen dem Alles und dem Nichts: Das Sein würde mit einem heiter stimmenden kosmischen Radiergummi weggewischt. Das Sterben würde also völlig *stoned* erfolgen, man wäre absolut *high*.

Am nächsten Tag schlug ich der Redaktion das Thema vor: «Todesvisionen durch Gehirnchemie erklärt». Die Kollegen fanden die Idee gut. Der Vorschlag wurde akzeptiert. Auf meinem Terminkalender stand also: Dr. Ronald Siegel, Psychologe an der Universität von Kalifornien. Durch das Foto im *Spiegel* kannte ich sein Gesicht bereits; ein Fuchs mit Brille, langem Haar, amüsiertem Gesichtsausdruck. Im Flugzeug nach Los Angeles versuchte ich mir vorzustellen, wie er zu seiner Entdeckung gekommen war. Wie war es ihm gelungen zu beweisen, daß die Visionen der Sterbenden durch eine brutale Ausschüttung von Endorphinen zustande kam? Er selbst war Psychologe, kein Neurochemiker. Doch sicher arbeitete er in einem Team mit anderen Forschern.

Eine seltsame Melancholie stieg in mir auf, wirkte der aufgeregten und verdächtigen Neugier entgegen, mehr über die verrückteste unserer Grenzen zu erfahren. Den unaufhaltsamen Fortschritt der Wissenschaft bezahlen wir nach und nach mit der Aufgabe der letzten Mythen und Märchen, die noch am Leben sind. Ich spreche nicht von Kindermärchen. Märchen sind Berichte, die ebenso für die Alten bestimmt sind wie für die Jungen. Und sie können durchaus auf einer wissenschaftlichen Grundlage beruhen. Nehmen Sie die gegenwärtige Theorie des Big Bang, des Urknalls. Was besagt sie? Daß zu Beginn der Zeiten, vor ungefähr achtzehn Milliarden Jahren, das ganze Universum in einem Punkt enhalten war, der kleiner war als ein Stecknadelkopf. Ein Nichts. Eine *Singularität*! Außerhalb von Raum und Zeit. Nicht alle Wissenschaftler stimmen damit überein, aber doch etwa neunzig Prozent von ihnen. Und Sie? Glauben Sie daran? *Glauben Sie tatsächlich, daß vor achtzehn Milliarden Jahren das ganze Universum in einem winzigen Punkt enthalten war?* Ich bezeichne das als Märchen. Als lebendiges Märchen. In seinem Kern liegt ein Mythos, der ebenfalls lebendig ist, ein kollektiver Traum, der anscheinend lebenswichtig ist für die großen Wesen, die man als Zivilisationen bezeichnet. Das Märchen vom Urknall ist natürlich die Schöpfungsgeschichte. Und Dr. Ronald Siegel hatte mit seiner Entdeckung soeben die letzte Version eines uralten Märchens abgewürgt, sagte ich mir in der Turbulenz über dem Atlantik: die letzte Version des Traums vom Jenseits.

Ich nahm also einige Unterlagen aus meiner Tasche und begann zu lesen.

Im wesentlichen handelte es sich um medizinische Artikel, aber auch um Berichte von Menschen, die nach einem Herzstillstand wiedererwacht waren. Meine Unterlagen enthielten Dutzende solcher Geschichten. Ich las und las. Endlich kündigte die Stewardeß die Landung in Los Angeles an.

Ich hatte gerade noch Zeit, einen Blick auf das letzte meiner Dokumente zu werfen. Ein kleines Buch in rotem Einband, das mir ein Freund am Vorabend geschenkt hatte. *Das Tibetische Buch der Toten*. Wie alle Welt hatte ich davon reden hören, aber ich hatte keine Ahnung, worum es sich dabei handelte. Ich war ziemlich überrascht. Es sah schön aus mit seinen Feuerdrachen auf jeder Seite. Doch seine Sprache war mir einigermaßen unverständlich:

> Sohn der Edlen, zusammen mit dem Licht der Urweisheit werden jedoch die unreinen trügerischen Erscheinungen der Lichter der sechs Daseinsbereiche auftreten. Wie denn? Das weiße strahlenlose Licht der Götter, das rote strahlenlose Licht der Asura, das blaue strahlenlose Licht der Menschen, das grüne strahlenlose Licht der Tiere, das gelbe strahlenlose Licht der Hungergeister und

das rauchfarbene strahlenlose Licht der Höllenwesen. Diese sechs Arten von Licht leuchten eben gleichzeitig mit dem reinen Licht der [vier] Urweisenheiten. Was für ein Licht du auch wahrnehmen magst, trage kein Verlangen danach! Verharre gelassen in einem Zustand jenseits aller Wahrnehmungen! Wenn du jedoch vor dem Licht der reinen Urweisheit Angst und zu dem Licht der sechs unreinen Lebensbereiche Zuneigung empfindest, dann mußt du eine Verkörperung innerhalb dieser sechs Lebensbereiche annehmen, und du wirst wehklagen, weil die Zeit vertan ist, aus dem riesigen Ozean des Leidens, aus dieser Wandelwelt, dich zu befreien.[1]

Nein, das verstand ich nicht. Aber da landeten wir schon in Los Angeles.

Ich war noch nie dortgewesen. Es gefiel mir sofort. Die gleichen Bäume wie in Nordafrika, Palmen, Eukalyptus; der gleiche trockene Staubwind. Die Villen. Die von Professor Ronald Siegel war bescheiden, lag aber mitten in Hollywood. Eine große Bougainvillea breitete sich über das Dach.

Ein ziemlich kleiner Mann, eher kurz angebunden, ein angedeutetes Lächeln im Mundwinkel. In der Diele eine ziemlich seltsame Szene: Zwei junge Frauen hockten auf einem schwarz und weiß gekachelten Boden und sortierten Stapel von Horror-Comics und psychedelischen Magazinen. Bildergeschichten, die sich ausschließlich um «Schnee» drehten: Geschichten über Kokainisten, von Kokainisten und für Kokainisten. An den Wänden Bilder von Huichol-Indianern, den großen Anbetern des Peyotl, deren Schamanen einige der kühnsten Meditationstechniken praktizieren, die es gibt. Mein Gastgeber kannte sich auf diesem Gebiet nicht nur aus – es war seine Spezialität: Er war Drogenexperte an der Universität und vor den Gerichten Kaliforniens.

«Ich habe sie alle probiert», verkündete er fröhlich und bat mich, Platz zu nehmen.

«Aha! Und?»

Naiv erwartete ich eine Geschichte, doch der Professor war kein Geschichtenerzähler. Wenn er alle diese Drogen genommen hatte, dann nur mit dem einzigen Ziel, die psychischen Mechanismen besser zu verstehen. Er hatte sich seines Körpers wie eines Labors bedient, weiter nichts. Seine Persönlichkeit, so versicherte er mir, sei dadurch nicht verändert worden.

In gewissem Sinne beruhigten mich diese erste Eindrücke. Ich hatte vage befürchtet, auf einen dieser Wissenschaftler zu stoßen, denen über ihren Experimenten die Welt der Lebenden fremd geworden war. Aber dieser Typ war Dr. Siegel sichtlich nicht, und so kamen wir sofort zur Hauptsache. Wie hatte er es angestellt, die exakte Erklärung für die Visionen zu entdecken, die von den Ufern des Todes mitgebracht wurden? War es schon gelungen, die Neurotransmitter präzise zu isolieren, die an dieser unglaublichen natürlichen Überdosis beteiligt waren?

Ronald Siegel lächelt wissend.

«Das ist nicht kompliziert. Alle diese Visionen – mit denen man uns, entschuldigen Sie, ständig in den Ohren liegt – ähneln Stück für Stück den durch Drogen ausgelösten Visionen. Ich würde sogar sagen, daß sie genau dasselbe sind.»

«Und diese Ähnlichkeit hat Sie auf die richtige Fährte gebracht?»

Er wirkte leicht überrascht:

«Welche Fährte?»

«Ich meine Ihre Entdeckung. Von der im *Spiegel* die Rede war, Sie wissen schon, das...»

«Ja, ich habe den Artikel gelesen.»

«Sie verstehen also meine Neugier. Ich würde gern die Geschichte Ihrer Entdeckung hören.»

Ronald Siegel dachte einen Augenblick nach, dann meinte er:

«Das Einfachste wäre vielleicht, Ihnen zu sagen, wie die Dinge sich meiner Ansicht nach abspielen, wenn man stirbt.»

Und dann gab er eine hübsche Parabel zum besten. Ein bißchen wie Platons Höhlengleichnis, nur umgekehrt; es diente keiner idealistischen These, sondern einer chemischen:

«Wenn jemand im Sterben liegt, dann verringert sich seine Lebensenergie, seine Sinne werden schwächer, seine Beziehungen zur Außenwelt lassen nach; es ist, als ob man die Fensterläden eines Hauses schließen würde – einen nach dem andern. Das Bewußtsein, im Inneren eingeschlossen, nimmt von der Welt nichts mehr wahr. Dafür sieht es sein eigenes Spiegelbild in den Scheiben vor den geschlossenen Läden und stellt sich vor, das sei die Welt. Das Bewußtsein irrt sich natürlich. Es führt sich einen Film vor.«

«Und wie spielt sich das konkret ab?»

«Wenn Sie das verstanden haben, was ich soeben erklärte, dann ergibt sich alles andere von selbst. Das Bewußtsein des Sterbenden nimmt sein eigenes Spiegelbild in den sensorischen Fenstern mit den geschlossenen Läden wahr (wenn Sie ein letztes Mal dieses etwas simple Bild gestatten). Da es sich einbildet, das sei die Außenwelt, fängt es an, auf diesen Bildschirm seine verrücktesten Wünsche zu projizieren. So stellen sich die Leute Märchenlandschaften vor mit sprechenden Bäumen, riesigen Schmetterlingen, ganz außerordentlichen erotischen Szenen ... Da sie im übrigen sehr wohl wissen, daß sie im Begriff sind zu sterben, nun ja, stellen sie sich einfach vor, sie seien im Paradies. So einfach ist das.»

Achselzuckend fuhr er fort:

«Dieses Feuerwerk von Illusionen, das das Gehirn uns in den letzten Augenblicken des Lebens vorspielt, darf man natürlich durchaus wertschätzen. Man darf es sich sogar glühend wünschen. Schließlich ist es besser, euphorisch und voll Phantasie zu sterben, nicht wahr, als hellsichtig und verzweifelt. Dafür hat sich jedenfalls die Natur entschieden, und folglich müssen wir das Phänomen untersuchen.»

Ich erklärte ihm, genau das habe mich zu ihm geführt: die natürliche Überdosis. Er zuckte ein wenig zusammen:

«Welche Überdosis?»

«Nun», erläuterte ich, «das finale Feuerwerk aller Neurotransmitter im Gehirn. Sagen Sie mir in zwei Worten, wie sich das abspielt.»

«Oh, das ist leicht vorstellbar. Aber das ist nicht mein Fachgebiet, und ich möchte mich dazu nicht weiter äußern.»

«*Vorstellbar?* Aber im *Spiegel* war doch von einem präzisen neurochemischen Mechanismus die Rede, der am Ende der Agonie in Gang kommt.»

«Ja», antwortete Ronald Siegel in sachlichem Ton, «diese deutschen Journalisten haben ihre Informationen ein bißchen ... vermischt. Ich bin Psychologe, die Neurochemie ist nicht mein Gebiet. Ich habe nur gesagt, daß ich einen möglichen Prozeß *vermute*, der Endorphine umfaßt, mehr nicht. Wissen Sie, die Entdeckung der hormonellen Rolle der Synapsen ist noch sehr neu. Warten wir ein wenig. Alles deutet darauf hin, daß man für den Augenblick, in dem der Organismus den bevorstehenden Tod spürt, schließlich etwas in der Richtung finden wird.»

Daß man es *schließlich finden wird*? Lag da ein Mißverständnis vor? War ich eigens wegen einer Entdeckung aus Frankreich gekommen, die dieser Mann niemals gemacht hatte? Warum treten die Neurotransmitter im Augenblick des Todes in Aktion? Welcher Nervensturm löst die natürliche Überdosis aus? Er hatte all das nur *vermutet*. Er *wußte* überhaupt nichts. Große Pleite. Nein, das war unmöglich. Dieser Mann *mußte* einfach etwas entdeckt haben. Ich beschloß, für den Augenblick die Gehirnchemie zu vergessen, und fragte Ronald Siegel nur, wie er seine Arbeit durchgeführt habe. Welche Daten hatte er benutzt? Er hatte doch sicher einige dieser Todesvisionäre befragt, oder nicht?

«Nein», sagte er.

«Nein?»

«Nein», widerholte er, «das ist für mich ganz uninteressant. In den letzten Jahren sind genügend Untersuchungen über dieses Thema erschienen. Man braucht nur eine davon zu lesen, dann hat man sofort begriffen. Wenn Sie die Wirkung von Drogen auf das Bewußtsein *kennen* würden, dann würden Sie sofort verstehen, daß man es mit genau den gleichen Prozessen zu tun hat. Man kann also logischerweise dieselben neurochemischen Determinismen dahinter vermuten. Mehr habe ich dazu nicht zu sagen.»

Diesmal war meine Enttäuschung total. Die logischen Überlegungen von Ronald Siegel leuchteten mir zwar ein, *aber er hatte nicht einen einzigen Fall untersucht*! Er hatte das Phänomen einfach nicht studiert! Jetzt verstand ich nichts mehr. Dafür begriff ich um so deutlicher, daß ich mich hatte anführen lassen.

Allerdings sah dieser Mann nicht wie ein Schwindler aus. Er war ein achtbarer Professor einer amerikanischen Universität. Wo also war der Haken? Nachdem ich mir die Frage so gestellt hatte, sah ich sofort klarer. Aber ja! Dr. Siegel verhielt sich so, daß man denken konnte ... er habe Angst!

«Sie scheinen etwas zu fürchten, Professor.»

«Fürchten? Nein, keineswegs. Obwohl Anlaß dazu bestünde!»

«Wie meinen Sie das?»

Er zuckte die Achseln:

«Es ist möglich, daß man das in Europa nicht so mitkriegt ... Wir neigen in diesem Land zu Obskurantismus, zu irrationalem Verhalten. Amerika, wissen Sie, das ist die Bibel, der Ku-Klux-Klan, die fliegenden Untertassen!»

Das Gespräch nahm eine unerwartete Wendung. Worum ging es hier eigentlich?

«Wissen Sie», sagte Ronald Siegel ernst, «eine Welle von Mystizismus ist dabei, einen Teil der wissenschaftlichen Elite dieses Landes zu überspülen. In den sechziger Jahren haben sich die Psychiater für LSD begeistert. Man sagte, das werde unseren Planeten revolutionieren. Heute ist es nicht mehr LSD, sondern NDE und all das Zeug über ein Leben nach dem Tode. Das ist äußerst beunruhigend.»

«NDE? Eine neue Droge?»

«Nein, *Near-death Experience* (Nah-Todeserfahrung). So nennen sie diese berühmten Visionen. Oh, sie haben einen ganzen Jargon erfunden, um ihre Welt besser zu beschreiben! Aber da darf sich niemand täuschen: Sie tragen das Irrationale wieder in die Wissenschaft hinein. Das ist *sehr* beunruhigend.»

Der Professor hatte entweder zuviel gesagt oder nicht genug. Jetzt fing er an, mich wirklich zu interessieren, denn sein Verhalten erschien plötzlich in einem neuen Licht. In dieser Sache hatte er nicht wie ein Wissenschaftler gehandelt, sondern wie ein Ideologe. Was er verteidigte, war eine Weltanschauung! Und die verteidigte er so leidenschaftlich, daß er nicht gezögert hatte, seine Hypothesen ohne Untersuchung vorzubringen! Allem Anschein nach war das System, das er verteidigte, das der wissenschaftlichen Orthodoxie. Die Arbeiten über die Neurotransmitter werden von der pharmazeutischen Industrie kräftig unterstützt. Das ist normal, denn auf diesem Gebiet werden zahlreiche Entdeckungen gemacht. Und in bestimmten Kreisen redet man über nichts anderes mehr. Es vergeht keine Woche, ohne daß die wissenschaftlichen Magazine die Entdeckung einer neuen Gehirn-«Droge» bekanntgeben. Die «Angstdroge», die «Liebesdroge», die «Intelligenzdroge» ... Und Tausende von Forschern versuchen herauszufinden, wie das funktioniert – um der Menschheit besser helfen zu können, sich zu regulieren, ihre «Homöostase» zu finden, wie Professor Laborit das ausdrückte, ihr inneres chemisches Gleichgewicht also, was letztlich ihr Glück bedeuten soll.

Mein Gesprächspartner hatte das Pech, daß auf dem geheimnisvollen Gebiet, für das wir uns interessierten, anscheinend noch keine derartige Entdeckung gemacht worden war. Und das brachte mich sofort auf eine Frage. Ich fragte Ronald Siegel, wer denn die Feinde der Vernunft seien, die er so fürchte. Ob sie so stark seien?

Auf der Stelle führte er mich in ein Nebenzimmer, stellte sich vor eine Bücherwand, fuhr mit dem Finger über eine Reihe bunter Buchrücken und erklärte:

«Das hier sind die Leute, die ich bekämpfe. Sie haben verstanden: Sie sind sehr zahlreich und verdienen viel Geld. Sie haben entdeckt, daß man ein Vermögen machen kann, indem man Gewäsch über den Tod erzählt.»

Er las einige Titel vor:

«*Stimme aus dem Jenseits* von dem Psychologen T., *Dreißig Minuten bei den Toten* von Elisabeth H., einer einfachen Hausfrau und Mutter, die Medium geworden ist, *Die Dahingeschiedenen rufen uns an* von Reverend J., einem Priester, man stelle sich das vor! Oder das hier, *DerTod existiert nicht*, von dem Parapsychologen C. Merveilleux. Nun?»

Ich muß ziemlich konsterniert ausgesehen haben, denn Ronald Siegel lachte laut auf.

«Ich sehe, daß Sie endlich begriffen haben! Es gibt da einen enormen Markt, und die Pseudo-Wissenschaftler, von denen ich sprach, haben sich gierig darauf gestürzt.»

«Sagten Sie nicht, sogar die wissenschaftliche *Elite* sei daran beteiligt?»

«Das Irrationale hat Rückenwind. Und es gibt sogar intelligente Leute, die nicht standhalten. Aus Angst, aus Feigheit oder aus menschlichem Respekt... Wahrscheinlich läßt die allgemeine Wertekrise sehr alte, schlechtverdaute Sachen aus den Tiefen unseres Unbewußten hochkommen. Sehr alte Ängste.»

Er ließ mich allein und kam mit zwei Gläsern Coca-Cola zurück. Er wirkte jetzt entspannter. Und ich war vollkommen perplex. Also hatten diese «Pseudo-Wissenschaftler» Angst? Auch sie? Bei dieser Sache hatten aber auch wirklich alle Angst. Ich bat Ronald Siegel, mir einige für diese «obskurantistische» Welle in der wissenschaftlichen Gemeinschaft besonders repräsentative Vertreter zu nennen.

«Vermutlich haben Sie schon von dieser famosen Dame namens Kübler-Ross gehört?»

«Wer ist das?»

«Elisabeth Kübler-Ross. Sagt Ihnen der Name nichts? Dann kaufen Sie sich den letzten *Playboy*, sie hat denen gerade ein Interview gegeben. Da bekommen Sie einen Eindruck von der Dame! Ein ganzes Programm!»

«Ach?»

«Diese Frau, die behauptet, Psychiaterin zu sein, organisiert ‹wissenschaftliche› Sitzungen, die ein wenig ... eigenartig sind.»

Er lachte wieder und lud mich ein, einige seiner Indianergemälde aus der Nähe zu betrachten. Ich begriff, daß er das Interview als beendet ansah, und beschloß, mich zu verabschieden. Ehe ich ging, bat ich ihn um einige weitere Namen von «Pseudo-Wissenschaftlern», die Märchen verkauften. Er nannte zwei: Raymond Moody und Kenneth Ring. Dann gab er mir einen Sonderdruck seines letzten Artikels, der im *American Psychologist* erschienen war, und begleitete mich zur Tür mit den Worten: «Man muß diesem Wahn unbedingt ein Ende machen.»

2 Kenneth Ring und die Todesvisionäre

Draußen ist strahlendes Wetter. Ganz Hollywood blüht. Und ich bin ziemlich bedrückt. Dahin mein schöner wissenschaftlicher Artikel! Dr. Siegel hat mir keinerlei Stoff dafür geliefert. Es sei denn, sein Artikel im *American Psychologist* enthielte noch Informationen, die er mir während des Gesprächs nicht gegeben hat. Eine letzte Hoffnung. Ich nehme das Papier aus der Tasche und beginne fieberhaft zu lesen, auf dem Randstein der Strandpromenade sitzend. Doch ich finde nichts, was er mir nicht schon gesagt hätte. Nichts, das substantiell genug wäre, um auch nur einen kurzen wissenschaftlichen Artikel herzugeben.

Ich kann aber nicht mit leeren Händen nach Paris zurückkehren. Das wäre zu beschämend.

Und wenn doch etwas dran wäre an der Sache? Auf jeden Fall habe ich keine Wahl mehr. Wenn ich überhaupt etwas schreiben will, dann muß ich einige Exemplare von diesen Pseudo-Wissenschaftlern kennenlernen, die Dr. Siegel so heftig bekämpft. Beispielsweise diese Elisabeth, diese Kübler-Ross, die dem *Playboy* ein Interview gegeben hat.

Ich kaufe also den *Playboy*. Aber ich finde nichts. Hat Siegel sich über mich lustig gemacht? Nein, er hat sich einfach in der Nummer geirrt; ich erfahre, daß das Interview mit Elisabeth Kübler-Ross vor drei Monaten erschienen ist. Ich besorge mir die entsprechende Nummer. Nun sitze ich am Strand, den Rücken an den Pfahl eines Volleyballnetzes gelehnt, und lese eines der seltsamsten Interviews, die mir jemals in die Hände gefallen sind.

Eine prachtvolle Frau offenbar. Drei kleine Schwarzweißfotos zeigen sie während des Interviews. Etwa fünfzig, energisches

Gesicht, die Stirn gerunzelt in der sichtbaren Anstrengung, sich der Journalistin, die sie interviewt, verständlich zu machen.

Ich erfahre, daß sie schweizerischer Abstammung ist, Psychiaterin, und daß sie seit Ende der fünfziger Jahrre in den Vereinigten Staaten praktiziert. Sie sei «die große westliche Spezialistin für Sterbehilfe».

Die «westliche Spezialistin für Sterbehilfe»? Was soll das heißen? Was die zweifelhafte Sache betrifft, auf die Ronald Siegel anspielte, so steht darüber in der Zeitschrift etwas: Frau Kübler-Ross habe in jüngster Zeit eine ausgeprägte Vorliebe für Sitzungen mit mystischem Touch entwickelt. Sie habe sogar «ihren Körper verlassen»! Sie sagt dazu: «Ich bleibe dabei genau dieselbe Person, skeptisch und dickköpfig. Ich bin ein außerordentlich pragmatischer Mensch: Ich glaube nur das, was ich selbst prüfe.»

«Aber wie», fragt die Journalistin, «soll man Ihnen glauben, wenn Sie erzählen, Sie hätten *das Land der Toten bereist*? Sie müssen zugeben, daß das nicht sehr wissenschaftlich klingt.»

«Aber ich will ja gar niemanden überzeugen! Und was man über mich sagt, ist mir gleich. Das wäre ja noch schöner, wenn ich, die ich auf einem so ernsten Gebiet arbeite, mich auch nur einen Deut um die öffentliche Meinung scheren würde.»

Nach Jahren voller Ruhm und Ehre ist diese Elisabeth Kübler-Ross angeblich von der Universität vertrieben worden und soll sich mit einer Gruppe von Freunden in Escondido, im äußersten Süden Kaliforniens, niedergelassen haben. Sie habe dort eine *Shanti Nilaya* getaufte Gemeinschaft gegründet – das ist Sanskrit und heißt «Haus des Friedens» – und verbringe ihre Zeit damit, unheilbar Kranke und vor allem Eltern tödlich erkrankter Kinder zu unterstützen und zu beraten.

Mich erfaßte eine unwiderstehliche Lust, diese Frau kennenzulernen. Ich suchte den Journalisten und Schriftsteller Lewis MacAdams auf, damals Korrespondent meiner Zeitung in Los Angeles, der mir die Telefonnummer der Shanti-Nilaya-Gemeinschaft besorgte.

Ich rufe an. Einmal, zweimal, dreimal. Vergebliche Mühe; diese Kübler-Ross scheint von einem wahren Schutzwall umgeben zu sein. Stimmen antworten mir, sie sei nicht da oder sie sei sehr müde oder sie empfange keine Journalisten mehr. Nun erst recht, denke ich. Die Sache muß ich mir von nahem ansehen.

Hundert Kilometer Autobahn. Der Ort ist herrlich. Hügel aus roter Erde, dunkelgrüne Zypressen, mexikanische Bauernhäuser, zu Bungalows umgebaut, Bewässerungsbecken, aus denen man Schwimmbäder gemacht hat... Eine große, kräftige Blondine empfängt mich in einem kleinen Büro. Sie sieht mich müde an: Warum ich nicht geglaubt hätte, was sie mir am Telefon gesagt habe. «Elisabeth ist wirklich nicht da.» Sie reicht mir ein blaßblaues Faltblatt. Ich lese: «Nächste Workshops *Leben, Tod und Übergang* mit Elisabeth Kübler-Ross: New York – 23. bis 28. April; Chicago – 6. bis 11. Mai; Stuttgart – 16. bis 21. Mai...» Und weiter unten eine weitere Liste von Daten. Diesmal Vorträge: «Miami – 3.Mai; Basel – 12. Juni» etc.

«Elisabeth kommt erst Mitte Juni nach Kalifornien zurück», erklärt die Blondine. «Nach ihrer Europareise muß sie noch weitere Vorträge halten, an der medizinischen Fakultät von Denver, in Colorado, auf Hawaii...»

Ich kämpfe gegen meine Enttäuschung.

«Sie müssen doch zugeben, daß Ihre Antworten am Telefon sehr vage waren.»

Sie lächelt etwas verlegen:

«Wahrscheinlich haben Sie recht. Das ist zu einem Reflex geworden. Die Journalisten waren in den letzten Jahren derart niederträchtig...»

Was soll ich davon halten? Ich betrachte einen großen Plan an der Wand. Sieht aus, als sei das hier glänzend organisiert. Ich sage:

«Aber ich dachte, Frau Dr. Kübler-Ross sei von der Universität... eh, entlassen worden.»

«Jedes Jahr werden mehr als hundertünfzigtausend Kurse, Seminare und verschiedene Workshops auf der Basis ihrer Arbeiten organisiert.»

«Ach, tatsächlich? Wo denn?»

«Überall, in Krankenhäusern, Schwesternschulen, Altenheimen, Klöstern, Ashrams... und hier in Shanti Nilaya.»

Ich sehe sie mit großen Augen an und frage:

«Diese Workshops *Leben, Tod und Übergang* – was wird da gemacht?»

«Sie müßten selbst teilnehmen; es ist schwer zu beschreiben.

Drücken wir es so aus: Dort lernt jeder, sich mit dem zu befassen, was wir das ‹unerledigte Geschäft› nennen.»

«Wie bitte?»

«Es geht darum, sich vom Negativen zu befreien, von all den emotionalen Verdrängungen, die jeder mit sich herumschleppt ...»

«Also einfach eine Psychotherapie?»

«Ja, aber aus der Perspektive der Vorbereitung auf den Tod.»

Leider hat sie keine Zeit, weiter mit mir zu diskutieren. Sie muß das Flugzeug nach Boston erreichen, wo gerade eine Shanti-Nilaya-Gruppe gegründet worden ist.

Bevor ich gehe, frage ich sie, ob sie zufällig Raymond Moody und Kenneth Ring kenne, die beiden anderen von Ronald Siegel beargwöhnten Wissenschaftler.

«Aber ja, natürlich.»

Sieh an, sie kennen sich also. Das scheint ja ein richtiges Netz zu sein. Sie teilt mir mit, Moody sei Psychiater in Charlottesville in Virginia und Ring Psychologieprofessor an der Universität von Connecticut. Und sie gibt mir beider Telefonnummern.

Zurück in Los Angeles, wähle ich die beiden Nummern. Schließlich erreiche ich Ring. Er ist bereit, mich zu empfangen, wenn ich nach Connecticut kommen kann. Ich kaufe mir sofort ein Flugticket, ungeduldig, endlich einen dieser merkwürdigen Leute aus der Nähe zu sehen.

Es gibt wirklich zwei Arten von Wissenschaftlern.

Die ersten respektieren vor allem das vorhandene Erklärungssystem. Das ist oft das, mit dem sie aufgewachsen sind. Ihre Mission besteht darin, zu *integrieren*. Sie müssen unbedingt alle neuen Daten, die auf diesem oder jenem Wahrnehmungsfeld auftauchen könnten, in diesem System unterbringen, Auge, Ohr, Barometer, Radar, Druckluftkammer, Teleskop, Synchro- oder Zyklotron usw. Für sie ist die Integration vorrangig. Wenn die neuen Daten nicht passen, dann packt man sie in eine Schublade und spricht die magische Formel: *Darum kümmern wir uns später.*

Die andere Art von Wissenschaftlern dagegen respektiert zunächst einmal die Daten, die Tatsachen. Wenn die neue Tatsache sich gut integrieren läßt, verhalten sie sich genauso wie die Wissenschaftler der ersten Kategorie. Wenn sie jedoch nicht paßt, dann gehen sie anders vor. Sie fangen an, die rebellische Tatsache ausgiebig zu beobachten. Danach versuchen sie herauszufinden, in welches andere System sie sich einfügen lassen könnte.

Die Wissenschaftler der ersten Kategorie sind gute Verwalter. Die der zweiten sind gute Entdecker. Die Verwaltungswissenschaftler haben natürlich eine Neigung, konservativ zu werden und die Entdeckungswissenschaftler zu beschuldigen, sie handelten unverantwortlich, was nicht immer falsch ist. Vor allem, wenn die neue Tatsache aufgrund ihrer Bedeutung ein Infragestellen der vorhandenen Gewißheiten erfordert. Alles hängt vom Reifegrad ab. In der ersten Phase des Umsturzes, wenn es noch darum geht, einfach festzustellen, ob die neue Tatsache existiert oder nicht, haben die Verwalter im allgemeinen recht. Denn die Erforscher sind junge Geister und ihre Entdeckungen gefährlich. Wenn die Existenz der Tatsache jedoch zwingend ist, kehren sich die Rollen allmählich um. Eines Tages merkt man, daß es die Verwalter sind, die gefährlich werden. Die Tatsache ist zu bedeutend, und sie einfach zu «vergessen» könnte sich verheerend auswirken.

Wie macht man es, eine Tatsache zu «vergessen»? Niemals in böser Absicht. Zunächst einmal handelt es sich um eine «idiotische» Tatsache, die offenkundig unnütz und absurd ist. Man vernachlässigt sie, und nach und nach vergißt man sie. Man vergißt sie so gründlich, daß Wissenschaft und Kenntnisse ohne sie rekonstruiert werden. Aber ach, es handelt sich um eine wirkliche Tatsache, und die ist dickköpfig. Eines Tages kommt sie notwendigerweise wieder an die Oberfläche. Das ist manchmal störend. Was machen die Verwaltungswissenschaftler dann? Sie leugnen; was sollten sie auch sonst tun? Da sie über die Kredite, die Zeitschriften und im großen und ganzen über die Macht verfügen, können sie eine störende Tatsache jahrelang unterdrücken. Niemand sollte übrigens deswegen mit Steinen nach ihnen werfen: Sie sind die weißen Blutkörperchen, sie schützen den Organismus.

Doch inzwischen hat die neue Tatsache riesige Ausmaße angenommen. Die Entdeckungswissenschaftler führen den staunenden Massen eine Fülle von Beispielen vor. Es spricht sich herum, und niemand kann mehr leugnen. Die Revolution grollt in der Ferne. Die

Forscher werden aktiv. Die Hellsichtigen halten den Atem an: Was wird passieren?

Das kann niemand vorhersehen, wenn die «dumme kleine Tatsache, die plötzlich an die Oberfläche tritt», Tod heißt. Wenn sie die Bewußtseinszustände Sterbender betrifft.

In Ken Ring sollte ich jedenfalls den Prototyp des Wissenschaftlers der zweiten Kategorie kennenlernen. Einen Forscher. Und außerdem einen Glückspilz. *Der richtige Mann zur richtigen Zeit an der richtigen Stelle.* Ein ungeheurer Glückspilz. Und er hatte das, was den wahren Entdecker ausmacht: eine jungenhafte Neugier.

Ken Ring ist Psychologieprofessor an der Storrs University, mitten in den Fichtenwäldern Neuenglands. Das Gebäude, in dem er arbeitet, ähnelt einen Blockhaus, das man auf den Rasen des Universitätsgeländes gestellt hat: keine sichtbaren Fenster – sie gehen alle auf Innenhöfe hinaus. Innen meint man, sich in den Gängen des NASA-Gebäudes zu befinden. Eine apfelgrüne Tür in einem zitronengelben Flur und auf einem Metallschild die Worte: «International Association for Near Death Studies». IANDS. Gesprochen: «Aiänds.»

Damals, 1981, war Kenneth Ring Direktor dieser erstaunlichen wissenschaftlichen Organisation. Der internationalen Vereinigung zur Erforschung von Nah-Todeserfahrungen. Ein großer Mann mit blonden Locken, Brille, jovialem Lächeln und unbändiger Aktivität.

«Kommen Sie mit in den ersten Stock», sagt er. «Ich habe eine Sitzung mit den Mitgliedern des Büros. Dann würde ich gern ein Sandwich essen gehen, und wir können uns ein bißchen unterhalten.»

Ich folge ihm im Laufschritt zur Treppe:

«Was für ein Büro?»

«Das Exekutivkomitee der IANDS», erklärt er. «Eine Routinesitzung, wie alle vierzehn Tage.» Er lacht. «Und immer derselbe schwarze Punkt auf der Tagesordnung: Woher kriegen wir Geld? Unsere Mittel reichen nie aus. Aber, na ja... das ist schon in Ordnung so.»

Ich frage:

«Sie gehören also nicht der Universität an?»

«Zum Glück doch, denn auf diese Weise können wir die Vereinigung wenigstens erhalten, was schon eine Menge ist. Aber es gäbe soviel zu tun. Die Untersuchungen systematisch ordnen, vergleichende Studien mit anderen, vor allem kulturell anderen Ländern durchführen. Im Augenblick gibt es nur die Arbeiten von Osis und Haraldson, die uns einen kulturellen Vergleich ermöglichen.»

«Osis und Haraldson?»

«Die Erkenntnisse, die sie aus den Krankenhäusern von Neu-Delhi mitgebracht haben, sind unschätzbar wertvoll...»

Vor einer Kaffeemaschine bleibt er stehen:

«Also, warten Sie hier auf mich, ich brauche nicht lange.»

Was für ein Wirbelwind! Dieser Mann lebt auf Hochtouren. Ich muß ihm unbedingt sofort sagen, daß ich mich überhaupt nicht auskenne, sonst nimmt er mich auseinander. Jedenfalls hält er Wort: Eine Viertelstunde später sitzen wir auf dem Rasen des Universitätsgeländes und essen Hamburger. Zwei Schritte neben uns plätschern Enten in einem Teich.

Diesen Nachmittag werde ich in meinem ganzen Leben nicht vergessen. Plötzlich stand die gesamte Problematik meiner Reportage auf dem Kopf. Zunächst erfuhr ich, daß uns in Europa wichtige Arbeiten entgangen waren. Die amerikanischen Wissenschaftler tappten längst nicht mehr im dunkeln, sie versuchten vielmehr herauszufinden, was im Augenblick des Sterbens «Interessantes» in den Köpfen der Leute vorgeht. Daß etwas vorgeht, davon waren sie überzeugt. Mehr noch: Sie wußten es. Das war keine Frage des Glaubens oder der Intuition mehr. Sie hatten Befragungen durchgeführt und befanden sich jetzt in dem Stadium, in dem sie über Tausende von korrekt aufgezeichneten, sachgemäß geordneten, analysierten Daten verfügten. Über die Chemie des Gehirns – nichts. Nicht mehr als das, was Ronald Siegel vermutete, also nicht viel. Aber das war ihnen ganz gleichgültig, denn es war nicht ihr Problem. Ihr Material waren nicht Formeln von Serotonin oder Adrenalin, sondern Berichte und Zeugnisse von Menschen.

Zu Beginn der siebziger Jahre hatten immer deutlichere Zeichen sie auf die Fährte dessen geführt, was man als NDE, *Near-death Experiences*, oder Nah-Todeserfahrungen bezeichnen sollte. Die Wissenschaftler waren sich schließlich über eine verblüffend einfache Tatsache klargeworden: Wir sind buchstäblich von Nah-Todeserfahrungen umgeben.

Was heißt das? Zahlreiche Menschen unserer Umgebung haben in einem bestimmten Augenblick ihres Lebens den Tod gestreift und dabei eine intensive, einzigartige Erfahrung gemacht. In vielen Fällen hat das ihr Leben völlig auf den Kopf gestellt. Doch die Untersuchung dieser Erfahrung durch Wissenschaftler stand erst am Anfang.

Ich stutzte:

«Aber wenn die Tatsache so häufig ist, warum wissen wir das dann nicht schon seit langem?»

«Aus mindestens zwei Gründen», erwiderte Ring und biß in sein Sandwich. «Zunächst lag es zu weit außerhalb der Norm. Die Leute, die das erlebt hatten, fürchteten, als verrückt betrachtet zu werden.»

«Wieso denn?»

«Stellen Sie sich vor, Ihre Freundin sei gerade noch einmal davongekommen, nach einem schweren Autounfall und langem Koma. Nun wacht sie auf und erklärt Ihnen, sie habe gerade die größte Ekstase ihres Lebens kennengelernt und wolle von jetzt an die ganze Welt lieben. Wie würden Sie reagieren?»

«Ich würde annehmen, daß sie ein bißchen übertreibt.»

«Aber wenn sie dabei bleibt?»

«Dann würde ich mir sagen, sie habe eine Art Halluzination gehabt.»

«Und wenn ihr Leben tatsächlich anders wird?»

«In welchem Sinne?»

«Im guten Sinne: weiter, offener, weniger neurotisch...»

«Was soll ich dazu sagen? Ich wäre begeistert...»

«Machen Sie sich nichts vor. Bisher war in 99 Prozent der Fälle die Reaktion der Leute, ich meine, der Leute, die bei dem Beinahe-Gestorbenen waren, als er aufwachte, negativ. Das Pflegepersonal, die Familie, die Freunde... zu 99 Prozent negativ. Die Ärzte sagen: ‹Ja, ja, wir geben Ihnen jetzt eine Spritze, und dann geht es Ihnen gleich besser.› Die Verwandten sagen: ‹Beruhige dich, Liebes, du hast eine schlimme Viertelstunde hinter dir, nun ist es vorbei, und du mußt all das vergessen!› Es gibt Fälle, in denen die Person, die die Erfahrung gemacht hat, sehr ungehalten reagiert: ‹Aber wenn ich euch doch sage, daß es *keine* schlimme Viertelstunde war! Es ging mir gut!› Dann fängt die Umgebung an, unruhig zu werden. *Gut?* Es ging ihr *gut* in ihrem Koma? Und anscheinend genießt sie sogar die Erinnerung daran? Aber das ist ja krankhaft! Sie braucht dringend Behandlung! Die Unglückliche läuft große Gefahr, in einen Teufelskreis zu geraten... sie hat ohnehin genug damit zu tun, das zu verdauen, was sie erlebt hat. Also schweigt sie. Ein Überlebensinstinkt verschließt ihr den Mund. Heute lösen sich allmählich die Zungen, weil wir zuhören.»

Wir waren jetzt beim Kaffee. Ring lief der Inhalt seines Bechers über die Finger. Seine Augen glänzten hinter den dicken Brillengläsern.

«Der zweite Grund, warum die Nah-Todeserfahrungen auf einmal so im Vordergrund der Humanwissenschaften stehen, ist die fabelhafte Verbesserung der Reanimationstechniken. Sie sind so perfektioniert worden, daß in den letzten zwanzig Jahren die Population der *Überlebenden* proportional ungeheuer gewachsen ist.»

«Der *Überlebenden*?»

«So nennt man die Personen, die einem vorübergehenden klinischen Tod entronnen sind. Die Überlebenden als solche bringen uns keine neuen Erkenntnisse. Aber was man entdeckt hat, ist, daß ein gleichbleibender Prozentsatz dieser Überlebenden einen Bericht über eine Nah-Todeserfahrung mitbringt.»

«Wie groß ist der Anteil?»

«Im Augenblick gehen wir von Zahlen zwischen 40 und 50 Prozent aus. Aber wir stehen noch ganz am Anfang eines völlig neuen Forschungsgebiets. Unsere Statistiken sind mit Vorsicht zu behandeln.»

«Zwischen 40 und 50 Prozent? Wollen Sie damit sagen, daß ungefähr jeder zweite Überlebende von einer Nah-Todeserfahrung berichtet?»

Ich konnte es gar nicht fassen. Ring verbesserte mich:

«40 bis 50 Prozent der Überlebenden, *die wir befragt haben*. Es ist nicht auszuschließen, daß unsere Stichprobe trotz aller Vorsicht nicht repräsentativ war. Und außerdem ist zu beachten, daß nicht alle Erfahrungen so weit gegangen sind. Wir haben inzwischen ein typisches Profil ausgemacht, das bei den tiefsten Nah-Todeserfahrungen fünf Stadien umfaßt.»

«Ach?»

«Fünf Grade. Um Ihnen eine Vorstellung von der Größenordnung zu geben: Nur 10 Prozent der Überlebenden, die wir befragten, haben den fünften Grad erreicht. Also etwa jeder Fünfte.»

«Was ist das, der fünfte Grad?»

Er lächelte. Ich kannte das Dossier also überhaupt nicht. Aber ich war ja auch erst der hundertfünfzigste Journalist, der zu ihm kam, um ihn auszufragen. Er hatte sich damit abgefunden. Mehr noch, er schien es zu genießen.

«Kommen Sie mit», sagte er. «Ich habe oben so viele Dokumentationen, daß Sie Ihre Neugier völlig befriedigen können.»

Wir stiegen hinauf zu den Büros der IANDS. Eine Gruppe von Studenten war dabei, Akten zu ordnen.

«Einige unserer Befrager», erklärte Ring und grüßte sie mit einer Geste. Dann wühlte er in einem auf dem Boden stehenden Karton und zog einen dicken Band heraus. «Hier, das ist gerade erschienen. Sie können es behalten. Ich gehe nach oben und hole Ihnen noch weiteres Material. Einen Augenblick!»

Ein dickes Buch mit dem Autorennamen K. Ring und dem Titel *Life at Death* («Das Leben im Augenblick des Todes»). Ich blätterte darin. Es war voller Graphiken und Schautafeln ... Zufällig las ich: «Aber hat die Art und Weise, wie man ‹beinahe stirbt›, eine Bedeutung? Einer der Hauptgründe, die uns veranlaßt haben, diese Untersuchung durchzuführen, war die Notwendigkeit festzustellen, ob die zentrale Erfahrung von den Umständen und Motiven unabhängig ist, die zu der Episode geführt hatten ...»[2]

Doch da kam Ring schon zurück, den Arm voller Broschüren:

«Nehmen Sie das hier auch», sagte er. «Hier sind einige Exemplare von *Vital Signs,* und das hier ist die zweite Nummer unserer Zeitschrift *Anabiosis*. *Vital Signs* ist unser Rundbrief für Laien. *Anabiosis* ist den Forschern vorbehalten.»

Er gab mir noch einen Stoß Fotokopien und Zeitungsausschnitte, erklärte dann, er sei schon zu spät dran für seinen Kurs, und eilte im Laufschritt davon.

Ich fuhr in mein Hotel zurück und begann, den riesigen Stapel Papier durchzusehen. Ich begann mit den Fotokopien wie mit einer Horsd'œuvre-Platte – Oliven, Pfefferschoten, Pistazien. Ich erfuhr, daß mehrere Dutzend Forscher – Psychiater und Psychologen, Ärzte aller möglichen Fachrichtungen, sogar Chirurgen, nach und nach aber auch Biologen und ... Philosophen – bereits an den verschiedensten Orten Amerikas am Werk waren. Hauptgebiet: Krankenhäuser, denn dort sterben heute die weitaus meisten unserer Mitmenschen.

Diese Forscher waren noch beim einfachen Zusammentragen von Daten; diese Daten allerdings schienen so konzentriert, daß die Forscher sich nur mit großer Mühe phantastischer Schlußfolgerungen enthalten konnten. Doch dazu war es noch zu früh, viel zu früh. Konnte man im übrigen überhaupt jemals Schlüsse ziehen? Was hatten diese Visionen zu bedeuten? Und warum tauchten sie so plötzlich im allgemeinen Bewußtsein auf? Fragen über Fragen.

Während ich diesen Wust von Papier sichtete, begriff ich allerdings, daß ich Glück gehabt hatte: Kenneth Ring war einer der wichtigsten Koordinatoren dieser Forschungen. Er war ständig unterwegs. Er hielt Vorträge, einen Tag vor Medizinstudenten in Chicago, am nächsten in einer Schwesternschule in New Haven – ich sollte bald die entscheidende Rolle der Krankenschwestern in dieser seltsamen Bewegung kennenlernen –, und dann verbrachte er drei Tage in Nebraska, von wo man ihm eine neue, besonders frappierende Nah-Todeserfahrung gemeldet hatte.

Meine Güte! Plötzlich hatte ich den Eindruck, man verhalte sich gegenüber diesen berühmten Nah-Todeserfahrungen so, als ob es sich um Kontakte mit außerirdischen Wesen handele. Ken Ring glich wirklich dem Wissenschaftler, den Truffaut in Steven Spielbergs Film *Begegnung der dritten Art* spielte.

Allein in meinem Hotelzimmer, lachte ich laut auf. Genauso war es! An allen möglichen Orten der Erde fangen Tausende von Leuten an, den gleichen Traum zu träumen. Einen bizarren Traum, von dem sie im wesentlichen zwei Dinge behalten: eine Melodie aus fünf Noten und die Vision eines abgeflachten Berges von der Art der *mesa* in Mexiko. Wie von einem Fieberwahn ergriffen, versuchen die Träumer zuerst, ihre Vision zu materialisieren, den Berg darzustellen, jeder auf seine Art, ihn zu malen, zu modellieren, aus Stein zu hauen ... Für sie existiert er wirklich, und sie wollen unbedingt hin. Das Phänomen breitet sich derart aus, daß die Gemeinschaft der

Wissenschaftler, gedrängt von den Behörden, es untersuchen muß. Ein internationales Gremium wird geschaffen, an dessen Spitze ein französischer Wissenschaftler (gespielt von Truffaut) steht. Er reist durch die ganze Welt, von Träumer zu Träumer, entdeckt schließlich den berühmten Berg und begreift endlich, was das zu bedeuten hat: Der Traum ist den Menschen von Außerirdischen eingegeben worden. Der Berg ist ein Treffpunkt, und die Melodie ist das Erkennungszeichen. Am Ende des Films findet die Begegnung statt, und zum ersten Mal seit langem in den Annalen des phantastischen Films lernt man Außerirdische kennen, die genial und gut sind. Genial, weil sie gut sind.

Tatsächlich, dachte ich in meinem Hotelzimmer, Ken Ring, das war der Wissenschaftler, den Truffaut spielte! Und der Traum kam von der Schwelle des Todes zu uns. Doch worin bestand die Botschaft? Und wer mochte sie uns schicken? Wir selbst?

Ich las bis spät in die Nacht. Auf zehn Prozent genau führen alle Untersuchungen dieselben Zahlen an: Etwas mehr oder etwas weniger als die Hälfte der Personen, die nach einer Episode klinischen Todes befragt werden, berichten, sie seien im entscheidenden Augenblick «aus ihrem Körper herausgetreten.» Und alle Untersuchungen gelangen im großen und ganzen zum gleichen typischen Profil. Ich vertiefe mich in *Life at Death*, das Buch von Ring. Welches sind nun die fünf «Stadien», die er vorhin erwähnt hat?

Das erste Stadium betrifft, seiner Definition nach, die Gesamtheit der *experiencers* (wörtlich: Erlebenden), wie es heißt. Welches Wort soll man dafür benutzen? Experimentatoren? Das geht nicht. Visionäre? Das ist zu pompös. Bleiben wir bei *experiencers*. Ring zufolge haben 50 Prozent der befragten Überlebenden zumindest das erste Stadium erlebt. Sie erinnern sich, in einem völlig fremden Raum geschwebt zu sein, schwerelos und mit einem unvorstellbaren Gefühl von Ruhe und Wohlbefinden. Sie sagen, diese Erfahrung habe nichts mit dem normalen Leben zu tun. Sie versichern ohne Zögern, dies sei die schönste Erfahrung ihres Lebens gewesen, und sie erinnerten sich daran, als seien sie noch dort – selbst, wenn seither zwanzig Jahre vergangen sind.

Ich bin noch immer ungläubig: Der schönste Augenblick ihres

Lebens soll der ihres Beinahe-Todes gewesen sein? Das ist unbegreiflich. Ich gebe zu, alle fünf Minuten muß ich die Lektüre unterbrechen, um mir die Augen zu reiben. Ist das ein Traum? Bin ich tatsächlich dabei, in Amerika Recherchen für eine Reportage zu machen und ein wissenschaftliches Werk zu lesen?

Von diesen Beinah-Gestorbenen gelangen 37 Prozent ins zweite Stadium: Sie «nehmen plötzlich ihren Körper in einigen Metern Entfernung wahr», sind sich im klaren über ihre unglaubliche Situation und fragen sich, ob sie noch am Leben sind. Die Antwort lautet im allgemeinen *nein*. Doch das hindert sie nicht daran, ganz ruhig die Ärzte und Krankenschwestern zu betrachten, die sich um ihren «Leichnam» herum zu schaffen machen. Es kommt vor, daß die *experiencers* in allen Einzelheiten schildern können, was sich während ihres scheinbaren Todes zugetragen hat.

23 Prozent der von Ring und seinem Team befragten Überlebenden haben das dritte Stadium erreicht, das Tunnelstadium. Sie erinnern sich, von einer Leere angezogen worden zu sein, deren Dunkelheit paradoxerweise «immer intensiver» wurde. Ihr Wohlgefühl sei dabei durch das Empfinden extremer Geschwindigkeit noch gesteigert worden.

16 Prozent haben dann die Schwelle des vierten Stadiums überschritten. In ihren Berichten heißt es, sie hätten ein ungeheures Licht wahrgenommen, weiß und golden, unbeschreiblich – gleichzeitig gleißend hell und extrem weich. Von diesem Licht sei «ein Strahlen von Liebe» ausgegangen.

10 Prozent der Überlebenden sagen schließlich, sie seien in dieses Licht eingedrungen. Die Wissenschaftler sprechen dann vom *fünften Stadium*. Hier zerfallen die Berichte nun in tausend Versionen. Die einen sprechen von himmlischen Chören, die anderen von Städten aus Licht oder Kristall, wieder andere sagen, sie hätten sich «im Licht aufgelöst», und zwar in einem unendlich erotischen Hochgefühl. Alle erwähnen mindestens zwei Konstanten: Einmal sind die einzigen «menschlichen» Worte, mit denen sie das bezeichnen können, was sie erlebt haben, *bedingungslose Liebe* oder *totale Liebe*; und zweitens seien in diesem Zustand alle ihre Fragen sofort beantwortet gewesen, *als hätten sie alles gewußt*. Und niemals sei ihr Geist ihnen so klar und ihre Aufmerksamkeit ihnen so konzentriert vorgekommen.

Ich frage mich allmählich, ob ich nicht ganz richtig im Kopf bin. Ich dusche und gehe nach unten, um in der Snackbar, die die ganze Nacht geöffnet hat, einen Kaffee zu trinken. Mein Buch habe ich unter dem Arm, da ich mir sage, daß die Lektüre inmitten des normalen Alltagslebens mich zweifellos aus dem zwar nicht unerfreulichen, aber doch etwas grotesken Traum aufwecken wird.

Aber nein. Trotz der Lastwagenfahrer unter den Neonlampen und dem hyperrealistischen Lächeln der Kellnerin in makelloser Schürze hält mich das Buch von Kenneth Ring die ganze Nacht gefangen.

Am nächsten Tag, noch halb benommen, suche ich den Wissenschaftler nochmals auf. Er ist wieder auf dem Rasen des Universitätsgeländes und diskutiert mit Studenten. Ich habe ihm ungefähr dreitausendfünfhundert Fragen zu stellen. Eine davon ist rein praktischer Natur: Wo kann ich einige dieser verrückten Visonäre kennenlernen?

«Aber überall!» behauptet er. «Es gibt sie überall. Wir haben keinerlei Exklusivrechte an der Materie. IANDS will nichts anderes, als daß sich die internationale wissenschaftliche Gemeinde dieses Phänomens annimmt. Jeder soll seine Umfrage durchführen! Tauschen wir unsere Daten aus, vergleichen wir unsere Hypothesen!»

Eine Studentin teilt mir mit, gerade im Augenblick sei einer der Begründer der Vereinigung in Europa auf der Suche nach Kontakten. Er habe bereits einige Forscher in Skandinavien, England und Deutschland gefunden (fast durchweg Länder mit überwiegend protestantischer Bevölkerung). Der Mann heißt John Audette. Er ist Soziologe ... und Marxist! Er muß auch nach Paris kommen.

Aber mir erscheint alles plötzlich zu glatt. Mein Schutzteufel sucht den Haken bei der Sache. Von Anfang an besteht ein ernsthafter Einwand, der in meinem Kopf immer größer wird. Ich frage Ring:

«Ist Ihnen nie der Gedanke gekommen, daß Ihre Geschichte möglicherweise Leute zum Selbstmord treibt?»

Ring kneift die Augen zusammen:

«Machen Sie Witze? All die Menschen, die beinahe gestorben wären, sind hinterher verliebt in das Leben wie nie zuvor! Sie verkünden das lauthals, und es ist sehr ansteckend. Es gelingt ihnen, ihre Umgebung davon zu überzeugen, daß das Leben eine Gelegenheit ist, die man nutzen muß, und Selbstmord die schlimmste Art von

Zeitverschwendung. Nein, ihre ganze emotionale Botschaft ist eine Proklamation unvorstellbarer Liebe, das genaue Gegenteil des Morbiden. Ich meine eher, daß das die Selbstmordrate senken müßte!» Während er weiterspricht, steht Kenneth Ring auf und senkt die Stimme. «Es ist eine Reise, auf der man sehr viel lernt. Diejenigen, die wiederkommen, fühlen sich wohler in ihrer Haut, moralisch stärker, liebevoller, frischer...»

«Hören Sie auf! Und das hält lebenslänglich an?»

«Im allgemeinen hält es an, ja, auf eine unbegreifliche Weise. Aber es gibt keine zwei völlig identischen Fälle, wissen Sie.»

Nein, das ist zuviel. Ich frage ihn, ob sich sein Buch gut verkaufe. Er antwortet, das wisse er noch nicht, er hoffe es. Mit leisem Lächeln sage ich:

«Es wird sich schon verkaufen, weil es die Existenz der Unsterblichkeit beweist!»

Das hört er nicht zum ersten Mal. Er antwortet:

«Das Interesse der Öffentlichkeit an unseren Forschungen beruht natürlich auf der Hoffnung, wir könnten das Leben nach dem Tod *beweisen*. Aber die Forscher, die das Phänomen *untersuchen*, berücksichtigen diese Hypothese überhaupt nicht. Uns interessieren nur die Tatsachen. Wir untersuchen sie – das ist alles. Jeder soll daraus die Schlüsse ziehen, die er ziehen kann.»

Er hält inne, sieht mich an und sagt:

«Elisabeth Kübler-Ross ist die einzige, die die Schwelle überschritten hat.»

«Welche Schwelle?»

«Die, die in unseren klassischen Kategorien das wissenschaftliche Wissen vom mystischen Wissen trennt...»

Ich bin fasziniert. Kennt er sie? Er hört meine Frage nicht und fährt fort:

«Sie hat enorme Risiken auf sich genommen. Das ändert natürlich nichts an der Tatsache, daß sie eine sehr große Frau ist.»

Ich frage etwas verlegen (wegen der Anschuldigung von Ronald Siegel):

«Aber wie stehen Sie zu... zu der Art von Erfahrungen, die sie praktiziert?»

«Zu der Art von Erfahrungen?» Er lacht laut auf. «Aber sie ist

diejenige, die den Weg geöffnet hat! Und zwar in seiner ganzen Breite! Elisabeth hat einen ungeheuren Vorsprung vor uns.»

Elisabeth.

EKR.

Eine kleine Frau aus den Schweizer Bergen.

Mit ihr fängt dieses Buch erst richtig an. Alles Vorherige war, man möge mir verzeihen, nur die Vorrede. Denn die Geschichte Elisabeths enthält den Schlüssel, der für mich das Zeichen dafür ist, daß eine neue Zivilisation im Entstehen begriffen ist.

3 Elisabeth Kübler-Ross öffnet die Tür

Elisabeth kam am 8. Juli 1926 in der Nähe von Zürich als Drilling zur Welt – als ältestes von drei Mädchen, auf deren Geburt sieben Jahre nach der eines einzigen Jungen niemand mehr gehofft hatte. Diese Geburt zu dritt spielte zweifellos eine entscheidende Rolle für ihre Entwicklung, denn Vater Kübler bevorzugte bald «Nummer drei» und die Mutter «Nummer zwei». «Nummer eins» sollte ziemlich einsam aufwachsen.

Mit vier Jahren richtete sie ihre erste Tierklinik ein, im Keller des elterlichen Hauses. Ein Kämmerchen, in dem sie Katzen, Hasen, Spatzen und Igel pflegte. Jahrelang spielte sie so ganz allein die Tierärztin. Ihre Schwestern zogen Puppen vor.

Elisabeth war elf Jahre alt, als sie in der Schule einen Aufsatz darüber schreiben mußte, was sie später gern tun würde. Sie schrieb: «Ich möchte eine Forscherin sein, die die unbekannten Zonen des menschlichen Wissens erforscht.» Und auch: «Ich möchte die Natur des Lebens studieren, die Natur des menschlichen, tierischen und pflanzlichen Lebens.» Weiter unten hieß es noch: «Doch mein größter Wunsch ist es, Ärztin zu sein. Ich weiß natürlich, daß das Medizinstudium ein unerfüllbarer Traum ist, aber es ist mein liebster Traum.»

Unerfüllbar? Sie hatte einmal zu Hause davon gesprochen, und ihr Vater hatte klipp und klar geantwortet: «Kommt gar nicht in Frage!» Er war ein gutsituierter Zürcher Versicherungsmakler, aber, wie er behauptete, nicht reich genug, um drei Töchtern das Studium zu finanzieren. Da der zweite Drilling am schwächlichsten und intellektuellsten war, hatte er beschlossen, nur diesem Mädchen eine höhere Schulausbildung angedeihen zu lassen. Die beiden anderen müßten sich damit begnügen, gute Hausfrauen und Mütter zu werden. In der Familie Kübler wurden die Entscheidungen des Vaters nicht diskutiert. Elisabeth hatte ihren Wunsch, Ärztin zu werden, nie mehr erwähnt. Sie begnügte sich mit Träumen.

Doch als die Dinge eine konkrete Wendung nahmen und sie, sechzehn Jahre alt, eines Abends ihren Vater ankündigen hörte, sie werde am folgenden Montag anfangen, als seine Sekretärin für ihn zu arbeiten, zögerte sie nicht einen Moment: Sie weigerte sich.

Man schrieb das Jahr 1942. Die Schweiz war damals das ruhige Auge inmitten des Orkans, das verschont blieb. Im Umkreis von fünftausend Kilometern verwüsteten die Nazis alles, und die glücklichen Schweizer werkelten in ihren Schokoladefabriken. Doch an den Grenzen war die Schweiz so etwas wie ein Balkon über dem Höllenschauspiel geworden, zumindest für jene, die in die Welt hinaushorchten. Der Rundfunk informierte gut. Vor allem, wenn man Deutsch und damit die Reden Hitlers verstehen konnte. Als sie am 1. September 1939 abends erfuhr, daß die Deutschen in Polen einmarschiert waren, hatte Elisabeth ein Gelübde abgelegt. Sie hatte dem polnischen Volk geschworen, alles in ihren Kräften Stehende zu tun, um ihm zu helfen.

Jetzt, man schrieb das Jahr 1942, war kein Ende des Alptraums in Sicht, und Elisabeth hatte soeben ein Sakrileg begangen: Sie hatte sich glatt geweigert, am kommenden Montag ihre Stellung als Sekretärin anzutreten. Ihr Vater setzte sie auf der Stelle vor die Tür und verbot ihr, das Haus jemals wieder zu betreten. So wurde sie, um zu überleben, Hausmädchen bei einer ziemlich unangenehmen neureichen Familie am Genfer See.

Elisabeth verließ diese Leute schließlich fluchtartig in der Weihnachtsnacht, in ihrem kurzen, abgetragenen Mantel – eine Geschichte, um Kinder zum Weinen zu bringen! Wieder in Zürich, findet sie Arbeit als Laborantin. Ihr Instinkt leitet sie sicher. Sie zögert nicht, ganz unten anzufangen, und akzeptiert den Gedanken, jahrelang vollkommen langweilige Urintests durchzuführen.

Bald wird sie von einem bekannten Augenarzt eingestellt, Dr. Zehnder, dessen Vertrauen sie rasch gewinnt. Nach einem Jahr ist sie es, die die Patienten empfängt. Und sie tröstet. Zehnder behandelt vor allem Kinder, die mehr oder weniger von Blindheit bedroht sind.

Was geht im Kopf eines Kindes vor, das auf einmal blind wird? Und was in seinen Eltern? Zehnder hat die Kraft in Elisabeths Blick entdeckt. Ihre Wärme. Sie ist erstaunlich reif für ihr Alter. Die Patienten scheinen der gleichen Meinung zu sein. Sie vertrauen sich ihr ohne Zögern an. Und sie entdeckt binnen weniger Monate und beinahe zufällig die verschiedenen Phasen, die die Kranken durchlaufen – und mit ihnen die ganze Familie. Fünf Phasen, die sie auf ihrem ganzen, langen Weg immer wieder antreffen wird. Die fünf Phasen der Trauer.

Erste Phase: Alles beginnt mit einem Schock, als erhalte man einen Schlag auf den Kopf: Du wirst ein Auge verlieren. Automatische Reaktion: Nein! Weigerung, Abblocken. Man leugnet: Dieser Arzt ist verrückt. Schnell, gehen wir zu einem anderen! Doktor, ich werde doch nicht mein Auge verlieren, oder?

Zweite Phase: Leider doch, antwortet der zweite Arzt, und man muß es sogar sehr rasch entfernen. Nun erfolgt ein ungeheurer Adrenalinstoß, den man – das ist lebenswichtig – sich unbedingt ausbreiten und sein Werk verrichten lassen muß. Er macht uns verrückt vor Wut. Elisabeth wird Zeugin eindrucksvoller Explosionen. Der Patient (oder, stellvertretend, ein Elternteil) sucht einen Schuldigen. Das ist die Großmutter, die Tante oder das Kindermädchen, dem man das Kind anvertraut hatte. Das ist der erste Arzt – «er hätte nur rascher zu handeln brauchen». Er ist schuld! Oder Gott, dieser Sadist! Elisabeth sieht ganze Familien durchdrehen. Ihre Gegenwart bewirkt etwas. Merkwürdigerweise helfen ihr ruhiger Blick, ihre selbstverständliche Verfügbarkeit den Menschen, in Wut zu geraten. Erst danach sieht Elisabeth sie in eine dritte Phase eintreten.

Die Phase des Handelns: Mein Gott, ein Auge ist immer noch besser als keins. Doktor, dieses werde ich behalten, nicht wahr? Manchmal dauert der Handel Monate. Doch eines Tages wird das Urteil gefällt: Nichts zu machen, der Kleine wird *tatsächlich* blind.

Dann die vierte Phase: Man läßt die Arme sinken. Alle Muskeln entspannen sich. Die Gesichter werden stumpf. Die Depression senkt ihre bleiernen Flügel herab. Elisabeth hat den Leuten praktisch nichts mehr zu sagen. Sie führt sie ins Wartezimmer oder begleitet sie schweigend zur Tür. Sie sind vernichtet.

Dann endlich kann sich das Wunder der fünften Phase ereignen: das Wunder des Blinden. Für jene, die sehen können, hat die Heiterkeit des Blinden etwas Unbegreifliches. Monate später kommen die Leute zurück. Und eine unglaubliche Ruhe ist über sie gekommen. Die Atmosphäre ist noch immer melancholisch, aber schön, wie eine Landschaft bei Regen in klarer Luft. Wenn die Patienten von Dr. Zehnder diesen Punkt erreicht haben, merkt Elisabeth, daß sie von ihnen mehr erhält, als sie gibt. Sie kann es nicht fassen. Mit welchem Samt ist ihre Nacht ausgekleidet?

Nicht der rein intellektuelle Geschmack am *Unbekannten* ist Elisabeths Antriebskraft. Sie hat zwar den Drang zu entdecken, doch zuerst, im tiefsten Innern, das Bedürfnis zu pflegen, zu helfen, Ärztin zu werden. Sie ist noch weit davon entfernt. 1943, 1944, 1945, und nun ist sie Lehrlingslaborantin in einem großen Krankenhaus in Zürich. Der Chef heißt Weitz. Er ist ein polnischer Jude. Auch ihm ist das leidenschaftliche junge Mädchen sympathisch. Sie reden miteinander über Polen.

Elisabeth gesteht ihm das Versprechen, das sie dem polnischen Volk gegeben hat. Professor Weitz erzählt todtraurige Geschichten aus seiner Heimat. Während sie darauf wartet, den Polen helfen zu können, entlaust Elisabeth die Flüchtlinge in der oberen Etage. Weitz verschließt die Augen vor ihrer bald permanenten Abwesenheit vom Labor. Sie rührt keine Pipette mehr an, verbringt ihre Tage damit, Leute in mit Insektiziden gefüllten Badewannen zu reinigen, Kleidung, Nahrung für sie zu beschaffen.

Dann landen die Amerikaner. Der Flüchtlingsstrom in die Schweiz schwillt an. Der Laborlehrling ist auf einmal für einen ganzen Flügel des Krankenhauses verantwortlich, der in ein Durchgangslager umgewandelt wurde. Sie schläft kaum mehr. Doch ihre Energie wächst.

Endlich sind die Nazis besiegt. Für Elisabeth ist die Stunde gekommen, ihr Wort zu halten. Aber wie soll sie nach Polen gelangen? Erst im Herbst findet sie eine Reisemöglichkeit. Inzwischen, während des ganzen Sommers 1945, überschwemmen Horrorbilder Europa. Es gibt noch kein Fernsehen, aber die großen Zeitungen veröffentlichen schockierende Bilder der Ruinen, der Leichenhaufen, der Lager... Und die ganze Welt sieht sie.

Dort liegen die Wurzeln des modernen Totenbuchs. An dieser tiefsten Stelle der Jahrhunderte. Wie soll sie es anstellen, nach Polen zu gelangen? Es ist Elisabeths Vater, der sie, ganz gegen seinen Willen, auf den Weg bringt. Er liebt das Skifahren und die Berge. Niemand in der Familie außer Elisabeth teilt diese Vorliebe mit ihm. So versöhnen sich Vater und Tochter. An einem der letzten Sommertage 1945 bittet Herr Kübler Elisabeth, ihm bei der Führung einer Bergtour von Kunden zu helfen, die Mitglieder des International Voluntary Service for Peace (IVSP) sind. Diese amerikanische Organisation, nach dem Ersten Weltkrieg gegründet, ist Vorläuferin des Peace Corps und war damals eine Organisation vergleichbar mit «Ärzte ohne Grenzen», stand jedoch allen Berufen offen: Schreinern, Bäckern oder einfachen Arbeitern ebenso wie Ärzten. Nach der Befreiung sieht der IVSP enorme Aufgaben vor sich. Man muß einem ganzen Kontinent beim Wiederaufbau helfen.

Auf ihrer Bergtour sprechen die Kunden von Herrn Kübler über den Wiederaufbau von Ecurcey, direkt auf der anderen Seite der schweizerischen Grenze, in Frankreich. Das Dorf ist von den Nazis völlig zerstört und ausgeplündert worden. Elisabeth bittet, mit den «Freiwilligen für den Frieden» nach Frankreich gehen zu dürfen. Sie wird akzeptiert.

Ihre nächste Station ist dann Mons in Belgien, wo sie einen amerikanischen Quäker kennenlernt, der eben unterwegs nach Polen ist; er soll das Flüchtlingslager von Lucima aufsuchen.

Elisabeth ist sicher: Dieser junge Mann wird ihr helfen können. Er verspricht, sich zu melden, sobald er in Warschau angekommen ist. Aber wie sollen sie in diesem verwüsteten Europa in Verbindung bleiben? Er veschwindet. Ihr wird die Zeit lang. Als der IVSP ihr vorschlägt, Freiwilligen als Dolmetscherin zu dienen ... Deutschen, irgendwo in Schweden, ist ihre erste Reaktion gereizt. Sie will den Polen helfen und nicht den Deutschen als Dolmetscherin dienen.

Doch ihr Instinkt ist untrüglich. Sie läßt sich von ihrem guten Stern leiten. Sie reist also per Anhalter nach Schweden ... und erhält dort im Frühjahr 1946 ein Telegramm aus Warschau. Der Quäker hat sein Versprechen gehalten. Sie soll sofort kommen. Der IVSP zahlt ihr die Reise. Elisabeth findet sich auf einem Schiff wieder, unterwegs nach Gdansk.

Ihr einziger Besitz sind eine Decke, in einer Tasche zusammengerollt, einige Spritzen und Sulfonamidtabletten. Sie schläft auf der Brücke. Dann folgt die endlose Reise von Gdansk nach Warschau, auf dem Dach eines Zuges kauernd.

Die Ankunft in Warschau ist apokalyptisch. Elisabeth wird von zwei amerikanischen Quäkern empfangen, die sie im Jeep durch das größte Ruinenfeld fahren, das man sich vorstellen kann. Dann bringt ein anderer Jeep sie nach Lucima in der Nähe von Lublin, nur ein paar Schritte von der russischen Grenze entfernt. Und dort, das spürt Elisabeth sofort, liegt irgend etwas in der Luft. Etwas beinahe Unaussprechliches. Etwas Verrücktes. Sie weiß noch nicht, welche ungeheure Initiation sie hier erfahren wird. Das ganze Gebiet nämlich befindet sich seit langer Zeit in der *fünften Phase*.

Das Dorf ist von Panzern buchstäblich zerhackt. In weitem Umkreis gibt es keinen einzigen Arzt. Scharen von Flüchtlingen strömen aus allen Richtungen herbei. Den aus den Lagern Entkommenen fehlt es an allem. Eine Typhusepidemie trifft die extrem geschwächte und vom Hunger dezimierte Bevölkerung. Im Lager des IVSP tut Elisabeth noch immer Dienst als Köchin. Eine unmögliche Aufgabe: Sie muß Nahrungsmittel für eine Freiwilligenmannschaft aus Amerikanern, Schweizern und Schweden auftreiben, die daran gewöhnt sind, für vier zu essen. Im Frühjahr 1946! In Polen!

Doch da treffen zwei Polinnen im Dorf ein, Medizinstudentinnen, und beschließen, eine Krankenstation zu eröffnen. Als sie erfahren, daß es bei den Amerikanern eine Schweizerin gibt, die drei Jahre in einem Krankenhaus gearbeitet hat, rekrutieren sie sie sofort. Elisabeth wird sich zurechtfinden müssen. Sie tut es so gut, daß sie sogar das Skalpell handhabt.

Zunächst haben sie kein anderes Medikament und keine anderen Spritzen als die, die Elisabeth aus Schweden mitgebracht hat. Die drei «Doktorinnen» erfinden tausend Placebo-Techniken. Sie entdecken einen scheinbar idiotischen Trick, der dennoch funktioniert (heute als «Eigenblutbehandlung» bekannt): Man entnimmt Blut aus dem rechten Arm des Kranken und injiziert es ihm einfach wieder in den linken Arm. Die drei Frauen suchen Pflanzen. Sie lassen Verbandszeug stundenlang kochen. Doch die Leute sterben wie die Fliegen, und für die kleine Schweizerin beginnt die Bewährungsprobe.

Sicher, Elisabeth kommt aus einer traditionellen Welt. Sie ist auf dem Land aufgewachsen, wo man noch «auf alte Art» starb. Als sie sechs Jahre alt war, war ein Nachbar vom Baum gefallen und hatte sich das Rückgrat gebrochen. Er brauchte zwei lange Tage zum Sterben. Zeit genug, um alle an sein Bett zu rufen, die ihm wichtig waren, und ihnen seine letzten Anweisungen zu geben.So hatte er verlangt, alle Kinder, die er kannte, zu ihm zu schicken, und ihnen dann gesagt: «Vesprecht mir, meinen Kindern zu helfen, heranzuwachsen und unseren Hof in gutem Zustand zu halten.» Die Kinder hatten es feierlich versprochen – und jahrelang in ihrer Freizeit nach Kräften auf diesem Hof mitgearbeitet.

Und doch ist Elisabeth erstaunt über das, was sie in Polen sieht. Die innere Kraft der Polen, die unter ihren Augen sterben, ist wirklich unvorstellbar. Szenen wie von Dante. Mit drei Fixpunkten. Drei Frauen. Drei Initiatorinnen.

Die erste heißt Rita. Eine junge Polin, blond, feingliedrig, gerade zwanzig Jahre alt. Rita ist beinahe durchsichtig. Sie stirbt langsam an Leukämie. Sie weiß es. Sie spricht darüber. Bald wird sie sterben in diesem bis auf die Knochen gepeinigten Land. Und doch hat sie einen ruhigen Blick. Niemals hätte Elisabeth geglaubt, daß jemand, der stirbt, so viel ruhige Schönheit ausstrahlen könnte. Tapfer sterben? Ja, das kann sie sich leicht vorstellen – die Menschen in ihrer Heimat hatten ihr gezeigt, wie man das macht, und sogar mit Heiterkeit, doch dort, in der Ferne und hergebrachten Ordnung, war das nicht so schwer. Hier, in dieser verwüsteten polnischen Landschaft, wird die strahlende Freude Ritas, wenn sie sich am Flußufer über ihr Waschbrett beugt, unbegreiflich. Was ist das – Freude?

Die zweite heißt Frau W. 1946 in einer Sommernacht schläft Elisabeth im Freien, als sie plötzlich Babyweinen hört. Sie richtet sich auf und sieht im ersterbenden Schein des Lagerfeuers eine Frau, die auf dem Boden sitzt und ein in Tücher gewickeltes Kind an sich drückt.

Elisabeth ist seit drei Monaten da, sie radebrecht genug Polnisch, um die Frau fragen zu können, was sie wolle. Die Frau erzählt, sie sei zu Fuß aus einem vierzig Kilometer entfernten Dorf gekommen, weil ihr dreijähriger Sohn Typhus habe, und er sei der letzte, der ihr geblieben sei. Ihre zwölf (zwölf!) übrigen Kinder seien im Konzentrationslager Maidanek umgekommen – wo dieses hier geboren sei. Sie habe es Janek genannt.

Fröstelnd steht Elisabeth auf, bietet der Frau Tee an und versucht ihr zu erklären, daß sie unglücklicherweise nichts für sie tun könne. Gar nichts. Absolut nichts. Dutzende von Kindern im Dorf seien schon an Typhus gestorben, und ihr «Krankenhaus» verfüge nicht einmal mehr über ein Milligramm Medikamente. Niedergeschlagen sieht die Frau sie an. Aller Wahrscheinlichkeit nach wird also auch ihr dreizehntes, letztes Kind sterben.

Die Frau bleibt mit ihrem Baby am Feuer sitzen und wiederholt mechanisch: «Bitte, Frau Doktor, retten Sie mein Kind.» Als es hell wird, zieht Elisabeth ihren Mantel an und geht mit der Frau nach Lublin. Dreißig Kilometer zu Fuß. Das Krankenhaus der Stadt ist, wie nicht anders zu erwarten, überfüllt. Sie werden barsch abgewiesen. Da packt Elisabeth einen jungen Arzt mit Wolfsblick beim Ärmel und hält ihm einen großen Vortrag darüber, wie «entsetzt die Menschen im Westen sein werden, wenn sie erfahren, mit welch sadistischer Kälte die polnischen Ärzte ...» Der Mann unterbricht sie brüsk, packt das Kind und sagt: «Wir nehmen es, aber verschwinden Sie, und kommen Sie frühestens in drei Wochen wieder!» In diesem Augenblick zweifelt niemand daran: Dann wird das Kind tot sein.

Die beiden Frauen kehren ins Lager zurück. Frau W. wird Elisabeths Assistentin. Drei Wochen lang hilft sie nach besten Kräften, ohne jemals ein Wort zu sagen. In der einundzwanzigsten Nacht verschwindet sie ohne Vorankündigung. Elisabeth denkt, sie werde nie wieder von ihr hören. Doch eines Morgens entdeckt sie auf ihren Sachen ein merkwürdiges Päckchen. Ein Taschentuch, mit Erde gefüllt, darunter ein Zettel, auf dem mit Bleistift gekritzelt steht: «Etwas gesegnete polnische Erde von Frau W., der Sie das dreizehnte und letzte Kind gerettet haben.»

Elisabeth braucht einige Zeit, um den Weg dieser Frau zu rekonstruieren. Zu Fuß war sie zum Krankenhaus in Lublin zurückgekehrt, wo sie ihren Sohn wiedergefunden hatte, wie durch ein Wunder geheilt. Sie hatte ihn nach Hause in ihr Dorf gebracht und Freunden anvertraut. Dann hatte sie einen Fußweg von zwanzig Kilometern zum einzigen amtierenden Priester zurückgelegt, damit er etwas Erde segne. Danach war sie nach Lucima gewandert, weitere dreißig

Kilometer zu Fuß, um Elisabeth dieses Taschentuch zu schenken, das mit ihrem einzigen Schatz gefüllt war...

Frau W. hinterließ ein zweites Fragezeichen in Elisabeths Kopf: Was ist das – Hoffnung?

Die dritte Frau heißt Golda. Elisabeth war nun elf Monate unterwegs, als eine merkwürdige Unruhe sie veranlaßte, wieder abzureisen. Sie wollte Polen aber nicht verlassen, ohne mit eigenen Augen den Mittelpunkt der Hölle gesehen zu haben. Das Konzentrationslager Maidanek war nicht weit entfernt. Ein Jeep brachte sie hin. Es war bereits eine Sehenswürdigkeit. Gruppen von Menschen gingen in bestürztem Schweigen umher.

Wachtürme, Stacheldraht, zwei Waggons, einer mit Haaren gefüllt, der andere mit Kinderschuhen. Hartnäckiger Brandgeruch. In der Ferne die Verbrennungsöfen... Lange Holzbaracken. Elisabeth betritt eine davon und sieht verblüfft, daß die Wände mit Schmetterlingszeichnungen bedeckt sind. Kinderzeichnungen. Elisabeth ist überwältigt. Der Schmetterling soll zu ihrem Zeichen werden. Plötzlich fühlt sie sich beobachtet. Sie dreht sich um. Im Türrahmen steht eine junge, sehr magere Frau, deren Blick sie ruft. Sie heißt Golda. Sie kommt aus einer jüdischen Familie in Bayern. Alle ihre Angehörigen wurden in diesem Lager getötet. Sie selbst ist wie durch ein Wunder davongekommen. Auch sie hat den unglaublich ruhigen Blick derer, die die fünfte Phase erreicht haben. Weigerung zu sterben? Wut? Handeln? Depression? Die Überlebenden der Lager haben gezwungenermaßen alle diese Etappen durchleben müssen, und zwar mit unfaßbarer Intensität. Goldas Blick ist ruhig für alle Zeit.

Golda ist mit Verwandten auf Pilgerfahrt hier. Aber sie reist am nächsten Tag wieder ab. Nach Deutschland. Und Elisabeth erfährt zu ihrer Verblüffung, daß diese junge Jüdin beschlossen hat, Schmerz, Bitterkeit und Wahnsinn zu bekämpfen, indem sie in einem Krankenhaus in Hannover die Kinder deutscher Soldaten pflegt. Elisabeth wendet den Kopf ab und verstummt. Was ist im Kopf dieser Frau geschehen, daß sie so handeln kann? Was ist in diesen Höllenlagern geschehen, daß solche Menschen daraus hervorgehen?

Von Golda erhielt Elisabeth das dritte Fragezeichen ihres Lebens: Was ist das – Mitgefühl?

Dann wird ihre Reise chaotisch.

Elisabeth irrt bis nach Rußland, mit Zigeunern, deren Pferde die Wohnwagen bis ins hinterste Asien gezogen haben, wo sie vor dem Krieg Schutz gesucht hatten. Endlich gelangt sie mit Hilfe polnischer Geistlicher und amerikanischer Flieger nach Deutschland. Doch sie ist sterbenskrank: Sie hat Typhus.

In einem Wald bricht sie zusammen. Jemand findet sie, bewußtlos, mit hohem Fieber. Man bringt sie in ein Krankenhaus. Eine Woche lang schwebt sie zwischen Leben und Tod. Sobald sie sich wieder auf den Beinen halten kann, schlägt sie sich nach Zürich durch, zu ihrer Familie.

Elisabeth wird noch weitere Reisen durch das verwüstete Europa unternehmen. Dann arbeitet sie wieder als Laborantin in der ophtalmologischen Abteilung des großen Krankenhauses in Zürich. Ihr neuer Chef ermutigt sie, das Abitur nachzumachen. Elisabeth hatte die Schule mit der mittleren Reife verlassen. In einem Jahr holt sie den Stoff nach und legt im Sommer 1949 ihre Reifeprüfung ab, ohne ihre Arbeit im Krankenhaus aufgegeben zu haben. Ein Jahr später nimmt sie ihr Medizinstudium auf.

Sieben Jahre angestrengten Studierens. Doch Elisabeth tut noch mehr. Zusammen mit einer Freundin organisiert sie in ihrer Wohnung «Musikabende», die bald im ganzen Zürcher Studentenmilieu berühmt sind.

Bei Elisabeth nehmen die Dinge immer eine besondere Wendung. Die Wohnung der beiden jungen Frauen ist nun kein «Salon» mehr, sondern wird nach und nach zu einer «Freien Klinik», in der kranke Studenten kostenlos von Medizinstudenten behandelt werden. Und es funktioniert!

Unter den Medizinstudenten sind mehrere Amerikaner. Elisabeth hat in deren Mitte sofort einen großen, braunhaarigen jungen Mann mit dunklen Augen entdeckt, der zufällig im Anatomiekurs in der gleichen Gruppe ist wie sie. Es sind ganz kleine Gruppen. Gruppen aus zwei Personen. Er heißt Emmanuel Ross, und seine Freunde nennen ihn Manny. Er ist ein Jude aus der Bronx. Mit ihm zusammen lernt Elisabeth, wie man Leichen seziert.

4 Die Schwelle wird überschritten

Als Ärztin sieht Elisabeth sich sofort in die Fußstapfen von Albert Schweitzer treten. Oder soll sie nach Indien gehen? Sie hat eine merkwürdige Begegnung mit Indien. Ein indisches Kind, das eine Sepsis bekommen hat, nachdem eine Ratte ihm ein Auge ausgefressen hatte, war *in extremis* gerettet und nach Europa transportiert worden. Das Kind findet sich im Krankenhaus in Zürich wieder, wo es sich, völlig verängstigt, weigert zu essen; eine Woche lang wird es immer schwächer. Was tun? Panik bricht aus: Der kleine Inder wird sterben. Sofort ruft Elisabeth einige indische Studenten zusammen, mit denen sie befreundet ist, und bittet sie, sich abwechselnd um die Ernährung des Kleinen zu kümmern. Sie tun es freudig. Der bloße Duft von Curryreis, den Leute mit vertrauten Gesichtern bringen, läßt das Kind auftauen. Es wird gesund. Die Geschichte spricht sich herum bis Bern. Gerade sind Pandit Nehru und seine Tochter Indira Gandhi zu Besuch. Sie laden Elisabeth und ihre indischen Studienfreunde in die Botschaft ein. Elisabeth versteht sich gut mit Indira, die sie auffordert: «Kommen Sie zu uns, wir brauchen Menschen wie Sie.» Und von einem Projekt auf dem Subkontinent spricht.

Elisabeth träumt bereits von großartigen Landschaften und warmen Tropennachmittagen, sie redet mit Emmanuel Ross, mit dem ihr Leben zu teilen sie entschlossen ist.

Doch der Amerikaner weigert sich entschieden.

«Ich habe nachgedacht», sagt er, «ich will in die Staaten zurück.»

«Und was wird aus uns beiden?»

«Wenn du mit mir leben willst, dann dort.»

Kommt nicht in Frage! Wenn es einen Ort auf der Welt gibt, den zu betreten Elisabeth niemals vorgehabt hat, dann sind es die Vereinigten Staaten. Um keinen Preis wird sie auf ihre Mission als Ärztin und Forscherin in Indien oder Afrika verzichten. Sie ist bereits dabei, ihre Koffer zu packen, als ein Telegramm eintrifft: «Programm auf unbestimmte Zeit verschoben.» Binnen eines Augenblicks bricht alles zusammen. Weil es ihnen an Mitteln fehlt, wollen die Inder sie in Wirklichkeit gar nicht haben.

Manny reibt sich die Hände: «Jetzt kommst du mit mir nach New York!» Der Gedanke jagt ihr noch immer Schrecken ein. Sie will in der Natur leben. Sie braucht Abenteuer. So hat sie sich ihr Leben von jeher vorgestellt. Was tun?

Eines Abends sagt ihr eine Freundin, eine amerikanische Krankenschwester, lachend: «Was willst du kennenlernen, den Dschungel? Aber Schatz, Manny hat recht, dann mußt du nach New York gehen!»

«New York?»

«Ja», ruft Manny, «das richtige New York, die Bronx!»

Sie reisen per Schiff, auf einem französischen Dampfer. Hochzeitsreise. Noch in Europa hat Manny Elisabeth geheiratet. Jetzt heißt sie Elisabeth Ross.

Beide sind besessene Arbeiter. Die Tätigkeit im Krankenhaus (dem Glencove Community Hospital von Long Island) hindert sie bald daran, sich mit unnützen Problemen abzugeben. Gemeinsam arbeiten sie in der Notaufnahme. Elisabeth entdeckt den mörderischen Arbeitsrhythmus der Amerikaner. Die reine Fabrik! Ein weiterer Unterschied: Hier sind die Pflegerinnen, die Krankenschwestern, die Hebammen, kurz, alle Frauen, die im Krankenhaus arbeiten, übertrieben stark geschminkt. Die alpenländische Europäerin findet das schockierend. Und ihre saloppe Art, von den Patienten zu reden! Von denen, die sterben!

Sind diese Frauen Ungeheuer? Ein paar Jahre später wird sich die Atmosphäre auch in Europa so «amerikanisieren», doch in den fünfziger Jahren ist das noch nicht der Fall.

Sie sprechen zwar leichthin vom Tod, doch sobald dieser unvorhergesehen an die Tür klopft – auf einer Station, wo gewöhnlich nicht gestorben wird –, sobald es sich um ein Kind handelt, sobald man sich nicht mehr an der Routine festhalten kann, bricht Panik aus. Und

Elisabeth entdeckt, wie außerordentlich dick die Lüge ist, die schwerkanke Amerikaner umgibt. Sie stellt fest, daß die Amerikaner derartig geblendet sind von Gesundheit, daß sie sie einander ständig wünschen oder unterstellen. Auch dann noch, wenn von Gesundheit keine Rede mehr sein kann.

«Ist es schlimm, Herr Doktor?»

«Aber nein, aber nein, Sie werden es fabelhaft überstehen.»

Dann, beiseite, zu der zitternden Familie: «Leider ist nichts mehr zu machen.» Oder vielleicht zu einem Kollegen: «Der ist am Ende.»

Doch bis zum Schluß lächelt man breit, wenn man das Zimmer des Kranken betritt, und hält ihn aus «Menschlichkeit» in Unwissenheit über seinen wirklichen Zustand.

Die Familien sind da nicht besser als die Ärzte. Man trocknet seine Tränen, so gut man kann, ehe man das Krankenzimmer betritt, und der Sterbende erhält von den Seinen eine doppelte Botschaft, die schrecklich widersprüchlich ist: Ihre Worte sind voller Hoffnung, aber ihre Ausstrahlung, ihre Gesten dünsten die Angst förmlich aus. Im allgemeinen – das wird Elisabeth später feststellen – *weiß* der Sterbende nämlich Bescheid. Und dieses tragische Wissen setzt er mehr oder weniger gut um. Wenn alle in seiner Umgebung so heftig die Realität verleugnen und um nichts in der Welt mit ihm darüber reden wollen, dann geht der Unglückliche leicht auf das Täuschungsmanöver ein. Guten Glaubens durchgeführt und von den Ärzten unterstützt, die darüber wachen wie ungeschickte Paschas.

Paschas, die in Eile sind. Paschas, die in Wirklichkeit in Panik sind und sich vor dem eigenen Tod fürchten – aber auch das weiß Elisabeth noch nicht, als sie im Glencove Community Hospital arbeitet. Sie selbst hat bald den Ruf eines unerschütterlichen Felsens.

Der Tod? In Wirklichkeit denkt sie daran nicht häufiger als jeder andere Arzt. Kinder dagegen interessieren sie brennend. Nach ihrer Pflichtzeit im Krankenhaus möchte sie Kinderärztin werden. Sie findet auch eine Stelle – unter einer Bedingung: Sie darf nicht schwanger sein. Eine Woche später stellt Elisabeth fest, daß sie es ist.

Sie sucht eine andere Stelle – und findet nichts. Notgedrungen nimmt sie schließlich einen miserabel bezahlten Posten in einer staatlichen psychiatrischen Klinik an, dem Manhattan State Hospital auf der Insel Ward im East River, auf der Höhe von Harlem.

Dann folgt eine Reihe von harten Schicksalsschlägen. Sie hat eine Fehlgeburt. Und ihr Vater in der Schweiz erleidet einen Herzanfall und kann jederzeit sterben. Der einzige Trost: Als sie und Ross das Glencove Hospital verlassen, werden sie beide vom Personal des Krankenhauses zu den besten Ärzten des Jahres gewählt. Doch die Direktion verweigert die Ehrung – sie sei traditionell Studenten des Hauses vorbehalten...

Am ersten Montag im Juli 1959 fährt Elisabeth im Bus durch Harlem und steigt auf der Teufelsinsel aus. Eine monströs häßliche Festung, umgeben von riesigen Gasbehältern, Elektrizitätszentralen, zwei Schritte vom alten Autobahnkreuz entfernt, das die Flughäfen im Norden mit Manhattan verbindet. Kaum hat man das Gebäude betreten, spürt man schon das Leid, die Gewalt, die Resignation, die Bestialität. Zig Bücher haben über diese Zone berichtet. Von der Gefangenschaft, die sie repräsentiert. Der Tatsache, daß viele keinen anderen Ort haben, an den sie gehen können. Das Manhattan State Hospital ist wirklich das schlimmste von allen. Elisabeth ist in die tiefste Finsternis geraten.

Ein dicker Stationsarzt mit rauher Stimme zeigt ihr das Gebäude. In der Mitte die Büros und die Labors – sternförmig darum herum angeordnet die Krankenzimmer, der chirurgische Block und die verschiedenen Abteilungen, vollgestopft mit Psychopathen, Schizophrenen und Manisch-Depressiven. Vier überfüllte Gänge – im wesentlichen Schwarze und Puertoricaner, die in allen Ecken liegen, zerlumpt, in ihrem Urin schwimmend.

Elisabeth muß die chronisch schizophrenen Frauen überwachen und sorgfältig über das Verhalten jener Buch führen, denen man ein Medikament verabreicht hat. Es handelt sich um illegale Experimente. Diese Kranken, die oft als unheilbar gelten, dienen als Versuchskaninchen. Entsetzt entdeckt Elisabeth, daß man die «Versuchskaninchen» nicht nach ihrer Meinung dazu fragt. Später wird sie erfahren, daß die Medikamente, die man ihnen in massivsten Dosen verabreichte, LSD, Psylozybin und Meskalin heißen. Machtvolle halluzinogene Drogen, bemerkenswerte Werkzeuge in den Händen von Schamanen, doch schrecklich und zerstörerisch, wenn sie wahllos irgendwelchen Unglücklichen injiziert werden, ohne daß sie davon wissen, ohne daß man ihnen hilft, wenn sie sich, von Schmerz und Angst zerrissen, als Opfer unsäglicher Alpträume auf dem Fußboden winden.

Sehr schnell legt Elisabeth ihre psychiatrischen Bücher beiseite. Wozu sollen sie gut sein? Sie will Konkretes, und das sofort. Zunächst läßt die Direktion ihr freie Hand. Elisabeth fordert von ihren Kranken eine gewisse Haltung: Sie sollen Schuhe tragen, sich kämmen, ihre Zähne putzen... Wenn nicht, gibt es keine Zigaretten, kein Coca-Cola. Es klappt erstaunlich gut. Selbst die Kränksten verstehen sofort, was die kleine Ausländerin will.

Alle kennen sie sie, sie, die kommt und ihnen wie Kindern die Hand hält, wenn sie sich eine Krise leisten. Eine richtige Mutter. Im Handumdrehen klammern sich die Kranken an Elisabeth. Sie bringt ihnen Geschenke mit, lächelt auch die Verrücktesten an. Schon bald wird sie von ihren Vorgesetzten gewarnt: Wenn sie nicht in der Lage sei, Distanz zu halten, dann könne sie ebensogut gleich aufgeben; sie sei nicht für diesen Beruf geschaffen. Im übrigen sei es ganz einfach; sie werde zwangsläufig irgendwann eins über den Schädel bekommen. Sie brauche nur abzuwarten.

Doch das Gegenteil tritt ein. Elisabeth erzielt erstaunliche Resultate, insbesondere mit einer katatonen Schizophrenen, einer ehemaligen Malerin, die seit mehreren Jahren kein einziges Wort gesprochen hat und, wie man sicher annimmt, auch nie mehr sprechen wird. Man kennt diese Art von Störung gut. Sie ist schrecklich. Aber man kann nichts machen. Elisabeth erbittet die Genehmigung, sich persönlich um die Frau kümmern zu dürfen.

Für wen sie sich eigentlich halte? Daß man sie nicht vor die Tür setzt, liegt nur daran, daß kein amerikanischer Arzt in einem solchen Zuchthaus arbeiten will. Elisabeth darf sich um die Stumme kümmern. Sie heißt Rachel. Ihr Gesicht hat nicht den geringsten Ausdruck. Niemals. Sie scheint definitiv in sich selbst versunken. Drei Monate lang spricht Elisabeth zu ihr, als sei sie sicher, daß die andere sie hört. Doch die rührt sich nicht. Sie zuckt nicht mit der Wimper.

Eines Tages aber sehen Elisabeth und Rachel zu, wie im Hof der Schnee fällt. Elisabeth spricht zu ihr über die Freude am Malen. Sie versucht, sich die Gefühle der Künstlerin bei dem Anblick vorzustellen, der sich ihnen bietet. Dann wendet sie sich zu der Schizophrenen, faßt sie bei den Schultern und beschwört sie, all ihre Kräfte zusammenzunehmen und einfach «ja» zu ihr zu sagen. Ein Krampf scheint die braunhaarige Frau plötzlich zu durchlaufen. Zum ersten Mal seit Jahren verliert ihr Gesicht seine tödliche Unbewegtheit. Ihre Lippen verzerren sich. Sie führt die Hände an die Kehle. Und endlich stößt sie ein ersticktes «Ja» aus. Elisabeth ist überwältigt und bricht in Tränen aus.

Danach gelingt es ihr mit Hilfe der Sozialarbeiterin und einer befreundeten Therapeutin binnen weniger Tage, die Bresche zu vergrößern, die sie in die Geröllablagerung des Wahnsinns hat schlagen können. Doch sie erzählt niemandem davon. Als Weihnachten gekommen ist, lädt sie den Chef ein, auf ihrer Station vorbeizuschauen. Der Psychiater findet Rachel über eine Stickarbeit gebeugt. Mit der Nadel in der Hand sieht sie ihn an und fragt ihn mit etwas brüchiger, aber gut hörbarer Stimme: «Finden Sie es hübsch?»

Natürlich schlägt die Neuigkeit ein wie eine Bombe. So etwas passiert nicht alle Tage! Jetzt will Elisabeth nicht mehr fort. Sie organisiert ein märchenhaftes Weihnachtsfest, bäckt selbst Kuchen, bringt jeder ihrer Kranken ein Geschenk mit...

Verrückt! Diesmal hat sie den Bogen überspannt. Sie wird angewiesen, sofort ihre wilde Therapie abzubrechen.

Einmal im Monat treffen alle Psychiater zusammen und diskutieren über Methoden. Sie zitieren Freud, Adler, Skinner etc. Elisabeth zitiert nie jemanden. Sie meint, die meisten Psychiater seien ungeeignet für diesen Beruf, der mehr Herz als Kopf fordere. Sie fängt an, es ganz laut zu sagen: Herz! Das Wort bringt ihre Kollegen in Rage. Aber Elisabeths Beispiele sind so konkret, daß sie sich zunächst beugen müssen. Sie warten auf ihre Stunde.

Eine andere von Elisabeths Kranken ist eine äußerst gewalttätige Schwarze, die von ihren weißen Arbeitgebern mehrfach vergewaltigt wurde und die man eingesperrt hatte, nachdem sie einen von ihnen zu erwürgen versuchte. Elisabeth hat seit einigen Wochen einen Dialog mit dieser Frau in Gang gebracht und eine Lockerung der chemischen Zwangsjacke erreicht. Eines Tages kommt die Frau in ihr Büro gefegt. Elisabeth, die gerade in ein Gespräch mit einer anderen Kranken vertieft ist, gibt ihr ein Zeichen zu warten. Sie aber erträgt es nicht, in dieser Weise «zurückgewiesen» zu werden, stürzt sich auf Elisabeth und beginnt, sie zu würgen. Sofort werfen sich zwei

Krankenschwestern auf sie, und ehe Elisabeth ein Wort dazu sagen kann, verschwinden sie mit ihr im «Strafblock». Diesen Block, dessen bloße Erwähnung alle Kranken erschauern läßt, durfte Elisabeth auf Anweisung der Direktion nie betreten. Doch sie weiß sehr gut, was dort geschieht: Elektroschocks.

Ein paar Stunden später bringt man die Schwarze zurück, gebrochen, vernichtet. In der Tiefe ihres vollkommen erloschenen Blicks ist noch der Schrecken erkennbar. Diesmal ist es Elisabeth, die außer sich gerät. Sie stürzt zum Abteilungsleiter und beginnt, ihn zu beschimpfen. «Wenn diese barbarischen Praktiken nicht innerhalb einer Woche abgestellt werden, dann wird die gesamte amerikanische und europäische Presse informiert!» Wird man sie nun entlassen? Auch das wäre ihr jetzt gleichgültig.

Aber nein, im Gegenteil, sie wird zu einem Gespräch mit dem Direktor gebeten. Er teilt ihr mit, er habe ohnehin gerade vorgehabt, das Strafen mit Elektroschocks für einige Monate auszusetzen – versuchsweise sozusagen...

Als Elisabeth 1961 die Insel Ward verläßt, haben drei Viertel ihrer Patientinnen das Krankenhaus verlassen, nachdem sie selbst sie nach und nach auf die Rückkehr in die Welt draußen vorbereitet hat (beispielsweise, indem sie sie in kleinen Gruppen zum Einkaufen in Kaufhäuser führte). Dreißig Frauen, dem Eingeschlossensein entronnen, nachdem sie schon jahrelang in der Anstalt vor sich hin vegetiert hatten (eine von ihnen neunzehn Jahre lang). Von den meisten hatte man angenommen, sie müßten lebenslänglich bleiben.

Im Laufe ihrer Gespräche mit diesen Frauen hat Elisabeth eine Überzeugung gewonnen: Selbst wenn sie vollkommen weggetreten scheinen – und später wird sie dasselbe von Menschen im Koma sagen –, sind Geisteskranke hochsensibel für den *Gefühlszustand* ihrer Umgebung. Ein Psychiater oder eine Krankenschwester mag die besten Absichten der Welt haben, doch wenn sie den Patienten gegenüber nicht spontan ein offenes Herz haben, werden sie wenig ausrichten können. Ein offenes Herz? Man bezeichnet das auch als Liebe. Und am Ende zögert Elisabeth nicht mehr. Sie spricht das Wort ganz offen aus. *Lieben*. Ist das ein medizinischer Fachausdruck? Das ist ihr egal. Das, was die modernen Krankenhäuser am meisten bräuchten, sagt sie, sei Liebe. Und ihre Kollegen, so verblüfft sie auch sind, lachen nicht mehr. Ihre Ergebnisse sind zu überzeugend.

Um sie herum hat sich ein Team gebildet. Sie hat eine richtige *Sektor-Therapie* entwickelt – ein damals noch unbekannter Begriff –, Familien gefunden, die die Kranken einladen, kleine Gruppen geschaffen, die miteinander spazierengehen, ein pragmatisches, ganz individuelles System... Tatsächlich wäre eine solche Therapie ohne ein Minimum an Liebe nicht denkbar.

Sie lernt weiter. Nun ist sie am Montefiore Hospital – noch immer in New York. Sie betritt die Welt der Intellektuellen. Ihr Nonkonformismus verblüfft, doch da sie Resultate erzielt, konsultiert man sie regelmäßig. Eines Tages fragt ein Kollege sie nach ihrer Meinung über die «morbide Komödie» eines jungen, depressiven Patienten, der seit einigen Tagen so tut, als sei er gelähmt, trotz aller Antidepressiva, die man ihm verabreicht hat.

Elisabeth besucht den Kranken und unterhält sich anderthalb Stunden lang mit ihm.

«Na, und?» fragt der Kollege sie hinterher.

«Es handelt sich um keine Komödie», erwidert Elisabeth. «Er ist *wirklich* gelähmt (sie nennt den Namen einer bestimmten Nervenkrankheit). Er wird bald sterben.»

«Was?» ruft der Kollege. «Das ist doch nicht Ihr Ernst?»

«Allerdings», antwortet sie. «Übrigens glaube ich, er *weiß*, daß er sterben wird. Ich denke, man muß seinen depressiven Zustand als normales Stadium seiner Agonie betrachten. In gewisser Weise beobachtet dieser junge Mann seine eigene Trauer.»

Der Psychiater sieht Elisabeth überrascht an: seine «eigene Trauer»? Was redet sie da? Drei Tage später stirbt der junge Mann an der von Elisabeth diagnostizierten Krankheit. Der Kollege zieht sie nie wieder zu Rate.

Elisabeth beginnt zu erkennen, daß Ärzte den Tod immer als persönlichen Mißerfolg betrachten, ja, als Affront. Sie spürt, daß es sich da gleichsam um einen Fabrikationsfehler handelt, etwas, das schon mit der medizinischen Ausbildung erzeugt wird. Aber was? Der Weg ist noch lang.

Elisabeths Vater stirbt an Sepsis. Die Agonie dauert mehrere Tage. Die junge Frau ist an sein Bett geeilt und hört seine Bitte, zu Hause sterben zu wollen. Da sie Ärztin ist, gelingt es ihr, den alten Mann aus dem Krankenhaus zu holen, wo ihre Kollegen ihn festhalten wollen. Sie macht es ihm zu Hause bequem. Stundenlang diskutieren Vater und Tochter über philosophische Fragen. Sie merkt, daß er seit ihrer letzten Begegnung sehr viel gelesen hat. Er spricht über Buddhismus, über Zoroastrismus. Er! Der alte, konservative Protestant! Bis zum Schluß will er kein Morphium, um bei möglichst klarem Bewußtsein zu bleiben. Und bis zum Schluß behält er seinen Sinn für Humor.

Fasziniert bemerkt Elisabeth, daß die Atmosphäre nur gespannt wird, wenn ihre Mutter das Zimmer betritt. Frau Kübler hat schreckliche Angst. Sie sagt nichts, aber man spürt das. Elisabeth beginnt zu erkennen, daß die Angst derer, die «sich zusammennehmen» – vor allem, wenn diese Angst nicht geäußert wird –, den Kranken in seinem natürlichen Hinübergleiten hemmt, ihn unbewußt daran hindert, seine «eigene Trauer» zu leben und die «fünfte Phase» zu erreichen. Das gelassene Annehmen des großen Abschieds muß gegenseitig sein. Aus herzlicher Nähe müssen die Lebenden den Sterbenden gehen lassen.

Nachdem ihr Vater beerdigt ist, kehrt Elisabeth nach New York zurück. Doch das Ehepaar Ross beginnt, sich in der Großstadt zu langweilen. Beide lieben die Natur und bewerben sich gemeinsam bei mehreren Krankenhäusern im Westen. Schließlich finden sie sich in Denver, Colorado, wieder.

In gewisser Weise wird sich alles in Denver abspielen.

Unmittelbar vor der Abreise aus New York hatte Elisabeth einen alten Traum wieder gehabt, in dem sie sich in einer mexikanischen Landschaft sah. Glühende Hitze, eine junge Indianerin, dem Rhythmus ihres Pferdes hingegeben. Sie hebt den Kopf. Am Fuß eines Plateaus, in einem dunkelgrünen Flecken, ein Pueblo, gegen einen schwarzen Felsblock in Form eines Adlerschnabels geneigt. Sie gibt ihrem Pferd einen leichten Druck mit den Fersen, und es entfernt sich im Galopp.

Kaum in Colorado angekommen, findet Elisabeth nun die Landschaft aus ihrem Traum. Genau dieselbe, in allen Einzelheiten:

Pueblo, Felsen in Form eines Adlerschnabels, alles – einschließlich der Indianerin zu Pferde! Ein unglaubliches Déjà-vu-Erlebnis. Ein anscheinend häufiges Phänomen. Allerdings selten so intensiv und mit so vielen Übereinstimmungen. Elisabeth braucht einen Augenblick, um sich zu fassen. Die Indianer Colorados sind ihr sofort vertraut. Was ist das für ein Phänomen?

In Denver wird Elisabeth Assistentin von Professor Sidney Margolin. Er ist Psychophysiologe, und seine Ausbildung und seine Forschungsarbeiten umfassen mehrere sehr breitgefächerte Gebiete. Im Mittelpunkt seiner Tätigkeit: die Beziehungen zwischen Krankheiten und Emotionen, psychosomatische Störungen und die von der Wissenschaft noch kaum behandelte Macht des Geistes über den Körper. Margolins Forschung befindet sich im Stadium erster Datensammlung. Das Feld ist noch ganz neu. Es erfordert Phantasie. Daß ein trauriger Mensch leichter krank wird als ein fröhlicher, leuchtet jedem ein. Dauernd hört man Leute sagen, der und der habe «seine Angst somatisiert». Doch wie funktioniert diese «Verlagerung auf den Körper» wirklich?

Darüber weiß man damals noch kaum etwas. Für viele Psychologen der sechziger Jahre bleibt das Nervensystem eine «black box», deren Inhalt man nicht kennenzulernen sucht. Margolin gehört zu den Forschern, die mehr wissen wollen über die Verbindung zwischen Psyche und Materie. Zu diesem Zweck führt er zahlreiche Experimente durch.

Binnen weniger Monate werden Sidney Margolin und Elisabeth gute Freunde. Eines Nachmittags ist sie gerade dabei, einen Seismographen zu säubern, den der Professor für ein Experiment verwenden will, als Margolin pfeifend hereinkommt und beiläufig sagt:

«Ich fahre für zwei Wochen in den Süden.»

Sie antwortet mit einer vagen Geste, ganz in ihre Arbeit vertieft. Der Professor reist regelmäßig nach Neumexiko, um bestimmte Forschungen bei den Indianern fortzusetzen. Doch nun spricht er weiter:

«Das Dumme ist nur, daß ich meine monatliche psychiatrische Vorlesung habe. Sie wissen ja, am Freitag, für die Praktikanten.» Elisabeth, ganz in ihre Putzarbeit versenkt, hört gar nicht richtig zu. Doch die Stimme ihres Chefs spricht aus dem Nebenzimmer weiter:

«Leider kann ich meine Reise nicht aufschieben. Aber ich habe eine Idee: Sie werden an meiner Stelle die Vorlesung halten, Elisabeth.»

Damit verschwindet er in seinem Büro, ohne ihre Antwort abzuwarten. Die junge Frau wäscht sich die Hände und eilt sehr beunruhigt zu ihrem Chef. Will er ihr den genauen Text der Vorlesung geben, oder soll sie anhand seiner Notizen einen Vortrag ausarbeiten?

«Keins von beiden», antwortet er. «Ich habe nichts vorbereitet. Finden Sie selbst ein interessantes Thema. Ich vertraue Ihnen! Meine Unterlagen stehen zu Ihrer Verfügung.»

Elisabeth fällt beinahe in Ohnmacht. Sie soll an seiner Stelle sprechen?

Drei Tage lang sucht sie nach einem Thema, bis sich langsam eine Idee in ihrem Kopf formt, «wie ein Foto nach und nach im Entwicklerbad erscheint». Es gibt tatsächlich ein Mittel, die angehenden Ärzte zu fesseln und sie zu zwingen, ihre eigenen Emotionen ins Spiel zu bringen! «Ich werde zu ihnen über den Tod sprechen», denkt sie.

Am nächsten Morgen geht sie in die Bibliothek der medizinischen Fakultät, um nachzusehen, was über das Thema geschrieben wurde.

Zu ihrer großen Verblüffung findet sie nichts.

Nichts.

Nichts über den psychischen Zustand des Sterbenden.

Sie wundert sich, vergewissert sich, blättert einen ganzen Tag lang medizinische Zeitschriften durch. Nichts. Das Thema scheint der modernen Medizin völlig unbekannt zu sein. Man spricht von der Ernährung des Sterbenden, von Medikamenten für den Sterbenden, aber nicht vom Sterbenden selbst. In den medizinischen Enzyklopädien findet sie natürlich verschiedene klinische Definitionen des Todes. Ist man tot, wenn die Atmung aussetzt? Nein, nicht sofort. Also dann, wenn das Herz zu schlagen aufhört? Das hat man lange geglaubt. Doch der technologische Fortschritt hat die Grenze weiter hinausgeschoben: Jetzt kann man die elektrische Aktivität des Gehirns messen, und die Ärzte erklären ein Individuum für klinisch tot, wenn seine Gehirnströme aussetzen – wenn das Elektroenzephalogramm eine flache Linie zeigt.

Die Relativität all dieser Definitionen stürzt Elisabeth in große Verwirrung. Während sie die Seiten umblättert, drängt sich ihr plötzlich das Offensichtliche auf: Die Ärzte haben keine Definition für den Tod. Was geschieht in genau dem Augenblick, in dem das Leben verschwindet? Zu sagen, jede Aktivität höre auf – elektrisch oder nicht –, beantwortet die Frage in keiner Weise. Er ist tot, weil er tot ist. Und weiter? Man weiß es nicht. Elisabeth begreift, wie deutlich diese Lücke die Grenzen der gesamten Biologie macht: Was ist das – Leben?

Elisabeth verläßt die Bibliothek sehr nachdenklich. Sie ist jetzt sechsunddreißig und hat zwanzig Jahre in der Welt der Medizin und der Krankenhäuser verbracht. Noch immer ist sie Anfängerin. Aber schon jetzt könnte sie eine Menge über Sterbende erzählen. Über die Art, wie sie kämpfen und in Panik geraten, aber auch über die unbegreifliche Sanftmut, die sich ihrer bemächtigen kann, die unauslöschliche Schönheit, die plötzlich in ihren kleinsten Gesten liegen kann, in ihren Worten hinter der oft schrecklichen Maske, die sie tragen. Doch davon steht kein Wort in den medizinischen Fachbüchern. Wenn Elisabeth überhaupt etwas über den Tod sagen will, dann muß sie die Worte selber finden. Und was soll, was kann man als Psychiater über das Ende des Lebens sagen?

Sie denkt an die Vorlesungen in der Schweiz mit der Vorstellung von Patienten im Hörsaal und beschließt, diese Methode anzuwenden. Sie braucht nur einen als unheilbar geltenden Kranken zu finden, der bereit ist, vor den angehenden Ärzten zu sprechen.

Sofort macht sie sich auf die Suche nach einem Freiwilligen. Mit größter Unbefangenheit. Ja, in diesem Augenblick wohl auch in aller Unschuld. Sie weiß nicht, daß ihr ganzes Leben plötzlich eine andere Wendung nehmen wird. Sie ist einfach erleichtert, vielleicht eine Lösung für die Zwangslage gefunden zu haben, in die Professor Margolin sie gebracht hat. Sie geht ins Krankenhaus und hat das unwahrscheinliche Glück, sofort auf eine junge Patientin zu treffen, die an Leukämie leidet und mitten in einer Wutkrise ist. Sie heißt Linda. Sie hat große, grüne Augen. Hinter ihrer extremen Magerkeit und Blässe erkennt man, daß sie mal sehr hübsch war. Als Elisabeth das Zimmer betritt, ist Linda gerade dabei, mit beiden Händen in einem Stoß Postkarten zu wühlen. Ihr Bett ist ganz mit Grußkarten bedeckt: Sie ist an diesem Tag sechzehn Jahre alt geworden, und Hunderte von Unbekannten haben ihr geschrieben.

«Wissen Sie, warum?» schreit das junge Mädchen und sieht den Arzt an, der soeben eingetreten ist. «Weil meine Mutter ... meine Mutter, sie hat eine kleine Anzeige in die Zeitung gesetzt, in der es hieß, *ihre arme, kleine, leukämiekranke Tochter müsse ihren Geburtstag im Krankenhaus feiern*! Fremden hat sie das gesagt! Denen ich völlig egal bin! Oh, ich hasse sie, ich hasse sie!»

Außer sich vor Wut, reißt sie mit einem Ruck ihre Decke hoch, und alle Karten fliegen durchs Zimmer.

Elisabeth fragt Linda, ob sie Lust habe, sich ein wenig mit ihr zu unterhalten. Das junge Mädchen ist einverstanden, weil es seinen Groll loswerden will. Ohne daß Elisabeth ihr auch nur eine Frage stellt, erzählt Linda, wie ihre Mutter von einem Tag zum anderen auf einmal angefangen habe, sie mit Geschenken zu überschütten und dauernd zu umarmen ... «Warum, Mama?» – «Nur einfach so, mein Schatz.» Oder: «Weil ich dich liebe, mein Herzchen.» In Lindas Gegenwart haben weder ihr Vater noch ihre Mutter, noch sonst ein Familienmitglied jemals zugegeben, daß sie verurteilt ist. Dabei weiß sie es genau. Aber sie ist ganz allein, eingeschlossen in eine Art unseliges Geheimnis, das die anderen nicht hören wollen. «Sag, Mama, wenn ich nun sterben muß ...» – «Willst du wohl still sein! Du weißt doch, Liebling, der Doktor hat gesagt, daß es dir bald bessergehen wird.»

Trotzdem haben ihre Freundinnen eine nach der anderen aufgehört, sie zu besuchen. Außer einer oder zweien, aber die machten so verkniffene Gesichter ...

«Was hat dir am meisten gefehlt?» fragt Elisabeth.

«Daß ich nicht mehr Tennis spielen kann. Eines Tages mußte ich mitten in einem Turnier aufhören. Ich war gut, und ich spielte schrecklich gern. Seither habe ich nie mehr gespielt.»

«Und was», fragt die Psychiaterin weiter, «würdest du jetzt am liebsten tun?»

«Mein Abitur machen», antwortet Linda. «Normalerweise sollte ich es nächstes Jahr machen. Aber das wird wohl nicht möglich sein; ich nehme schon seit einem Jahr an Fernkursen teil. Aber sobald ich eine Seite lese, werden meine Augen trüb vor Müdigkeit.»

Sie sieht Elisabeth an, die neben ihr sitzt, und beginnt plötzlich zu weinen. Elisabeth sagt nichts mehr, sondern hält nur die Hand des jungen Mädchens. Dann sprechen sie weiter. Lindas Gesicht entspannt sich, sie erzählt ihre schönsten Kindheitserinnerungen und lächelt, als sie bemerkt, daß sie zweifellos nie wieder in Urlaub fahren wird.

Dann kommt erneut die Wut. Sie schreit Beschimpfungen, erstickt fast an ihren Tränen, verflucht die ganze Welt und auch Gott, dieses unsägliche Ungeheuer, der ihr das schon wieder nehmen will, was er ihr angeblich geschenkt hat. Dann neue Beruhigung, neues Lächeln. Nach einer Stunde scheint sie gelöster. Elisabeth fragt sie nun, ob sie bereit wäre, in ihrer Vorlesung zu sprechen. Linda ist erstaunt: Was sollte sie den Zuhörern zu sagen haben? Elisabeth erklärt ihr, daß es angehende Ärzte sind, die aber zweifellos noch nie so mit jemandem gesprochen haben, der sehr krank ist, wie sie es gerade getan hätten. Linda lacht laut auf. Der Gedanke, Professor zu spielen, entzückt sie.

Der Rest ist Geschichte. An jenem berühmten Freitag warten etwa hundert junge Mediziner in weißen Kitteln, unterhalten sich laut und kauen Kaugummi. Elisabeth zittert, als sie das Podium betritt. Sie setzt sich, und ihre Knie schlagen gegeneinander. Ein Raunen geht durch das Auditorium. Was? Das ist nicht Margolin? Wer ist denn diese kleine, magere Person? Die junge Frau braucht fünf lange Minuten, um ihre brüchige Stimme unter Kontrolle zu bringen.

Sie kommt gleich zur Sache. Die Vereinigten Staaten seien auf vielen Gebieten Weltmeister, vor allem auf einem: der Angst vor dem Tod. Sie sagt das mit ihrem unnachahmlichen schweizerdeutschen Akzent. Sie verliert nach und nach ihre Schüchternheit und hält einen kurzen, aber deutlichen Vortrag über die Weisheit der Alten, die dem Tod ins Gesicht sahen. Dann erwähnt sie ihre Reisen in Europa nach dem Krieg, und sie klagt die amerikanische Gesellschaft an, sich vor Sterbenden zu fürchten. «Bei mir zu Hause», sagt sie, «wird das Ende des Lebens nicht als schändliche Krankheit angesehen. Überhaupt nicht als Krankheit. Es geht nicht nur um den Tod, sondern um das ganze Leben.» Dann kündigt sie an, die Zuhörer hätten jetzt Gelegenheit, mit einer schwerkranken Person zu sprechen, die viel über all das nachgedacht habe.

Die Praktikanten rechnen mit einem alten Menschen. Als Linda von Elisabeth in einem Rollstuhl hereingefahren wird, sind sie verblüfft. Ein Teenager! Sie hat es gewagt, ein leukämiekrankes junges Mädchen herzubringen, um über seinen nahen Tod zu sprechen! Linda hat sich zurechtgemacht. Sie sieht richtig hübsch aus. Betroffenes Schweigen breitet sich aus.

Elisabeth setzt sich wieder und fragt, wer mit der Kranken diskutieren wolle. Niemand rührt sich. Elisabeth wiederholt ihre Frage. Die Zuhörer scharren verlegen mit den Füßen, husten. Der Gedanke, sich mit einer Leukämiekranken zu unterhalten, erschreckt sie. In den ersten Reihen hält man den Atem an. Manche würden plötzlich viel darum geben, nicht hier zu sein. Es handelt sich um intelligente junge Menschen, doch im Augenblick nutzt ihnen ihre ganze Intelligenz nichts. Keine Freiwilligen? Elisabeth ist gezwungen, willkürlich zwölf Gesprächspartner auszuwählen. Mit quälender Langsamkeit betreten die ernannten «Freiwilligen» das Podium. Sie setzen sich im Halbkreis um Linda herum.

«Dieses junge Mädchen», sagt Elisabeth, «ist gekommen, um Ihre Fragen zu beantworten. Wer beginnt?»

Höchst verlegen ergreift einer das Wort. Dann ein zweiter. Ein dritter. Aber es sind technische Fragen, die sie stellen: Appetit? Pulsfrequenz morgens? Anzahl der Blutkörperchen? Sedimentationsgeschwindigkeit? Das kranke Mädchen wirkt ganz ruhig, doch die Fragenden machen einen nervösen Eindruck. Lebendige Tote. Nie hat Elisabeth die Angst vor dem Tod so deutlich auf den Gesichtern von Leuten gesehen, denen es gutgeht. Sie schickt die falschen Freiwilligen wieder auf ihre Plätze und stellt selbst die Fragen.

Die Psychiaterin und das junge Mädchen nehmen ihr Gespräch vom Vortag wieder auf. Linda erzählt: von der Weigerung ihrer Familie, die Wahrheit einzugestehen; von der Schwäche, die sie langsam von innen her verzehrt; der schwarzen Depression, in die sie an manchen Abenden verfällt. Sie spricht von Erinnerungen. Von Träumen. Auch von Hoffnung. Ja, von Hoffnung: Wenn sie vielleicht doch davonkäme? Dann wird ihre Stimme schwächer. Elisabeth läßt sie von einem Pfleger in ihr Krankenzimmer zurückbringen. Vorher umarmt sie sie lange.

Eine endlose Stille folgt.

Schließlich ergreift Elisabeth wieder das Wort. Nun summt plötzlich der ganze Saal. Die Aufmerksamkeit ist extrem. Die meisten haben feuchte Augen. Elisabeth erkundigt sich, ob jemand Fragen habe. Diesmal heben sich dreißig Hände. Doch alle sagen dasselbe: Nie in ihrem Leben seien sie so bewegt gewesen. Elisabeth fragt, ob sie wüßten, warum.

«Ich war überwältigt von ihrer Jugend», sagt jemand, «und von ihrem Mut.»

Ein anderer: «Von ihrer Zerbrechlichkeit.»

«Ihrer Schönheit.»

«Sie war ganz durchsichtig.»

«Glauben Sie nicht», fragt Elisabeth, «daß Sie durch ihre Jugend, ihren Mut, ihre Schönheit, ihre Transparenz hindurch Ihrem eigenen Tod ins Gesicht gesehen haben? Für die meisten von Ihnen war dies das erste Mal, nicht wahr?» Sie fügt hinzu: «Kein Arzt kann sich wirklich mit Schwerkranken oder Sterbenden befassen, ehe er sich nicht seiner eigenen Sterblichkeit bewußt geworden ist. Leider haben unsere medizinischen Fakultäten das vergessen. Jedes Jahr schicken sie Tausende von uneingeweihten jungen Ärzten auf den Markt, die sich weigern, an den Tod auch nur zu *denken*. Die Schulen haben sehr alte Weisheiten vergessen.»

Die Vorlesung dauert ungewöhnlich lange. Sie ist ein klarer Erfolg. Elisabeth hat im Kielwasser von Professor Margolin eine glänzende Zzkunft vor sich. Und doch fragt sie sich, ob sie wirklich hier in Denver bleiben soll. Die Berge sind herrlich, und die Indianer gefallen ihr noch immer, aber sie kann sich selbst in dieser Rolle nicht recht sehen. Etwas fehlt ihr noch. Aber was?

Sie fragt also drei alte Weise um Rat, zu denen sie großes Vertrauen hat. Drei Ärzte. Die Doktoren Spitz, Benjamin und Margolin. Alle drei sagen ihr ungefähr dasselbe: Es sei gut und schön, einen neuen Weg einzuschlagen. Aber an dem Punkt, an dem sie jetzt sei, müsse sie unbedingt eine Psychoanalyse machen, und zwar nicht irgendeine. Man rät ihr zum Psychoanalytischen Institut von Chicago; es sei das seriöseste und orthodoxeste der Vereinigten Staaten.

Eine Psychoanalyse? Das gefällt Elisabeth nicht. Und außerdem ist Chicago weit. Zweimal wöchentlich hinfliegen? Das kostet ein Vermögen! Aber sie ist nicht die Frau, die vor einem Hindernis aufgibt. Auf gut Glück besucht sie das Institut . . . Man akzeptiert sie dort sofort. Sie ist wütend. Doch zum Glück ist sie erneut schwanger.

Zwei Hin- und Rückflüge Denver–Chicago pro Woche kommen nicht mehr in Betracht. Sie atmet auf. Doch nicht für lange. Ihr Mann hat genug von Denver. Für sein Fachgebiet – Epidemiologie – ist hier nichts zu holen. Er will unbedingt wieder in eine Großstadt. Man bietet ihm eine fabelhafte Stellung an. In Chicago ...

Ehe sie Denver verläßt, bringt Elisabeth eine kleine Barbara zur Welt und beeilt sich, sie ihrer Familie in der Schweiz zu zeigen. Doch der Zauber der Heimat ist verflogen. Liegt es daran, daß der Vater nicht mehr da ist? Endlich ist sie zufrieden, sich in Chicago niederzulassen, wo sie Assistenzprofessorin am Billings Hospital wird.

5 Hinter dem durchsichtigen Spiegel

Der Anfang im Insitut für Psychoanalyse in Chicago verheißt nichts Gutes. Elisabeth trifft auf einen groben und großspurigen Analytiker, dem sie gehörig die Meinung sagt, ehe sie die Tür hinter sich zuschlägt. Dann hört sie von einem gewissen Dr. Baum, einem weiteren Juden aus Wien (die Wiener Juden bilden ein wahres Ehrenspalier auf Elisabeths langem Weg). Sie findet den Mann auf den ersten Blick sympathisch. Was für das Institut ungewöhnlich ist: Er nimmt sie sofort an, obwohl sie soeben einem Kollegen gegenüber aufsässig war. Bei ihm absolviert sie in zwei Jahren eine vollständige Analyse. Im Sturmschritt.

Man schreibt Dezember 1965, kaum drei Monate nach ihrer Ankunft in Chicago. Sie bereitet einen Kurs über irgendeine psychosomatische Störung vor, als vier Studenten an die Tür ihres Büros klopfen.

Sie sagen, sie hätten von ihrer Vorlesung in Denver gehört, mit Linda, der jungen Leukämiekranken. Sie bitten um ihre Hilfe. Es sind Theologiestudenten, zukünftige Priester. Sie erklären, im Seminar stopfe man ihnen die Köpfe mit Theorien voll, aber sie zitterten bei dem Gedanken, bald ihr Amt ausüben zu müssen. Sie hätten beispielsweise noch nie einen Sterbenden aus der Nähe gesehen.

Außerdem haben die vier Theologiestudenten eine Arbeit über «die Krise im menschlichen Leben» abzuliefern. Sie sind der Meinung, es gebe keine größere Krise als die Agonie. «Würden Sie gestatten», fragt der älteste der vier Studenten, «daß wir Sie begleiten, wenn Sie das nächste Mal einen Sterbenden besuchen?»

Elisabeth, sehr überrascht, weiß nicht, was sie antworten soll. Daß zukünftige Priester sie bitten, ihnen beim Erlernen ihres Amtes im

Angesicht Sterbender zu helfen, erscheint ihr unerhört. Elisabeth ist protestantisch erzogen worden, doch sie entwickelte schon früh ein solides Mißtrauen gegen jegliche Form von Kirche und Religion. Als sie Amerikanerin werden und Emmanuel Ross heiraten wollte, mußte sie auch die Frage nach ihrer Religionszugehörigkeit beantworten. Sie machte ein Kreuzchen in die Rubrik «Agnostiker». Was ist sie wirklich? Das fragt sie sich selbst. Auf jeden Fall Pragmatikerin. Sie hat immer nur das geglaubt, was sie selbst erfahren konnte, und zwar mit der ganzen Strenge, derer ein Wissenschaftler fähig ist.

Dieses Bedürfnis, alles zu verifizieren, wird sich sogar in gewissen Fällen als übertrieben erweisen. Doch nicht in der Situation, in der sie sich jetzt befindet. Theologiestudenten möchten mehr über die Agonie Sterbender erfahren, und dazu kommen sie zu ihr! Elisabeth weiß aufgrund ihrer Recherchen in Denver sehr genau, daß es keinerlei wissenschaftliche Untersuchung, keine moderne Dokumentation auf diesem Gebiet gibt. Sie kann diese jungen Leute also nicht abwimmeln, indem sie sie auf eine Bibliothek verweist. Ist sie das nun, die «Grenzzone» des menschlichen Wissens, von der sie von Kindheit an meinte, sich ihr stellen zu müssen?

Der Gedanke, Theologiestudenten anzuleiten, erscheint ihr mehr als seltsam. Aber sie akzeptiert. Sie verspricht, sie zu benachrichtigen, wenn sich eine Gelegenheit bieten sollte. Mehr noch: Sie beschließt, im großen Billings Hospital sofort auf die Suche nach einem Sterbenden zu gehen.

Eine groteske Suche. Ein langer Marsch durch viele Kilometer Flur beginnt. Die Arme ahnt noch nichts. Freundlich spricht sie den ersten Kollegen an, der ihr begegnet:

«Bitte, haben Sie vielleicht in Ihrer Abteilung einen Schwerkranken, der bereit wäre, mit einigen Theologiestudenten zu sprechen?»

«Sprechen? Worüber sprechen?»

«Sagen wir ... über die Art, wie er seinen Zustand erlebt und wie er jetzt, da er am Ende angekommen ist, das Leben sieht.»

Der Kollege lacht laut auf und macht auf dem Absatz kehrt. Ein guter Witz!

Elisabeth versteht nicht. Bei der fünften Weigerung werden die Dinge langsam unangenehm deutlich. Elisabeth stößt auf eine versteinerte Miene nach der anderen: «Eine Verrückte!» Entrüstung:

«Über ihren bevorstehenden Tod sollen sie sprechen? Schämen Sie sich denn gar nicht?» Oder, noch drastischer: «Das erregt Sie wohl sexuell, oder was?»

Eine Krankenschwester ist geradezu außer sich, als sie ihr die Idee vorträgt, einen dreiundzwanzigjährigen Krebskranken zu interviewen: «Darüber wollen Sie mit dem armen Kerl reden? Sie Sadistin!»

Ein freundlicher Chirurg, der Elisabeth nicht für bösartig, sondern nur für etwas versponnen hält, beschwört sie, auf ihr Vorhaben zu verzichten. «Das ist Wahnsinn! Wir legen keinen Wert darauf, daß unsere Todkranken in tiefste Depressionen gestürzt werden! Wir haben es auch so schon schwer genug mit ihnen.»

Nach dreitägiger zäher Suche muß Elisabeth sich dem Offensichtlichen beugen: Sie hat den Finger auf einen äußerst wunden Punkt gelegt. Von oben bis unten, durch die ganze Hierarchie, weigert sich das Krankenhaus, sie auch nur an einen Sterbenden heranzulassen. Fast alle Stationschefs haben ihr die gleiche Antwort gegeben: In ihren Abteilungen wird nicht gestorben.

«Und die Schwerkranken?»

«Denen geht es zu schlecht, als daß wir Ihnen erlauben würden, mit ihnen herumzuspielen.»

Vielleicht wäre es dabei geblieben, wenn Elisabeth nicht schließlich an einem Freitagabend gegen einundzwanzig Uhr, als alle Ärzte schon ins Wochenende gefahren waren, auf den einzigen Arzt im ganzen Billings Hospital gestoßen wäre, der sie verstehen sollte. Ein Mann von etwa sechzig Jahren, der ganz für seine Kranken da war – so sehr, daß er ihnen auch noch freitags gegen neun Uhr einen Besuch abstattete.

Elisabeth sprach ihn an, obwohl sie eigentlich keine Hoffnung mehr hatte. Er hörte sie aufmerksam an. Dann, ohne ein Wort zu sagen, führte er sie zu einem sehr alten Mann, der verloren in einem großen Bett im letzten Zimmer des Ganges lag.

Der alte Mann ißt nicht mehr. Ein weißer Schlauch steckt in seiner Nase. Doch er scheint bei sich zu sein, und sobald er Elisabeths Absicht begriffen hat, macht er ihr ein Zeichen, sich zu setzen. Er will sofort mit ihr sprechen! Doch ihr fallen die vier Studenten ein. Sie sagt sich, eine solche Gelegenheit werde vielleicht lange nicht wiederkehren. Sie murmelt also dem alten Mann ins Ohr:

«Bitte, schonen Sie Ihre Kräfte, ich komme morgen wieder!»

Dann läuft sie, um die Studenten anzurufen.

Doch am nächsten Tag, als sie zu fünft in das Zimmer des alten Mannes kommen, ist der Arme so schwach, daß er den Mund nicht mehr öffnen kann. Elisabeth spürt, wie ihr kalter Schweiß über den Rücken läuft. Sie ergreift die Hand des Mannes, der mit großer Mühe stammelt: «Trotzdem . . . vielen Dank.»

Die Krankenschwester gibt ein Zeichen. Sie müssen gehen, mit gesenkten Köpfen, schrecklich niedergeschlagen. Kaum ist sie wieder in ihrem Büro, läutet Elisabeths Telefon. Es ist die Krankenschwester: Der alte Herr sei soeben gestorben. Ein Kloß sitzt in Elisabeths Hals. Sie sieht sich, wie sie am Vorabend dem alten Mann das Gespräch verweigerte, und zwar mit einer Leichtigkeit, die ihr jetzt Übelkeit verursacht. Unendliche Scham durchflutet sie. Die Studenten gehen schweigend davon. Elisabeth bleibt allein in ihrem kleinen Büro.

Zum Glück hat sie ihren Analytiker, bei dem sie sich aussprechen kann! Binnen weniger Wochen versteht sie, wie unentbehrlich diese Psychoanalyse angesichts des Gebietes ist, das sie zu erforschen gedenkt. Auch angesichts der Schnelligkeit, mit der die Ereignisse nun aufeinander folgen. Schon wenige Tage später bietet sich eine zweite Gelegenheit: Ein anderer alter Mann in der Abteilung des gleichen Kollegen liegt im Sterben.

Diesmal findet das Gespräch statt. Was die vier sofort herbeigeeilten Studenten frappiert, ist die Selbstverständlichkeit, mit der Elisabeth den Kranken anspricht. Ihre Stimme ist weder gezwungen noch ängstlich; sie spricht mit Wärme und Aufmerksamkeit. Niemals erwähnt sie selbst das nahe Ende des Sterbenden. Doch als dieser sagt: «Ich weiß, daß ich nicht mehr viel Zeit habe», weicht Elisabeth nicht aus. Sie fragt nur: «Was empfinden Sie bei dem Gedanken, nicht mehr viel Zeit zu haben?» Der alte Herr wirkt überrascht, zuckt die Achseln und murmelt etwas, das die Studenten nicht gleich verstehen. Elisabeth wiederholt den Satz mit leiser Stimme, sowohl für die Studenten als auch für den Sterbenden selbst:

«Sie sagen, daß Sie Ihren Sohn seit zwei Jahren nicht mehr gesehen haben. Sie hatten einen Streit, und dann ist er gegangen. Und jetzt haben Sie Angst, ihn nicht mehr wiederzusehen; ist es so?»

Der alte Mann nickt nur. Elisabeth verspricht, ihr möglichstes zu tun, um den jungen Mann zu finden, ehe es zu spät ist. Die Theologiestudenten halten den Atem an. Sie werden sich ihr Leben lang an diese Szene, an dieses Gespräch erinnern.

Tatsächlich gelingt es ihr binnen weniger Tage, den verschollenen Sohn zu finden und zu veranlassen, seinen Vater im Krankenhaus zu besuchen. Der alte Mann stirbt wenige Tage darauf, beruhigt und friedlich.

Doch die eigentliche Arbeit von Elisabeth Kübler-Ross besteht noch immer darin, Psychiatrie zu lehren. Das tut sie auf zweifellos etwas unorthodoxe Art; sie stützt sich dabei auf ihre New Yorker Erfahrungen. Von Thanatologie, von Sterbekunde also, ist noch keine Rede. Elisabeth hält einen Kurs über die Kommunikation mit Psychotikern ab, äußert ihre Überzeugung, man könne sogar mit einem zur Statue erstarrten Menschen kommunizieren, wenn man der Stimme des Herzens folge. Zur gleichen Zeit führt jenseits des Atlantiks in den Cevennen ein Mann namens Deligny lange Gespräche mit autistischen Kindern; er wird zu ähnlichen Schlüssen gelangen.

Kurz, Elisabeth führt das «normale» Leben einer Assistenzprofessorin für Psychiatrie. Sie erhält ausgezeichnete Beurteilungen: Fünf Jahre hintereinander wird sie von den Studenten zur «besten Professorin des Jahres» gewählt. Ihre Lehrmethode entspricht der ihrer alten Zürcher Lehrer: Sie lädt – wie schon in Denver die an Leukämie leidende Linda – Kranke, in diesem Fall psychisch Kranke, dazu ein, sich vor den Studenten mit ihr zu unterhalten.

In Chicago hat der Kurs noch einen raffinierteren Aspekt. Das Gespräch findet in einem Raum statt, den die Studenten «Aquarium» nennen. Es ist ein kleines Zimmer mit einem von einer Seite durchsichtigen Spiegel. Die Kranken werden darüber informiert, daß die Studenten hinter diesem Spiegel sitzen, aber sie sind auf diese Weise weniger gehemmt, als wenn sie die vielen Gesichter sähen, die aufmerksam jedem ihrer Worte lauschen. So entsteht der technische Rahmen dessen, was man bald als «Seminar» bezeichnen wird.

Am Anfang sind die kranken Gesprächspartner Psychotiker oder Schizophrene. Doch eines Tages klopft eine buntgemischte Studentendelegation an Elisabeths Tür: Medizinstudenten, Krankenschwestern und Theologiestudenten. Wieder die gleiche Bitte: «Helfen Sie uns, mit Sterbenden zusammenzukommen, und sagen Sie uns, wie wir mit ihnen sprechen sollen.»

Tatsächlich sind es die Krankenschwestern, die ihre Bitte am dringlichsten formulieren. Sie sind es schließlich, die in den Kliniken Tag für Tag mit den Sterbenden umgehen und mit den Kranken bis zur letzten Stunde «Zwiesprache» halten müssen. Die Ausbildung, die sie erhalten haben, war im Hinblick auf «Hilfe für Sterbende» sehr dürftig.

Einige der Krankenschwestern haben von Elisabeths Vortrag in Denver gehört. Mehrere haben ihren Psychiatriekurs besucht. Sie machen ihr einen Vorschlag: Warum lädt sie nicht einen Sterbenden ein, um wie mit den Psychotikern im «Aquarium» vor dem Spiegel mit ihm zu sprechen?

Elisabeth überlegt. Man kann sich tatsächlich nicht zu fünfzig Personen im Zimmer eines Sterbenden im «Endstadium» drängen. Aber vor dem Spiegel! Ihre Kollegen werden laut aufschreien, das ahnt Elisabeth. Doch die Studenten und Krankenschwestern beharren auf ihrem Wunsch. Sie wollen unbedingt mehr über die letzten Augenblicke des Lebens erfahren. Elisabeth erklärt sich bereit, ihnen dabei zu helfen.

Und es ist ein Schock.

Es sind viele Schocks.

Jeder erlebt seinen eigenen: Elisabeth, die Krankenschwestern, die Ärzte, die Wissenschaft, die Welt und wir.

Der erste Schock ist der Elisabeths. Man schreibt das Jahr 1966. Sie ist jetzt Amerikanerin. Das wird ihr bei einem kurzen Aufenthalt in der Schweiz bewußt. Einem kurzen und sehr eigenartigen Aufenthalt. Ohne es sich recht eingestehen zu wollen, hatte Elisabeth eines Abends das Gefühl, ihre Mutter rufe sie zu Hilfe. Sie will rational bleiben, doch der Ruf wiederholt sich mehrere Abende hintereinander, und schließlich gibt sie nach und nimmt das Flugzeug nach Zürich.

Ohne ihre Ankunft vorher angekündigt zu haben, erscheint sie bei ihrer Mutter und trifft diese bei bester Gesundheit an. Sie sagt sich, sie leide an Einbildungen und sei überarbeitet. Doch als die Mutter die Tochter schließlich zum Flughafen zurückbegleitet, in letzter Minute, sagt sie: «Elisabeth, ich möchte, daß du mir eines versprichst: Wenn ich jemals senil und hilflos werden sollte, hilfst du mir, ein Ende zu machen.»

Elisabeth schweigt lange, und dann sagt sie sehr entschieden: «Niemals! Ich würde mich in Stücke schneiden lassen, um dir den Tod leichter zu machen, aber ihn herbeiführen – niemals!»

Frau Kübler sieht ihre Tochter aufmerksam an, und Elisabeth fügt hinzu: «Wirklich, Mutter, ich komme immer mehr zu der Überzeugung, daß *nichts* uns berechtigt, das Leben eines Menschen abzukürzen. Nichts. Es wäre Diebstahl.»

Sie weiß, daß die Ärzte über ein jährlich wachsendes Arsenal von Medikamenten verfügen, um physische Schmerzen zu lindern. Doch für sie ist klar, daß diese Medikamente den Sterbenden in keinem Fall geistig verwirren dürfen. Alles in ihr lehnt sich auf gegen die bewußtlose Agonie. Ihrer Meinung nach kann niemand und nichts die *Vergeudung* einer so wichtigen Phase im Leben eines Menschen rechtfertigen. Es ist ein absolutes Paradox (und noch hätte sie Mühe, sich eingehend zu diesem Thema zu äußern), aber der bloße Gedanke, daß es möglich ist, die *fünfte Phase* zu erreichen, gibt ihrer Stimme eine Sicherheit, die ihre Mutter beeindruckt. Diesen so außergewöhnlichen Zustand, in dem Lebende und Sterbende manchmal in völliger Harmonie vereint sein können. Manchmal zum ersten und einzigen Mal in ihrem Leben. Jeder wirkliche Mensch, so denkt sie, müßte zutiefst berührt sein von der Idee, daß im letzten Augenblick so etwas wie Schönheit und Mitgefühl möglich sein könnte. *Mit*gefühl. Fühlen *mit.*

In diesem Moment weiß sie noch nicht, daß diese ihre Sicht des Mitgefühls in sehr bitterer Weise auf die Probe gestellt werden wird, und zwar für lange Jahre. Denn sechs Monate später erkrankt Frau Kübler und ist von Kopf bis Fuß gelähmt.

Bei einem weiteren Besuch erkennt Elisabeth, daß ihre Mutter binnen kurzem wahrscheinlich auch nicht mehr wird sprechen können. Totale Paralyse. Um die Angst zu vertreiben, bemüht sich die junge Frau, ein Kommunikationssystem einzurichten. Ihre Mutter kann nur noch die Augen öffnen und schließen. So kann sie wenigstens «nein» (einmal die Lider schließen) und «ja» (zweimal die Lider schließen) sagen. Dann fertigt Elisabeth eine Tafel an, auf der zahlreiche Worte und Begriffe stehen: «Durst», «Pipi», «Es juckt mich am Rücken» oder «... am Hals» oder «... am rechten Fuß». Die Methode ist einfach: Die Pflegeperson zeigt mit dem Finger auf die Begriffe und beobachtet die Augen der Kranken. Elisabeths Überzeugungen werden auf eine harte Probe gestellt. Vielleicht wäre es schließlich doch besser, die Mutter sanft einschlafen zu lassen?

Doch Elisabeth hält stand. Sie beginnt jetzt zu verstehen, daß die unbezweifelbare «Rückkehr zum Kindsein», die der Sterbende durchmacht, keineswegs eine Rückkehr in irgendeinen rudimentären Bewußtseinszustand ist, sondern im Gegenteil eine besondere Art von Wachheit und vollkommen neue Gefühle erzeugt. Selbst unter der Maske der Senilität.

Der zweite Schock trifft die Studenten ihres Seminars, denn Elisabeth hat ihren Vorschlag akzeptiert: Sie wird sich, wann immer das möglich ist, im «Aquarium» mit Sterbenden unterhalten.

Sie macht sich also wieder auf die Suche nach einem Sterbenden. Binnen einer Woche findet sie jemanden, wieder in derselben kardiologischen Abteilung. Diesmal handelt es sich um eine dicke, fünfzigjährige Frau, Mutter von neun Kindern. Die jüngsten sind noch klein. Arbeitermilieu; Elend, Leid, Hoffnungslosigkeit.

Augenscheinlich befindet sich diese Frau in der ersten Phase: Verweigerung. Sie hat starke Nerven und wehrt sich kraftvoll: Sie wird nicht sterben! Sie trotzt dem Tod. Doch kaum hat Elisabeth ein wenig mit der Frau gesprochen, stellt sich heraus, daß sie sich eher in der zweiten Phase, der der Wut, befindet. Sie gehört im Augenblick zur Kategorie der gefürchteten, die Schwestern erschöpfenden Schwerkranken: Sie beklagt sich unablässig. Sie ist wütend auf alles und jeden. Da man weiß, daß für sie keine Hoffnung mehr besteht, wagt man nicht, ihr zu widersprechen, aber das verschlimmert die Lage nur.

Kaum hat Elisabeth ihr vorgeschlagen, einer Gruppe von Krankenschwestern und Studenten «ihre Klagen vorzutragen», beruhigt sich die Frau. Sie ist überrascht. Sie soll zu Studenten sprechen? Warum? «Um uns etwas zu erklären», sagt Elisabeth. Bald wird sie sagen: «Damit Sie uns etwas lehren», und Bettlägerige, die sich für unnütz halten, aufs Podium des Professors bitten.

Im «Aquarium» (dem Zimmer mit dem durchsichtigen Spiegel) hört die Mutter von neun Kindern auf zu schimpfen. Sie sagt, sie werde sterben, sie wisse es, und sie könne die Heuchelei rund um ihr Bett nicht ertragen. Es wäre ihr lieber, wenn man energischer mit ihr umginge. Deutlicher. In dem Stadium, in dem sie sich befindet, ganz am Ende der Sackgasse, wünscht sie sich, etwas tief in ihr würde sich *entspannen*. Hinter dem Spiegel erleben die Krankenschwestern nun mit, wie eine ihrer schwierigsten Kranken sich vor ihren Augen verwandelt. Sie können es nicht fassen.

Die Medizinstudenten des Billing Hospitals hingegen sind von dem Schock, den sie erleben, schmerzlich berührt. Einerseits warnen ihre Lehrer dringend davor, sich auf «rein emotionale» Dinge einzulassen, andererseits wohnen sie Elisabeths Demonstrationen bei. Und im «Aquarium» kommt es vor allem auf die Emotionen an.

Manche ergriffen die Flucht, sobald die Frau auf der anderen Seite des Spiegels sagte: «Ich werde sterben.» Andere weinten. Wieder andere waren betroffen und spürten, daß sie wütend wurden.

Und dann der Schock der anderen Ärzte.

Eine junge, etwas überspannte schweizerische Psychiaterin hat öffentlich eine Patientin des Krankenhauses über ihren bevorstehenden Tod befragt. Das hat sofort einen Anflug von Skandal. Manche sind offen empört. Nur ein Aasgeier kann sich in dieser Weise für Todgeweihte interessieren! Jedenfalls ist die Geschichte gefährlich. Man spielt nicht ungestraft mit Tabus. Wer ist diese Person überhaupt? Die Vorgesetzten versuchen, die Sache zu stoppen. Aber es ist schon zu spät. Freiwillig oder unfreiwillig, das Billings Hospital wird dem Seminar von Dr. Elisabeth Kübler-Ross drei Jahre lang wöchentlich einen Sterbenden liefern.

In der Tat verbreitet sich die Neuigkeit schnell, sowohl innerhalb als auch außerhalb des Krankenhauses. 1968 wird Elisabeths Unterhaltung mit den Sterbenden hinter dem durchsichtigen Spiegel inoffiziell ins Lehrprogramm der Universität von Chicago aufgenommen. Man redet darüber. Ein ganz neues Forschungsgebiet eröffnet sich. Elisabeth wird auf dem Universitätsgelände zu einer prominenten Erscheinung.

Betrachten wir ein einfaches Beispiel aus den Tausenden von Dialogen, die Dr. Kübler-Ross mit Sterbenden geführt hat.

Es handelt sich um einen etwa fünfzigjährigen Kranken mit einem Tumor, nur noch Haut und Knochen, gelb, die Haare ausgefallen. Seit Wochen befindet er sich nun schon in diesem Zustand. Die Krankenschwestern können es kaum mehr ertragen, denn er ist leider ein unausstehlicher Patient. Er beklagt sich pausenlos und belästigt alle Welt mit Nichtigkeiten. Die Schwestern haben Schuldgefühle und geben sich besondere Mühe, weil sie ihn nicht mögen. Sie fragen sich oft, woran er sich noch klammert.

Elisabeth Kübler-Ross beginnt: «Guten Tag, ich bin Dr. Ross. Ich führe eine Untersuchung bei den Kranken durch. Darf ich mich einen Augenblick setzen?»

Der Sterbende wirkt ärgerlich, nickt aber. Die Unterhaltung beginnt auf die klassische Art. EKR fragt ihn nach seinem Alter, nach seiner Krankheit, ob er Familie habe ... Nach wenigen Sätzen fängt der Sterbende an zu sprechen:

«Ich bin letzten April zum ersten Mal ins Krankenhaus gekommen. Und da hat man mir gesagt, daß ich Krebs habe ...»

«Wie haben Sie das aufgenommen?»

«Tja, es war ein Schock!»

«Sie hatten nicht damit gerechnet?»

«Ich kam nur wegen meines Bauchs. Ich hatte abwechselnd Durchfall und Verstopfung, und das fand ich seltsam ... Aber an Krebs hatte ich nie gedacht.»

Der Arzt des Mannes war unglaublich deutlich: «Sie sind verloren. Mein Vater hatte genau dasselbe wie Sie und ist daran gestorben.»

Einfach so, mitten ins Gesicht. Er hat dem Kranken nichts erspart. Solche Ärzte sind selten. Gewöhnlich könnte man ihnen eher vorwerfen, daß sie nicht wagen, etwas zu sagen. Der Krebskranke in seinem Bett erzählt Elisabeth sein Leben. Zuerst stockend, dann immer flüssiger. Er ist am Ende, aber er wird lebhafter. Er ist Chemieingenieur und mit einer Englischlehrerin verheiratet. Einer sehr guten Lehrerin, auf die sich die Schüler nach den Ferien immer freuen. Sie haben zwei Söhne, zwanzig und zweiundzwanzig Jahre alt. Sie hatten auch eine Tochter. Sie ist gestorben, an der Hitze, im Iran. Sie hat ihrem Mann, der auf den Ölfeldern arbeitet, zwei kleine Kinder hinterlassen.

Der Krebskranke erzählt mit heiserer Stimme. EKR hört zu. Sie sucht in dem Bericht des Mannes das *Paßwort*, das ihm fehlt, um endlich sterben zu können. Sein ganzer Körper verlangt nichts anderes, das ist offensichtlich. Und doch ist er noch da, klammert sich ans Leben, und EKR weiß sehr gut, was das bedeutet: Da gibt es *unerledigte Dinge*, Arbeit, die nicht getan wurde. Was fehlt diesem Mann? Liegt es daran, daß er die «Trauerzeremonie» um seine in der Fremde verstorbene Tochter nicht vollzogen hat? Das könnte sein. Viele Menschen haben die Trauer um jemanden oder etwas nicht aufgearbeitet. Doch nein, das scheint es nicht zu sein. Was hindert diesen Mann am Sterben? Was hält ihn so schmerzhaft fest? Es scheint auch nicht der rein instinktive Lebenswille zu sein. Aber was dann? Er beginnt, von seiner Frau zu sprechen.

Die psychischen Konflikte, die uns unser Leben lang bewegt haben, beruhigen sich nicht, sondern werden aufgepeitscht, wenn der Tod sich ankündigt. Obwohl es den gegenteiligen Anschein hat. Der Betreffende kann völlig senil oder abwesend wirken, doch seine psychischen Knoten sind *da*.

Bald kommt EKR darauf, daß dieser Mann seiner Frau gegenüber einen heftigen Minderwertigkeitskomplex hat. Sie ist eine dominante Superfrau, die, seiner Schilderung zufolge, über ungeheure Energien verfügen muß. Je länger er mit ihr lebte, desto schwächer und mittelmäßiger fühlte er sich neben ihr. Sie hat ihm vorgeworfen, ein Schwächling zu sein, zu wenig zu verdienen, ein Versager zu sein.

Das Schlimmste ist, daß die beiden Söhne sind wie er. Nullen. Der eine hat es nicht einmal geschafft, in die Armee aufgenommen zu werden. Was für eine Schande!

«Und jetzt», schließt der Mann, «werde ich sterben. Mit zweiundfünfzig Jahren. Eine absolute Null.»

Das Gespräch mit EKR hat nur zwanzig Minuten gedauert. Doch er hat so noch nie mit jemandem geredet. Einmal sagt er: «Ich bin sicher, daß mein Tod für meine Frau der endgültige Beweis meiner Mittelmäßigkeit sein wird.»

Er selbst hat seinen Tod als erster erwähnt. Also fragt EKR ihn: «Was empfinden Sie bei dem Gedanken zu sterben?»

Er überlegt und antwortet dann, im Grunde mache er sich nichts daraus. Er sei gläubig. Sein Leben lang habe er in seiner Pfarrei den

Katechismus vorgelesen. Offensichtlich genügt das aber nicht, ihm Gelassenheit zu geben.

Am nächsten Tag sucht Elisabeth die Ehefrau auf, die beliebte Englischlehrerin. Tatsächlich eine tüchtige Person. Eine gutaussehende, kräftige Blondine, die die Ärztin in ihrem Büro empfängt und gleich erklärt, sie habe leider nicht mehr als eine halbe Stunde Zeit für die «psychischen Probleme» ihres Mannes. «Gegen die können wir leider nichts machen.»

«Da bin ich anderer Meinung», erwidert Elisabeth. «Sie können durchaus etwas tun.»

Die Lehrerin lächelt gereizt:

«Hören Sie, lassen wir das. Mein Mann hat nur noch ein paar Tage oder Stunden, und ich kann *nichts* für ihn tun.»

«Verzeihen Sie», beharrt Elisabeth, «aber Sie irren sich. Ihr Mann hat im Grunde das Gefühl, immer ein Verlierer gewesen zu sein, ein Versager, und Sie ...»

«Was?»

Die Frau reagiert sofort heftig:

«Ein Versager? Was soll das heißen? Ich kenne meinen Mann schließlich besser als Sie! Sie sind Psychiater und machen Leute schlecht, die im Sterben liegen? Bravo!»

EKR tut so, als protestiere sie:

«Mit *Versager* meinte ich ...»

«Von *Versager* kann keine Rede sein!» ruft die Frau. «Das ist ja wirklich allerhand. Mein Mann war sein Leben lang der anständigste Mensch, den ich kenne! Sein Leben lang ist er in seine verrückte Kirche gelaufen, hat all seine Wochenenden geopfert, um zu helfen ... Und Sie wollen mir erzählen, daß er ...»

EKR unterbricht sie:

«Augenblick. Haben Sie Ihrem Mann jemals das gesagt, was Sie mir gerade gesagt haben?»

«Mein Mann weiß sehr gut, daß ...»

«Dann laufen Sie! Aber schnell! Er steht schon auf der Schwelle. Und Sie wollen ihn so gehen lassen, ohne ihm etwas mit auf die Reise zu geben. Er wartet. Das tut weh, wissen Sie.»

Am nächsten Morgen kommt die Frau ins Krankenhaus.

EKR sagt zu dem Sterbenden:

«Ich glaube, Ihre Frau hat Ihnen etwas zu sagen.»

Die Lehrerin ist verlegen. Sie stottert:

«Ich sagte zu Dr. Ross, daß du ... daß du immer ...

Sie beginnt zu weinen. EKR geht hinaus und läßt das Ehepaar, das sich umarmt hält, allein.

Am Abend wirkt der Mann zum ersten Mal seit Wochen entspannt und ruhig. Er hat die *fünfte Phase* erreicht.

Am nächsten Morgen ist er tot.

Es gäbe viele Fallbeispiele zu erzählen und Zeugnisse zu zitieren. Die dritte Phase der Agonie ergibt die längsten Szenarien. Das ist die Zeit, in der die Menschen zu schachern versuchen. «Doktor, versprechen Sie mir, daß ich bis Weihnachten durchhalte.» Oder: «Bis mein Sohn aus Indochina zurückkommt.» Das entspricht den großen mythischen «Geschäften»: «O Gott, halte den Lauf der Sonne auf, und mein Sieg wird Dein sein!»

Die Ärzte äußern sich nicht dazu. Elisabeth Kübler-Ross ist gegen jede Prognose, vor allem wenn es um Lebensfristen geht. Sie sagt nie, auch nicht, wenn der Kranke nicht dabei ist, der oder jener habe noch eine Woche, einen Monat oder ein Jahr. Niemals. *Man weiß nie*, wann die Menschen sterben werden. Sie hat sehr schnell begriffen, daß man sich in der Hälfte der Fälle irrt. Die Hoffnung muß immer erhalten bleiben.

Die dritte Phase ist ein merkwürdiges Nebeneinander von Überlebenshoffnung und Todesgewißheit. Die Todgeweihten bewahren sich eine enorme Lebensenergie. Sie handeln. Die vierte Phase ist unauffällig. Der Mensch wird melancholisch. Das Problem ist, daß die Umgebung oft in der ersten Phase (der Verweigerung) steckenbleibt und den Sterbenden daran hindert, seine vierte Phase angemessen zu durchlaufen. Alle versuchen verzweifelt, ihn aufzuheitern. Dabei muß er sich doch eine Vorstellung bilden von dem, was ihn erwartet. Er muß sich darauf vorbereiten, psychisch auf alles zu verzichten. Das geht nicht von selbst. Man muß ihn seine eigene Trauer durchleben lassen. Hier kann therapeutische Hartnäckigkeit sadistisch werden – weil man dem Sterbenden verbietet, sich zu entwickeln, die Depression hinter sich zu lassen. Oft möchte er niemanden mehr sehen. Oder nur einen einzigen Menschen – eine Kusine, einen Freund oder einfach eine Krankenschwester.

Natürlich ist das nur ein Schema, eine Struktur. In Wirklichkeit gibt es nie so klare Abfolgen. Die verschiedenen Phasen überschneiden sich. Manche wiederholen sich zwei- oder dreimal. Es gibt wiederholte Verweigerungen, erneute Wut, flehentliche Bitten. Doch der generelle Ablauf der Phasen ist anscheinend immer der gleiche. Und wenn nichts das Durchleben der ersten vier Phasen blockiert, scheint der Sterbende automatisch in die fünfte zu treten. Das kann einige Jahre oder einige Stunden dauern. Aber dann endlich beginnt die fünfte Phase. Die Öffnung.

Die Ärzteschaft setzt EKRs Arbeit hartnäckigen Widerstand entgegen. Für bestimmte Kollegen ist sie ein für allemal als «Aasgeier» abgestempelt. Sie hegen die gleichen Befürchtungen wie Ronald Siegel. Sie sehen das Irrationale die Welt überfluten, finster und erschreckend.

Das Mißverständnis zwischen den Kollegen und Elisabeth Kübler-Ross ist total. Doch ihr Seminar erfährt so viel Zuspruch, daß es schwierig wird, ohne Argumente dagegen zu sein. Und *es gibt kein Argument*, das dieser Praktikerin standhält. Sie selbst argumentiert nicht. Nur durch ihre Praxis wird Elisabeth in der ganzen «Krankenhausszene» berühmt, von den «harten» Krebszentren bis zum Archipel der Altenheime. Und auch in den Schwesternschulen. Überall geht die Neuigkeit um: Es gibt da eine ungewöhnliche Person, eine Psychiaterin, die mit Sterbenden über den Tod spricht und behauptet, man dürfe niemanden seines Todes berauben; das Leiden bleibe zwar eine Prüfung, die zu lindern sei, aber der Tod könne zur Initiation werden und die Sterbenden zu Lebenslehrern.

Außer am Billings Hospital lehrt Elisabeth bald an etlichen anderen Instituten, richtet auch an der theologischen Fakultät einen psychiatrischen Kurs ein. Auf manchen Universitäten beginnt man, ihrem Beispiel zu folgen.

Doch das ist erst der Anfang.

Die Bekanntheit in der breiten Öffentlichkeit wird ganz plötzlich eintreten, im Spätherbst 1969, in drei Schritten sozusagen:

Eins: Elisabeth schreibt ihren ersten Artikel in der medizinischen Rundschau der Universität von Chicago.

Zwei: Zufällig liest der New Yorker Verleger MacMillan diesen

Artikel und ruft EKR sofort an: Er will unbedingt ein Buch von ihr. Sie sagt ihm, sie wisse nicht, wann sie es schreiben könne. Der Verleger ist unglaublich hartnäckig. Sie sagt schließlich zu. Das Buch wird *On Death and Dying* heißen. Sie schreibt es innerhalb von drei Monaten, indem sie täglich von Mitternacht bis drei Uhr früh arbeitet.

Drei: Die ersten Abzüge zirkulieren. *Life* ist interessiert. Ein Team der Zeitschrift kommt zu einem Gespräch mit Elisabeth, und sie muß zugeben, daß die breite Öffentlichkeit ein Recht hat, informiert zu werden. Ein Journalist und ein Fotograf werden also eingeladen, am ersten Novemberseminar teilzunehmen. Elisabeth hat vor, an diesem Tag mit einem Großvater zu sprechen, der schon lange mit sich im reinen ist, witzig und voller Weisheit. Doch leider stirbt der Mann einen Tag zuvor. Elisabeth weiß nicht, wen sie nun interviewen soll. Es gibt mittlerweile immerhin drei sympathisierende Ärzte, die ihr helfen, Todkranke zu finden – verschwiegen und fast heimlich. EKR sucht ihre Abteilungen auf und trifft Eva. Eine bezaubernde Braunhaarige von zweiundzwanzig Jahren, die an Leukämie leidet. Ein merkwürdiger Zufall. Fünf Jahre nach Linda nun Eva.

Das Team von *Life* ist fasziniert.

Der Artikel erscheint am 21. November 1969.

Über Nacht werden Elisabeth Kübler-Ross und die junge Eva zu Stars.

Doch die Leiter des Billings Hospitals sind außer sich vor Zorn. Die Public-Relations-Abteilung droht, geschlossen zu kündigen. Es sei unerhört: Sie bemühten sich das ganze Jahr über, dem Haus ein vor Gesundheit und Leben strotzendes Image zu geben, und da käme diese Frau daher und mache es in der ganzen Welt für eine seiner Sterbenden berühmt! Noch dazu eine so junge! Abteilungsleiter werden gerügt, Krankenschwestern getadelt, Assistenten streng zur Ordnung gerufen. Und man gibt ein Rundschreiben heraus, in dem Elisabeth der Zutritt zu den meisten Stationen verboten wird.

Ihr Seminar steht zwar noch immer auf dem Programm der Universität von Chicago, doch sein Boykott ist total. Man beginnt, ihr aus dem Weg zu gehen.

Zweifellos hätte sie das Feld geräumt, wenn Eva nicht gewesen wäre und die Flut von Briefen und Reaktionen auf den Aritkel.

Tausende von Briefen aus allen Himmelsrichtungen. Von Krankenschwestern, Ärzten, Priestern, vor allem aber von Kranken und ehemaligen Kranken, ein Strom begeisterter Zuschriften, der EKR in ihrer Auffassung bestätigt und tausend Fragen stellt. Nach einigen Wochen der Unentschlossenheit findet sie ihre Kraft wieder und nimmt ihr Seminar erneut auf; diesmal aber außerhalb der Universität, die sie bald darauf verläßt.

Eva stirbt am 1. Januar 1970.

Und jetzt verändert sich etwas in Elisabeth. Jetzt fühlt sie sich ganz und gar erwachsen. Die skeptischen und negativ eingestellten Vorgesetzten machen ihr keine Angst mehr. Zum Teufel mit ihrer Vorsicht! Denn es gibt eine Menge eigenartiger Dinge, über die sie bisher geschwiegen hat. Dinge, die sie gesehen, gehört oder in Gegenwart Sterbender gespürt hat, denen sie bislang jedoch kaum Beachtung geschenkt hat. Aus Vorsicht. Aus wissenschaftlicher Furcht vor dem Unbekannten. Und auch aus Mangel an Reife.

Mit dem Verschwinden jener Menschen, die früher jemanden bis zur Schwelle des Todes begleiteten, waren auch die Visionen verschwunden (die *Paßwörter*, wie die Alten zu sagen pflegten), die vom Rand des Abgrunds über Generationen hinweg weitergegeben wurden. Diese Paßwörter waren einfach verlorengegangen. Man hatte noch alte Übersetzungen davon, doch sie waren ohne Nutzen. Denn die Weitergabe muß am Schauplatz selbst erfolgen. Und diesen Schauplatz hatte die Religion der Medizin, der Wissenschaft überlassen müssen.

Die Pfarrer in den Krankenhäusern? Die leisteten nur noch psychologische Sozialarbeit. Doch Begleiter sein bis ans Ufer des schwarzen Sees? Nein. Es gab keine Begleiter mehr.

Die Uferböschungen des Sees waren verwildert. Die Kühnheit und das Herz einer Frau wie Elisabeth mußten erst eine neue Schneise bis ans Wasser schlagen und einen sehr alten Übergangsritus wiedereinführen.

Wer diese Uferböschung erreicht, bringt manchmal seltsame Zeugnisse mit. So war es auch bei Frau Schwarz, die Elisabeth eines Tages zu ihrem Seminar eingeladen hatte. Eine Frau von etwa vierzig Jahren, die von einem schrecklichen Krebs langsam verzehrt wurde. Sie war eine Hausfrau aus Indiana. Ihr Mann litt unter schizophrenen

Schüben. Während seiner Krisen versuchte er immer, das jüngste ihrer vier Kinder zu töten, das einzige, das noch zu Hause lebte. Ein paarmal schon wäre der Junge ohne das Eingreifen seiner Mutter zu Tode gekommen. Als sie ins Krankenhaus eingeliefert wurde, hatte Frau Schwarz schreckliche Angst: Was würde geschehen, wenn ihr Mann während ihrer Abwesenheit einen Anfall hätte? Sie schlief nicht mehr. Sie wußte zwar, daß eine ihrer Schwestern über ihren Sohn wachte, doch die innere Unruhe blieb.

Dann wurden die Krankenhausaufenthalte häufiger, und sie war es so müde, immer wieder zu kämpfen, um am Leben zu bleiben, stets mit dem Bild des bedrohten Kindes vor Augen! Mit einem Mal ertappte sie sich bei dem Gedanken: «Dann eben nicht. Ich gebe auf!»

Und da spürte sie, wie ganz sanft Frieden über sie kam. Sie öffnete die Augen, sah noch eine Krankenschwester ihr Zimmer betreten und starb mit einem letzten Schluckauf. Zumindest war es das, was die Krankenschwester feststellte, die zum Bett stürzte, ihren Puls kontrollierte und sofort das Reanimationsteam rief. Doch Frau Schwarz selbst erlebte die Szene anders.

Während sich das Gefühl des Friedens verstärkte, hatte sie etwas wie eine Anziehungskraft von oben gespürt. Binnen kurzem «schwebte» sie irgendwo über dem Bett, und zwar in völliger Gelassenheit. Merkwürdigerweise war der Anblick ihres eigenen, blassen und verkümmerten Körpers, der da unten lag, von einem sehr eigenartigen Gefühl... der Erheiterung begleitet. Einer Mischung aus extremer Nähe und äußerstem Abstand, wie sie zu verstehen gab.

«Sie hielten sich wirklich für tot?» hatte Elisabeth gefragt.

Frau Schwarz bejahte. Sie erzählte, sie habe aus einer Höhe von ungefähr drei Metern deutlich gesehen, wie das Reanimationsteam sich mit ihr beschäftigte, Nadeln in ihre Venen stieß. Sie sah jedes Detail, die Augenfarbe der Ärzte, die Haare in ihren Ohren. Mehr noch, sie hatte den Eindruck, ihre Gedanken lesen zu können. Da war beispielsweise eine Krankenschwester, die innerlich dauernd eine kleine Melodie summte.

Frau Schwarz fühlte sich, vielleicht zum ersten Mal in ihrem Leben, wirklich wohl. Sie versuchte, es denen zu sagen, die sich so anstrengten, sie zu «retten». Damit sie sich beruhigten, näherte sie sich ihnen, versuchte, sie zu berühren, und merkte – erst jetzt –, daß sie sie zwar sah, aber von ihnen nicht einmal wahrgenommen wurde. Mehrmals wiederholte sie den Versuch, sich bemerkbar zu machen. Vergebens. Da gab sie zum zweiten Mal auf! Ihre genauen Worte: «Da habe ich es vorgezogen, bewußtlos zu werden.» Und sie erwachte in ihrem Bett und in ihrem Körper. Ihr Herzstillstand hatte eine Dreiviertelstunde gedauert! Das Reanimationsteam hatte sie wirklich für tot gehalten. Zum Schluß hatten sie sogar ein Elektroenzephalogramm gemacht: eine flache Linie. Klinisch tot.

Das war das erste Mal, daß Elisabeth eine solche Geschichte hörte.

Danach brachte man die Patientin wie üblich in ihr Zimmer zurück, und die Dikussion begann. Die Studenten protestierten: Wer ist diese Verrückte? Warum hatte Elisabeth sie reden lassen? Warum hatte sie ihrem Wahn kein Ende gemacht? Warum hatte sie nicht zu der Frau gesagt: «Es tut mir leid, aber man bezeichnet das als Halluzination.» Ja, warum? Zweifellos gab es eine Erklärung für all das, aber welche?

»Ich weiß wirklich nicht«, sagte Elisabeth zu den Studenten, «um welches Phänomen es sich dabei handeln könnte, aber warum hätte ich diese Unglückliche bei ihrem Bericht unterbrechen sollen? Ein Wissenschaftler beeilt sich auf keinen Fall, eine Sache zu beenden, die er nicht versteht.

Wenn die Geschichte von Frau Schwarz irgend etwas Realem entspricht, dann muß es noch andere Fälle geben und wir können sie untersuchen.»

Es gab eine zweite Frau Schwarz. Und eine dritte.

Doch Elisabeth sprach nicht mehr darüber. Das ging zu weit über ihr Gebiet hinaus. Jahrelang sammelte sie Hunderte von Daten über das «Schwarz-Syndrom». Sie paßten zu all den eigenartigen Feststellungen, die sie seit dem Krieg gemacht hatte, wenn sie mit Sterbenden zusammen war, die die fünfte Phase erreicht hatten.

Wir schreiben das Jahr 1970. Nach der Veröffentlichung des *Life*-Artikels macht Elisabeth sich daran, systematisch all den Universitäten, Schulen und Krankenhäusern zu antworten, die sie nun zu Vorträgen einladen. Die Reaktion ist tausendmal größer, als sie erwartet hatte.

Man ruft sie von überall her. Sie kommt. Sie fliegt. Ihre beiden Kinder sehen sie nicht mehr oft. Ihr Mann, Emmanuel Ross, kann diesen Zustand nicht mehr ertragen. Langsam hat ihre Beziehung sich verschlechtert. Seit Denver. Seit Elisabeths erstem Vortrag über den Tod. Sehr viel später werden sie wieder zueinander finden. Für den Augenblick flieht Emmanuel Ross mit den Kindern, nahe daran, seine Frau für verrückt zu erklären. Er verkauft ihr Haus in Chicago, und Elisabeth bleibt allein zurück.

Was wird sie tun? Versuchen, mehr über das «Schwarz-Syndrom» zu erfahren? Nein, das wird sie anderen überlassen. Jüngeren. Eines Tages erhält sie von einem Verleger aus Atlanta die Druckfahnen eines Buches. Es trägt den Titel *Leben nach dem Tod* und ist eine Sammlung von Fällen, die dem der Frau Schwarz äußerst ähnlich sind. Der Autor, ein junger Psychiater aus dem Süden, heißt Raymond Moody. Er bittet, EKR bei einem ihrer Vorträge in Atlanta kennenlernen zu dürfen, und möchte, daß sie ein Vorwort zu seinem Buch schreibt. Elisabeth sagt zu.

Sie hat noch einen langen Weg vor sich. Weitere Prüfungen und große Überrraschungen stehen ihr bevor, ehe sie endlich jene Grenze entdeckt, von deren Erforschung sie so lange geträumt hat. Wenden wir uns inzwischen der großen Werkstatt der Todesforschung zu, zu der EKR die Tür öffnete.

6 Raymond Moody: Zufällige Begegnungen eines Philosophen

Ein vollkommen runder Mann. Runder Kopf, runde Gesten, runde Brille, rundes Mona-Lisa-Lächeln – an den Mundwinkeln auf jeder Seite vier Millimeter zugegeben, und dieses Lächeln der Mona Lisa wird zu dem eines Luchses! Ein sehr nettes Lächeln. Aber ich mißtraute seinem Charme. Die Anwesenheit dieses Mannes ganz hinten in dem riesigen roten Ziegelbau des Krankenhauses von Charlottesville (Virginia) hatte etwas Unwirkliches. Dekor der fünfziger Jahre: dickes, weißes Linoleum, frisch gestrichene Lastenaufzüge, ebenfalls weiß, starker Äthergeruch.

Alle paar Minuten gab ein riesiges, altmodisches schwarzes Telefon ein schrilles Läuten von sich. Irgendwo im Krankenhaus hatte jemand eine Krise, und man rief nach dem diensthabenden Arzt, Dr. Raymond Moody. Ohne je sein Lächeln zu verlieren, griff er nach dem Hörer und meldete sich mit seinem weichen Südstaatenakzent. In der übrigen Zeit wiegte er sich ununterbrochen in seinem Schaukelstuhl. Ich war etwas bestürzt. Seit einer halben Stunde versuchte ich, ihm meine erste Frage zu stellen. Doch das Telefon läutete immer wieder, und dann entschwand er mit schnellen und gleichzeitig ruhigen Schritten. Sowie er zurückkam, setzte er sich in seinen Schaukelstuhl und bewegte ihn mit der Regelmäßigkeit eines Metronoms, stets das gleiche Lächeln im Gesicht. Also ein richtiger Psychiater.

Ich wiederholte zum x-ten Mal meine Frage: «Was glauben Sie mit Ihren berühmten Visionen auf der Schwelle zum Tod zu beweisen?»

«Aber gar nichts; sie *beweisen gar nichts*. Absolut nichts», antwortete er.

Ich ließ nicht locker. Er präzisierte:

«Ich sage den Leuten einfach: Schaut her, wie seltsam diese Tatsachen sind. Sie passieren überall! Es ist ja nicht so, als behauptete ich, irgendein äußerst rares und hypothetisches paranormales Phänomen in meinem Labor isoliert zu haben. Keineswegs. Sehen Sie sich um, stellen Sie Ihre eigenen Nachforschungen an, die Nah-Todeserfahrungen schießen wie Pilze aus dem Boden. Die Wissenschaftler in aller Welt sollten sich ihrer annehmen, sie analysieren, gründlich darüber nachdenken, und dann können wir unsere Interpretationen miteinander vergleichen. Das ist alles.»

Das war ja ganz nett, hatte aber einen Haken.

«Entschuldigen Sie, aber Ihr Buch heißt schließlich *Leben nach dem Tod.* Da fällt es mir schwer zu glauben, daß Sie nichts damit beweisen wollen . . .»

«Richtig», erwiderte er. «Ich könnte Ihnen nun entgegenhalten, daß ich von diesem Titel nicht sehr begeistert war – eine Idee des Verlegers. Aber Sie könnten dann erwidern, daß ich ihn ja hätte ablehnen können, und Sie hätten recht. Nein, der Ausrutscher liegt woanders. Verstehen Sie mich richtig: Dieses Buch, das von einem kleinen Südstaatenverlag veröffentlicht wurde, hätte niemals eine Auflage von ein paar tausend Exemplaren übersteigen dürfen. Für mich war es ein Mittel zu provozieren. Ich wollte vor allem die Neugier meiner Kollegen wecken. Sie sogar schockieren. Aber ich hätte niemals erwartet, daß wir das Buch millionenmal auf der ganzen Welt verkaufen würden. Niemals.»

Ich griff aus allen möglichen Richtungen an. Doch Moody verlor nie sein joviales Phlegma. Ich begriff, daß ein einziges Gespräch wohl nicht genügte, und beschloß, ihn besser kennenzulernen. Ich sollte feststellen, daß dieser Doktor der Medizin und Philosophie eine Art Kind war. Ein richtiger Südstaatenschlingel, wie einem Roman von Mark Twain entstiegen.

Porterdale war eine kleine Textilstadt in Georgia, mit der es seit der Krise der dreißiger Jahre bergab ging. Als Raymond Moody am 30. Juni 1944 hier zur Welt kam, war sein Vater bei der Armee, irgendwo in Europa. Rückblickend sagt er heute, sein guter Stern habe diese Abwesenheit des Vaters genutzt, um ihn mit einer Fülle von Paten und Patinnen zu versorgen, die den größten Teil ihrer Tage mit Plaudern verbrachten. Der kleine Moody gewann sofort Geschmack daran, an schön ausgeschmückten Erzählungen wie an gewöhnlichen Berichten. Jeder Mensch hatte seine eigene Geschichte, seinen eigenen Roman. Das begeisterte das Kind und flößte ihm schon in frühester Jugend eine ungeheure Sympathie für seine Mitmenschen ein. Er fand sie alle faszinierend.

In der Schule zeigte Raymond Moody glänzende Leistungen. Seine ersten Neigungen verwandelten sich ganz natürlich in Liebe zum Schreiben und dann zur Rhetorik. Er begeisterte sich für Philosophie und studierte sie sieben Jahre lang an der Universität von Virginia. Dort lernte er 1965 George Ritchie kennen, einen Psychiater aus Charlottesville, der dort Professor an der medizinischen Fakultät der Universität war. Ein ungeheuer interessanter Mann, der sofort die Aufmerksamkeit des jungen Moody erregte.

Man erzählt sich, daß George Ritchie sein ganzes Leben umgekrempelt habe nach einer seltsamen nächtlichen Begegnung im Jahre 1943. Auf Tod und Leben lag er in einem Militärhospital in Texas mit einer Lungenentzündung darnieder, als er sich plötzlich ... außerhalb seines Körpers wiederfand, von Angesicht zu Angesicht mit «einem herrlichen männlichen Lichtwesen», von dem ein Gefühl «totaler Liebe» ausging. In Begleitung dieses Wesens «besuchte» der junge Soldat mehrere phantastische Welten.

Die erste Station war eine eigentlich ganz normale amerikanische Stadt – außer daß Ritchie einige «Geister ohne Körper» wahrnahm, die verzweifelt versuchten, etwas zu trinken oder sich an Lebende zu klammern, für die sie unsichtbar waren.

Die zweite Welt glich einem gigantischen Forschungszentrum, wo Hunderte von Personen zusammenzuarbeiten schienen.

Die dritte Welt schließlich entschwand George Ritchies Blicken gleich wieder, kaum, daß er sie bemerkt hatte: eine «Stadt aus Kristall und Licht». Und noch dreißig Jahre danach bedauerte der Psychiater, sich dieser erstaunlichen Erscheinung nicht genähert zu haben und für immer dort geblieben zu sein.

Neugierig geworden, fragte Moody seinen Professor, was an der Sache dran sei, und Ritchie erzählte ihm ausführlich von jenem unglaublichen Erlebnis, das ihn so völlig verändert hatte: Das Lichtwesen, sein «Reisebegleiter», habe ihm auf überwältigende

Weise klargemacht, wie sinnlos sein augenblickliches Leben, ja sein Leben überhaupt bis zu jenem Moment gewesen war, wie liebeleer...

Was für eine Erfahrung war das? Ein Traum? Eine Halluzination? Ein mystischer Erleuchtungszustand? Die Krankheit mag das Nervenkostüm des jungen Mannes «überhitzt» und Bilder hervorgerufen haben, wie sie die Halluzinogene der Huichol-Indianer evozieren oder die Tänze der Derwische. Die chemischen Raffinessen der Synapse kannte man damals noch nicht. Man sprach global von einem *Schockzustand*. Zu jener Zeit untersuchte man an den amerikanischen Universitäten gerade intensiv das Streß-Phänomen, und Raymond Moody war genau die richtige Art von amerikanischem Philosophen, um den Versuch zu wagen, Brücken zwischen Streß und Psyche zu schlagen.

Dr. George Ritchie selbst wartet allerdings mit einer entschieden kühneren Erklärung seiner Erfahrung auf: Er ist fest davon überzeugt, Jesus Christus persönlich begegnet zu sein und die unendliche Liebe Gottes gespürt zu haben. Moody ist fassungslos. Ritchie lächelt nur: Seit 1943 ist er es gewöhnt, verwirrte Gesichter zu sehen, wann immer er seine Geschichte erzählt.

Er versucht, Dinge und Gefühle in Worte zu fassen, die sich ihm «vollkommen unauslöschlich» eingeprägt haben.

Was ist eine «kristallene Stadt der Liebe»? «Nun ja», sagt er, «es war wirklich eine Stadt, an die ich mich bis auf den letzten Stein erinnere – aus Kristall. Aber es war ein, wie soll ich sagen, goldschimmernder Kristall, von unerhörter Transparenz, als strahle er Licht aus, als handele es sich um Lichtkristall. Und dieses Licht war tatsächlich reine Liebe, ich kann es Ihnen schwören, denn je näher ich ihm kam, desto stärker wurde ich von einem Gefühl unaussprechlicher Liebe ergriffen...»

Raymond Moody, ein großer Liebhaber aller möglichen Geschichten und Berichte, hört natürlich hingerissen zu. Was für ein außerordentliches Abenteuer! Gleichzeitig ist es für ihn, der schon so viel gehört hat, einfach eine Geschichte wie tausend andere und nicht mehr.

Die Jahre vergehen. Moody wird Philosophieprofessor. Er findet eine Stellung an der Universität von North Carolina. Sein erster Kurs ist Platon gewidmet. Er versucht, seinen Studenten begreiflich zu machen, wie die Worte ihren Sinn bekommen, wie Sokrates durch Platon die Logik benutzt, um die reine Vernunft tanzen zu lassen – ganz wie ein normaler Professor. Doch Moody hat das Glück, extrem aufgeweckte junge Menschen zu unterrichten, und die bitten ihn, auf bestimmte Passagen aus *Phaidon* und dem *Staat* zurückzukommen, die man zu rasch überflogen habe und die den griechischen Glauben in bezug auf das Jenseits behandeln.

Die Studenten fragen, ob Sokrates und Platon an ein Leben nach dem Tode geglaubt hätten. Moody ist erstaunt. Im Grunde erscheinen ihm diese Spekulationen ziemlich schwammig ... Er merkt, daß der Eifer der Studenten von einem Anführer herrührt, der seine Kameraden beeinflußt. Eines Tages nimmt er diesen Jungen beiseite und fragt ihn, warum er unbedingt über Metaphysik und mystische Ekstase diskutieren wolle. Glaube er wirklich, daß das Gegenstand der Philosophie sei?

«Dessen bin ich sicher», sagt der Student.

«Und warum?» fragt Moody.

«Oh ... aus ganz persönlichen Gründen.»

«Darf man die erfahren?»

Der Professor ist fasziniert. Der Student erzählt ihm nämlich, sein unlöschbarer Durst, mehr über den Tod zu erfahren, bestehe, seit ... seine Großmutter vor zwei Jahren beinahe gestorben sei. Die Agonie der alten Dame hatte mehrere Nächte gedauert. Man hielt sie für verloren. Eines Nachts hatte der Junge gedacht, nun sei die letzte Stunde seiner Großmutter gekommen. Und dann hatte sie wider alles Erwarten doch wieder normal zu atmen angefangen. Am nächsten Tag hatte der Junge, der sehr bewegt war, den Tag mit seiner Großmutter verbracht, und die alte Frau hatte ihm eine unwahrscheinliche Geschichte erzählt. Sie sagte, sie habe ein absolut erschütterndes Erlebnis gehabt ...

Der Bericht über dieses Erlebnis beeindruckte den Jungen so, daß ihm alle seine früheren Interessen auf einmal ziemlich bedeutungslos vorkamen. Die Geschichte ähnelte verblüffend jener, die Dr. George Ritchie erzählt hatte. Jetzt, Jahre später, fällt sie Moody wieder ein: Ritchie! Wie eigenartig, daß eine so verrückte Geschichte zweimal vorkommt!

Doch es warten noch weitere Überraschungen auf Moody. Beim nächsten Philosophiekurs setzt er das Gespräch mit dem Studenten fort, diesmal öffentlich, vor der ganzen Klasse. Und da hebt ein anderer Student die Hand. Er hat eine ähnliche Geschichte zu erzählen. Seine Schwester wäre beinahe gestorben und brachte aus ihrem Koma auch so eine Vison mit. Eine Art Leere, sagte sie, eine Art Tunnel, an dessen Ende ein Licht strahlte, das intensiver war als die Sonne, aber die Augen nicht blendete. Eine Sonne, bei deren Berührung die junge Frau das Gefühl gehabt hatte, «im Paradies zu sein», wie ihr Bruder es ausdrückte.

Nun wird Moody wirklich neugierig. Haben seine Studenten sich verabredet, ihn an der Nase herumzuführen? Natürlich denkt er wieder an Ritchie. Welche seltsame Vision bringt man wirklich von der Schwelle des Todes mit?

Binnen weniger Monate werden ihm weitere fünfzehn Fälle vorgelegt. Durch welchen Zufall? Nun, das ist sehr einfach: Moody beginnt ganz schlicht, die Geschichten von seinen Studenten und von Ritchie herumzuerzählen. Und da er selbst ein sehr geselliger Mann ist und verschiedenen Klubs und Vereinigungen angehört, hören natürlich eine ganze Menge Leute davon. Und da bemerkt er ein erstaunliches Phänomen: Jedesmal, wenn er vor einer etwas größeren Gruppe darüber spricht, ist immer mindestens einer da, der seinerseits eine ähnliche Geschichte zum besten geben kann, im allgemeinen im Zusammenhang mit einem Fall von klinischem Tod.

Moody kann es nicht fassen. Doch als großer Liebhaber von Geschichten hütet er sich, einzugreifen oder zu interpretieren. Bald stellt er fest, daß die Leute, je stiller und aufmerksamer er zuhört, desto mehr tiefe, intensive, intime, unerhörte Gefühle eingestehen. Oft brechen sie mitten in der Erzählung in Tränen aus – auch Männer. Als er den zweiten Mann vor Bewegung weinen und alle Scham vergessen sieht, während er über sein «wundervolles Koma» spricht, weiß der Philosophieprofessor wirklich nicht mehr, was er davon halten soll. Er spricht mit seinen Studenten darüber. Allgemeine Aufregung. Das hübsche Märchen vom Anfang wird zu einer geheimnisvollen Akte. Aber was bedeutet sie?

Die zwölf oder fünfzehn Berichte, die bisher vorliegen, weisen alle einen wichtigen gemeinsamen Punkt auf: Alle diese Leute behaupten beharrlich, es handele sich weder um einen Traum noch um eine Halluzination. Warum, fragt sich Moody, soll man nicht so tun, als glaube man ihnen? Doch die Sache stößt sofort auf ein elementares logisches Hindernis: Man kann außerhalb seines Körpers kein Erlebnis haben! Andererseits: In ihren «Wahnvorstellungen», behaupten mehrere Personen, die einen vorübergehenden klinischen Tod überlebt haben, hätten sie deutlich gesehen, was sich um ihren für tot geltenden Körper herum und sogar in den Nebenzimmern abgespielt habe. Sie behaupten das so hartnäckig, daß es verwirrend ist. Hat der durch den bevorstehenden Tod ausgelöste *Super-Streß* die Leute vielleicht in einen Bewußtseinszustand versetzt, der ihnen ermöglicht, durch Wände zu sehen?

Sehr bald stößt Moody auf die in diesem Zusammenhang entscheidende Frage: Was ist Bewußtsein? Ist es einfach eine Blase auf der Oberfläche der Materie? Auf der Oberfläche des Gehirns? Moody ist kein Materialist. Hinter der Welt der Erscheinungen, meint er, stehe anderes als das Nichts. Das Bewußtsein erscheint ihm zu reich, zu schön, zu machtvoll, um Kind der Unbelebten zu sein. Doch der blinde Glaube ist seine Sache auch nicht. Moody will verstehen. Seine Liebe zur Logik bleibt sein oberster Leitstern. Und ein «Verlassen des Körpers» hat er noch nie erlebt, und er sieht auch nicht, wie es materiell möglich sein soll.

Doch er ist Protestant. Er glaubt also, daß der Mensch eine Seele hat. Aber damit geht man in eine andere Art von Realität über. Eine, die mit der dieser Welt nicht zu vereinbaren ist. Moody hält sich an die alte Teilung: auf der einen Seite der Himmel, auf der anderen die Erde, und wehe den Kühnen, die versuchen sollten, eine Brücke von einem zum andern zu schlagen! Sie würden sofort dem Wahnsinn verfallen. Moody lebt noch in dieser Welt: in der Endzeit der religiösen Welt, die die materialistischen Wissenschaftler, ohne es zu merken, unendlich verlängern, und zwar zusammen mit den alten Kirchen – den Wissenschaftlern die Erde, den Geistlichen den Himmel.

Moody lebt noch in diesem Paradigma. Doch seine Studenten schon nicht mehr ganz. Im folgenden Jahr (man schreibt 1970) fängt es wieder an. Wieder Platons wegen. Der Kurs verläßt sehr bald den freundlichen Weg der reinen Logik und Philosophie, um die wilden Ufer der Agonie der Großmutter anzusteuern. Denn wieder bringt ein Schüler den Bericht über derartige märchenhafte Erlebnisse mit. Diesmal kann Raymond Moody nicht anders. Er muß das Kursprogramm ändern.

Platon zu studieren hat noch nie jemandem geschadet. Raymond Moody und seine Schüler tauchen immer tiefer in das antike Griechenland ein. Platon gehörte einer oft vergessenen mystischen Tradition an. Seine Schriften verraten uns da nicht alles – die in die orphischen Riten Eingeweihten waren natürlich gehalten, Stillschweigen zu bewahren. Dennoch sagen sie dem, der lesen kann, genug. Allein der Mythos des Er im zehnten Buch vom *Staat* erhellt gewisse fundamentale Dinge. Platon erzählt dort die Geschichte des Er, eines Soldaten, der für tot auf dem Schlachtfeld liegengelassen wurde. Dann hatte man ihn genommen und zu den Leichen auf den Scheiterhaufen geworfen. In dem Moment jedoch, in dem sie Feuer legen wollen, sehen die verblüfften Soldaten, daß Er aufsteht. Er war also nicht tot!

Solche Szenen gab es schon immer, auf allen Schlachtfeldern der Welt. Die Forscher der IANDS werden unter Vietnamveteranen Dutzende von Ers finden. Für die Griechen gab es gar keinen Zweifel: Er war ins «Land der Toten» gereist und zurückgekommen. Platon gibt den Mythos wieder, der aus diesem Bericht entstanden ist. Zuerst hat Er seinen Körper verlassen. Frei wie die Luft, hat sich sein Bewußtsein (seine Seele) rasch zu denen anderer Soldaten gesellt, die in derselben Schlacht getötet wurden. Zusammen fanden sie sich in einem Hochtal auf einem Paß wieder. Dort hat etwas ihren Lauf gebremst; göttliche Wesen sind ihnen erschienen, die alles über sie und ihr Leben, ihr Glück und ihre Schwächen wußten. Jeder Soldat hat dann sein Leben noch einmal gesehen, und dieser Anblick an sich war ein Urteil. Nur Er hat sich nicht «verurteilt». Ihm haben die göttlichen Wesen gesagt, er solle zur Erde zurückkehren und den Menschen erzählen, was er erlebt habe.

Die Ähnlichkeiten zwischen dem Mythos des Er und den Berichten ihrer Großmütter verblüffen die Studenten in Virginia. Sie lassen daraufhin ihrer jugendlichen Vorstellungskraft freien Lauf. Die Klasse ist außer sich. Moody ist nur zehn Jahre älter als seine Schüler. Er begnügt sich damit, den jungen Leuten amüsiert zuzusehen: «Das Leben ist merkwürdig, nicht wahr, Kinder?»

Allerdings hat Moody andere Probleme. Seine Frau ist schwanger, und er, statt dem Schicksal zu danken, daß er eine gute Arbeit gefunden hat, will seine Stellung wechseln. Nach drei Jahren fällt ihm der Beruf eines Philosophieprofessors schwer. Er merkt, daß er abstumpft. Er ist weniger geduldig mit denen, die erzählen. Jetzt analysiert er, wägt ab, urteilt... er überläßt sich nicht mehr seinen Gefühlen. Von zu viel Philosophie sind seine intellektuellen Abwehrmechanismen rigide geworden, er kann nicht mehr wirklich mit den anderen kommunizieren wie auf der Veranda von Porterdale. Die Freude seiner Schüler genügt ihm nicht mehr. Die Philosophie ist ihm zu abstrakt. Er braucht die Materie einer konkreteren Praxis.

Nach der Rückkehr aus dem Krieg hatte sein Vater ein Medizinstudium begonnen und war Chirurg geworden. Moody junior beschließt, dasselbe zu tun. Er will allerdings Psychiater werden. Mit achtundzwanzig Jahren schreibt er sich an der medizinischen Fakultät der Universität von Atlanta in seinem Heimatstaat Georgia ein. Dort trifft er John wieder, einen früheren Kameraden, der ebenfalls Psychiater werden will. Er ist ein sehr aktiver junger Mann und leitet eine Vereinigung junger Ärzte.

Eines Tages erzählt Raymond John von den merkwürdigen Berichten dieser klinisch Toten, die im letzten Augenblick gerettet wurden. John ist begeistert: Was für ein fabelhaftes Thema für seinen Medizinerklub, in dem ständig Langeweile droht! Nach der Arbeit wollen die Ärzte ihren Spaß haben. Raymond ist nicht begeistert. Diese Dinge soll er zukünftigen Kollegen erzählen? Sie werden sich über ihn lustig machen und ihn als Spinner abtun. Doch John ist es schon immer gelungen, seinen Freund zu überzeugen, und der willigt schließlich ein.

In der folgenden Woche hält Raymond also vor dreißig Ärzten und ihren Gästen einen kleinen Vortrag über die unerhörten Erlebnisse, die von der Schwelle des Todes berichtet wurden... Moody weiß, daß diese Geschichten von «Reisen außerhalb des Körpers» und dem «Licht der Liebe» einen etwas verrückten Eindruck machen. Er schützt sich, so gut er kann, indem er die Dinge humorvoll vorträgt. Aber nichts läuft ab wie vorgesehen.

Kaum hat er zu Ende gesprochen, als sechs oder sieben Mitglieder des Klubs nacheinander das Wort ergreifen. Sie kennen ähnliche

Berichte aus dem Mund von Patienten. Im Laufe des Abends breitet sich Verblüffung im Saal aus, denn diese Dinge hatten die jungen Ärzte einander noch nie eingestanden. Ein letzter Bericht ist besonders frappierend. Er stammt von einem Arzt, der behauptet, diese außerordentliche Erfahrung selbst gemacht zu haben. Am Ende der Sitzung gibt man Moody mehrere Adressen. Er soll selbst einige der Personen befragen, denen die «Sache» zugestoßen ist.

Es war ein sehr anregender Abend. Man erzählt in Atlanta davon, und die Lokalzeitungen schreiben darüber. Daraufhin wird Raymond Moody eingeladen, seine Geschichten anderswo zu erzählen, und das mehrfach. Und jedesmal löst sein Bericht weitere Berichte aus, und seine Sammlung wächst zusehends. Er stellt sich immer mehr Fragen. Was ist das nur? Handelt es sich um ein verrücktes Gerücht, das den Leuten das Hirn vernebelt? Lügen sie?

Journalisten finden sich auf den gleichen Abendgesellschaften ein wie Moody. Artikel erscheinen über die «Berichte, die weitere Berichte auslösen». Ein Verleger aus Atlanta liest einen dieser Artikel und schreibt dem jungen Mann sofort einen Brief. Man könne doch ein Buch über dieses faszinierende Thema veröffentlichen. Moody glaubt an einen Scherz. Doch der Verleger läßt nicht locker. Die beiden Männer treffen sich. Moody merkt, daß der Verleger, er heißt Iggel, nicht so ist, wie er gedacht hatte. Er will nicht nur Geld verdienen. Er hat wirklich den Wunsch, mehr über die Sache zu erfahren. Iggel hat lange in New York im Verlagsgeschäft gearbeitet. Dann hatte er genug davon und gründete im Süden, wo er geboren war, seinen eigenen Verlag. Eine kleine Firma, die auf den Nachdruck der alten Südstaatenliteratur spezialisiert ist.

Moody zögert einen Augenblick. Doch dann siegt die Neugier. Er akzeptiert den Vorschlag. Er wird versuchen, so viele dieser Berichte wie möglich zu sammeln und zu analysieren, die er jetzt *Near-death-Experiences*, Nah-Todeserfahrungen nennt. Was hat es mit diesem eigenartigen Phänomen auf sich?

Er macht sich also auf die Suche nach Nah-Todeserfahrungen, und zwar in einem Milieu, in dem es sie reichlich gibt: im Krankenhaus. Er findet Dutzende, und sie stammen aus erster Hand. Doch das Rätsel bleibt. Medizinisch weiß man faktisch nicht, was der Tod eigentlich ist. Der Stillstand der Lebensfunktionen? Die Erweiterung der Pupillen? Das allgemeine Erkalten? Aber was heißt das? Moody hört Leute sprechen, die ein so tiefes Koma überlebt haben, daß das Elektroenzephalogramm zwanzig Minuten lang nichts mehr anzeigte. Nach den offiziellen Normen ist das vollkommen unmöglich. Man hätte viermal Zeit gehabt, diese Leute für unwiderruflich tot zu erklären! Und doch hat man sie wiederbelebt. Sie waren also nicht tot. Aber was ist dann der Tod? Und was macht das Leben aus?

Während sein Medizinstudium Fortschritte macht, merkt Moody, daß die Ärzte auf diesem speziellen Gebiet kaum mehr wissen als die Philosophen. Er schreibt also sein Buch ohne Hemmungen.

Life after Life (Leben nach dem Tod) erscheint, als Moody im vierten Jahr Medizin studiert. Doch es ist kein medizinisches Buch. Eher das Notizbuch eines Ethnologen: kurze, schmucklose Berichte, die den Versuch abstützen, den vielleicht ältesten Mythos überhaupt zu entziffern. Es ist Moody gelungen, etwa hundertfünfzig Berichte von Menschen zu sammeln, die im Koma lagen oder klinisch tot waren und «Visionen» hatten.

Ein Bericht ist phantastischer als der andere. Moody schneidet sie auseinander, legt sie übereinander, vergleicht sie. Wie ein Paläontologe, dem die Ausgrabung eines interessanten Knochenfundes gelungen ist, rekonstruiert er ein theoretisches Fabelwesen. Ein riesiges Wesen. Sonnengroß. Unglaublich verwirrend für einen modernen Geist. Auf leicht surrealistische Weise beschreibt Moody fünfzehn Hauptmerkmale dieser Erfahrungsberichte:

Erstes Merkmal, das alle anderen entscheidend prägt: Alle «Überlebenden» sagen übereinstimmend, ihre Vision sei mit «menschlichen»Worten nicht zu schildern. Nichts im normalen Leben könne mit dem verglichen werden, was sie erlebt hätten. Die *bedingungslose Liebe*, von der alle sprechen, sei eigentlich «unaussprechlich» und mit Worten nicht zu beschreiben.

Unaussprechlich. Das erste Mal, als er den Ausdruck hört, glaubt Moody an einen stilistischen Effekt. Beim zweiten Mal an einen Zufall. Beim dritten an eine überflüssige Wiederholung, die ihm beim vierten Mal auf den Magen schlägt. Als er zum zehnten Mal auf das Wort stößt, wird er sehr nachdenklich. Und beim hundertsten Mal stellt er keine Fragen mehr. Auf gewisse Weise ist es tatsächlich der alte, zentrale Mythos, der da wiederauftaucht.

Wenn ein Immobilienhändler aus Augusta oder eine Informatikerin aus Atlanta die Begegnung mit dem Tod schildert, die Reise an das Ufer eines Silberflusses in goldenem Licht jenseits eines in Nebel gehüllten Tales, und zwar mit den Worten, dem Ton und dem Humor von heute und mit der Überzeugungskraft einer von Gefühlen überwältigten, tränenerstickten Stimme, einer Überzeugungskraft, die schriftlich nicht wiederzugeben ist, dann verwirrt das sogar den größten Skeptiker.

Raymond Moody wird klar, wie sehr all die eschatologischen Berichte der Alten immer nur Allegorien waren, um anderen «unaussprechliche» Erfahrungen mitzuteilen, für die es keine Worte gibt.

Zweites Merkmal der Nah-Todeserfahrung: Der sterbende oder im Koma liegende Mensch hört, wie er für tot erklärt wird. Er kann es nicht fassen: Es könnte wahr sein! Plötzlich erscheint ihm alles ganz fremd.

Drittes Merkmal: Ein Gefühl von Frieden und Ruhe erfüllt den Betroffenen.

Viertes Merkmal: In seinem Inneren hört der Betroffene ein Geräusch, manchmal wie ein Gong, manchmal wie eine Klapper, manchmal angenehm, manchmal erschreckend.

Fünftes Merkmal: Der Mensch hat das Gefühl, seinen Körper zu verlassen. Er sieht sich von außen, sieht jene, die ihn schließlich retten. Oft versucht er vergebens, mit ihnen in Kontakt zu treten. Manchmal findet er sich «ganz ohne Körper» wieder, manchmal im neuen Gewand eines «schwerelosen Körpers», der sich bewegt wie «außerhalb der Zeit». Er schwebt, ohne Geruchs- oder Geschmacksempfindungen, aber mit teleskopischer Sicht, angetrieben von einem allmächtigen, selbsttätigen «Zoom». Wenn seine Aufmerksamkeit von einem winzigen Detail erregt wird, dann «zoomt» er automatisch und auf der Stelle dorthin. Er hat das Gefühl, sich mit unendlicher Geschwindigkeit fortbewegen zu können. Seine Beobachtungsgabe erscheint ihm schärfer als je zuvor, als seien seine Sinne von irgendeinem Schleier befreit. Wenn er Stimmen hört, dann mittels einer Art «innerem Ohr».

Sechstes Merkmal: Der Sterbende fühlt sich in rasender Geschwindigkeit durch einen schwarzen Tunnel gesaugt. Eine Hölle. Einen Brunnen. Ein Loch. Einen Abgrund. Einen Kanal. Ein Tal. Einen

Zylinder. Eine Spirale. Jeder hat ein eigenes Wort dafür, aber alle sprechen von derselben Finsternis.

Siebtes Merkmal: In dem finsteren Tunnel erscheinen andere Wesen. Oft handelt es sich um verstorbene Angehörige, die den Sterbenden erwarten, geleiten, führen.

Achtes Merkmal: Am Ende des Tunnels erkennt er ein Licht. Ein besonderes Licht, das immer kräftiger leuchtet, je näher er ihm kommt. Bis es zu einer strahlenden Sonne wird. Manche der Geretteten bezeichnen es als *helles, kristallklares Licht,* andere als *goldenes Licht*, wieder andere als *strahlendes Licht* oder *ungeheure, weißgoldene Helle*...

Alle, die es gesehen haben wollen, schreiben ihm mehrere ganz bestimmte Eigenschaften zu:

– es wirke stärker als alles, was der menschliche Geist sich vorstellen könne;

– es «blende» die Augen jedoch nicht;

– es vermittle den Eindruck, in der betreffenden Person einen Strom von etwas zu erzeugen, das man gewöhnlich *Liebe* nennt, aber auch das mit einer unbeschreiblichen Intensität;

– die bloße Tatsache, in dieses Strahlen einzutauchen, ließ automatisch das ganze gelebte Leben noch einmal wie einen Film ablaufen. Das rief eine Art Betäubung hervor, denn...

Neuntes Merkmal: ... es war wirklich ihr ganzes Leben, das ihnen da plötzlich wieder zu Bewußtsein kam. Bis in die kleinsten Einzelheiten hinein. Nichts fehlte, wie der «Sterbende» später zu berichten weiß. Ein mit dreieinhalb Jahren umgeworfener Joghurtbecher, ein flüchtiger Kuß mit fünfzehn, ein Lächeln auf der Straße mit dreißig... Absolut jeder Augenblick des Lebens. Und das dreidimensional!

Diese «Lebensrevue» scheint von einer inneren Stimme kommentiert zu werden... und das voller Humor. Alle Szenen, die der Mensch verdrängt hatte, weil sie ihm aus irgendeinem Grund unangenehm waren, defilieren ohne die geringste Schönfärberei an ihm vorbei. Und der Mensch freut sich, schämt sich oder ist verletzt. Doch in gewisser Weise hat er den Eindruck, daß das «helle Licht» sich dabei ins Fäustchen lacht.

Zehntes Merkmal: Plötzlich trifft der Sterbende auf eine Barriere, eine Grenze. Etwas hält ihn auf und läßt ihn nicht weiter in Richtung Zentrum der Helligkeit vordringen. Manchmal ist das eine greifbare Schranke – ein Fluß, eine Hecke, ein dichter Nebel. Manchmal aber auch nur ein Gefühl: Hier geht es nicht mehr weiter. Etwas sagt ihm dann, daß seine Stunde noch nicht geschlagen hat, er kehrtmachen und in seinen physischen Körper zurück muß.

Elftes Merkmal: Die Rückkehr. Das, was er später als ungeheuren Glücksfall empfinden wird, erscheint ihm zunächst wie eine grausame Verdammung. Rückkehr in die Schwere, in die Begrenztheit, das Leiden. Es kann passieren, daß der Sterbende mit dem Eindruck wiederkommt, er selbst habe beschlossen «aufzuwachen». Doch häufiger erlebt er die Rückkehr als erzwungen. Mit einem Mal ist er wieder unter den Irdischen, in seinem Körper. An die Einzelheiten der Reintegration erinnert er sich selten.

Zwölftes Merkmal: Nun beginnen die wirklichen Probleme. Noch halb benommen, hat der eben noch «Tote» nur einen einzigen Gedanken: Er will den anderen von der «unvorstellbaren Reise» erzählen. Welchen anderen? Ganz gleich, jeder ist recht: Krankenschwester, Arzt, Anästhesist, Polizist, Feuerwehrmann, Ehefrau, Freund, Kind ... Doch schon beim ersten Versuch merkt der Davongekommene, daß es nicht geht. Die Menschen wollen nichts darüber hören. «Was für ein Unsinn!» Diese Reaktion legt sich wie Blei auf seine Seele und kann ihn deprimieren bis an die Grenze des Wahnsinns. Er nimmt an, seine Erfahrung sei einmalig und er selbst ganz allein auf der Welt.

Dreizehntes Merkmal: Nach und nach findet er sich im Leben wieder zurecht. Er merkt jedoch, daß seine Interessenschwerpunkte sich verlagert haben. Er schätzt die kleinen Dinge mehr, das Grün der Wiese, den Flug eines Vogels. Er spürt, daß er sensibler geworden ist, ruhiger, kooperativer. Reifer. Er beginnt, sich grundsätzliche Fragen zu stellen. Welche geistige Grenze hat er eigentlich überschritten? Er beginnt, philosophische Schriften zu lesen. Religiöse Texte. Er durchstöbert die esoterischen Abteilungen der Buchhandlungen. Er interessiert sich plötzlich für diesen oder jenen Aspekt der zeitgenössischen Wissenschaft ... Es kommt auch vor, daß er sich dabei ertappt, die Gedanken der Menschen zu erraten. Seine Intuition scheint feiner geworden zu sein. Ob er so etwas wie

Vorahnungen entwickelt hat? Er ist plötzlich jemand, den man um Rat fragt. Seine Gegenwart wirkt beruhigend auf andere.

Vierzehntes Merkmal: Er hat überhaupt keine Angst mehr vor dem Tod. Ist er verrückt? Ist er weise? Jedenfalls hat er das Gefühl – und das gilt für 100 Prozent der Fälle –, nur eine Generalprobe erlebt zu haben: Am Tag seines wirklichen Todes wird er in das Licht zurückkehren. Und entgegen allem, was er bis dahin vielleicht glaubte, wird er dann, wenn er endgültig stirbt, nicht für immer einschlafen. Im Gegenteil, er wird erwachen, um sein Schicksal zu vollenden.

Fünfzehntes Merkmal: Raymond Moody schreibt, jedesmal, wenn eine Verifikation des Erzählten möglich war, habe sich der Bericht des Wiederbelebten als richtig erwiesen. Aber was kann man verifizieren? Nur die Episode am Anfang, das «Heraustreten aus dem Körper», läßt sich kontrollieren, der Augenblick, von dem der Betreffende behauptet, die Feststellung seines eigenen Todes erlebt zu haben. Und da, schreibt Moody, stimmten die Details praktisch immer: beispielsweise, daß tatsächlich zwei Krankenschwestern anwesend waren, eine davon eine sehr große Schwarze, die dem Chirurgen assistierte, der rechts von ihr stand, und eine kleinere, die an jenem Tag erkältet war...

Leben nach dem Tod endet mit einer Reihe von Fragen. Warum hatte man bis dahin nichts von Nah-Todeserfahrungen gehört? Handelte es sich um Träume? Halluzinationen? Ausgelöst wodurch? Sauerstoffmangel? Welche Beziehung bestand zu mystischen Visionen? Konnte man die Nah-Todeserfahrung mit den Experimenten von Professor Lilly über sensorische Deprivation vergleichen? Und wenn alle diese Leute Schwindler wären? Waren sie wirklich für einen kurzen Augenblick tot?

Was diesen letzten Punkt betrifft, ist die Sache für Moody klar: Sie waren nicht tot, da sie ja zurückgekommen sind. Doch dann könnte uns ja etwas am Leben erhalten, obwohl das Herz stillsteht und keine Gehirnströme mehr festzustellen sind. Aber was? Der Student Moody bezweifelte sehr, daß die Medizin allein alle diese Fragen würde beantworten können.

Er schließt sein Buch mit einem Geständnis: Nachdem er mit eigenen Ohren diese ganzen Berichte gehört hatte, kam es ihm vor, als habe er die Erfahrung selbst gemacht. Er behauptet, nach zwei

Gesprächen mit Davongekommenen, die Visionen gehabt hätten, sei auch der größte Skeptiker erschüttert. Mit anderen Worten: Wer seine Skepsis behalten will, weicht solchen Leuten am besten aus.

Moody ist bei der Fahnenkorrektur, als ihn ein Freund anruft. Weiß er, daß Elisabeth Kübler-Ross in Atlanta einen Vortrag halten wird? Natürlich hat Raymond Moody von ihr gehört. Aber er hat sie nie persönlich kennengelernt.

«Bitte sie, dir ein Vorwort zu schreiben», schlägt der Freund vor. Moody spricht mit seinem Verleger darüber, der die Idee ausgezeichnet findet. Sofort schickt er einen Satz Fahnen seines Buches nach Chicago, wo Elisabeth noch wohnt. Als sie vierzehn Tage später in Atlanta aus dem Flugzeug steigt, erwartet Moody sie am Flughafen. Sie sagt zu ihm: «Ich habe genau das gleiche gefunden wie Sie.»

Noch am selben Abend, nach ihrem Vortrag, schreibt sie ein drei Seiten langes Vorwort, in dem es sinngemäß heißt: Dieser junge Arzt hat Mut. Das, was er sagt, ist wahr. Trotzdem wird man ihn angreifen, vor allem von seiten der Kirche, die es nicht mag, wenn man in ihr Gebiet eindringt, und von seiten der Wissenschaft, die sich seit langem mit den Kirchen auf eine Zweiteilung der Realität geeinigt hat.

Das Buch erscheint im November 1975. Die Presse nimmt es begeistert auf. Sofort muß eine zweite Auflage gedruckt werden, dann eine dritte, eine vierte, eine fünfte ... Ein New Yorker Verleger, der das Werk zunächst abgelehnt hatte, bringt eine Taschenbuchausgabe heraus. Ein großer Erfolg. Moody ist natürlich zufrieden. Doch gleichzeitig beginnt er, sich Sorgen zu machen. Wenn sich nun am Ende alles als schlechter Scherz herausstellte? Wenn beispielsweise eine obskure Sekte sein Buch zu ihrer «Bibel» erklärte? Je höher die Verkaufsziffern steigen und je mehr Übersetzungen im Ausland erscheinen, desto schlechter schläft Moody. In seinen Alpträumen sieht er fanatische Verrückte, die junge Leute zum Selbstmord auffordern: «Laßt uns sterben, der Tod ist ja so schön!»

Allerdings hat er eines ganz deutlich gemacht: Für alle Davongekommenen, die jene Visionen gehabt haben, kommt ein Selbstmord nicht in Frage. Das Leben hat einen Sinn, und dem Menschen steht es nicht zu, es abzubrechen. Und doch ... man stelle sich vor, es gelingt einigen Böswilligen, die Botschaft zu pervertieren!

Daher macht Moody sich unverzüglich daran, ein zweites Buch zu schreiben, das er einfach *Nachgedanken über das Leben nach dem Tod* betitelt. Er widmet darin dem Selbstmord ein ganzes Kapitel. Die Nah-Todeserfahrungen, schreibt er, erzeugten eine «innere Atmosphäre», die der Idee des Selbstmords vollkommen entgegengesetzt sei. Vielmehr würde die Fähigkeit des Betreffenden, sich seines Lebens zu freuen, durch die Erfahrung um ein Vielfaches erhöht.

Moody selbst ist kaum auf Nah-Todeserfahrungen gestoßen, die durch mißglückte Selbstmorde ausgelöst wurden. Erst später wird man dank der Statistiken der IANDS (The International Association for Near-Death-Studies) mehr über diese Sonderfälle erfahren. Doch der Mediziner und Philosoph hatte das richtige Gespür: Er ahnte, daß die Visionen verhinderter Selbstmörder eine eigene Kategorie bilden müssen – und so ist es tatsächlich.

Die Veröffentlichung von *Life after Life (Leben nach dem Tod)* löst keine Selbstmordwelle aus, und Moody gewinnt seine natürliche Heiterkeit wieder. Denn der Tatsachen ist er sich sicher: Die Nah-Todeserfahrungen existieren. Ein wissenschaftlicher Geist kann sich dem nicht verschließen. Die Sache ist interessant. Irgendein Forscher müßte sie doch aufgreifen. Doch es soll noch Jahre dauern, bis entsprechende Untersuchungen durchgeführt werden.

7 Michael Sabom: Ein Kardiologe untersucht das Phänomen

Michael Sabom ist der Mann, dessen Arbeiten mich bewogen haben, dieses Buch zu schreiben. Zuerst mußte ein Kardiologe sich mit der Sache befassen, ehe ich anfing, sie ernst zu nehmen. Ein «richtiger» Arzt. Einer, der sich mit dem Körper beschäftigt und nicht mit Phantasien.

Ein Texaner mit schwerem Kinn. Michael Sabom ist einen Meter fünfundneunzig groß. Kariertes Hemd, um den Hals eine Seidenkordel anstelle der Krawatte. Man sieht direkt die Sporen an seinen Stiefeln blitzen. Mit Begeisterung angelt er im Hochgebirge Forellen. Ein Hüne, ruhig, konservativ. Mitglied von ACA, dem medizinischen Zweig von Alpha Beta Kappa, jener typisch amerikanischen und elitären Vereinigung, zu der nur die besten zehn Prozent jedes Promotionsjahrganges Zutritt erhalten. Sabom hat sein Medizinstudium in Houston absolviert, ehe er an die Universität von Gainesville in Florida kam, um sich auf Kardiologie zu spezialisieren. Ein hervorragender Arzt, ein Meister des Herzkatheters, ein Meister auch der radioaktiven Spione und unglaublicher Apparaturen. Die Kardiologie ist ein ungeheuer technologisches Spezialgebiet. Für sie funktioniert das menschliche Wesen rein animalisch.

Man schreibt das Jahr 1976. Sabom hat seine Fachausbildung beendet. Die High-Tech-Atmosphäre beginnt ihn zu prägen. Schwer, Cowboy zu bleiben, wenn man sechzehn Stunden täglich in grüner Kluft unter Neonlampen an den Herzen Floridas arbeitet, die Augen unablässig auf Computer und Kathoden-Oszillatoren gerichtet. Alles, was ihm vom Wilden Westen bleibt, ist ein Hauch von Gary Cooper, wenn er sonntags mit seiner Frau in die Kirche geht. Man könnte sich vorstellen, wie er dort aus einer Kutsche steigt, die Bibel unter dem Arm. Doch das Bild täuscht. Das Christentum des Doktors ist verblaßt. Für ihn gibt es keine Kommunikation mehr zwischen Spirituellem und Materiellem. Die einzigen verbliebenen Verbindungen sind einige moralische Maximen – Ehrgefühl, Plichtbewußtsein und vor allem die Überzeugung, daß die wissenschaftlichen Erkenntnisse langsam die religiösen Glaubensinhalte erdrücken werden. Eine unvermeidliche Entwicklung in allen Lebensbereichen. Sabom weiß das sehr gut. Es verwirrt ihn, denn für ihn ist Wissenschaft gleich Technologie. Und die Technologie, die auf den Menschen angewandt wird, kennt er: eine eisige Kraft. Die ganze emotionale Kraft der Religion seiner Vorfahren, die bei den Ärzten des Wilden Westens noch zu finden war, ist verschwunden.

Aber so ist das eben. Niemand kann etwas dagegen tun. Trotz allem ist Michael Sabom stolz darauf, zu den besten «technologischen» Ärzten der Welt zu gehören.

Eines Sonntags in der Kirche ergreift nach dem Gottesdienst eine junge Frau aus der Gemeinde das Wort. Sie kündigt das Erscheinen von Moodys Buch an und fragt die Anwesenden, ob sie an einem der folgenden Sonntage einen kurzen Vortrag über das Thema «Leben nach dem Tod» hören wollen. Das interessiert die Pfarrgemeinde natürlich. Der Pfarrer wirkt ein wenig verlegen. Offenbar fühlt er sich nicht recht wohl in seiner Haut. Doch er läßt die junge Frau gewähren.

Sie heißt Sarah Kreutziger, ist Sozialarbeiterin und arbeitet in einem Dialysezentrum, einer Klinik für Nierenkranke. Sie erkennt Dr. Sabom, der die Menge überragt.

«Und Sie, Doktor», fragt sie, «was halten Sie davon?»

«Wovon?» fragt der Arzt zurück.

«Von diesen Visionen, die die Leute angeblich hatten, als sie klinisch tot waren.»

Alle drehen sich nach dem jungen Arzt um. Er steht auf. Stirnrunzelnd, mit etwas verlegenem Lächeln sagt er: «Ich habe keine Ahnung, worauf Sie anspielen, Miss Kreutziger. Ich habe schon Dutzenden von Herzreanimationen beigewohnt, oft *in extremis*, und habe niemals etwas Derartiges bei meinen Patienten erlebt.»

Ein Murmeln erhebt sich in der Kirche. Die Sozialarbeiterin errötet. Ehe er sich wieder hinsetzt, fügt Sabom hinzu, es handele sich zweifellos um einen Scherz von Journalisten und man müsse sich vor dieser Sippschaft hüten wie vor der Cholera. Alle lachen.

Doch Sarah Kreutziger läßt nicht locker. Sie sagt, sie werde ihr Referat trotzdem halten, und bittet Sabom ganz direkt, ihr bei der Vorbereitung zu helfen: «Da Sie so skeptisch sind, wird niemand Sie der Gefälligkeit verdächtigen.»

Sabom räuspert sich. Er hat weiß Gott anderes zu tun! Doch erneut sind die Augen aller Gemeindemitglieder auf ihn gerichtet. Er steckt in der Klemme. Er akzeptiert, erklärt aber sofort, er betrachte sich nur als Berater, um an das zu erinnern, was die Medizin über den Tod weiß.

Sabom ist entschlossen, die Sache mit fünf Sätzen zu erledigen. Er sieht in seinen Lexiken nach. *Tod*. Er findet eine lange Definition von Professor Negowskij. Erstaunlich: Ein russischer Arzt, Mitglied des Labors für experimentelle Reanimationsphysiologie der Akademie der medizinischen Wissenschaften der Sowjetunion, definiert für die Amerikaner den Tod.

Der Wissenschaftler unterscheidet zwischen klinischem und biologischem Tod. Der klinische Tod, das sind die großen Maschinen, die stehenbleiben: Atmung, Herz, Gehirn. Ein klarer Bruch: Entweder sie funktionieren, oder sie funktionieren nicht. Der klinische Tod ist reversibel, man kann ins Leben zurückkehren. Er impliziert nicht automatisch den biologischen Tod, den Stillstand des Zellstoffwechsels, aller Zellen, vor allem der Nervenzellen.

Der biologische Tod ist ein fortlaufender Prozeß, langsamer als der klinische Tod. Doch wenn eine gewisse Schwelle überschritten werde, gibt es kein Zurück mehr. Herz oder Atmung können dann durchaus wieder einsetzen, künstlich angeregt, doch es ist zu spät. Das Gehirn ist definitiv außer Gebrauch. Negowskij zufolge führt der biologische Tod notwendigerweise zum klinischen Tod. Im allgemeinen binnen weniger als fünf Minuten.

Sabom notiert all das gewissenhaft. Er findet noch andere Definitionen, doch die des Russen ist die umfassendste. Das ist trotzdem nicht viel. Der Texaner sieht die Lücken. Man weiß nicht, wie man die «unzusammenhängende Kontinuität» des biologischen Todes messen kann. Man weiß nicht, welchen Gezeiten der Fluß des Lebens außerhalb der Zellen gehorcht. Was entspricht der Schwelle globaler

Irreversibilität? Bis ins Innere der Zellen hinein erkennt man das Leben nur an seinen Symptomen. Nicht an seinem Sein. Also können wir auch den Tod nicht erklären.

Doch Sabom genügt das. Er trifft Sarah Kreutziger wieder, und sie bittet ihn, das Buch von Moody zu lesen. Er nimmt den kleinen Band, den die junge Frau ihm reicht, und überfliegt ihn in einer halben Stunde. Dann sagt er zu Sarah:

«Reiner Schwindel. Ein Bluff. Diese Sache hält keinem einzigen wissenschaftlichen Kriterium stand. Das räumt der Autor übrigens auf der ersten Seite selbst ein.»

«Aber ... die Zeugenaussagen?»

«Hören Sie, der Mann zeichnet mit zehn oder fünfzehn Merkmalen das Profil einer völlig spekulativen Erfahrung, von der man tatsächlich nichts weiß. Wer sind diese Leute? Wie hat er sie gefunden? Woran sind sie (klinisch) gestorben? Wie lange waren sie (klinisch) tot? Und dann – was für Überzeugungen haben sie? Wie verläßlich sind ihre Erklärungen? Alles ist vage, voller Löcher ... Offen gesagt, wir haben uns da auf ein groteskes Unternehmen eingelassen.»

Sarah Kreutziger muß zugeben, daß der Arzt in den meisten Punkten recht hat. Sie versucht, das Beste daraus zu machen. Wäre es nicht interessant, ihre Ausführungen in der Kirche anhand von ein oder zwei Beispielen zu veranschaulichen? Also einige der eigenen Patienten zu befragen, die dem Tod entronnen sind? Sarah fällt es nicht schwer, solche Menschen zu finden. In einem Dialysezentrum ist ein tiefes Koma leider nicht selten. Und was Sabom betrifft, so arbeitet er schließlich in einer Herzreanimationsabteilung. Der Arzt verzieht das Gesicht. Wie weit wird diese Spinnerin es noch treiben? Aber Sarah Keutziger bleibt stur ... Zum zweiten Mal gibt er nach.

Beide machen sich am nächsten Morgen an die Arbeit, beide mit der gleichen, unerhörten Aufgabe: dem Tode Entronnene «behutsam» zu befragen. Ohne ihre wirkliche Absicht zu verraten, wie Moody es tat. Das wäre zu einfach! Sabom geht seine eigene Kartei durch und findet sofort die Namen von mehr als zehn Überlebenden, die einen Herzstillstand hatten und ohne schnelles ärztliches Eingreifen gestorben wären. Einige von diesen Leuten sind noch immer im Krankenhaus. Er sucht sie auf und tut so, als nehme er eine Routineuntersuchung vor: Puls, Blutdruck, Temperatur, dann einige

Fragen. «Appetit? Wie fühlten Sie sich vor Ihrem Herzanfall? Und jetzt?» Letzte Frage: «Welche Erinnerung haben Sie an den Augenblick, als Ihr Herz plötzlich nicht mehr schlug?»

Die beiden ersten Patienten verstehen die Frage nicht. Sabom muß sie wiederholen. Sie verstehen noch immer nicht: «Aber, Herr Doktor, wie soll ich mich denn an irgend etwas erinnern? Ich war doch bewußtlos!»

Der dritte Patient ist eine Frau von etwa vierzig Jahren. Sie stammt aus der Stadt Tampa und war schon ein paarmal in Gefahr, an Herzstillstand zu sterben. Diesmal ist sie zu einer einfachen Kontrolluntersuchung im Krankenhaus. Als der Arzt ihr seine Fangfrage stellt, reagiert sie eigenartig. Sie fragt: «Was soll diese Frage?» Sabom antwortet: «Oh, einfach, weil manche Leute sagen, sie erinnerten sich an etwas, und das interessiert uns ...» Nun fragt sie: «Sie sind nicht zufällig Psychiater?» Sabom versichert, er sei wirklich nur Kardiologe. Die Frau scheint einen Moment zu zögern. Dann murmelt sie: «Sie werden mich für verrückt halten, Doktor, aber ich schwöre Ihnen, die Geschichte ist wahr ...»

Sabom hätte nicht betroffener sein können, wenn eine Kobra ihn gebissen hätte.

«Zuerst», sagte die Frau, «habe ich nicht begriffen, was mit mir passierte. Auf einmal fand ich mich an der Decke schwebend wieder ...»

Und sie berichtet ihm von einer sehr schönen Nah-Todeserfahrung. Zum Schluß, erzählt sie, sei sie «mit einer Sonne von Liebe verschmolzen», habe ein Gefühl gehabt, das «man auf der Erde nicht kennt», und sei «eins geworden mit dem Universum, aber ohne jemals das Bewußtsein zu verlieren, ganz im Gegenteil»!

Sabom reißt die Augen auf. Er träumt! Seit Monaten kennt er diese Patientin gut. Die Frau – eine ganz einfache Frau übrigens – hat ihm nie von ihrem Abenteuer erzählt! Er sieht sie ungläubig an. Ist es möglich, daß sie all das erfunden hat? Aber woher sollte sie es haben? Aus der Regenbogenpresse? Vielleicht. Allerdings – ihr Ton, ihre Stimme, ihr Blick. Sie sieht müde aus, hat ihre Geschichte aber mit ruhiger Überzeugung vorgetragen. Sie glaubt daran! Sabom spürt eine Gänsehaut. Er dankt der Frau und geht völlig verwirrt in sein Büro zurück.

Da ruft Sarah Kreutziger ihn an. Auch sie hat in ihrer Klinik einen Patienten mit Nah-Todeserfahrung gefunden. Noch nie in seinem Leben war Sabom so verwirrt. Intellektuell könnte er die Sache verkraften, doch die Stimme der Frau will ihm nicht aus dem Kopf.

An diesem Abend geht der Texaner zu Fuß nach Hause. Was weiß er eigentlich über den Tod? Als Arzt ist er für ihn nur ein Begriff, ein Name für den unerbittlichen Feind, den es um jeden Preis zu bekämpfen gilt. Als er noch Bereitschaftsdienst hatte, hieß das «Code 99»: In der Notaufnahme lag einer im Sterben.

Dann spezialisierte Sabom sich. Er schuf sich einen Patientenstamm. Seine Patienten wuchsen ihm ans Herz. Wenn jetzt einer von ihnen stirbt, kommt es vor, daß er wirklich bewegt ist. Aber damit mußte er fertig werden, sich wappnen. Das gelang ihm auch. Und nun kommt diese Sarah Kreutziger mit ihrem dummen Buch daher!

An dem Sonntag, an dem sie ihr Referat hält, triumphiert die junge Sozialarbeiterin. Der Arzt hat keine Wahl, er muß die Tatsachen anerkennen. Ja, beim dritten Überlebenden, den er befragte, stieß er auf eine mehr als ungewöhnliche Aussage. Nein, er habe niemals etwas Derartiges vermutet. Doch, ja, er kenne die Kranke seit Monaten. Um die Wahrheit zu sagen, der Arzt beschränkt sich darauf, bejahend zu nicken, wenn Sarah Kreutziger ihn zitiert. Er bleibt zurückhaltend und fühlt sich äußerst unwohl. Ihn stört, daß die Gemeindemitglieder bereitwilliger sind denn je, alles zu schlucken.

Denn schließlich ist diese Geschichte einfach unhaltbar! Der bloße Gedanke, ein so bedeutendes Phänomen wie das von Moody angenommene könne *allen Ärzten der modernen Welt* entgangen sein, erscheint ihm höchst unwahrscheinlich. Aufs Geratewohl und mit scherzhaftem Unterton hat er einige alte Chefärzte der Klinik befragt. Keiner von ihnen hatte jemals bei einem Überlebenden auch nur eine Spur von dergleichen gefunden.

Wenn eine Frau nur nicht in diesem Ton gesprochen hätte! Ihre offensichtliche Ehrlichkeit läßt ihn nicht los.

Michael Sabom ist ein handfester Mann. Er glaubt nur, was er sehen und anfassen kann. Aber wenn er etwas berührt oder etwas ihn berührt, dann hinterläßt es eine Spur. Er ist hartnäckig. Es wäre ihm unmöglich, die Sache einfach auf sich beruhen zu lassen, sie zu vergessen und wieder zur Tagesordnung überzugehen. Er muß den Abszeß aufstechen, öffnen und mit neunzigprozentigem Alkohol säubern. Mit einem Wort: untersuchen. Für ihn ist das die einzig wissenschaftlich korrekte Einstellung. Es wäre ihm unmöglich, *nicht* nach einer wissenschaftlichen Erklärung des Rätsels zu suchen.

Also geht er zu Sarah Kreutziger und schlägt ihr vor, eine seriöse Untersuchung durchzuführen. Die junge Frau ist natürlich begeistert. Zusammen erstellen sie ein strenges Forschungskonzept. Auf keinen Fall wollen sie wie dieser unseriöse Moody auf gut Glück fragen: «Meine Damen und Herren, ist vielleicht jemand unter Ihnen, der knapp dem Tod entronnen ist und Visionen gehabt hat?» Man muß eine *prospektive* Auswahl treffen, also eine Liste von Leuten aufstellen, die in den medizinischen Berichten des Krankenhauses als «klinisch tot gewesen» geführt werden. Dann muß man aus dieser Liste eine Zufallsstichprobe von hundert Personen auswählen und die Leute, ohne sie über die wirklichen Ziele der Untersuchung aufzuklären, einer allgemeinen Befragung unterziehen, die entsprechende Fangfragen enthält.

Die Untersuchung wird vier Jahre dauern, von 1977 bis 1981. In Florida begonnen, wird sie 1978 in Georgia fortgesetzt werden, wo Sabom eine Stelle als Assistenzprofessor für Kardiologie an der Emory Medical School von Atlanta antritt, einer der angesehensten medizinischen Fakultäten der Vereinigten Staaten.

Die vier Jahre sollen das Leben des Kardiologen verändern.

Das erste Hindernis, auf das Michael Sabom und Sarah Kreutziger bei ihrer Unersuchung stoßen, ist natürlich die Definition des klinischen Todes selbst. Wie will man zum Beispiel feststellen, ob die Patienten, deren Herz stillstand, keinerlei Hirnaktivität mehr aufweisen? Nur ein Elektroenzephalogramm könnte darüber Aufschluß geben. Die meisten Reanimationen finden aber in einer solchen Hast statt, daß keine Zeit bleibt, die Elektroden am Schädel des Patienten anzubringen. Sabom wird nur einige Fälle finden, in denen der formelle Nachweis eines *hundertprozentigen klinischen Todes* vorliegt, ein flaches Enzephalogramm also.

Was tun? Die beiden Forscher behandeln die Sache pragmatisch. Sie betrachten nur die Fälle als gültig, in denen *das Reanimationsteam den Tod des Patienten für eingetreten hielt*. Man könnte einwenden, daß es sich auch hier um ein subjektives Urteil handelt, das keinen wirklich wissenschaftlichen Beweis darstellt. Saboms Antwort ist einfach: Was genau «Leben» ist, weiß man nicht. Also weiß man auch nicht, in welchem Augenblick genau es endet. Dieser Augenblick wird Gegenstand immer präziserer Bestimmungsmaßnahmen werden, heute mit Hilfe des Elektroenzephalogramms, des berühmten EEG, morgen vielleicht mit anderen Mitteln. All das ändert nichts daran, daß dieser finale Moment existiert. Er kommt unweigerlich. Wenn die Ärzte jemanden unter den Händen haben, der stirbt, und ausrufen: «Es ist soweit!», dann wissen sie sehr genau, wie das aussieht, und ihr Urteil wiegt schwer. Unsere Vorfahren kannten noch kein Elektroenzephalogramm, und doch würde rückblickend niemand bestreiten, daß sie die Agonie des Todes studiert und gekannt haben...

Wieso ist Sabom, der doch allem, was nicht in Zahlen, in eindeutigen Daten auszudrücken ist, mißtrauisch gegenübersteht, hier so duldsam? Jemand anderer als er hätte diese Lücke freudig benutzt, um aufzugeben, und gesagt: «Eine Untersuchung ist statistisch unmöglich.» Doch Sabom begreift sofort, was dieses *unmöglich* bedeuten würde. Der moderne Mensch würde darauf verzichten, Grundsätzliches über sich selbst zu erfahren.

Hinsichtlich eines anderen Kriteriums jedoch bleibt er konservativ und unerbittlich: psychische Gesundheit. Jeder Überlebende, der von den Ärzten vor Eintritt des klinischen Todes auch nur als «eigenartig» beurteilt wurde, also a priori jeder, der in einem psychiatrischen Krankenhaus war, wird unerbittlich von seiner Liste gestrichen.

In diesen vier Jahren führen die beiden Forscher einhundertsechzehn Gespräche mit Überlebenden. Manche dauern mehrere Stunden und erstrecken sich über mehrere Wochen. Achtundachtzig Interviews werden schließlich als repräsentativ festgehalten: achtundachtzig Zeugenaussagen von geistig gesunden Menschen, die um ein Haar gestorben wären. Sabom wird schließlich nur achtundsiebzig Fälle anführen: Zehn der klinischen Tode erfolgten unter Anästhesie, und diese Kategorie ist Gegenstand komplizierter Dispute, ohne im übrigen statistische Besonderheiten aufzuweisen.

Von diesen achtundsiebzig Personen berichten zweiunddreißig

über eine *Nah-Todeserfahrung*. Das entspricht einem Anteil von 43 Prozent.

Es wird Sabom nicht gelingen, irgendeine Korrelation zwischen der Wahrscheinlichkeit einer Nah-Todeserfahrung und Alter, Geschlecht oder Rasse der Überlebenden herzustellen. Weder ihr Beruf noch ihre religiösen Überzeugungen, noch auch die spezifische Ursache ihres klinischen Todes scheinen den Wahrscheinlichkeitsindex zu beeinflussen. Ein eklatanter Unterschied besteht allerdings zwischen der Gruppe von Überlebenden, die eine Nah-Todeserfahrung gehabt haben, und denen, die keine «spirituellen Erinnerungen» besitzen. Erstere scheinen für immer ihre Angst vor dem Tod verloren zu haben, letztere nicht.

Während des ersten Jahres bleibt Sabom dennoch skeptisch. Seine Entdeckungen verblüffen ihn zwar, doch ist er zutiefst davon überzeugt, daß irgendwo «versteckte Variablen» existieren. Was ihn intellektuell erregt, ist die sichere Annahme, er werde von einem Augenblick zum anderen auf eine einfache Erklärung stoßen, an die man nicht gedacht hatte. Eine handfeste Erklärung. Eine wissenschaftliche Erklärung. Doch seine moderne westliche Medizinervernunft soll auf eine harte Probe gestellt werden.

Nehmen wir den Fall Nr. 39.

Nr. 39 war damals Soldat und wurde von einem vietnamesischen Mörsergeschoß getroffen. Er verlor sofort das Bewußtsein, kam dann aber wieder zu sich und spürte, daß er sterben würde. Er erinnerte sich an das, was man ihm darüber erzählt hatte. Zuerst sind es die Augen; dann wird der Rest der Körpers empfindungslos; und schließlich dämmert man langsam dem Nichts entgegen. Mit einem letzten Schimmer von Bewußtsein wartete er auf das Nichts.

Doch plötzlich traten Formen aus dem Nebel hervor. Er sah ... was? Aber das waren ja Vietnamesen! Da, drei oder vier Meter unter ihm. Die feindlichen Soldaten durchsuchten die Taschen seiner toten Kameraden. Ohne Hast nahmen sie ihnen die Eheringe ab, durchsuchten ihre Brieftaschen, zogen ihnen die Schuhe aus. Nr. 39 fühlte sich ganz ruhig. Er wunderte sich darüber und fragte sich, welche Chance er hätte, wenn er die Gegner ganz allein und überraschend angriffe. Sie hielten ihn doch alle für tot!

Nr. 39 sah ein Maschinengewehr. Er näherte sich ihm.

Doch aus irgendeinem unerfindlichen Grund gelang es ihm nicht, es zu ergreifen. Plötzlich merkte er, daß etwas nicht stimmte. Er hatte tatsächlich den Eindruck gehabt, durch die Waffe hindurchzufassen! Da entdeckte er verblüfft, daß der Mann, den die Vietnamesen gerade filzten, er selber war!

Nr. 39 begriff jetzt gar nichts mehr. Er sah sich selbst, aus drei Metern Entfernung! Wie war das möglich? Schrecklich zugerichtet, übrigens. Ein Arm fehlte, und beide Beine waren zerschmettet. Was für ein Schock mußte das gewesen sein! Und doch fühlte er sich gut und ruhig. «Das ist unmöglich», dachte er. Und blitzartig hatte er die Gewißheit: «Ich bin tot!»

Dann merkte Nr. 39 auf einmal, daß er nicht allein war. Tatsächlich gab er, als er später gedrängt wurde zu erklären, wie er «die Anwesenheit anderer Soldaten außerhalb ihres Körpers» habe wahrnehmen können – denn ihm zufolge waren sie *ohne Körper* –, zur Antwort:

«Ich sah sie nicht, ich spürte sie. Aber genauso deutlich, wie ich Sie jetzt sehe, Doktor.»

«Und Sie teilten sich einander mit?»

«Ja, ohne Probleme.»

«Wie?»

«Keine Ahnung. Vielleicht durch Telepathie, ich weiß es nicht.»

«Und was sagten Sie?»

«Im wesentlichen, daß es uns gutging da, wo wir waren. Alle waren sich einig, nicht nach unten zurückzukehren.»

Das «Gespräch der toten Soldaten» wurde durch die Ankunft amerikanischer Hubschrauber unterbrochen. Die Amerikaner kamen, um ihre Toten zu holen. Nr. 39 sah Sanitäter, die seine «Leiche» packten und in einen Plastiksack gleiten ließen, den sie achtlos in einen Helikopter schafften. Noch immer in der gleichen heiter-gelassenen Stimmung, beschloß Nr. 39, dem Hubschrauber zu folgen. Er sah der Ankunft in der Basis zu, sah den Lastwagen, der gekommen war, um die blauen Säcke abzuholen, dann das Lazarett und die Leichenhalle, wo man seinen Körper aus dem Sack nahm, um ihn auf einen Tisch zu legen.

Es war schon fast dunkel, als ein Mann in weißem Kittel die Leichenhalle betrat. Er näherte sich dem nackten Körper von Nr. 39

und schickte sich an, ihm die linke Leiste aufzuschneiden, um eine große, mit einer grünlichen Flüssigkeit gefüllte Spritze einzuführen: Er wollte ihn einbalsamieren. Zur großen Überraschung des Mannes trat etwas Blut aus. War dieser Unglückliche etwa noch am Leben? Der Mann rannte davon, um einen Arzt zu holen. Fünf Minuten später kamen sie mit einer zweiten, adrenalingefüllten Spritze zurück, die sie ins Herz von Nr. 39 stießen. Zehn Sekunden später begann das Herz wieder zu schlagen, und der Soldat befand sich wieder in seinem Körper.

Michael Sabom führte mehrere lange Gespräch mit Nr. 39.

«Wie bewegten Sie sich während Ihrer Erfahrung von einem Punkt zum anderen?» fragte er ihn.

«Als sei ich das Teleobjektiv einer Kamera», antwortete der ehemalige Soldat. «Ich brauchte nur einen Gegenstand aus der Nähe sehen zu wollen, und hopp!, war er vor meinen Augen. Meine Augen ... nun ja, das, was als Augen diente, stellte sich sofort darauf ein. Und zwar in jeder Richtung und jeder Entfernung! Während mein Körper in der Leichenhalle lag, habe ich sogar den Parkplatz und die Wäscherei des Lazaretts besucht, in dem ich mich befand.»

«Warum die Wäscherei?»

«Da war so ein schrecklicher Lärm, und ich wollte sehen, woher er kam. Es waren zwei alte Waschmaschinen. Später, nachdem sie mich wieder zusammengeflickt hatten, habe ich eine Krankenschwester gebeten, mir diese Wäscherei zu beschreiben: Es war tatsächlich die, die ich besucht hatte, während ich meinen Körper verlassen hatte.»

Schon bald sieht Sabom sich veranlaßt, zwei große Kategorien von Nah-Todeserfahrungen zu unterscheiden: die, bei denen der Betreffende sich *außerhalb seines Körpers* befand, und jene, die ihn *in eine nichtirdische Gegend reisen ließen*. Sabom bezeichnet erstere als *autoskopisch*, die anderen als *transzendent*. Die *transzendenten* Nah-Todeserfahrungen entwaffnen ihn rasch. Was wollen Sie einem Menschen antworten, der behauptet, er habe mit Engeln gesprochen? Die Überlebenden dieser Kategorie sprechen fast alle von einem «außerordentlichen Licht», einer Art unzerstörbarer «Substanz der Liebe», in der sie das Gefühl hatten, «zu schmelzen, ohne das Bewußtsein zu verlieren». Dieses «Licht» bescheine ein wahres

Märchenland, wo man verstorbene Angehörige und Freunde in kristallenen Städten und Traumlandschaften wiederfinden könne. Kurz, Dinge, die vielleicht einen Psychiater interessieren würden, aber bestimmt keinen Kardiologen. Sabom ist zwar persönlich fasziniert von all diesen seltsamen Erzählungen, doch er kann nichts mit ihnen anfangen. Er begnügt sich also damit, sie aufzuzeichnen, und konzentriert seinen kritischen Zugriff auf die Nah-Todeserfahrungen der ersten Kategorie, die *autoskopischen*.

Tatsächlich weisen die meisten Nah-Todeserfahrungen, selbst die *transzendenten*, zumindest eine *autoskopische Episode* auf. Sabom kommt zu dem Schluß, daß diese Episode den Schlüssel zu dem ganzen Phänomen darstellt. Ihm ist es schließlich gleich, in welcher «Sonne» die Erleuchteten am Ende ihres Erlebnisses getanzt haben wollen. Was ihn interessiert, ist der Anfang des Berichts. Das erste Glied der Kette. Das unerhörteste und unannehmbarste, denn wissenschaftlich hängt von ihm alles ab. Wenn ein Überlebender behauptet, er habe «seinen Körper verlassen» und beobachtet, was um ihn herum geschehen sei, als die Ärzte sich verbissen um seine Wiederbelebung bemühten, dann muß irgendwie rekonstruierbar sein, was wirklich während dieses klinischen Todes oder tiefen Komas vor sich ging! Wenn sich herausstellt, daß die meisten Aussagen, wie Sabom annimmt, offensichtlich fehlerhaft sind, dann hat man den Beweis, daß es sich um eine Halluzination, eine Illusion oder einen Wahn gehandelt hat, kurz, um ein interessantes, aber nur auf psychischen Störungen beruhendes Phänomen. Damit wäre für Sabom die Untersuchung zu Ende gewesen.

Aber es gibt nachprüfbare Daten. Hauptschauplatz der Überprüfungen ist die *Intensivstation*, der mythische Ort vieler Filme, vollgepackt mit hellgrünen Apparaten, Infusionsschläuchen und, wie Michael Sabom feststellt, einem unbestrittenen Star: dem *Defibrillator*.

Das Herz «flimmert», wenn der Rhythmus seiner Schläge unregelmäßig wird, kommt ins Stolpern und bleibt stehen. Um es wieder in Gang zu bringen, jagt man einige starke Stromstöße durch die Brust des Sterbenden. Diese Stöße werden von einem Defibrillator erzeugt, einem Gerät, das von Jahr zu Jahr perfekter geworden ist, aber immer aus zwei Platten mit Griffen besteht, die das Reanimationsteam an zwei bestimmten Stellen des Brustkorbs anbringt. Dieses Gerät nimmt einen zentralen Platz ein in dem Bericht, den Sabom 1982 unter dem Titel *Erinnerungen an den Tod* veröffentlichen wird.

Als ihm ein Überlebender zum ersten Mal in allen Einzelheiten die Prozedur seiner eigenen Defibrillierung erzählte, war das für Sabom ein weiterer Schock. Denn der medizinische Bericht sollte die Aussage in allen Einzelheiten bestätigen. Die Funktionsweise des Defibrillators ist recht kompliziert und die Kraft des Stromstoßes jedesmal unterschiedlich stark. Und da sollten sich die *autoskopischen Überlebenden* an alle Einzelheiten erinnern?

Natürlich stammen die meisten Aussagen von medizinischen Laien:

«Da waren eine blaue Maschine voller Knöpfe und zwei scheibenartige Gegenstände mit Griffen. Die Krankenschwester hat sie genommen und gegeneinandergerieben.»

«Warum hat sie das Ihrer Meinung nach getan?» fragt Sarah Kreutziger.

«Tja, darauf war so eine Art Gelatine, ich hatte den Eindruck, daß sie die gleichmäßig verteilen wollte. Dann hat sie mir die Dinger auf die Brust gelegt...»

«Wo?»

«Da», der Betreffende deutet mit dem Finger auf die Stelle, «und hier. Während der Zeit drehte der Arzt an der Skala des Geräts.»

«Konnten Sie diese Skala sehen?»

«Sicher. Sie hatte eine feststehende und eine bewegliche Nadel. Aber dann, als sie Strom gaben, bewegte sich der Zeiger nicht plötzlich nach oben wie bei einem Voltmeter, sondern langsam, und dann sank er nicht wieder zurück. Ich erinnere mich, wie mir auffiel, daß die feste Nadel sich auch bei jedem Stoß bewegte, den sie mir gaben. Beim ersten Mal ist der bewegliche Zeiger bis zum Drittel der Einteilung gegangen. Dann haben sie wieder angefangen, und er ging bis über die Hälfte. Beim dritten Mal waren es drei Viertel.»

«Wie viele Stromstöße haben Sie bekommen?»

«Drei.»

«Sind Sie sicher?»

«Wenn Sie dabei gewesen wären, würden Sie nicht fragen, Doktor!

Mein Körper machte jedesmal einen Satz von mindestens fünfzig Zentimetern auf dem Tisch! Das vergißt man nicht. Das Merkwürdigste dabei war, daß ich nichts empfand. Ich war ganz ruhig. Und trotzdem konnte ich die verbrannten Haare auf meiner Brust sehen.»

«Von wo aus beobachteten Sie diese Szene?»

«Immer aus der linken Ecke der Zimmerdecke.»

Ein alter Arbeiter (Fall Nr. 19, nicht in die Statistik aufgenommen, da unter Anästhesie) beschreibt mit krudem Realismus, wie sein Herz aussah, als die Ärzte ihm den Brustkorb öffneten:

«Das Herz sieht anders aus, als ich dachte. Es ist groß, auch noch, nachdem der Doktor kleine Stücke abgeschnitten hatte. Es hatte nicht die Form, die man sich vorstellt. Meines hatte eine Form wie Afrika. Die Oberfläche war rosarot und gelb. Ich habe mir gesagt, das Gelbe muß wohl Fett sein oder so. Es war ... puuh! Rechts oder links war ein großes Stück, das dunkler war als der Rest ...»

Auch seine Beschreibung entspricht der Rekonstruktion, die Sabom anhand des medizinischen Berichts erstellte. Ebenso wie bei Fall Nr. 70 – einer Frau, die genau schildert, wie man ihren Rücken operiert hat. Fall Nr. 52: Ein junger Mann erinnert sich, daß einer der Ärzte, die seinen Brustkorb mit harten Faustschlägen traktierten, um ihn wiederzubeleben, im Gegensatz zu den anderen keine antiseptischen weißen Schuhschützer trug. Man sah Blutflecken auf dem braunen Leder. Der junge Mann hatte das «ekelhaft» gefunden.

Langsam wird Michael Sabom bewußt, daß er selbst im Begriff ist, eine Reise ohne Wiederkehr anzutreten. Denn nacheinander brechen die Einwände, die er vorbringt, unter dem fast erschreckenden Druck der verifizierbaren Aussagen zusammen. Nach eineinhalb Jahren bekommt er es geradezu mit der Angst zu tun. Ist er vielleicht das Opfer eines riesigen Schwindels? Könnte es sein, daß Dr. Raymond Moody doch kein Scharlatan ist? Mehrmals bildet er sich ein, endlich begriffen zu haben. Eine Fährte führt ihn beispielsweise zum Sonderfall der Nah-Todeserfahrung unter Anästhesie.

Seit langem berichten Ärzte von Fällen Operierter, die man bewußtlos glaubte, weil anästhesiert, die aber in Wirklichkeit durchaus bei sich waren. Zu ihrem Pech hat das typische Profil ihrer Erinnerungen nichts mit dem der Nah-Todeserfahrungen zu tun. Im allgemeinen handelt es sich nämlich um schreckliche Erinnerungen, oft durchsetzt mit verworrenen Alpträumen. Der Betreffende fühlt sich in seinem Körper gefangen, hilflos wie noch nie, während man an ihm herumschneidet. Dabei empfindet er ständig wachsende Todesangst. Er sieht nichts, sondern hört nur, was in seiner Umgebung geschieht. Die Nah-Todeserfahrungen dagegen sind vor allem visuell. Oft sagen die Leute, sie hätten während ihrer *autoskopischen* Nah-Todeserfahrung nichts *gehört*, sondern nur alles sehr genau *gesehen*.

Am Ende des zweiten Untersuchungsjahrs stellt Sabom in einem verzweifelten Versuch, das alles zu verstehen, eine einfache psychologische Hypothese auf: Die *autoskopischen* Nah-Todeserfahrungen betreffen möglicherweise Menschen mit viel Krankenhauserfahrung. Könnte es sein, daß sie unbewußt genügend medizinische Kenntnisse gesammelt haben, um eine Reanimation zutreffend beschreiben zu können? In diesem Fall würden sie nur *glauben*, sich an Ereignisse zu erinnern, die sie in Wirklichkeit aus den beim Pflegepersonal aufgeschnappten Informationen rekonstruiert hätten.

Dieser Gedanke gefällt dem Texaner. Sofort denkt er sich einen Kontrolltest aus. Er wählt fünfundzwanzig schwer herzkranke Personen aus, darunter mehrere Überlebende *ohne* Nah-Todeserfahrung, und schlägt ihnen folgendes Spiel vor: Sie sollen sich vorstellen, sie hätten einen Herzstillstand, und erzählen, wie sie wiederbelebt werden. Dreiundzwanzig von fünfundzwanzig Aussagen enthalten leider mindestens einen schweren Fehler. Manche Kranken stellen sich beispielsweise vor, eine Herzmassage bestehe darin, das Herz in beide Hände zu nehmen und zu kneten. Andere erzählen, man setze sie mittels langer, mitten in die Brust gesteckter Nadeln unter Strom. Mehrere beginnen ihren imaginären Bericht mit einer intensiven Mund-zu-Mund-Beatmung durch den Arzt, der bald von der Krankenschwester abgelöst wird, die sich über den Tisch in der Intensivstation beugt... Eine Fülle von Irrtümern, reinen Phantasien oder offenkundigen Unwahrscheinlichkeiten, die man in keinem Bericht einer Nah-Todeserfahrung findet. Die drei einzigen Aussagen ohne Fehler sind mehr als kurz. Keine beschreibt beispielsweise, wie man einen Defibrillator anwendet.

Mit anderen Worten, der Kontrolltest stützt die unerklärliche Genauigkeit der Nah-Todeserfahrung. Sabom muß das akzeptieren.

Er sucht nach anderen Erklärungen. Könnte man nicht sagen, daß die Nah-Todeserfahrung einem Traum ähnelt? Sabom und Kreutziger stellen also allen ihren *Visionären* diese Frage. Doch jedesmal lautet die Antwort: «Ganz und gar nicht.»

«In Träumen», sagt ein alter Mechaniker aus Miami, «bin ich immer jemand anderer, während ich da wirklich ich selbst war, ganz ich selbst! Und ich sah all diese Leute genauso wirklichkeitsgetreu, wie ich Sie jetzt sehe, Doktor!»

Und doch – eines will Sabom einfach nicht in den Kopf: Warum ist kein Kollege auf dem laufenden? Vielleicht, weil die meisten Todesvisionäre fürchten, ihre Erfahrung mitzuteilen? Er nimmt seine Notizen noch einmal vor und stellt fest, daß er auch in den meisten seiner eigenen Fälle der erste Mensch war, mit dem diese Leute darüber zu sprechen wagten, der erste Zeuge.

Beim nächsten Mal fragt er (es handelt sich um eine junge Frau):

«Sie haben das doch Ihrem Mann erzählt, oder?»

«O nein, Doktor!»

«Aber warum denn nicht?»

«Er hätte mich einsperren lassen.» Wenn er an seine eigene Reaktion auf die erste Lektüre von Moodys Buch denkt, muß Sabom zugeben, daß die Frau wahrscheinlich recht hat. Noch vor kurzem hätte er ihr selbst dringend zu einer psychiatrischen Behandlung geraten.

Bevor Sabom Florida verläßt, um nach Atlanta zu gehen, hält er einen Vortrag an der Medizinischen Fakultät von Gainesville und verteilt an die Zuhörer, die sämtlich zum Pflegepersonal gehören, Fragebögen. Er will wissen, ob er wirklich der einzige im Krankenhaus ist, der das Phänomen der Nah-Todeserfahrung kennt. Von fünfundneunzig Personen, die den Fragebogen ausfüllen, haben zehn bereits etwas Derartiges bemerkt. Zwei davon sind Ärzte. Immerhin! Aber niemand bringt auch nur ein wenig Licht in diese eigenartige Erfahrung. Die Kollegen begnügen sich damit, ein großes Fragezeichen zu machen. Sabom weiß offensichtlich mehr darüber als alle anderen hier – und das verwirrt ihn erheblich. Nach zwei Wochen des Nachdenkens beschließt der Texaner, den entscheidenden Schritt zu tun: Er wird seine Ergebnisse veröffentlichen.

Für einen Forscher, Mediziner oder nicht, ist es ein ungeheures

Risiko, einen Bericht über ein so heikles Thema zu publizieren. Doch die Angelegenheit ist zu schwerwiegend: Da gibt es Leute, die nach einer unerklärlichen, wenn auch anscheinend recht häufigen Erfahrung sehr viel mehr Freude am Leben haben und sich erstaunlich wenig vor dem Tod fürchten. Sie sagen, sie seien wie verwandelt, und erklären, sie wüßten nun, «was wichtig ist und was nicht». (*Wichtig*: das Leben, die alltäglichen Dinge, Zeit zu haben, gastfreundlich zu sein. *Unwichtig:* Geld, Status, Äußerlichkeiten.) Der Ursprung des Phänomens spielt nicht die entscheidende Rolle – die Auswirkungen jedenfalls sind, wie Sabom feststellt, höchst real. Manche Visionäre hören beispielsweise auf zu trinken; andere wechseln sogar den Beruf oder engagieren sich für wohltätige Aufgaben. Er stößt auf unglaublich viel Altruismus. (Dagegen ist nichts dergleichen festzustellen, wenn jemand, der dem Tod entronnen ist, während seiner «Absence» keinerlei besondere Erfahrungen gemacht hat.)

Der Kardiologe sagt sich, daß alle diese Tatsachen das Pflegepersonal unmittelbar angehen. Warum? Ganz einfach: Ihm ist aufgefallen, daß nur eine einzige Situation die Überlebenden aus der Fassung bringen konnte, nämlich, wenn sie versuchten, darüber zu sprechen, und man ihnen nicht zuhörte. Schlimmer noch war, wenn man argwöhnte, sie seien nicht ganz richtig im Kopf, und ihnen riet, sich behandeln zu lassen. Viele zogen sich in eine Isolation zurück, die sie für endgültig hielten. Sie glaubten, mit ihrer Erfahrung allein zu sein. Trotzdem empfanden sie das große Bedürfnis, sich mitzuteilen. Es war also unbedingt notwendig, daß solche Menschen sich anderen eröffnen konnten. Und diese Aufgabe fiel dem Pflegepersonal zu.

Ein Familienvater kehrte höchst ungern aus seiner Nah-Todeserfahrung zurück. Es ging ihm in diesem «unaussprechlichen Licht» so gut, daß er eigentlich gar nicht in seinen Körper zurückkehren wollte. Eine innere Stimme erinnerte ihn dann daran, daß er kleine Kinder habe und «das Glück», seine Pflicht ihnen gegenüber weiterhin erfüllen zu können. Er aber wehrte sich und versuchte, «außerhalb seines Körpers» zu bleiben. Die Rückkehr erfolgte schließlich gegen seinen Willen. Seitdem hatte er schreckliche Schuldgefühle seinen Kindern gegenüber, weil er sie verlassen wollte. Doch die ganze Geschichte erscheint ihm verrückt. Er wagt mit niemandem darüber zu sprechen. Sein Unbehagen wird immer größer. Bis zu dem Tag, da er sich zufällig in der Stichprobenliste von Sabom und Kreutziger wiederfindet. Als er erfährt, daß er nicht der einzige derartige Fall ist und die Forscher sich ohne Ironie für Erfahrungen wie seine interessieren, setzt das in ihm auf einmal eine ungeheure Vitalität frei. Binnen weniger Wochen überwindet der Mann seine Schuldgefühle und entdeckt eine Lebensfreude, die er bisher nicht kannte. Endlich kann er sich seine Erfahrungen zunutze machen.

Michael Sabom stößt auf mehrere ähnliche Fälle. So verschwinden hartnäckige Verstimmungen, wenn den Überlebenden erlaubt wird, aus ihrer Isolation herauszutreten. Das überzeugt den Texaner nur noch mehr von der Notwendigkeit, seine Kollegen zu informieren. Er macht sich also an die Niederschrift seines Berichts. Er gibt so sachlich wie möglich alles wieder, was er weiß. Die Statistiken wachsen und enthalten alle möglichen wissenschaftlichen Details. Die Protokollierung dauert zwei Jahre und wird im Winter 1980/81 abgeschlossen.

Sabom zweifelt nicht daran, einige große medizinische Fachzeitschriften interessieren zu können. Vor allem die der Emory University, wo er jetzt ein angesehener Assistenzprofessor für Kardiologie ist.

Der Schlag trifft ihn unvorbereitet.

Seine Arbeit wird überall abgelehnt. Grund: *Unwissenschaftliches Thema*. Sabom ist verdutzt. Sogar in Atlanta! Er sucht den Chefredakteur auf.

«Ich verstehe das nicht», sagt er. «Nennen Sie mir einen einzigen Verstoß gegen wissenschaftliche Kriterien!»

«Um Ihre Kriterien geht es nicht», antwortet der Chefredakteur mit gedämpfter Stimme, halb verlegen und halb ärgerlich.

«Und meine Methode ist...»

«Auch gegen Ihre Methode ist nichts zu sagen. Es sind die Tatsachen, das Thema selbst, das wir beim besten Willen nicht als wissenschaftlich einstufen können.»

«Aber...»

«Bitte, Sabom, bestehen Sie nicht darauf.»

Blitzartig begreift Sabom: Die Entscheidung seiner Kollegen ist unwiderruflich. Warum? Sein Bericht enthält nicht den mindesten mystischen Höhenflug. Nur lauter numerierte und geprüfte Zeugenaussagen. Dem Leser bleibt selbst überlassen, daraus seine Schlüsse zu ziehen. Sabom informiert bloß. Am Ende seines Berichts gestattet er sich lediglich, beiläufig einige mögliche Deutungen anzuführen, auf die er im Laufe seiner Untersuchung gestoßen ist.

Die meisten dieser Deutungen waren nach der Veröffentlichung von Moodys Buch aufgekommen. Damals hatte Sabom sich nicht weiter darum gekümmert. Er war so sicher, daß die These von den Nah-Todeserfahrungen dummes Zeug sei! Wer macht sich schon die Mühe, seine Zeit mit der Lektüre von Argumenten für und wider eine offensichtlich lachhafte Theorie zu verschwenden? Aber im Laufe seiner eigenen Untersuchung sah er sich dann doch gezwungen, diese verschiedenen Argumente im einzelnen zu betrachten.

Die Psychologen Blacher und Kastenbaum von der Massachusetts University nehmen an, daß die Nah-Todeserfahrungen *Todesphantasien* sind, zweifellos zurückzuführen auf Sauerstoffmangel. Die beiden Professoren warnen die Mediziner vor allem vor der unpassenden Geschäftemacherei gewisser «Propheten» mit Hilfe der Massenmedien. Dr. Blacher betont, es sei von größter Wichtigkeit, daß der Arzt «sich vor allem davor hütet, eine religiöse Überzeugung als wissenschaftliche Gegebenheit zu akzeptieren».

Sabom schreibt Blacher einen Brief, in dem er ihn auffordert, sich gleichermaßen davor zu hüten, «wissenschaftlichen Glauben als wissenschaftliche Gegebenheit zu akzeptieren». Blacher antwortet mit einem wütenden Artikel. Er erklärt, die Nah-Todeserfahrungen beträfen Patienten, die aus psychiatrischer Sicht pathologische Fälle seien. Etwas anderes zu behaupten sei unverantwortlich. Und um dieser Gefahr zu begegnen, halte er sich für berechtigt, einen *wissenschaftlichen Glauben* zu hegen, auf den er sehr stolz sei.

Mehrere Mediziner favorisieren jedoch eine ganz andere Erklärung. Die Nah-Todeserfahrung sei vergleichbar den Erinnerungen, die Anästhesierte an ihre Operation zurückbehalten. Die Personen mit Nah-Todeserfahrungen hätten keine Wahnvorstellungen; sie hätten tatsächlich registriert, was um sie herum geschah, während sie augenscheinlich klinisch tot waren. Durch eine Art synästhetischen Kurzschlusses seien diese zunächst rein auditiven Erinnerungen dann im Gedächtnis der Personen visuell geworden. Sabom selbst fand diese Interpretation verlockend, bis er feststellte, daß die typischen Profile der beiden Erfahrungen rein gar nichts miteinander zu tun haben.

Wieder andere Ärzte sind der Ansicht, man solle die Sache nicht komplizierter machen, als sie ist. Die Überlebenden haben geträumt, das ist alles! Man weiß ja, daß bestimmte Träume sehr lange nachwirken. Wieder andere Wissenschaftler führen Wahnzustände an, die auf Narkotika zurückzuführen sind, und erzählen Geschichten von Kranken, die sehen, wie ihre Ärzte sich in Polizisten verwandeln und der Operationssaal in ein Kommissariat.

Am 19. Januar 1980 veröffentlicht *Lancet*, das Fachorgan der britischen Ärzteschaft, eine vorläufige Mitteilung über die starke analgetische Wirkung eines neuentdeckten Neurotransmitters: des Beta-Endorphins. Künstlich hergestellt und injiziert in die Rückenmarksflüssigkeit von vierzehn Krebskranken mit unerträglichen Schmerzen, hat der synaptische Botenstoff Wunder gewirkt. Die Patienten hatten für einen Zeitraum von zweiundzwanzig bis dreiundsiebzig Stunden keine Schmerzen mehr.

Die Information wird von Dr. Lewis Thomas, dem Präsidenten des Sloan Kettering Cancer Institute in New York, sofort aufgegriffen: Die von manchen dem Tode Entronnenen berichteten Erfahrungen seien wahrscheinlich durch eine Substanz von der Art der Beta-Endorphine ausgelöst worden. Er zieht den gleichen Schluß wie Ronald Siegel, der Psychologe aus Los Angeles: «Dies würde bestätigen, daß der Vorgang des Sterbens nach Lage der Dinge eine nichtschmerzhafte und möglicherweise sogar angenehme Erfahrung sein könnte.»

Doch Sabom stößt gleich auf einen wichtigen Einwand, als er versucht, die Nah-Todeserfahrung auf ein biochemisches Phänomen zu reduzieren. Die «Rückkehr in den Körper» *ist* schmerzhaft, oft sogar in höchstem Maße. Welches Endorphin würde also teuflischerweise sofort seine Wirkung verlieren, wenn der Patient wiederbelebt ist? Und welcher andere Neurotransmitter würde umgekehrt so lange wirken, daß die Patienten seine belebende Wirkung noch Jahre später spüren?

Es gibt noch mehrere andere Interpretationen, anatomische,

chemische oder soziologische – manche Ärzte glauben, nur «gläubige» Personen hätten Visionen. Doch die seriösesten Argumente sind unbestreitbar psychologischer Natur.

Die Psychologen behaupten, wer von einer Nah-Todeserfahrung erzähle, sei kein Mythomane, sondern ein Mensch, der einen erschreckenden und unannehmbaren Schock abgewehrt habe. Um es genau auszudrücken: einen *unvorstellbaren* Schock. Wie sollen wir uns vorstellen, «tot zu sein», wenn genau in diesem Augenblick etwas in uns Zuschauer bleibt wie im Kino?

Der Tod, sagt Sigmund Freud, der wirkliche Tod sei die absolute Auflösung dieses Zuschauers und dieses Kinos. Darüber kann man also nicht reden. Wenn die Überlebenden von Erinnerungen berichten – unaussprechlichen, gewiß, aber doch in Form von Symbolen darstellbaren –, dann muß man zwangsläufig den Sitz ihrer Erfahrung in den Registern der Wissenschaften von der Psyche, also vom Leben, wiederfinden. Der Tod hat damit nichts zu tun.

Ein Psychologe erweckt in diesem Zusammenhang Michael Saboms besonderes Interesse: Russel Noyes. Seit zehn Jahren beschäftigt er sich mit diesem Problem. Und seine Antwort läßt sich in einem einzigen Wort zusammenfassen: *Depersonalisierung*.

8 Russel Noyes und die Tücken des Unbewußten

Russel Noyes lehrt an der Universität von Iowa City. Sein Spezialgebiet: Schockzustände und Angst. Für das Phänomen der Nah-Todeserfahrung hat er keine Patenterklärung. Doch wie, fragt er sich, kann man so anmaßend sein, eine derartige Untersuchung in Angriff zu nehmen, ohne die Entdeckungen der zeitgenössischen Psychiatrie und Psychoanalyse zu berücksichtigen? Wissen Moody und dieser Sabom denn nicht, daß unsere Kenntnis der Psyche seit 1890 einige kleine Fortschritte gemacht hat? Haben sie noch nie vom Unbewußten, seiner Symbolsprache, seinen Trieben und seinen Tücken gehört? Ist ihnen nicht klar, daß sich hinter den Berichten ihrer Überlebenden ein paar hübsche, doppelsinnige Fallgruben verbergen müssen? Doch? Warum verlieren sie dann ihre Zeit damit, Wahnvorstellungen zu sammeln, ohne sie jemals interpretieren zu wollen? Und wie soll man sie interpretieren? Ja, das ist eben die Frage.

Noyes ist allerdings kein gehässiger Mann. Er verdammt die Untersuchungen seiner Kollegen im Süden nicht. Er bedauert nur ihren Mangel an Reife. Was schlägt er vor, um die Debatte voranzubringen? So genau weiß er das auch nicht. Aber er stellt Überlegungen an – unermüdlich, endlos.

Wie ist er selbst dazu gekommen, die Nah-Todeserfahrungen zu untersuchen? Auf einem merkwürdigen Umweg. Normalerweise behandelt er überängstliche Neurotiker. Diese von Angst heimgesuchten Menschen versuchen manchmal, ihrem Leiden dadurch zu entrinnen, daß sie «aus ihrem Körper» flüchten. Sie werden gleichgültig, kalt, scheinen von allem losgelöst. Sie sprechen von sich selbst, als handele es sich um jemand anderen, und behaupten manchmal, «sich von außen zu sehen». Dieses «Heilmittel» ihres

Unbewußten erweist sich allerdings leider oft als schlimmer als die Krankheit. Sich selbst so fremd zu sein vervielfacht plötzlich die Angst der Kranken. Da ist ihr eigenes Gesicht, riesig, rund, monströs, außerhalb ihres Blickes! Sie meinen, sie müßten schreien. Die Probleme verschlimmern sich. Man muß zu massiven Therapien greifen, um ihr Leiden zu lindern.

Über diese schreckliche Verdoppelung weiß man zwar noch nicht allzuviel, sie hat aber einen Namen. Sie heißt *Depersonalisierung.* Russel Noyes hat es sich zur Aufgabe gemacht, sie zu bekämpfen. Er kennt sie gut. Er ist sogar ein Spezialist dafür. In seinem Psychiatriekurs schildert er seinen Studenten die verschiedenen pathologischen Bereiche, in denen sie sich manifestieren kann. Außer bei Angstneurosen kann es in gewissen Situationen emotionaler Übererregung oder bei Drogenintoxikation zu einer solchen Verdoppelung kommen. Man kann sie auch durch sensorische Deprivation auslösen. Doch für diese Fälle interessiert Russel Noyes sich nur am Rande. Er ist Therapeut. Was für ihn zählt, ist in erster Linie die Heilung der Kranken. Das hat ihn veranlaßt, sich mit einem anderen, sehr besonderen Fall von Depersonalisierung zu befassen, nämlich den Unfallopfern.

Es kommt vor, daß Leute, die einem Unfall oder einer Katastrophe entronnen sind, an psychischen Störungen leiden, die denen der Angstneurotiker erstaunlich ähnlich sind. Dabei spielt es keine große Rolle, ob sie mit einem bloßen Armbruch oder sogar unverletzt davongekommen sind: Seit ihrem Unfall sind sie eigenartig und erzählen merkwürdiges Zeug.

In ihrem Kopf war alles in Ordnung, und dann gab es da plötzlich einen dreifachen Überschlag des Autos, eine Lawine, eine Eisenbahnentgleisung, den Einsturz einer Zimmerdecke oder auch das Einbrechen auf einem zugefrorenen See. Im allerletzten Moment sind sie mit unwahrscheinlichem Glück noch einmal davongekommen. Wie im Kino.

Aber seither sind sie nicht mehr ganz sie selbst. Krank? Das ist schwer zu sagen. Am Anfang etwas verwirrt, ja. Aber dann haben sie sich erholt. Sie scheinen sogar von einer gewissen Ruhe erfüllt. Aber warum behandelt man sie dann? Aus Erfahrung. So hat alles begonnen. Das Krankenhaus hatte beschlossen, die Untersuchung von Opfern schwerer Unfälle solle automatisch auch einen Besuch des Psychiaters umfassen. So war Noyes dazu gekommen, seinen Tätigkeitsbereich von den Neurotikern auf die Unfallopfer auszudehnen.

Man schreibt das Ende der sechziger Jahre.

«Wie geht es Ihnen?» fragt eines Morgens der diensthabende Psychiater ein Unfallopfer, das zur Beobachtung im Krankenhaus ist. «Nicht allzu nervös heute?»

«Es geht, Doktor, es geht sogar recht gut.»

«Hat Sie ganz schön gebeutelt! Man sagte mir, Ihr Wagen sei völlig demoliert.»

«Ja, ich bin gerade noch davongekommen.»

«Sie können ganz beruhigt sein, jetzt ist alles in Ordnung. Aber wundern Sie sich nicht, wenn ein Nach-Schock auftritt. Das wäre nicht ungewöhnlich.»

«In welcher Form, Doktor?»

«Das kommt auf den Einzelfall an. Man hat Ihnen bereits entspannende Mittel gegeben... Aber wenn etwas Ungewöhnliches geschehen sollte, lassen Sie mich unverzüglich rufen, ja?»

«Vielen Dank, Doktor, aber ich habe mich noch nie so wohl gefühlt, wissen Sie. Das war eine tolle Sache, dieser Unfall, ich...»

Doch der junge Psychiater hat keine Zeit. Er ist schon wieder fort. Als er am nächsten Morgen wiederkommt, hat das unter Beobachtung stehende Unfallopfer noch immer diesen unglaublichen Schwung. Diesmal will der Mann unbedingt von seinem Unfall erzählen. Der Arzt setzt sich schließlich hin und hört zu. Ein richtiges Delirium! In dem Augenblick, in dem der Mann den Lastwagen auf sich zukommen sah, will er «aus seinem Körper getreten» sein und die unwahrscheinlichste Erfahrung seines Lebens gemacht haben. Der Arzt notiert die Halluzination und vergißt sie sofort. Von welchem Interesse sollte sie sein?

Die Zeit vergeht. Der Arzt stößt auf einen zweiten Fall von *postakzidentellem Delirium*. Dann auf einen dritten. Zufälle. Schließlich spricht er mit seinem Chef darüber, und der sagt:

«Ja, das ist ein bekanntes Phänomen. Schockzustand, Delirium, Depersonalisierung... Ach, das ist doch das Steckenpferd von Noyes, diese Depersonalisierung!»

«Noyes?»

Russel Noyes arbeitet keine zehn Minuten entfernt in der Psychiatrie. Der junge Psychiater sucht ihn auf und erzählt ihm von den drei Delirien der Unfallopfer. Noyes ist nicht überrascht. Das Phänomen wird tatsächlich von mehreren Kapazitäten erwähnt. Arlow zum Beispiel hat gezeigt, daß Schockzustände Halluzinationen auslösen können, also auch eine echte Depersonalisierung. Noyes selbst hat den speziellen Fall der Unfallopfer noch nie untersucht. Er hat genug mit seinen Angstneurotikern zu tun.

Trotzdem ist das Phänomen eigenartig: Manche Unfallopfer weisen tatsächlich alle Symptome der Depersonalisierung auf. Alle Symptome bis auf eines, und dessen Fehlen ist bemerkenswert: Sie sind nicht ängstlich. Zumindest scheinen sie paradoxerweise nicht dieselbe Angst zu haben wie Opfer weniger schwerer Unfälle, insbesondere die, die nicht in Lebensgefahr waren. Im Gegenteil, wenn der Unfall sie beinahe umgebracht hätte und sie einen Augenblick jede Hoffnung auf ein Davonkommen verloren hatten, dann ist die Wahrscheinlichkeit groß, daß sie die Anzeichen größter Heiterkeit aufweisen.

Heiterkeit? Daran glaubt Noyes keine Sekunde lang. In seiner Vorstellung ist die Depersonalisierung untrennbar mit Angst verbunden. Berufsblindheit. Fasziniert studiert er aber schließlich doch selbst einige Fälle. Binnen weniger Monate ist er gezwungen, die Tatsachen anzuerkennen. Ob eine heitere Gelassenheit echt ist oder nicht, entgeht einem wachsamen Psychiater nicht lange. Und unter den Unfallopfern, die Noyes beobachten und befragen konnte, scheinen all jene, die eindeutig eine Episode von Depersonalisierung erlebt hatten, tatsächlich mit einer Art dauerhafter und tiefer «Ruhe» daraus hervorgegangen zu sein.

Russel Noyes muß bald einräumen, daß dieses unerwartete Phänomen nicht in das klassische Modell der Depersonalisierung paßt. Er setzt ein Team von Studenten darauf an. Aufgabe: Sie sollen die psychologischen Auswirkungen von Schockzuständen untersuchen. Die Information wird verteilt. Alle Schockopfer der Region werden ihnen gemeldet. Noyes sieht Dutzende von Fällen. Das seltsame Phänomen bestätigt sich. Nach und nach läßt der Psychiater sich verlocken. Er beißt sich fest, verbringt mehr und mehr Zeit mit der persönlichen Befragung von Unfallopfern. Schließlich muß er sein eigenes Forschungs- und Lehrprogramm neu definieren. Auf einmal hat er ein zweites Spezialgebiet. Es geht nicht mehr darum, *depersonalisierte Angstneurotiker* zu behandeln, sondern darum, *depersonalisierte, heitere Unfallopfer* zu studieren. Wie ist die eigenartige Ruhe dieser Unfallopfer zu erklären? Das fasziniert den Therapeuten aus Iowa City.

Vergessen wir nicht, daß es sich um Opfer schwerer Unfälle handelt. Alle befanden sich in der gleichen Ausgangssituation: Sie waren fest überzeugt, ihre letzte Stunde sei gekommen. Ihre letzte Sekunde. Die Zeit, die nötig ist, um mit hundertfünfzig Stundenkilometern gegen eine Betonmauer zu prallen. In dieser winzigen Zeitspanne haben sie wirklich daran geglaubt. Mehr noch: Sie *wußten*, daß es nun aus war mit ihnen. Nichts konnte ihren bevorstehenden Tod noch verhindern.

«Und plötzlich, Doktor, stand die Zeit still.»

«Wie das?»

«Ich war unglaublich ruhig. Die Landschaft hatte leuchtende Farben. Bilder zogen an mir vorbei. Ich sah mich mit vier Jahren, auf einem sattgrünen Rasen, mit meinem feuerroten Dreirad. Dann sah ich mich mit zehn Jahren, und dieses kleine Mädchen mit den rosigen Backen, das mir so den Kopf verdreht hatte. Ach, die hatte ich ganz vergessen! Und dann . . .»

Manche behaupten, ihr ganzes Leben sei so in allen Einzelheiten an ihnen vorübergezogen. Ein ganzes Leben in dieser winzigen Zeitspanne eines Unfalls! Und das Individuum hat tatsächlich den Eindruck, sich von außen zu sehen.

Von außen? Noyes spitzt jedesmal die Ohren. Eine charakteristische Verdoppelung? Reine Pathologie.

«Was verstehen Sie darunter?»

«Eh . . . das ist schwer zu erklären, Doktor. Und trotzdem, alles war so klar! Ich sah meinen Körper in einiger Entfernung mit dem Motorrad herumwirbeln. Ich wußte, daß ich sterben würde. Doch das war mir plötzlich egal. Ich fühlte mich so wohl. Ich hatte den Eindruck, nur noch mit der Natur um mich herum eins zu sein.»

«Manifeste Depersonalisierung», denkt Noyes; er geht daran, die verunglückte junge Frau gründlicher zu befragen. Am erstaunlichsten ist, daß man es mit so außerordentlich «reinen» Fällen zu tun hat. In den Fällen von Verdoppelung, die durch psychopathologische Angstkrisen ausgelöst sind, ist die eigentliche Depersonalisierung immer mit alptraumartigen Wahnvorstellungen und erschreckenden Halluzinationen durchsetzt. Außerdem weist der Kranke oft nur einige der Symptome auf. Er wird beispielsweise gleichgültig, aber ohne die Illusion der Verdoppelung. Oder nur ein Teil seines Körpers erscheint ihm als außerhalb seiner selbst stehend. Etwa sein Gesicht oder seine rechte Hand. Bei den Unfallopfern dagegen scheint das Register der Symptome immer vollständig zu sein. Das ist verblüffend.

Russel Noyes und seine Studenten analysieren eingehend zweihundertfünf Unfallberichte, die eine Episode von Depersonalisierung enthalten. Sie benennen sechsundzwanzig Variablen, die sie in drei Hauptfaktoren unterteilen:

Erster Faktor: die *eigentliche Depersonalisierung*, die elf Variablen umfaßt. So empfand das Subjekt *keine Emotionen mehr* (69 Prozent der Fälle), empfand *das Bewußtsein als vom Körper getrennt* (63 Prozent) oder *spürte eine Mauer zwischen sich und der Welt* (61 Prozent) oder hatte auch eine *veränderte Zeitwahrnehmung* (35 Prozent).

Zweiter Faktor (merkwürdigerweise ganz gegensätzlich zum ersten Faktor, obwohl er diesen immer begleitete): ein *überwacher Zustand*. Dieser Faktor umfaßt auf Noyes' Tabelle sechs Variablen: *Das Denken des Subjekts funktioniert ungewöhnlich schnell* (69 Prozent der Fälle), oder *Geräusche, Farben, Formen, alle sensorischen Wahrnehmungen erscheinen plötzlich schärfer und deutlicher* (62 Prozent), oder aber *der Körper verfügt über Reflexe von unvorstellbarer Schnelligkeit* (41 Prozent) etc.

Der dritte Faktor ist der ungewöhnlichste. Russel Noyes nennt ihn, mangels besserer Alternativen, «mystischer Faktor». Er weist neun Variablen auf. Die Subjekte haben beispielsweise *den Eindruck, einen vertrauten, seit langem vergessenen Zustand wiederzufinden* (74 Prozent); *ihr ganzes Leben zieht an ihnen vorbei* (69 Prozent); *sie sind voller Freude* (68 Prozent); oder aber sie behalten den Eindruck, *eine Offenbarung gehabt zu haben* (62 Prozent).

Als Russel Noyes nach ergänzenden Hinweisen sucht, merkt er, daß ein halbes Dutzend Psychiater dabei ist, das gleiche Phänomen zu untersuchen wie er. Vor allem aber stellt er fest, daß die «psychologische Metamorphose von Unfallopfern, die den Tod gestreift haben», bereits Gegenstand einer ganzen Literatur war, und zwar vor mehr als einem Jahrhundert.

Der unbestrittene Urahn des Genres heißt Albert Heim. Er war ein schweizerischer Geologe, damals berühmt für seine Arbeit über die Formation der Gebirge. Natürlich war er auch ein großer Bergsteiger. Eines Tages schlug er seinen Eispickel in einen morschen Felsen, der abbröckelte. Er stürzte ab. Ein schwindelerregender Fall. Und dann, plötzlich, zu seiner Verblüffung: Ekstase. Eine so überwältigende Ekstase, daß Albert Heim, der überlebte, um jeden Preis mehr darüber herausfinden wollte. Da er unter den Gebirgsbewohnern ein bedeutender Mann war, konnte er alle möglichen Leute befragen und entdeckte mehrere Fälle von Abstürzen, die ähnlich gewesen waren wie seiner.

Achtzig Jahre später liest Russel Noyes mit Verblüffung Heims 1892 erschienene «Notizen über den Tod durch Absturz»: Dieser Mann hatte quasi schon alles gesagt! Daß er aus den Schweizer Bergen stammte wie Elisabeth Kübler-Ross, ist ein amüsanter Zufall. Hören wir den Bericht des Vorfahren über seinen eigenen Unfall:

> Sofort, wie ich stürzte, sah ich ein, daß ich nun an den Fels geworfen werden müsse, und erwartete den Anprall. Ich grub mit den gekrallten Fingern in den Schnee, um zu bremsen, und riß mir dadurch alle Fingerspitzen blutig, ohne Schmerz zu empfinden. Ich hörte genau das Anschlagen meines Kopfes und Rückens an jeder Ecke des Felsens, und ich hörte den dumpfen Schlag, als ich unten auffiel. Schmerzen aber empfand ich erst etwa nach einer Stunde. Während dem Fall stellte sich [eine] Gedankenfluth ein. Was ich in fünf bis zehn Secunden gedacht und gefühlt habe, läßt sich in zehnmal mehr Minuten nicht erzählen. Alle Gedanken und Vorstellungen waren zusammenhängend und sehr klar, keineswegs traumhaft verwischt. Zunächst übersah ich die Möglichkeiten meines Schicksals und sagte mir: Der Felskopf, über den ich nächstens hinausgeworfen werde, fällt unten offenbar als steile

Wand ab, denn er verdeckte den unten folgenden Boden für meinen Blick; es kommt nun ganz darauf an, ob unter der Felswand noch Schnee liegt. Wenn dies der Fall ist, so wird der Schnee von der Wand abgeschmolzen sein und eine Kante bilden. Falle ich auf die Schneekante, so kann ich mit dem Leben davonkommen, ist aber unten kein Schnee mehr, so stürze ich ohne Zweifel in Felsschutt hinab, und dann ist bei dieser Sturzgeschwindigkeit der Tod ganz unvermeidlich. Bin ich unten nicht todt und nicht bewußtlos, so muß ich sofort nach dem kleinen Fläschchen Essigäther greifen, das ich beim Weggehen auf dem Säntis nicht mehr in die Tornisterapotheke geborgen, sondern nur in die Westentasche gesteckt habe, und davon einige Tropfen auf die Zunge nehmen. Den Stock will ich nicht gehen lassen, vielleicht kann er mir noch nützen. Ich behielt ihn dann auch fest in der Hand. Ich dachte daran, die Brille wegzunehmen und fortzuwerfen, damit mir nicht etwa ihre Splitter die Augen verletzen, allein ich wurde derart geworfen und geschleudert, daß ich der Bewegung meiner Hände hierfür nicht mächtig werden konnte. Eine andere Gedanken- und Vorstellungsgruppe betraf die Folgen meines Sturzes für die Hinterbliebenen. Ich sagte mir, daß ich, unten angekommen, gleichgültig, ob ich schwer verletzt sei oder nicht, jedenfalls, wenn immer möglich, sofort aus Leibeskräften rufen müsse: «es hat mir gar nichts gethan!» damit meine Begleiter, darunter mein Bruder und drei Freunde, aus dem Schrecken sich so weit aufraffen könnten, um überhaupt den ziemlich schwierigen Abstieg zu mir herab zu Stande zu bringen. Ich dachte daran, daß ich nun meine auf fünf Tage später angekündigte Antrittsvorlesung als Privatdocent jedenfalls nicht halten könne. Ich übersah, wie die Nachricht meines Todes bei den Meinigen eintraf, und tröstete sie in Gedanken. Dann sah ich, wie auf einer Bühne aus einiger Entfernung, mein ganzes vergangenes Leben in zahlreichen Bildern sich abspielen. Ich sah mich selbst als die spielende Hauptperson. Alles war wie verklärt von einem himmlischen Lichte und Alles war schön und ohne Schmerz, ohne Angst, ohne Pein. Auch die Erinnerung an sehr traurige Erlebnisse war klar, aber dennoch nicht traurig. Kein Kampf und Streit, auch der Kampf war Liebe geworden. Erhabene und versöhnende Gedan-

> ken beherrschten und verbanden die Einzelbilder, und eine göttliche Ruhe zog wie herrliche Musik durch meine Seele. Mehr und mehr umgab mich ein herrlich blauer Himmel mit rosigen und besonders mit zart violetten Wölklein – ich schwebte peinlos und sanft in denselben hinaus, während ich sah, daß ich nun frei durch die Luft flog, und daß unter mir noch ein Schneefeld folgte. Objectives Beobachten, Denken und subjectives Fühlen gingen gleichzeitig nebeneinander vor sich. Dann hörte ich mein dumpfes Aufschlagen, und mein Sturz war zu Ende.[3]

Was war da geschehen?

Nach jahrelanger Forschungsarbeit glaubt Russel Noyes es zu wissen. Alle diese Leute, erklärt er seinen Studenten, haben eines gemeinsam: extreme Angst. Die größte Angst, die man sich vorstellen kann. Sie sahen den Tod auf sich zukommen. In diesem Punkt gehören die übrigen Unfallopfer einer anderen Kategorie an. Sie mögen sich zwar alle Knochen gebrochen haben, aber sie haben eine bestimmte *Angstschwelle* nicht überschritten; also haben sie auch keine Depersonalisierungerfahrung gemacht. Letztere, sagt Noyes, decke also einen außergewöhnlichen inneren Abwehrmechanismus auf, der im Unbewußten im Fall von «höchster Todesangst» ausgelöst werde. Es handelt sich um die äußerste Reaktion angesichts des Unannehmbaren. Der Organismus, der sich tödlich bedroht fühlt, bäumt sich auf und verweigert sich. Wie macht er das? Ganz einfach: Er kommt dem Tod zuvor und spielt ihn. Sehr schlau: Das Individuum kann nicht mehr sterben, da es ja bereits tot ist!

Es handelt sich dabei um eine sehr spektakuläre Lüge, weil sie blitzschnell eintritt. Im Bruchteil einer Sekunde schneidet sich das Individuum emotional von der Realität ab. Dieser Schnitt umgibt es wie ein Panzer. Darum kann es seine ganze Energie darauf verwenden, die Schnelligkeit seiner Reflexe und die Schärfe seiner Sinne zu vervielfachen. Ziel des Manövers ist natürlich, wie die Neurophysiologen Roth und Harper gezeigt haben, alles zu tun, um den Organismus möglicherweise vor dem fatalen Ende zu bewahren. Mit anderen Worten, der emotionale Teil des Bewußtseins wird ohnmächtig, damit der sensorisch-motorische Teil besser arbeiten kann. So kann ein Individuum, das aus dem achten Stock eines Hauses fällt, plötzlich die Geschicklichkeit eines Affen aufweisen: Es bremst seinen Fall, indem es sich mit unerhörter Geschicklichkeit und Kaltblütigkeit an einen Fassadenvorsprung klammert, berührt den Boden ... und geht mit weichen Knien nach Hause.

Doch ganz so einfach ist die Sache nicht. Diese sensorisch-motorische Übererregung ihrerseits hat nämlich die Tendenz, den armen Lügner zu einer objektiven Realitätsbeziehung zurückzuführen. Sein Ich tut so, als sei er tot, doch gleichzeitig sieht er durchaus, was um ihn herum vorgeht. Nun ist meistens, wie im Fall des Absturzes im Gebirge, gar nichts mehr zu machen. Die ganze schöne Energie, die durch das «emotionale Abschneiden» verfügbar geworden ist, kann keinem Rettungsmanöver dienen. Führt sie das Unfallopfer dann zu seiner Todesangst zurück? Nein, das Unbewußte macht davon sofort einen anderen Gebrauch: *Es richtet sich ein ganzes Kino ein.* Und was für eins! Einen allgemeinen Rückblick über das Leben von frühester Kindheit an! Farbig und plastisch.

Ein merkwürdiges Kino. Zeitweilig ziehen die Bilder in chronologischer Reihenfolge vorüber, zeitweilig in umgekehrter Reihenfolge. Doch in allen Fällen scheint dieser *Lebensrückblick* sogenannten *Integrations*gesetzen zu gehorchen, die äußerst kurios sind. Hier stützt sich Noyes auf die Arbeiten von Dr. Butler, einem Psychiater, der das Phänomen bei alten Menschen untersucht hat. Alte Menschen durchleben manchmal besondere Bewußtseinszustände, in denen sie ganze Ausschnitte ihres Lebens «vor ihren Augen vorbeiziehen» sehen. Aufgefallen war Butler dabei die wohltuende Wirkung dieser Lebensrückblicke. Die alten Leute gingen gewöhnlich aufgeheitert und beruhigt daraus hervor. Als hätten sie sich spontan des Phänomens bedient, um eine Bilanz ihres Lebens zu ziehen und noch disparate Elemente in verständlichere und daher beruhigendere Konfigurationen zu integrieren. Noyes findet exakt den gleichen Prozeß bei überlebenden Opfern schwerer Unfälle, die einen Lebensrückblick sahen. Sie behaupten, dieser habe ihnen nicht nur geholfen, eine Bilanz ihrer vergangenen Erfahrungen zu ziehen, sondern auch, einen Sinn für Werte, eine Hierarchie der Bedeutung der Dinge, eine Ordnung wiederzufinden.

Wie funktioniert das alles? Die erste Antwort, die Noyes in den

Sinn kommt, entspringt einfach dem elementaren gesunden Menschenverstand. Wenn man sein Leben beinahe verloren hätte, weiß man es mehr zu schätzen. Daß damit eine wichtige Neuordnung der Motivationen einhergeht, scheint völlig verständlich. Doch wird dieser raffinierte Mechanismus direkt durch die «neutrale» Ursache des bevorstehenden Todes ausgelöst, oder ist er das Resultat der Erfahrung der *Depersonalisierung*? In diesem Punkt scheinen die Statistiken von Noyes keinen Zweifel zu lassen. Einige der spektakulärsten psychologischen Veränderungen finden bei Menschen statt, *die geglaubt haben, sie würden sterben, obwohl sie objektiv nicht gefährdet waren*. Umgekehrt erinnern sich die Personen, die beinahe umgekommen wären, aber nicht begriffen haben, was vor sich ging, oder es überhaupt nicht bemerkten (zum Beispiel ein zerstreuter Spaziergänger, den ein Lastwagen beinahe überfahren hätte), sich an nichts und bleiben unverändert. Das dynamische Element des Phänomens ist also tatsächlich die Angst, genauer, das *Entsetzen* vor dem Sterben.

Darauf könnte man die Dinge beruhen lassen. Da Russel Noyes jedoch eine Vielzahl von Überlebenden schwerer Unfälle befragt, trifft er unweigerlich eines Tages auch auf jemanden, der ihm sagt: «Ich wäre nicht *beinahe* gestorben, Doktor. *Ich war wirklich tot*!» Noyes glaubt ihm kein Wort. Doch der andere bleibt bei seiner Aussage. Der Forscher erzählt seinen Studenten davon, und nun setzt der Prozeß ein, den schon Moody erlebte. Zwei Studenten erklären, auch sie wüßten von ähnlichen Fällen. Ein Wort gibt das andere, und so entdecken Noyes und seine Studenten die Near-death Experience, die Nah-Todeserfahrung. Für sie handelt es sich sofort um einen Sonderfall von Depersonalisierung.

Worin unterscheidet er sich von den anderen Fällen? Die Leute dieser Kategorie wären auch *physiologisch* beinahe gestorben, nicht nur *psychologisch*. Die Ärzte, die sie behandelten, hielten sie tatsächlich für tot oder meinten, sie seien in dieser Sekunde im Begriff zu sterben (Herzstillstand, Koma etc.). Genau diesem Augenblick ordnen die neunundzwanzig von Noyes befragten Personen ausnahmslos ihre Depersonalisierungsepisode zu.

Eine erstaunliche Verschiebung: Man hatte den Kontext der Angstneurose verlassen und sich in den des Unfalls begeben, und jetzt läßt man die Angst des Unfallopfers hinter sich und gelangt zum Koma! Das Konzept aber bleibt immer dasselbe. An die Grenzen des Unerträglichen getrieben, schafft das Unbewußte (das, Freud zufolge, den Tod nur entschlossen ignorieren kann) eine Täuschung. Das Individuum hält sich bereits für tot. Und doch gibt es in seinem tiefsten Inneren noch eine Stimme, die «ich» sagt. Also ist es beruhigt. Ihm kann nichts mehr geschehen. Also gestattet es sich, mittels seiner Phantasien ein ganzes Jenseits-Theater zu entfalten ...

Doch das Auftauchen dieser Art von Nah-Todeserfahrung (ehe diese so hieß) auf seinem Untersuchungsfeld stellt Dr. Noyes vor ein neues Rätsel. Natürlich fängt alles wieder mit dieser bizarren Geschichte von den «Erinnerungen» an, die jemand aus einem Zustand klinischen Todes mitbringt, doch das betrachtet Noyes nicht als Krankheit – aus einem einfachen Grund: Er glaubt nicht daran. Nein, das Problem ist das Fehlen von Angst. Kein Unfall mit hundertfünfzig Stundenkilometern, kein blitzschneller Tod, der sich auf sein Opfer stürzt; der Mensch ist vorher ohnmächtig geworden oder schlief in friedlicher Anästhesie und behauptet, erst in diesem Augenblick eine Episode von Depersonalisation erlebt zu haben. Wie sollte das möglich sein? Muß das ganze Modell noch einmal neu überdacht werden?

Noyes zermartert sich das Hirn. Es ist das Jahr 1975. Und da erscheint Moodys Buch. Noyes liest es. Natürlich frappieren ihn die zitierten Fälle. Aber schließlich ist sein Thema die Angst vor dem Sterben und nicht der klinische Tod oder das Koma, und die Depersonalisierung dieser Überlebenden ist für ihn völlig atypisch; der «dritte Faktor» ist hier dominant; der «mystische» Aspekt herrscht ganz eindeutig vor. Noyes ist daher doppelt vorsichtig und streicht etwa verwirrende Daten aus seiner Statistik.

Doch der Psychiater aus Iowa City denkt nun ständig darüber nach, wie sich die radikale psychische Veränderung von Personen erklären läßt, die das *Entsetzen des Todes* kennengelernt haben. Schließlich widmet er sich vor allem der Untersuchung *dieses* Phänomens. Er befragt zweihundertfünfzehn *experiencers* über ihre Veränderung und veröffentlicht die Resultate 1980 in der Zeitschrift *Psychiatry*.

Der Hauptaspekt dieser Veränderung ist eine beträchtliche Verringerung der Angst vor dem Sterben. 41 Prozent der Befragten geben sogar an, überhaupt keine Angst mehr zu haben.

«Der Tod», sagt eine Gymnasiastin, «ist für mich wirklich eine Möglichkeit geworden. In vielen Situationen, beispielsweise beim Autofahren oder wenn ich krank bin, ist der Tod mir jetzt immer gegenwärtig. Aber das erschreckt mich nicht mehr. Im Gegenteil.»

«Wie meinen Sie das?» fragt Noyes.

«Der Tod gehört jetzt zu meinem Leben wie die Geburt, das Leid, die Liebe ...»

«Seit meinem Unfall», erklärt ein Bergsteiger, «habe ich keine Angst mehr zu sterben, und seltsamerweise habe ich seither auch keine Angst mehr zu leben.»

«Zu leben?»

«Auf Leute zuzugehen, Freundschaften zu schließen, all das. Der Unfall hat mich fähig gemacht, das zu wagen, was ich immer gern getan hätte, wovor ich mich aber fürchtete.»

Eine kleine Minderheit fühlt sich danach «unverwundbar». Die meisten aber erwähnen vor allem ein doppeltes Paradox. Als sie aufhörten, gegen den Tod anzukämpfen, genau in dem Moment, in dem sie auf das Leben verzichteten, setzte die Episode der Depersonalisierung auf wirklich ekstatische Weise ein, und die Angst vor dem Sterben verließ sie. Seither hat sich ihre Einstellung zum Risiko total verändert. Sie nehmen es gern auf sich, physisch und emotional, in jedem Sinne des Wortes, weil sie, wie sie sagen, «nichts mehr kontrollieren oder verflachen wollen».

«Meine Konfrontation mit dem Tod», sagt eine Frau aus Iowa, «hat mir klargemacht, wie unglaublich müßig es ist, alles unter Kontrolle haben zu wollen. Ich habe angefangen, ganz bescheiden von einem Tag zum anderen zu leben, und alles hat sich verändert. Manchmal habe ich den Eindruck, daß ein Energiestrom mich durchfließt.»

«Ich war immer sehr ängstlich», erzählt eine andere Frau. «Ich konnte nie ins Leere schauen, mich nicht einmal einem Flußufer nähern, und ich verzehrte mich vor Angst um meine Kinder. Nach meinem Unfall ist alles anders geworden. Ich hatte immer geglaubt, daß Resignation ein Synonym für Traurigkeit sei. Ich habe begriffen, daß sie auch Frieden bringen kann.»

«Ich habe eingesehen», berichtet eine dritte, «daß man sich dem

Leben hingeben muß, buchstäblich: sich ausliefern. Und das Verrückteste ist, daß mir das in genau dem Augenblick aufging, als ich den Kampf aufgegeben und mich dem Tod überlassen hatte.»

Die Angst vor dem Sterben und die Angst vor dem Leben waren also ein und dasselbe? Wie auch immer, daß jemand eine *nicht kontrollieren wollende* Einstellung annimmt, ist von besonderer Bedeutung. Noyes bemerkt, daß die wenigen Fälle von Überlebenden, die nach ihrem Unfall sehr ängstlich geworden sind, einräumen, sie hätten keinen Augenblick aufgehört, mit aller Kraft zu kämpfen, um die Kontrolle zu behalten, trotz der phantastischen – und in diesem Fall erschreckenden – Aspekte ihrer Depersonalisierungserfahrung.

Diese Aussagen der Überlebenden bereiten Noyes tiefes Unbehagen. Wie kann man behaupten, «keine Angst mehr vor dem Sterben» zu haben? Welche Rolle spielt das Unbewußte in dieser Geschichte?

Man weiß, daß im Moment eines solchen Unfalls ein sehr einfacher Hilfsmechanismus in Aktion tritt. Es gibt nur eine einzige Chance, dem Tod zu entgehen: wieder ein Tier zu werden, eine Katze, ein geschmeidiger und instinktsicherer Affe. Doch dazu muß das bewußte Ich ausgeschaltet werden, das Ego, der Mensch, der weiß, daß der Tod ihn nicht mehr verfehlen kann, der Angst hat, der zittert ... Doch das Unbewußte ist schlau: Diese Angst dient ihm als Zündkapsel. Sie koppelt das bewußte Ich ab, das so die Kontrolle über den Körper verliert und ...

Hat dieser Hilfsmechanismus funktioniert, müßte logischerweise das bewußte Ich beim Aufwachen zurückkommen, um die Zügel wieder in die Hand zu nehmen. Es würde sich an den Unfall erinnern. Dann hätte es einen leeren Fleck in seinem Gedächtnis.

Doch die Aussagen der *experiencers* lauten anders. Die «Abkoppelung» des bewußten Ich läßt dieses nicht von der Szene verschwinden. Die Zündkapsel (das Entsetzen) ruft vielmehr eine sehr seltsame Doppelwirkung hervor. Während der Körper wieder zum Tier wird, leistet sich das bewußte Ich offenbar eine märchenhafte Erfahrung und einen Lebensrückblick.

Eine typisch infantile Regression, sagt die Psychoanalyse. Vom Tod bedroht, versucht das Individuum, die Ursituation wiederzufinden, die einzige, die es außerhalb des «normalen» Lebens kennt, also den Schoß der Mutter!

Die subjektive Erfahrung der Depersonalisation wäre also ein uteriner Traum. Wieso aber kann dieser *regressive Traum* einen solchen Einfluß ausüben und eine so dauerhafte Veränderung in der Mentalität des Überlebenden auslösen?

Noyes weiß keine Antwort auf diese Frage. Allerdings findet er das Unbewußte ziemlich unverschämt! Macht es doch den Leuten tatsächlich vor, sie hätten keine Angst mehr vor dem Tod! So etwas! In Wirklichkeit ist das unmöglich. Sterben, denkt der Psychiater, ist zwangsläufig skandalös und unerträglich. Immer wieder kommt er auf den Gedanken Freuds zurück: Das Unbewußte bleibt dem Tod gegenüber lebenslänglich infantil. Beweise? Es gibt sie zu Tausenden. Das Unbewußte glaubt, daß verstorbene Freunde und Angehörige nur vorläufig abwesend sind. Das Unbewußte bringt immer wieder den unausrottbaren Glauben an die Unsterblichkeit aufs Tapet. Der beste Beweis jedoch für diesen Infantilismus des Unbewußten ist laut Freud, daß die Verstorbenen in unseren Träumen zu uns sprechen, als seien sie noch am Leben. Kurz gesagt: Das Unbewußte kann den Tod nicht begreifen. Es ignoriert ihn.

Wie aber kommt es dann, daß es durch den Absturz oder den Unfall so erschreckt wird, daß es ein ganzes Kino von Depersonalisation organisiert? Der Psychiater aus Iowa City ist verwirrt. Denn diese Überlebenden behaupten ja nicht nur, der Tod lasse sie «gleichgültig». Im Gegenteil, sie denken unablässig daran. Das soll sogar das Geheimnis ihrer Heiterkeit sein: sie wollen begriffen haben, wie man sich «dem Tod überläßt». Daraus wollen sie neue Lebensfreude bezogen haben. Durch welche unfaßbare List?

Russel Noyes liest *Die Überwindung der Todesfurcht* des Philosophen Ernest Becker, der dafür 1973 den Sachbuch-Pulitzer-Preis erhielt. Darin findet sich das Schema von Fritz Perls wieder, demzufolge die neurotische Struktur jedes «normalen» Individuums aus vier aufeinanderfolgenden Schichten von Lügen besteht, die wie russische Puppen ineinander verschachtelt sind. Erste Schicht: die Tausenden von Rollen, die wir jeden Tag spielen; zweite Schicht: die festeren Statuten, die *Charakterzüge*, die sich unter Mitwirkung der anderen nach und nach in uns verfestigen; dritte Schicht: der fundamentale Fluchtreflex vor dem unerträglichen Eindruck der «Leere» in unserem Inneren; vierte Schicht und Kern des Gebäudes im Zentrum der Leere schließlich ist die größte Lüge, das «Vergessen» des Todes.

Perls sagt: «Viele Menschen beschränken sich auf die beiden ersten Schichten. Sie beruhigen sich mit dem Trivialen und steigen niemals tiefer hinab. Schließlich sterben sie, ohne je auch nur ein einziges Mal die im wesentlichen lügnerische Natur ihrer ganzen Existenz geahnt zu haben. Ein wirklich reifes und klarsichtiges Innenleben besteht darin, die vier Schichten von Lüge nacheinander zu durchdringen. Doch wehe dem, der die vierte Schicht zu zerbrechen wagt! Er wird mit dem schrecklichen Dilemma konfrontiert, entweder in ständiger Angst vor dem Tod zu leben oder endgültig in Vergessen und Lüge zu versinken.»

Noyes überlegt. Gibt es einen Ausweg? Ernest Becker sieht in seinem Buch nur einen, den Kierkegaards: den Glauben. Was bedeutet das? Eine einfache Überlegung: Da dein Ego ein Lügner ist, ohne es dein Leben aber unmöglich ist, mußt du es töten, also «sterben», und dann in einer Dimension wiedergeboren werden, die dein Leben transzendiert. Doch die Lösung des dänischen Existentialisten erscheint dem Psychiater aus Iowa City alles andere als evident. Was ist eine «Dimension, die das Leben transzendiert»? Und hat ein Arzt überhaupt die Kompetenz, sich dazu in irgendeiner Weise zu äußern?

Die Verwirrung des Psychiaters wird immer größer. Er erinnert sich daran, daß die meisten *heiteren depersonalisierten Unfallopfer*, die er befragte, eben diesen Satz gesagt hatten: «Ich hatte den Eindruck zu sterben, Doktor, und dann wiedergeboren zu werden.» Sterben und wiedergeboren werden? Wir sterben schließlich jeden Abend, und jeden Morgen werden wir wiedergeboren. Doch die Überlebenden sagten das in einem ganz besonderen Ton.

Wenn aber die Fährte seriöser war, als es auf den ersten Blick den Anschein hatte? Was hieße dann «tot» bei den Überlebenden, und was «wiedergeboren»?

Die schönste Antwort darauf sollte aus der Tschechoslowakei kommen.

9 Stanislav Grof: Der psychiatrische Schamane und die psychedelische Affäre

Die Sache beginnt im Jahre 1955 in Prag im psychiatrischen Institut, das von Dr. Lubomir Hanzlicek unter der «Oberaufsicht» von Dr. Roubicek geleitet wird. Die Tschechoslowakei gehört schon seit neun Jahren zum Ostblock. Die unabhängigsten der jungen Psychiater Prags bezeichnen sich als Freudianer. Insgeheim. Es ist nämlich verboten, da bourgeois und dekadent.

Ihre Kenntnis der Psychoanalyse ist sehr lückenahft, denn alle Bücher darüber (von Freud bis Reich) sind verboten. In der Praxis sind sie also gezwungen, den massiven Einsatz der Chemie in den Anstalten ihres Landes zu fördern. Die psychiatrischen Krankenhäuser führen breit angelegte Experimente mit hochwirksamen Medikamenten durch. Die «psychedelische Affäre» spielt sich im Rahmen dieses brutalen Eindringens der Chemie ab. Ironie des Schicksals...

Unter den vielen hundert unbekannten Produkten, die die tschechischen Psychiater an ihren Patienten erproben müssen, gibt es eine kleine Familie, die sie fasziniert: die Halluzinogene, insbesondere das schon berühmte LSD 25, das Albert Hofmann in den Labors von Sandoz in Basel im Jahre 1943 versehentlich schluckte; es wurde damals von den Schriftstellern – von Jünger bis Huxley – sofort mystifiziert, dann von den Anthropologen Walentina Pawlowa und ihrem Mann Gordon Wasson bei den Schamanen Lateinamerikas legitimiert, und so landete das LSD rasch in den Laboratorien der Militärs, die sofort begannen, monströse kollektive Halluzinationen in den feindlichen Reihen zu planen. «LSD macht verrückt», sagten die Militärs.

Genau aus diesem Grund interessierte es auch die Psychiater. Man sagte sich, LSD könne beser als jede andere klinische Beobachtung die «Besichtigung des Wahnsinns» in kurzen Sitzungen ermöglichen. Für einen Psychotherapeuten war es eine unverhoffte Chance, Schizophrenie oder Paranoia ohne Nachwirkungen «besichtigen» zu können. Schließlich wußte niemand viel über diese Krankheiten, Freud so wenig wie andere Psycho-Kapazitäten. Endlich konnte man mit wirklichen Therapieverbesserungen rechnen.

Die Dinge begannen recht brutal: Zuerst gab man das LSD menschlichen Versuchskaninchen und machte sich Notizen. Zweihundert Mikrogramm Säure ergaben acht Stunden wahnhafter Paranoia. Oder entfesselten bestialischen Sadomasochimsus. Oder mystische, euphorische Ekstasen. Und das in ungeheurer Intensität. Kein Psychiater konnte sich erinnern, jemals so klar manifestierten Wahnvorstellungen beigewohnt zu haben. Die Kranken identifizierten sich plötzlich mit Napoleon, Hitler oder Stalin. Viele hielten sich für Christus. Und zwar in Szenarien, die von Kafka hätten sein können. «Oder sind etwa alle Tschechen von Natur aus so?» fragten sich die Ärzte des psychiatrischen Instituts schockiert angesichts der Labyrinthe, durch die sich die Kranken unter LSD zu kämpfen schienen. Ihre Halluzinationen teilten sich in seltsamen Verkettungen mit. Man hätte fast von einer Reiseroute sprechen können.

Die Psychiater richteten ihre Scheinwerfer voll auf diese «Reisen in den Wahnsinn». Manche Überlebenden aus Konzentrationslagern begannen, ganze Abschnitte ihres Leidensweges zu wiederholen. Sie schienen alles physisch und in allen Einzelheiten noch einmal zu erleben. Einige beschrieben unvorstellbare Massaker. Doch oft waren das reine Phantasien. Die russischen Besatzer tauchten an allen vier Ecken der Betten auf, mal als mongolische Krieger, dann als Kosakenreiter, dann als tartarische Panzerbesatzung. Man sah junge Leute Szenen der Revolution von 1917 beschreiben. Im allgemeinen auf apokalyptische Weise: Sie fanden sich auf Bergen von Leichen wieder oder lebendig verbrannt von Bomben, in Stücke geschnitten ... Manchmal nahmen die Halluzinationen eine demente sexuelle Wendung. Die Psychiater kamen aus dem Staunen nicht mehr heraus.

Sie beschlossen, selbst LSD 25 zu probieren. Die Ärzte begannen, selber den «Wahnsinn zu besichtigen».

Das erste, was ihnen auffiel, war die unerhörte Klarheit der

Phantasieszenen. Ihre «Substanz» wirkte realer als die Wirklichkeit. Als hätte man den Benutzern die sensorischen und emotionalen Wahrnehmungsgänge gewaschen. Die Natur der Ekstasen faszinierte sie mehr als alles andere. Bei den Kranken hatten weniger die «Verzückungen» die Aufmerksamkeit der Therapeuten erregt als vielmehr die starken Angstzustände. Die offizielle Theorie ordnete die Zustände großer Euphorie den infantilen Regressionen und uterinen Wunschträumen zu. An sich selbst erlebt, war die Verzükkung unwiderstehlich. Die Ärzte hatten nie etwas so Herrliches erlebt. Viele konnten sich lange nicht davon befreien.

Wir schreiben das Jahr 1956. Ein Jahr nach Beginn der «psychedelischen Tests» tritt Stanislav Grof, ein junger Psychiater, in das Institut des Dr. Hanzlicek ein. Er schließt sich sofort einem Team an, das die Halluzinogene erforscht, und zwar unter Leitung von Dr. Milos Wojtechowski. Das Team arbeitet interdisziplinär – Psychiater, Kardiologen, Neurologen etc. Stanislav Grof ist sofort fasziniert. Er ist ein Bär von einem Mann mit einschüchternd festem Blick – zweifellos aus Schüchternheit. Ein großes, kantiges Gesicht, erhellt von einem winzigen ironischen Zug um die Mundwinkel.

Um an der «psychedelischen Arbeit» teilzunehmen, muß Grof selbst fünf Trips einnehmen. Das ist Vorschrift.

Für eine kleine Elite der tschechoslowakischen Mediziner wird LSD-Erfahrung zum professionellen Muß. Wer auf diesem Sektor arbeitet, muß ihn selbst kennengelernt haben. Daher wird die Methode verbessert. Man entdeckt, daß immer zwei «Begleiter» für einen Trip nötig sind, wenn möglich ein Mann und eine Frau. Der Patient oder Arzt oder Freiwillige aus dem Kreis der Studenten liegt auf einer Matratze am Boden, mit verbundenen Augen und Kopfhörern: Das Wesentliche seiner Erfahrung wird sich in dieser Situation abspielen, mit Musik und in Dunkelheit.

LSD 25 wirkt auf unspezifische Weise. Es kann jeden beliebigen «Wahnsinn» in sehr umfassendem Sinne auslösen. Unter seinem Einfluß «besuchen» die Kranken oder die Ärzte sowohl Zustände der Identitätsauflösung als auch Zustände paranoischer Hypertrophie der Identität. Mit sehr merkwürdigen *Eindrücken*: Manche «Versuchskaninchen» beginnen, ganze mythologische Szenen zu durchleben. Einer sieht sich von einem Engel wieder aus dem Paradies verjagt. Ein anderer findet alle Details eines toltekischen Rituals für Quetzalcoatl wieder, den Gott aus Adler und Schlange. Lange Auszüge aus der hinduistischen Mythologie...

Manche Halluzinierende erzählen, sie seien «hunderttausend Jahre lang ein Kieselstein in der Wüste» gewesen! Alle Berichte wimmeln von solchen erstaunlichen Einzelheiten. Was man mit Worten nicht ausdrücken kann, versucht man durch Zeichnungen oder Bilder darzustellen. Die Kranken beginnen, ihre «Reisen» unter LSD zu malen. Die Psychiater haben die Schubladen voll eigenartiger Bilder.

Vor dem surrealistischen Wust Hunderter von psychedelischen Berichten, die sich ansammeln, läßt das Team (ganz inoffiziell) dem alten Sigmund Freud Gerechtigkeit widerfahren. Seine Sichtweise ist tatsächlich die einzige, mit der man eine gewisse Ordnung in dieses erschreckende Durcheinander bringen kann. Die Halluzinierenden, die an Neurosen leiden – also die meisten –, treffen wie erwartet auf traumatisierende Szenen ihrer Kindheit. Das ist phantastisch. Die Demonstration ist von unglaublicher Deutlichkeit. Die tschechischen Psychiater finden alles wieder, und zwar außerordentlich bildhaft; das Allmachtsgefühl des Neugeborenen, seinen Wunsch nach der Mutter, das Gefühl, verraten zu sein, weil diese mit dem Vater «geht», die sogenannte «Kastrationsangst», die «anale» Fremdheit des Körpers, alle Schrecken der Kindheit, die Verdrängung anscheinend kolossaler libidinöser Energien. Vor allem stellen sie fest, daß die bewußte Erinnerung an die «Primärszene» eines Traumas den Knoten der Neurose tatsächlich löst und gesteigerte Lebensenergie freisetzt.

Grof erlebt den Fall Renata. Die junge Frau war vollkommen hysterisch und frigide, bis sie sich im Zuge der psychedelischen Therapie an den Abend erinnerte, an dem sie im Alter von acht Jahren im Badezimmer der Familie von ihrem Stiefvater zur Fellatio gezwungen worden war. Anschließend hatte der Mann sie geschlagen und sie schwören lassen, nie etwas darüber zu sagen. Die Zeichnungen Renatas sind frappierend. Sie stellt ihren Stiefvater als mittelalterlichen Turm dar. Im Laufe der Therapie stürzt der Turm ein. Nachdem die auslösende Szene schließlich wieder in ihr Bewußtsein getreten ist, zeichnet Renata entschlossen den Grundriß des verfluchten Badezimmers.

Was die tschechischen Psychiater am meisten erstaunt, ist, daß die traumatischen Szenen nicht nur ins Bewußtsein zurückgerufen, sondern auch physisch durchlebt werden. Eine Versuchsperson erlebt wirklich, wie sie mit acht Jahren von ihrem Vater verprügelt wird. Er weint. Er ist ganz rot. Sein Herz schlägt einhundertzwanzigmal in der Minute. Er windet sich wirklich vor Schmerzen, und der Körper weist an bestimmten Stellen Rötungen und Schwellungen auf. Intensive psychosomatische Stigmata. Die Psychiater in Prag denken an Wilhelm Reich und seine Idee vom Muskel*panzer*, in den all unsere Traumata eingeschrieben sind.

Dann aber stürzt er ganz plötzlich in eine Krise schweren Wahnsinns. Soeben hat er sich an die traumatisierende Szene seiner Kindheit erinnert, und nun wälzt er sich auf dem Boden, er scheint Beute von Dämonen zu sein, zuckt nach allen Richtungen. Der Mann schreit: «Schaltet mich ab! Macht mich los!» Dann hat er eine starke Erektion, stürzt sich auf die Assistentin, die Mühe hat, ihn zu beruhigen, fällt auf den Boden zurück in der Haltung eines Fötus. Er macht den Eindruck, vollkommen zerschmettert zu sein, wie besessen von einer ungewöhnlich langsamen und kraftvollen Kriechbewegung. Schließlich ejakuliert er unter spitzen Schreien, das Gesicht verzerrt und ekstatisch.

Später, nachdem der Patient einen Zustand von Frieden und Ruhe erreicht hat, der für ihn ganz neu ist, zeichnet er ein Kind, das in einen Fleischwolf gestopft wird: Das ist die Vision, die er auf dem Gipfel seiner «Wahnsinnskrise» hatte. Und die tschechoslowakischen Psychiater sehen einander ratlos an. Denn der einzige Schluß, den sie aus dieser Erfahrung ziehen können, ist, daß dieser Mann seine Geburt wiedererlebt hat. Und das paßt zu keiner der gegenwärtig in Umlauf befindlichen orthodoxen Lehren. Laut mechanistisch ausgerichteter Psychologie ist das Gehirn des Fötus bei der Geburt neurologisch noch nicht entwickelt genug, um auch nur die geringste Erinnerung registrieren zu können. Was die Freudianer angeht, so schließen sie ebenfalls jede Möglichkeit aus, sich an die eigene Geburt zu «erinnern». Natürlich räumt Freud ein, daß die Geburt ein wichtiges Ereignis in der unbewußten Genese der Psyche sei; sie sei sogar die erste Angsterfahrung, *der* große Bruch, den das Individuum sein ganzes Leben lang rückgängig zu machen versuche. Zurück in den Mutterleib! Doch das gehörte in den Bereich der nicht verbalisierbaren Triebgrundlagen. Für Freud begann das Abenteuer des Menschseins im eigentlichen Sinne erst nach der Geburt. Von allem, was seinem ersten autonomen Atemzug voranging, würde niemals wieder etwas in das Bewußtsein des Individuums treten.

Und nun schienen manche Halluzinierende in Prag ihre Geburt wiederzuerleben und scheinbar weit vor ihre biologische Existenz zurückzugehen. Das ließ die Psychiater an Otto Rank denken, einen der ersten Schüler Freuds, der versuchte, die psychoanalytische Theorie um das Geburtstrauma herum neu zu ordnen. Rank betrachtete alle Kindheitserinnerungen als «Deckerinnerungen», die die schmerzlichste aller Erinnerungen maskieren: die an die Geburt. Er behauptete, die Heilung werde von den Patienten selbst oft als eine «zweite Geburt» beschrieben. Dreißig Jahre später sehen die Psychiater in Prag sich auf den gleichen Weg gedrängt wie er.

Kaum analysiert das Team die psychedelischen Sitzungen aus Rankscher Sicht, tut sich auf dem Grund des Unbewußten ein neues Rätsel auf. Die Erinnerung an die Geburt ähnelt einem versunkenen Schloß. Einer komplexen und klar differenzierten Struktur.

Stanislav Grof, den dieser Aspekt der «psychedelischen Arbeit» besonders interessiert, verwendet zehn Jahre darauf, die Theorie der *perinatalen Muster* zu entdecken und zu entwickeln.

Die Geburt, sagt Grof, erfolgt in vier Stadien. Die vorgeburtlichen Muster sind vier wunderbare Pfosten, an denen alle Ketten zukünftiger psychischer Knoten sich festmachen, und zwar in vier gespannten und «widerhallenden» Strängen.

1. Zuerst war dir wohl, ungeheuer wohl. Die ozeanische Erinnerung an den Schoß deiner Mutter hat deine frühesten Eindrücke geprägt. Sie und du, ihr wart eins, und du hast die Idee des Einsseins mit Sinnen und Gefühlen genossen. Später werden alle großen Euphorien, Ekstasen, Heiterkeiten und Eindrücke der Verschmelzung mit einem anderen Wesen oder mit der Natur in dir diese «Prägung» widerhallen lassen. Grof bezeichnet sie als *fundamentale perinatale Matrix Nr. 1*. Der betreffende «Widerhall» kann übrigens bei Individuen mit brüchigem Ich bis zum Wahnsinn verstärkt sein oder bei Künstlern bis zur Ekstase ...

2. Eines Tages aber wirst du plötzlich in die Hölle gestürzt. Plötzlich hat der Uterus der Mutter begonnen, sich überall zusam-

menzuziehen, die Situation erschien ausweglos und dauerte endlos. Das ist die zweite Prägung, die zweite Markierung (diesmal mit glühendem Eisen) der Psyche. Die Halluzinierenden, die Grof auf ihren Reisen unter LSD begleitet, erleben psychisch und physisch sehr leidvolle, absurde Situationen wieder. In ihren Delirien beschreiben sie riesige Kraken, monströse Kräfte, die sie fesseln, Außerirdische, die sie aus der Ferne kontrollieren.

Erklärung: An dieser zweiten Markierung haben sich dann eine ganze Reihe von biographischen Traumata festgemacht. Alle *ausweglosen und daher traumatisierenden* Situationen, die der Mensch durchlebt hat, vor allem als Kind, ließen in ihm die *fundamentale perinatale Matrix Nr. 2* widerhallen. Nur, indem das Individuum diese Phase seiner Geburt noch einmal durchlebt, sagt Grof, kann es sich definitiv von seinen Traumata befreien. Grof ist überzeugt, daß die großen Denker und Künstler des «Absurden» auf genau dieser Ebene ihres Unbewußten einen tragischen Knoten zurückbehalten haben.

3. Dann hat sich der Gebärmutterhals langsam geöffnet, inmitten des gequälten, zum Zerreißen gespannten Fleisches tat sich eine winzige Öffnung auf. Extreme Spannungszustände, extremer Druck. Aus der absurden Hölle wird das Kind in etwas gestoßen, das noch unendlich gewalttätiger ist. Doch immerhin schlägt es eine Richtung ein. Langsam wird es in einen Tunnel gedrückt, schrecklich zusammengepreßt im Geschlecht seiner Mutter.

Was für eine Entfesselung, wenn die Halluzinierenden diese Passage wiedererleben! Sie finden sich in orgiastischen, bestialischen, zotigen, sadomasochistischen Szenen wieder, die nicht zu schildern sind. Extremer Schmerz und extreme Lust sind untrennbar verwoben. Alle Verdrängungen, die sie dazu veranlaßt haben, im Leben sadistisch, masochistisch, koprophil etc. zu werden, bilden offenbar nun ihrerseits eine lange Kette, die sich an die erste Erinnerung dieser Art hängt: *die fundamentale perinatale Matrix Nr. 3*. Grof meint auch hier, nur das erneute Durchleben dieser Episode der Geburt bringe die wirksame Lösung der entsprechenden psychischen Knoten. Und die Denker oder Künstler, die ihre Werke gern mit Gewalt, Sex, Blut etc. durchsetzen, hätten alle eine überlastete fundamentale perinatale Matrix Nr. 3.

Grof ahnt die ungeheure Bedeutung dieser dritten Matrix. Sie scheint so etwas wie ein Loch in der Mitte zu haben, in dem das Ich verschwindet. *Immer dann, wenn die Leute die fundamentale perinatale Matrix Nr. 3 durchlaufen, haben sie das Gefühl zu sterben.* Der Augenblick, in dem sie die Vagina ihrer Mutter passieren ... Oft endet die Passage mit der Vision eines riesigen Feuers, das alles verwüstet. Wir werden noch darauf zurückkommen. Diese Episode ist von entscheidender Bedeutung.

4. Endlich, nach einer apokalyptischen Hölle von Gewalt, bist du aus deiner schrecklichen, angebeteten Mutter vertrieben worden. Das größte Bedauern deines Lebens war zugleich die größte Erleichterung – versuche, das zu bewältigen! Dein erster Atemzug traf zusammen mit dem ersten, Panik auslösenden Gefühl des Erstickens. Doch du warst endlich frei. Und du schmolzest dahin in einer Woge fast reinen Genusses. «Fast» ... Die erste Erinnerung an die alte, ozeanische Verschmelzung, die *fundamentale perinatale Matrix Nr. 4*, ist ein bescheidenes Glück. Wenn sie sie unter LSD erleben, haben die Prager Patienten Visionen von unendlich ruhigen, lichten Landschaften, goldenen Himmeln, mit Pfauenfedern bedeckten Hügeln. Sie finden sich in Situationen großer menschlicher Solidarität wieder. Sie lieben die ganze Welt und wollen das auf der Stelle möglichst vielen Menschen beweisen. Sie erleben die Seligkeit jener, die einen erfüllten Liebesakt vollzogen haben. Manchmal wird ihre Ekstase brutal von einem heftigen Schmerz am Nabel unterbrochen – so sehr, daß die Prager Ärzte sich fragen, ob das Durchtrennen der Nabelschnur wirklich so schmerzlos ist, wie allgemein behauptet wird.

In Wirklichkeit taucht dieses perinatale «Schloß» nur langsam und ungeordnet aus dem Nebel auf. Die Abfolge, die wir soeben beschrieben haben, ist ein nachträglich rekonstruiertes theoretisches Schema, aus Hunderten, dann Tausenden von Berichten über LSD-Sitzungen, die sich inzwischen auf den Schreibtischen der tschechoslowakischen Psychiater sammelten. Grof erweist sich als der Schnellste von ihnen. Doch ehe er seine theoretische Landkarte aufzeichnet, stellt er unleugbare therapeutische Resultate bei gewissen Patienten fest. Viele Geheimnisse klären sich auf. Oft schien ein schwerer psychischer Konflikt durch die Erinnerung an die traumatisierende Szene in frühester Kindheit gelöst, definitiv aber erst geheilt, nachdem die Episode der Geburt wieder durchlebt wurde.

Wir schreiben das Jahr 1965, Grof beginnt in groben Zügen das zu umreißen, was wir summarisch beschrieben haben. Er ist Hauptassistent des «psychedelischen Programms» der Tschechoslowakei geworden und wird in dieser Eigenschaft nach Amityville (Long Island) in Amerika eingeladen, und zwar zu einer internationalen Konferenz über Therapien auf der Basis von Halluzinogenen. Es ist seine erste Reise in die Staaten. Grof ist beeindruckt von der Breite der psychedelischen Welle bei den amerikanischen Therapeuten. Aber bisher gibt es keine ernsthafte Theorie. Er selbst ist sich seiner Sache noch nicht sicher genug, um von seinen *vorgeburtlichen Mustern* zu sprechen, die er zu erkennen beginnt. Doch kaum ist er zurück in Prag, geht er wie ein Besessener wieder an die Arbeit. Die relative theoretische Schwäche seiner amerikanischen Kollegen hat ihn beflügelt.

Er verfügt jetzt über einen Berg minuziös protokollierter Erfahrungsberichte. Die Statistiken geben seinen Hypothesen das notwendige Fundament. Wenn ein einziger Patient über Schmerzen am Nabel klagt, nachdem er alle Symptome des Neugeborenen aufgewiesen hat, so ist das reiner Zufall. Anders liegen die Dinge, wenn es sich um vierzig Patienten handelt.

Grof ist beeindruckt von den ungeheuren Mitteln der amerikanischen Forscher, ihrem Schwung und ihrer geistigen Freiheit. Als Dr. Joel Elkes von der Abteilung für Psychiatrie und Verhaltenswissenschaften der John Hopkins University in Baltimore anfragt, ob er auf Kosten der Universität ein Jahr dort arbeiten wolle, macht er einen Luftsprung vor Freude. Er wird zwei Jahre brauchen, um erneut eine Ausreisegenehmigung zu bekommen. 1967 ist er wieder in Amerika.

Doch als er dort ankommt, hat sich alles verändert: LSD ist aus den Labors entwichen und hat einen großen, wilden Tanz durch die ganzen Vereinigten Staaten, ja, den ganzen Westen begonnen.

Die Affäre weitet sich zu einem der größten Psychoskandale der Geschichte aus. Millionen junger Leute leisten sich Trancezustände von hunderttausend Volt, ohne eine Gebrauchsanweisung zu besitzen! Nach den Wissenschaftlern treten Zauberlehrlinge der zweiten Kategorie auf den Plan: die Journalisten. Die Medien rühren die Trommel. Die Halluzinogene sind weltweit bekannt. Ein chaotischer, verrückter Krieg beginnt. Die Wissenschaftler, sehr beunruhigt, ziehen sich auf Zehenspitzen zurück und hinterlassen nur noch einige isolierte Fanatiker wie Timothy Leary, die trotz ihres Genies rasch diskreditiert sind. Die fieberhafte Demokratisierung des LSD hat der Erforschung der Lysergsäure Diethylamid 25 ein rasches Ende gemacht.

Grof kehrt trotzdem nicht nach Prag zurück. Er wird Amerikaner, und zufällig kann er in Baltimore seine Arbeit mit LSD doch noch fortsetzen. Am Spring Grove Hospital, einer der letzten Zufluchtsstätten für psychedelische Erfahrungen in Amerika. Eine unglaubliche Aufgabe: Es handelt sich darum, unheilbar Krebskranken LSD zu geben.

Grof hatte daran schon in Prag gedacht. Als er besonders angstgepeinigte Krebskranke behandelte, hatte er sich gefragt, was geschehen würde, wenn man ihre FPM (fundamentale perinatale Matrix) Nr. 3 aufweckte, jene Matrix, die von einer Leere durchbrochen ist und in der das Individuum zu sterben glaubt. Sein Vorschlag wurde von den tschechoslowakischen psychiatrischen Autoritäten abgelehnt. Und nun schlagen ihm die Amerikaner vor, das Experiment bei ihnen zu versuchen. Um die Wahrheit zu sagen, haben sie nicht erst auf Grof gewartet, um Sterbenden LSD zu geben.

Der erste, der diese Idee öffentlich aussprach, war Aldous Huxley. Als Lakshmi, die Heldin seines Romans *Insel*, völlig verwandelt stirbt, steht sie unter LSD, Pardon, unter *Moksha*, doch das ist dasselbe. Dieser fiktive Bericht ist die Wiedergabe eines wirklichen Sterbens, nämlich des Todes von Maria, Huxleys erster Frau, im Jahre 1955. «Meine persönliche Erfahrung mit Maria», wird er später seinem Freund, dem Psychiater Humphrey Osmond, schreiben, «hat mir gezeigt, wie sehr die Lebenden den ‹Übergang› der Sterbenden erleichtern können, wie sehr sie dazu beitragen können, diese rein physische Erfahrung der menschlichen Existenz auf ein Niveau von Bewußtsein, ja von Spiritualität zu heben.» 1963, als er seinen Tod nahen fühlt, bittet er seine zweite Frau, Laura, ihm eine Dosis von hundert Mikrogramm LSD zu injizieren. Er beendet sein Leben in einem Zustand von äußerster Klarheit und Loslösung, den Laura später in ihrem Buch *This Timeless Moment* schildern wird.

Als Grof in Baltimore beginnt, sind die Psychiater des Spring Grove Hospital noch nicht so weit. Sie geben LSD nicht Sterbenden an der Schwelle des Todes, sondern Krebskranken, denen es sehr schlecht geht und bei denen keine andere Therapie mehr anschlägt.

Zunächst kam die Idee aus Chicago, wo Dr. Eric Kast versuchte, die physischen Schmerzen seiner Kranken zu lindern. Kast gelangte bald zu der Feststellung, daß LSD nicht nur die Schmerzen der Krebskranken beträchtlich linderte, sondern auch deren Einstellung zum Tod radikal veränderte. Wie man gesehen hat, verlieren die ungelösten psychischen Konflikte des Todgeweihten nicht etwa an Schärfe, sondern werden drängender. Die Schocktherapie des LSD-Trips schien zur schnellen Lösung der Konflikte beizutragen, die letzten Tage, Monate oder sogar Jahre des Betreffenden zu erhellen – denn es gibt immer überraschende Remissionen, und die Auflösung der alten Angstknoten kann eine beträchtliche Vitalitätssteigerung zur Folge haben.

Als Professoren der medizinischen Fakultät von Chicago schlugen Kast und sein Kollege dem amerikanischen Gesundheitsministerium ganz ernsthaft ein entsprechendes großangelegtes Experiment vor. Die Behörden wollten davon nichts hören. Doch von Chicago aus drang der Gedanke nach Los Angeles, wo der Psychiater Sydney Cohen ihn seinerseits in die Praxis umsetzte. Er kam zu den gleichen Ergebnissen wie Kast. Dann wurde die Idee von Sydney Wolf aufgenommen, Psychologe am Spring Grove Hospital in Baltimore. Wolf versuchte allerdings in erster Linie, Alkoholiker zu heilen, doch die rasch fortschreitende Krebserkrankung einer seiner Mitarbeiterinnen sollte ihn von seinem Weg abbringen: Die junge Frau verlangte LSD. Ihre letzten Tage wurden dadurch positiv verwandelt. Wolf setzte also die Arbeit fort und übergab sie später an Walter Pahnke, der dem gleichen Krankenhaus angehörte.

Pahnke war Mediziner und außerdem Doktor der vergleichenden Religionswissenschaft. Leider kam er bei einem Tauchunfall 1971 ums Leben, ohne seine Arbeit abgeschlossen zu haben. Grof wird sein Nachfolger. Der Tscheche hat soeben Joan Halifax geheiratet, Psychotherapeutin, Anthropologin und große Freundin der indianischen Schamanen. Fünf Jahre lang wird das Paar Grof-Halifax Funken schlagen – bis es sich im Unfrieden trennt.

Die Krebskranken, sämtlich Freiwillige, kommen zum größten Teil aus dem Sinai Hospital in Baltimore. Grof und Halifax unterziehen sie einer strengen Auswahl. Sie müssen sehr krank sein, aber noch nicht ganz am Ende (drei Monate Lebenserwartung sind das Minimum), extrem deprimiert, aber geistig gesund, und sie dürfen keinerlei Metastasen im Gehirn aufweisen. Die Kranken, die diesen Kriterien entsprechen, werden in eine Liste eingetragen, und aus dieser Liste wählt man nach dem Zufallsprinzip einige Namen aus – die einen für die eigentliche Therapie, die anderen als Kontrollgruppe, die ohne LSD getestet wird. 1974, auf dem Höhepunkt des Experiments, behandeln Grof und Halifax so etwa hundert Krebskranke im Jahr.

Wie läuft die Therapie ab?

Die beiden Psychotherapeuten führen zuerst eine Reihe von Gesprächen mit dem Kranken – im Familienkreis, dann unter vier Augen, wenn möglich in seiner häuslichen Umgebung. Das dauert zwei bis drei Wochen. Stan Grof und Joan müssen mit dem Kranken vertraut werden. Sie müssen sicherstellen, daß keine wesentliche Gegenindikation vorliegt, und den Betreffenden gleichzeitig auf einen beträchtlichen Schock vorbereiten. Er darf vor allem nicht glauben, das LSD werde ihn von seinem Krebs heilen! Psychogene Faktoren spielen sicherlich eine Rolle bei der Entstehung der meisten Krebsarten, und eine gute Psychotherapie kann unter Umständen tatsächlich einen Einfluß auf die Krankheit selbst haben, doch hier ist das Ziel ein anderes: Es geht darum, dem Kranken aus der tiefen Depression herauszuhelfen, in die der Krebs ihn gestürzt hat, damit er, wie auch immer die Krankheit ausgeht, eine gewisse Gelassenheit wiederfindet.

Grof geht die Prognose nie direkt an. Das wäre illegitim und um so unangebrachter, als viele Patienten ihren wahren Zustand gar nicht kennen. Wenn sie eine psychedelische Psychotherapie verlangen, dann vor allem, um die Angst und die Depression zu bekämpfen. LSD? Natürlich haben sie schon davon gehört. Manche haben Angst davor. Grof erklärt ihnen seinen Standpunkt. Wilde Trips, beliebig eingenommen und ohne erfahrenen Führer, sind seiner Meinung nach unwirksam, ja gefährlich. Er sagt, man würde ja auch nicht auf die Idee kommen, einen Kranken auf dem Marktplatz von Laien mit Heimwerkergeräten am offenen Herzen operieren zu lassen. Ebensowenig soll man sich ohne Führer und Vorsichtsmaßnahmen in die Tiefen des Unbewußten wagen. Grof zufolge sind die meisten wilden psychedelischen Erfahrungen letztlich von keinerlei Nutzen.

Der Tag kommt heran. Am Vorabend haben Stan Grof und Joan Halifax noch mit dem Patienten und seiner Familie zu Abend gegessen. Jetzt bittet man den Krebskranken, sich hinzulegen, und injiziert ihm zwischen hundert und fünfhundert Mikrogramm LSD. Manchmal wird das LSD auch durch eine andere Droge ersetzt, Dipropyltratamin oder DPT, dessen Wirkung ähnlich ist. In der Erwartung der Wirkung blättert Joan mit dem Patienten dessen persönliche Fotoalben durch. Dann «steigt» das LSD. Der Patient streckt sich aus. Man legt ihm die Binde über die Augen und setzt ihm Kopfhörer auf. Die Musik (im allgemeinen klassische) setzt ein. Die Reise hat angefangen.

Jede Reise ist anders, sogar bei ein und demselben Kranken – Grof unterzieht ihn bis zu fünf LSD-Sitzungen (in Prag konnte die Zahl der Sitzungen bis auf zehn oder manchmal fünfzehn erhöht werden, und die Erfahrungen erreichten dadurch eine extreme Klarheit). Doch eine Konstante zeichnet sich ab: Die radikalste Psychotherapie scheint zu erfordern, daß man «seinen Tod erlebt».

Endlich sieht Grof, daß sich in Dutzenden von Fällen die Hypothese bestätigt, die er schon in Prag formuliert hatte. Diese phantastische Erfahrung läuft tatsächlich jedesmal im gleichen Kontext ab, nämlich mit einem vollen Wiedereintauchen in die FPM Nr. 3. Mit anderen Worten: *In dem Augenblick, in dem das Individuum die heftigste Phase seiner eigenen Geburt wiedererlebt, glaubt es zu sterben*.

In zahlreichen Fällen entdecken die Krebskranken die bittere Wahrheit über ihre Unheilbarkeit erst im Laufe dieses «symbolischen Todes». Bis dahin hatten weder ihre Familien noch ihre Ärzte gewagt, ihnen ihren wirklichen Zustand mitzuteilen. Mit einem Schlag begreifen sie alles. Unter LSD vermitteln (und haben) die Krebskranken wirklich den Eindruck, sie stürben.

Doch das ist nur die erste Phase. Denn anschließend «werden sie wiedergeboren». Dadurch, daß die Episode der dritten perinatalen Matrix erneut durchlebt wird, tritt unmittelbar anschließend die vierte ein. Die Kranken beenden die Sitzung gewöhnlich in glückseligem Zustand. Ihre letzten Lebenstage erweisen sich dann oft als die hellsten. Welche günstigen Auswirkungen das auf die Verfassung der jeweiligen Familien hat, kann man sich vorstellen. Später werden Stan Grof und Joan Halifax einige Fallbeispiele in einem kleinen, sehr dichten Werk schildern: *Die Begegnung mit dem Tod*.

Fallbeispiel Suzanne: Sie ist eine junge Frau von zweiunddreißig Jahren, die an Gebärmutterkrebs stirbt. Sie hat Metastasen bis in die Wirbelsäule und leidet entsetzliche Schmerzen. Sie hegt Selbstmordgedanken. Als sie vom LSD-Programm des Spring Grove hört, will sie die Gelegenheit nutzen. Suzanne erzählt Stan Grof und Joan Halifax ihr Leben. Sie hatte eine sehr harte Kindheit. Ihre Mutter war eine Dirne. Die Kleine wurde sich selbst überlassen und später in ein Internat gesteckt. Alpträume. Mit zwanzig eine überstürzte Ehe – drei Kinder kurz hintereinander –, die sich bald als enttäuschend, ja qualvoll erwies. Scheidung. Suzanne findet sich in einer psychiatrischen Klinik wieder. Die drei Kinder werden dem Vater zugesprochen. Schließlich lebt sie mit einem mittellosen Maler zusammen, und dann bekommt sie Krebs.

Während der psychedelischen Therapiesitzung geht es Suzanne unglaublich schlecht. Sie leidet unter Übelkeit und braucht eine Ewigkeit, um sich «einen Weg durch ein schwarzes, dreieckiges, schwammiges Gebilde zu bahnen». Die Sitzung endet in relativer Euphorie, und die Schmerzen verschwinden. Aber nur für einige Tage. Dann ist alles wie vorher. Grof und Halifax beschließen, eine zweite psychedelische Sitzung abzuhalten.

Diesmal erweist sich die Erfahrung als sehr viel reicher. Suzanne sieht sich schwanger. Sie wird gleichzeitig Mutter und Fötus. Sie befindet sich in einem Meer von Blut und meint zu sterben. Dann *wird* sie zu ihren drei Kindern. Schwankend zwischen dem Wunsch nach Alleinsein und dem Drang, mit der Welt zu verschmelzen, *wird* sie sogar einen Augenblick lang «die ganze leidende Menschheit». Dann erlebt sie eine Reihe blitzartiger Sequenzen, in denen sie nacheinander eine junge Afrikanerin in der Savanne ist, von einer Lanze getötet, dann ein Vogel im mittelalterlichen England und schließlich «die Mutter aller seit Beginn der Zeiten in Kriegen gefallenen Soldaten». Von da an wird ihre Erfahrung kosmisch. Suzanne verliert jedes Gefühl der Begrenztheit und «verschmilzt mit einem Licht absoluter Liebe», ehe sie den eigenartigen Eindruck einer Wiedergeburt hat. Am Ende findet sie mehrere Erinnerungen aus ihrer frühesten Kindheit wieder und verhält sich wie ein Säugling in der Wiege.

Damit ist das Zurückgehen in die Vergangenheit beendet. Suzanne ist wie umgewandelt. Eine Welle von Zuneigung zu ihrem Freund, dem Maler, erfaßt sie. Man läßt ihn kommen. Große Liebesszene.

Suzannes Schmerzen bleiben unglücklicherweise bestehen. Doch ihr Leben verändert sich total. Sie hat jetzt so viel Schwung, daß sie ihr vor zwölf Jahren aufgegebenes Psychologiestudium wiederaufnimmt. Einige Monate lang geht der Tumor, der ihr Inneres zerfraß, nach und nach zurück. Die Ärzte sind sehr überrascht. So etwas ist selten. Suzanne verbringt Stunden damit, Bücher über den Buddhismus und die christlichen Mystiker zu lesen. Seit ihrer psychedelischen Erfahrung hat sie einen Durst nach Spirituellem. Sie sagt, sie fürchte den Tod nicht mehr, und glaubt nun an die Wiedergeburt. Ihre Beziehung zu dem Maler wird außerordentlich reich und zärtlich.

Ein Jahr Aufschub. Dann kommen die Schmerzen plötzlich wieder. Binnen weniger Wochen zerfällt Suzannes Körper. Doch sie behält ihre Klarheit bis zum Schluß und bewahrt bei all ihren unerträglichen Schmerzen ein unbegreifliches Lächeln.

Fallbeispiel Ted: Ted ist ein großer, sechsunddreißigjähriger Schwarzer und leidet an Darmkrebs. Die Schmerzen machen ihn seinen Kindern gegenüber cholerisch, und er liegt in ständigem Streit mit seiner Frau Lilly. Sie ist diejenige, die mit dem Spring Grove Hospital Kontakt aufnimmt. Seit sechs Jahren kennt Lilly die verzweifelte Diagnose ihres Mannes, doch sie hat nie gewagt, mit ihm darüber zu reden. Sechs Jahre! Die Ärzte haben sich geirrt. Sie hatten Ted damals nur noch wenige Wochen gegeben. Aber schließlich verschlechtert sich sein Zustand unwiderruflich, und seine Beziehung zu seiner Frau verschlechtert sich ebenfalls. Lilly hat Liebhaber. Und Ted schwängert trotz seiner Schwäche eine Nachbarin. Lilly erwartet ebenfalls ein Kind von einem anderen Mann. Doppelte Abtreibung. Streit. Die Situation wird unerträglich.

Jetzt erzählt Ted Stanislav und Joan, die gekommen sind, um mit ihm zu sprechen, sein Leben. Auch er hatte eine sehr schwere Kindheit. Mit fünf Jahren verlor er Vater und Mutter, wurde von einem hartherzigen Onkel aufgezogen, geriet auf die schiefe Bahn und verpflichtete sich als G. I. nach Vietnam, wo er buchstäblich vor Gewalttätigkeit explodierte, ehe er in die Staaten zurückkehrte mit der festen Absicht, ein einziges Lotterleben zu führen – was er auch tut . . . Bis ihn der Krebs niederwirft.

Unter LSD sieht Ted die Schlachtfelder, auf denen er gekämpft hat. Tausende von Soldaten sterben und erstehen in einem makabren Ballett wieder auf. Ted will nicht mit verbundenen Augen liegenbleiben. Er wird extrem paranoid. Stan Grof verwandelt sich nacheinander in seinen bösen Onkel, in den Teufel und dann in einen Geheimagenten, der beauftragt ist, ihn über die blindwütigen Metzeleien zu verhören, an denen er in Vietnam teilgenommen hat. Ted kommt von dieser paranoiden Atmosphäre nicht los. Er beendet die Sitzung in einer tiefen Depression. Der Versuch scheint mißlungen. Am nächsten Tag geht es ihm schlecht. Grof und Halifax sind beunruhigt. Doch am dritten Tag überkommt Ted eine tiefe Euphorie. Keine Spur von Schmerzen mehr! Die Wirkung dauert eine Woche, zwei Wochen. Ted beschließt, «wieder zur Arbeit zu gehen».

Fünf Monate vergehen. Ein wahres Wunder. Doch plötzlich kommen Krankheit und Schmerzen zurück. Ted gerät wieder in eine schwere Depression. Er meint, im Grund sei zwischen ihm und seiner Frau nichts geregelt. Er verläßt das Bett nicht mehr, sein Lebensmut sinkt auf Null. Lilly ruft erneut im Krankenhaus an. Stan und Joan kommen wieder. Sie führen eine zweite Serie von Gesprächen mit dem Kranken und seiner Frau. Diese ist endlich bereit zu reden. Sie spuckt das schreckliche Geheimnis aus, das sie seit sechs Jahren mit sich herumträgt: Ted ist dem Tod geweiht, die Ärzte haben es gesagt. Der Mann fällt aus allen Wolken: «Was? Du wußtest es? Und ich habe nicht gewagt, mit dir darüber zu reden!»

Ein Hustenanfall hindert ihn am Weitersprechen. Doch alle haben begriffen, man kann es an seinen Augen ablesen. Er dachte, Lilly würde ihn verlassen, wenn sie erführe, daß er verloren war. «Wer würde mit einem solchen Mann leben wollen?» Sie wußte es also und blieb doch bei ihm? Ungeheure Erleichterung auf beiden Seiten.

Doch dunkle Wolken bleiben. Ted kann nicht mehr mit ihr schlafen. Er ist definitiv impotent. Aus Scham weist er Lilly zurück, wenn sie sich ihm nähert. Joan schlägt andere körperliche Kontakte vor, doch der Phantasiemangel der deprimierten Ehepartner ist erschreckend. Und dann sind da noch die Kinder. Ted will ihnen als starker Vater in Erinnerung bleiben. Daher schimpft er unablässig mit ihnen und gibt sich herrisch. Stan fragt ihn, ob er nicht größeren Eindruck auf die Kinder machen würde, wenn er ihnen seine Schwäche tapfer eingestände. Ted denkt über diese Ratschläge nach und akzeptiert schließlich eine zweite LSD-Erfahrung.

Diesmal behält er Augenbinde und Kopfhörer auf. Die Erfahrung ist sofort intensiv. Er sieht sich einen Fluß überqueren und in einer anderen Welt an Land gehen. Er besichtigt ein riesiges Schlachthaus, wo Hunderten von brüllenden Schweinen die Kehle durchgeschnitten wird. Dann steigt er in die Tiefe seiner eigenen Krebszellen hinab, ehe er vertikal in eine völlig mystische Sequenz aufsteigt. Er fliegt in göttlichem Licht, überquert diamantene Ebenen ...

Wie umgewandelt geht er aus der Sitzung hervor. Lilly erkennt ihn nicht wieder. Er wird zu einem perfekten Ehemann, aufmerksam, geduldig, witzig. Er beginnt, Werke über Buddhismus und Hinduismus zu verschlingen. Da er liegen muß, nimmt er Kassetten für seine Kinder auf, auf denen er von seinem Abenteuer erzählt. Eine Niere muß entfernt werden. Sein physischer Verfall beschleunigt sich. Dennoch wächst seine heitere Gelassenheit. Lilly kann es nicht fassen: Das ist nicht mehr derselbe Mann. Ihr Leben ist völlig verwandelt.

Eines Nachts verschlechtert sich Teds Zustand rapide. Der Krebs frißt an der zweiten Niere. Ted wird eilig ins Krankenhaus gebracht und verlangt auf der Stelle nach Stan und Joan. Lilly ruft sie an. Doch als sie an sein Bett treten, liegt Ted bereits im Koma. Niemand zweifelt daran: Er durchlebt seine letzten Augenblicke. Lilly weint in einer Ecke. Stan geht zu ihr und hält ihre Hand, während Joan sich auf den Rand von Teds Bett setzt und beginnt, ihm ihre eigene, gekürzte Version des *Tibetischen Buchs der Toten* vorzulesen. «Fürchte nicht das helle Licht. Verschmilz mit ihm und erschrick nicht vor seinem Glanz...» Plötzlich stürzen zwei Hilfspfleger ins Zimmer. Sie legen Ted auf eine Bahre, ohne ein Wort zu sagen, und rollen ihn in Richtung Operationssaal. Die Psychotherapeuten sind bestürzt. Es ist eine Entscheidung in letzter Minute.

Ted kommt noch einmal davon. Stan und Joan sind bei ihm, als er aufwacht. Was er erzählt, macht sie sprachlos.

«Haben Sie sich umgezogen?» sagt er zuerst zu Joan.

Tatsächlich, ja, aber... sie versteht nicht. Ted erklärt dann, während des ganzen Komas habe er nicht aufgehört, das zu hören und zu sehen, was an seinem Bett vor sich ging. Gleichzeitig hatte er den Eindruck, in der Finsternis zu schweben. Wie ist das möglich? Ted erläutert, Joans Ratschläge seien ihm sehr nützlich gewesen, und er habe sich tatsächlich «einem sehr hellen Licht» zugewandt, das in der Finsternis erschienen sei. Je näher er diesem Licht gekommen sei, sagt er, desto ruhiger und wohler habe er sich gefühlt. «Unaussprechlich wohl.» Als habe er sehr alte, vertraute Gefühle wiedergefunden, die seit langem vergessen waren.

Während des chirurgischen Eingriffs blieb Teds Herz zweimal stehen. Er sagt, das habe seine Empfindung, «mit dem Licht zu verschmelzen», nicht beeinträchtigt und gleichzeitig habe er wie in einer Art Film große Teile seines Lebens noch einmal gesehen. Insbesondere hat er Augenblicke erneut durchlebt, in denen er Menschen getötet oder geschlagen hat. Er erklärt Grof: «Was ich dabei empfand, ist unglaublich! Ich hatte den Eindruck, die... die *ganze Szene* noch einmal zu spüren! Ich erinnerte mich, was ich damals empfunden hatte, und gleichzeitig empfand ich alles, was meine Opfer gespürt hatten!»

Eine Nah-Todeserfahrung. Stan Grof kennt den Begriff noch nicht, aber er hatte schon von den Visionen gehört, über die manche Überlebende nach einer Episode klinischen Todes berichten.

Joan Halifax fragt fasziniert: «War diese Erfahrung den durch LSD ausgelösten irgendwie ähnlich?»

«Genau», antwortet Ted, «sie war ihnen sogar sehr ähnlich. Wenn Sie wüßten, wie glücklich ich im nachhinein war, Ihre psychedelischen Sitzungen genutzt zu haben. Ohne sie hätte ich schreckliche Angst gehabt vor dem, was da passierte. So hatte ich keine Angst. Ich kannte das ja. Ich erschrak nicht mehr...»

Hier schloß sich also der Kreis meiner Untersuchung. Denn jetzt ließ sich auch die neurochemische Hypothese Siegels in die umfassende Bewegung der «inneren» Wiederentdeckung von Tod und Agonie integrieren, die vor meinen Augen in der westlichen Welt stattfand.

Grof zufolge lief also alles so ab, als ob das Individuum im Augenblick seines Todes seine Geburt wiedererlebe. Und diese Erfahrung konnte offensichtlich weit vor dem wirklichen physischen Tod sozusagen «gespielt werden», und zwar in Form einer symbolischen Erfahrung, bei der das Individuum zuerst «seinen Tod durchleben» mußte. Anhand seiner Arbeiten am Spring Grove Hospital zeigte Grof, daß die Krebskranken, um ihre Neurosen (verstärkt durch die tödliche Krankheit, die sie betroffen hatte) überwinden und eine Form von heiterer Gelassenheit erlangen zu können, in gewisser Weise «den Geburtskanal ihrer Mutter noch einmal passieren» und ihre dritte perinatale Matrix wiedererwecken mußten.

Diese symbolische Durchquerung erfolgt mit unterschiedlicher Intensität und Klarheit, doch der Mechanismus scheint unbezweifelbar. Nachdem die dritte Matrix einmal aufgelöst ist – das heißt die entsprechende Geburtsepisode einmal wiedererlebt wurde –, finden die Patienten automatisch die gleichen Worte, um das zu beschreiben, was ihnen zugestoßen ist. Sie behaupten, sie seien «aus sich selbst herausgetreten», hätten eine «herrliche Welt» erreicht, die «im Grund unbeschreiblich» sei, und ihr Ich habe sich aufgelöst, während ihr waches Bewußtsein intensiver geworden sei. Seither glauben sie zu wissen, daß «der Tod nur ein Übergang» ist, und haben keine Angst mehr davor.

Mit seiner «modernen» psychotherapeutischen Praxis hat Stanislav Grof ein sehr altes Geheimnis wiederentdeckt. Vielleicht das älteste Geheimnis überhaupt. Und die Anthropologin Joan Halifax, Spezialistin für schamanistische Praktiken, zwingt ihn, der Sache ins Gesicht zu sehen. Seit Urzeiten haben die Menschen gewußt, daß man großen Gewinn daraus ziehen konnte, seinen «Tod zu erleben» (oder «den kleinen Tod zu kennen») und dann symbolisch wiedergeboren zu werden. Alle großen Initiationstechniken beruhen darauf. Ob es sich um Rituale von Indianern, Schamanen oder Voodoo-Priestern, orphische oder druidische Praktiken handelt, man kann nicht behaupten, zur eigentlichen Kenntnis der Wesen und der Dinge gelangt zu sein, ohne vorher den erschreckenden Spiegel des eigenen Todes durchquert zu haben. Die Technik ist nicht so wichtig. Die Voodoo-Priester geben dem Anwärter eine starke Droge, die ihn für mehrere Tage in ein Koma versenkt – und ihn manchmal sogar wirklich umbringt. Und man sagt, bei den orphischen Ritualen seien die Griechen Meister darin gewesen, junge Menschen so zu erschrecken, daß diese wirklich *sahen*, wie der Tod sich auf sie stürzte.

Die großen esoterischen Initiationen verschwinden nach und nach. Doch ihre zentrale Weisheit ist unvergänglich. Horrorfilme und gefährliche Sportarten sind ein Versuch unserer Zeitgenossen, einen Ersatz dafür zu finden. Sie stürzen sich von einer Brücke – beispielsweise der Golden Gate Bridge in San Francisco –, nachdem sie sich vorher mit einem langen Seil gesichert haben, das an der Brüstung befestigt ist. Sie haben weder Albert Heim gelesen, noch wissen sie im allgemeinen etwas über die Nah-Todeserfahrung oder alte Rituale. Wenn man sie fragt, sagen sie, das Gefühl des Sturzes ließe sie «die Angst genießen». Und auf dem Grund dieses Genusses entdecken sie eine andere Art, die Realität einzuschätzen, eine Art, die die Welt transzendiert. Eigenartige Pioniere auf der Suche nach einer Lösung für das entscheidende Problem: Wie können die modernen Menschen neu umgehen mit dem alten Wissen, dem alten Geheimnis, der Durchquerung des Spiegels der Metamorphose?

Die Psychotherapeuten haben angefangen, den Weg freizulegen und erste Antworten zu bieten. Was soll man tun mit der Angst vor dem Tod, die inmitten der Knoten der Psyche kauert? Trotz all seiner Begeisterung weiß Stanislav Grof, daß die Materie komplex ist.

Für Freud war der Mensch Schauplatz eines permanenten Konflikts zwischen Thanatos – dem Todestrieb, den die Physiker lieber als Entropie oder Trägheitsgesetz bezeichnen – und Eros, das heißt dem Gesetz des Lebens, die Negentropie oder informationelle Kraft der Physiker. In der Natur ist die Manifestation dieser Dualität offenkundig: Die Entropie ist die Tendenz des Universums, sich selbst zu einem undifferenzierten, kalten Ganzen zu pulverisieren, sich auf niedriger Ebene zu stabilisieren, in immer schwächeren energetischen Gleichgewichten. Die informationelle Kraft dagegen differenziert das Träge, gibt ihm eine Struktur, eine Richtung. Sie ist die Kraft, die die Atome, die Moleküle, die Kristalle, die Pflanzen erzeugt ... alle «selbstorganisierten» Systeme.

Wie stellt sich diese Dualität beim Menschen dar? Was die «informationelle» Seite betrifft, sieht man, daß das die Logik, die Sprache, das Handeln ist. Und die «entropische» Seite? Da der Mensch aus Materie gemacht ist, so Freuds Gedankengang, hat er notwendigerweise tief in sich die Sehnsucht nach der Entropie, jenem Zustand der Stabilität auf niedrigem Niveau. Und weiter? Da das Ich des Individuums diese «Sehnsucht», diesen Todeswunsch, nicht bewußt verwirklichen kann, verdrängt es sie, und sie kehrt maskiert, in Form von Aggression, wieder an die Oberfläche zurück. Der Wunsch zu töten: Auf diesem Umweg kann man dem berühmten «Todestrieb» beikommen. Doch sonst? Wo treffen sich denn Eros und Thanatos? An welchem *Punkt*?

Es heißt, Freud habe das sehr genau gewußt. Der Todestrieb ist die unfertige Seite seiner Theorie, die Lücke, an der sie krankt. Nicht, daß der Meister keine Zeit gehabt hätte, darüber nachzudenken. Er hatte ein Vierteljahrhundert lang Muße dazu. Was hinderte also sein Genie daran, sich auf dieses Gebiet zu wagen? Die Furcht vor seinem eigenen Tod? Viele haben das angenommen. Doch dabei unterschätzt man wohl seine Begabung zur Selbstanalyse. Nein, es muß einen anderen, wichtigeren, aber gut versteckten Grund geben. Einen Grund, den vielleicht die klinische Praxis bei Sterbenden enthüllen kann ...

Denn es ist immerhin seltsam, daß all diese Giganten der Psychoanalyse zwar um die Wette über den Tod sprachen, aber kein einziger von ihnen auf die Idee kam, Sterbende bis ans Ende zu begleiten könne eine der großen Aufgaben der Psychotherapeuten sein!

Wenn man als Arzt und Philosoph Sterbende begleitet, wird man unweigerlich mit der Spiritualität konfrontiert, und ich glaube, daß Freud davor einen Horror hatte. Eine richtige Allergie. Die Psychoanalyse hat die traumatische Spur dieser Allergie behalten. Daran hat sie lange gekrankt.

Man betritt hier ein Gebiet, auf dem der Intellekt allein nicht mehr als Führer dienen kann – selbst wenn er genial ist. *Zutritt für Verstand ohne Begleitung des Herzens verboten.* Das intellektuelle Begreifen des Problems kommt hinzu: Was *stirbt*, und was wird in der Psyche des Initiierten *wiedergeboren*? Warum empfangen die Sterbenden, wenn sie am Rande des entropischen Strudels stehen, der sie bald zu Staub zerfallen lassen wird, spontan aus dem Untergrund ihrer selbst jene unwahrscheinlichen «Informations»entladungen, die die Nah-Todeserfahrungen darstellen? Ist es ihr Unbewußtes, das seine Reserven ausschöpft? Ist es ihr «psychischer Muskelpanzer», der sich endlich löst? Es ließe sich allerdings auch das Gegenteil vorstellen, daß nämlich das Individuum parallel zu seinem physischen Verfall auch in psychischem Nebel dahindämmern könnte – eine elementare Barmherzigkeit seines Unbewußten, die ihm unnötigen Schmerz ersparen soll.

Doch so ist es nicht. In ihrem inneren Getriebe hält die Psyche die größte aller Paradoxien für unsere letzte Viertelstunde bereit. Warum?

Man schreibt das Jahr 1976. Das Spring Grove Hospital in Baltimore unterliegt nun ebenfalls dem landesweiten Verbot von LSD. Ein Kreis schließt sich in der Laufbahn von Stanislav Grof. Neun Jahre lebt er nun in den Vereinigten Staaten. Inzwischen hat sich seine ganze Weltsicht verändert. Das merkwürdige Wesen, das manche als *Paradigmenwechsel* bezeichnen, ist in sein Leben getreten. Jene haarsträubende Veränderung, die die Wissenschaftler am Anfang des Jahrhunderts in unser Weltbild einführten und die vielleicht den Keim einer verrückteren «Mutation» in sich trägt als die Renaissance. Die Veränderung wird Grof und der *transpersonalen Psychologie* helfen, eine neue und seltsame Landkarte des Unbewußten zu zeichnen.

10 Geburt einer transpersonalen Psychologie

In seiner Eigenschaft als Psychologe hatte Kenneth Ring schon lange unter der Vereinzelung der Humanwissenschaften gelitten. Nur die Psychoanalyse verband die Dinge miteinander, und doch ... Selbst die berühmten Entwicklungsstadien der Psyche beim Kind hatten in ihrer Isoliertheit etwas Unbefriedigendes. Es gab nichts von globaler Bedeutung in diesen Geschichten. «Psychologie» war für den jungen Ring der Name eines noch unbewohnten Ortes, der nur darauf wartete, besetzt zu werden.

Er entstammte einer ziemlich typischen jüdisch-amerikanischen Familie: vor drei Generationen noch deutsch, liberal, akademisch, agnostisch (der letzte Gläubige der Familie war der Großvater gewesen). Ken Ring wuchs in Kalifornien auf, hatte eine fröhliche, angenehme Kindheit. Er begann seine Studien in Berkeley und beendete sie in Minnesota. Seine erste seriöse Veröffentlichung als Sozialpsychologe drehte sich um «Die psychiatrische Klinik als letztes Mittel». Ein faszinierendes Thema, aber es hatte ihn nirgendwohin geführt. Ken Ring war entschlossen, sich der Forschung zu widmen, aber er sah noch nicht, in welche Richtung er sich orientieren sollte.

Im Sommer 1970 nimmt er zum ersten Mal LSD. Er ist fünfunddreißig Jahre alt und Professor für Sozialpsychologie an der Universtität von Connecticut mitten in den Wäldern von Neuengland. Die Sache spielt sich im Freien ab, am Ufer eines Flusses. Und der Freund, der ihn begleitet, ist der ideale Führer.

Ring hat allerdings nicht den Eindruck «abzuheben». Niemals stand er mit beiden Beinen so fest auf dem Boden. Er ist da, ist präsent. Zuerst *sieht* er. Nie war sein Blick so klar, so reingewaschen von der milchigen Schicht, die man Gewohnheit nennt und die alles tötet: Farben, Relief, Leidenschaft. Alles erscheint ihm neu, ungewohnt, begehrenswert. Zum Beispiel *sieht* er wie niemals zuvor die Bäume buchstäblich aus dem Boden wachsen. Merkwürdigerweise wird der Zauber dadurch, daß er sofort die Stoffwechselmechanismen ihrer Gewebe vor sich sieht, nicht gebrochen. Im Gegenteil. Alles hängt zusammen. Nichts ist unwichtig. Alles hellt sich von innen auf und tritt mit ihm in Verbindung.

«Psychose!» sagt auf einmal eine Stimme in seinem Innern. «Psychotische Verschmelzung mit der Umgebung. Das Subjekt verliert jeden Kontakt zu seinen eigenen Grenzen. Es nährt die manifeste Phantasie einer Rückkehr in den Mutterschoß . . .» Doch die Stimme wird von einem Gelächter unterbrochen: Was ist psychotisch daran, wenn man *fühlt*, daß eine Pflanze lebt, daß man selbst ebenfalls lebt und daß folglich ein starkes Band zwischen uns besteht? Wäre es nicht pathologisch, dieses Band *nicht* zu fühlen?

Was ihn am meisten frappiert, ist das Auftreten einer absolut neuen Empfindung. Einer sehr starken Empfindung. Empfindung? Eher einer Emotion, die sofort in eine Hellsichtigkeit übergeht . . . Wie soll man den Strahl nennen, der sich in ihm entzündet hat und jetzt von innen brennt?

Bewußtsein!

Das kommt ganz plötzlich: Bewußtsein! Das ist das Wort. Das Bewußtsein eines Flusses, einer Bewegung, einer intensiven Beziehung zwischen der Welt und ihm erfüllt ihn. In genau diesem Augenblick drängt sich das Wort *Bewußtsein* auf wie ein Gebirge und läßt den ganzen Wald ringsum erzittern. «Was ist Bewußtsein?» fragt Kenneth Ring sich. Seine Universitätsausbildung hat ihn schließlich über das Unbewußte sehr viel mehr gelehrt als über das Bewußtsein. Der Gedanke an die Art und Weise, wie seine Lehrer ihm beigebracht haben, der Frage auszuweichen, erfüllt Ring mit Verblüffung und Mitleid. Er entdeckt in sich ein ganz besonderes «Mitleid» mit sich selbst. Wenn er es genau betrachtet, hat es nicht den schwülstigen und etwas beschämenden Beigeschmack von Selbstmitleid. Er sieht seine Grenzen zu deutlich – denn genau die sind es, die er gerade beobachtet. Aber da er mit allem verbunden ist, sind diese Grenzen nicht aggressiv. Die Dinge *sind*. Er hat seinen Platz unter ihnen.

Merkwürdigerweise läßt die Erkenntnis, «an seinem Platz» zu sein, ein winziges Teilchen in der ungeheuren Natur, etwas in ihm größer werden. Es ist ein physisches Gefühl. Seine Brust weitet sich. Das Wasser in seinen Muskeln beginnt zu fließen. Je winziger er sich in diesem Wald fühlt, desto weiter scheint sein Bewußtsein zu werden!

Jede seiner Gesten, jeder seiner Blicke bekommt einen Sinn. Jetzt wird es verrückt! Er empfindet den dringenden Wunsch, sich zu waschen. Er läuft zum Fluß und prustet und schnaubt genußvoll. Das Wasser reicht ihm bis zum Brustkorb. Plötzlich wird ihm bewußt, daß er nicht nur seinen Körper reinigt. Etwas anderes ist in ihm, das transpiriert und zu atmen beginnt, wenn er sich Wasser ins Gesicht und über die Schultern spritzt. Plötzlich begreift er die symbolische Natur des Wassers. Wasser, der wesentliche Bestandteil unseres Körpers. Das Wasser spricht zu ihm. Er hat eine überwältigende Beziehung zum Wasser. Im materiellsten Sinne: Er ist das Wasser, das Wasser ist er. Das Wasser, mit dem die Alten tauften. War es das? Das ganze Universum spricht zu ihm. Es ist zu schön. Ken beginnt zu weinen. Er verneigt sich.

Und doch verliert er nicht den Halt. Er schreit aus vollen Lungen. Sein Körper jauchzt. Die ganze Welt wird zu einer einzigen Musik. Bis dahin hatte er sich noch nie mit Spiritualität abgegeben. Und jetzt tanzt er, bis es Nacht wird.

Weiche Landung nach zehn Stunden. Doch nach diesem Erlebnis erscheint ihm seine Arbeit an der Fakultät einfach elend.

Bald muß er sich eingestehen, daß er nicht in der Lage ist, auf diesem langweiligen Weg weiterzumachen. Er sucht nun nach einer beruflichen Lösung. Gern würde er sich seinem neuen Lieblingsthema widmen: Was ist Bewußtsein? Was ist die Natur jenes Aufleuchtens, das «ich» sagt? Der Strahl dieses Aufleuchtens ist zu normalen Zeiten so schwach – verglichen mit dem, was er in seiner Ekstase erlebt hat –, daß einem die Lust vergeht, auf der Welt zu sein.

Die «ontologische» Natur des Bewußtseins? Für die Psychoanalytiker ist das der Definition nach eine falsche Fährte. «Die Rückkehr von der Überschätzung der Bewußtseinseigenschaft wird zur unerläßlichen Vorbedingung für jede richtige Einsicht in den Hergang des Psychischen», schreibt Freud.

Bewußtseinseigenschaft. Das war deutlich. Wo also suchen?

Stundenlang denkt Ring über seine Erfahrung nach und versucht zu definieren, was geschehen ist, als sich ihm das Wort *Bewußtsein* aufdrängte. Nach und nach kommt er zu der Überzeugung, daß in diesem Augenblick seine ganze Subjektivität auf einen Punkt konzentriert war. Was für einen Punkt? Einen Punkt seines Gehirns? Ja und nein. Es ist seltsam, aber ihm kam es vor, als liege er tiefer. Wie am Schwerpunkt seines Körpers. Sein Existenzempfinden ging von der Mitte aus. Und deshalb fühlte es sich so gut an. Doch was könnte dieser «Punkt» in seiner Mitte sein?

Ken Ring nimmt noch mehrere Male LSD. Jede Erfahrung ist anders. Bei manchen leidet er entsetzlich. Allein. Zerschmettert. Andere lassen ihn die Möglichkeit ungeahnter Komplizenschaften in seinen zwischenmenschlichen Beziehungen entdecken. Jedesmal erscheint ihm die Notwendigkeit dringender, über die spezifische Natur des Bewußtseins Rechenschaft abzulegen. Was ist dieser «Punkt, der Ich sagt»? Doch er ist erst am Anfang des Weges. Paradoxerweise muß er erst noch tiefer ins Unbewußte hinabsteigen, ehe er beginnt, dort eine Antwort zu finden.

1972 lädt ihn ein Freund aus Boston nach Harvard zu einer Konferenz der Vereinigung für transpersonale Psychologie ein. Der Hauptredner ist ein Mann namens Stanislav Grof, der mit starkem slawischem Akzent spricht.

Nach einer Stunde ist Ring überzeugt, daß dieser Mann genau an der Sache arbeitet, die ihn so fesselt. Nicht, daß er das Bewußtsein als solches präziser definieren würde, aber seine «Kartographie des Unbewußten» antwortet auf eine Fülle von verwandten Fragen, die durch die psychedelische Erfahrung aufgeworfen wurden.

Grof unterscheidet vier Ebenen der Erfahrung.

An der Oberfläche dieser Psyche, derer sie sich plötzlich *bewußt* werden, sprechen die Halluzinierenden von geometrischen Visionen, abstrakt und ästhetisch, von unwirklichen Farben, Glanz, kaleidoskopischen Formen – insgesamt von dem, was die breite Masse sich unter der Wirkung «psychedelischer Drogen» vorstellt. Leider ist das von keinerlei Interesse. Grof zufolge handelt es sich um nichts weiter als um Deformationen der sensorischen Entzifferung. Was liegt unter dieser illusorischen Oberfläche?

Die weniger tiefen Erfahrungen bringen die Erinnerung an

bestimmte biographische Ereignisse seit der Geburt mit sich, ganz im Sinne Freuds. Diese Erinnerungen sind gruppenweise, in Ketten miteinander verbunden, die Grof als COEX bezeichnet (spezifische Konstellationen von Erinnerungen, gebildet aus verdichteten Erfahrungen oder Phantasien). Glückliche oder traumatische Erinnerungsspuren, untereinander auf Gedeih und Verderb verbunden. Wenn eine weh tut, tun alle weh, doch wenn man sich einer COEX entledigt hat, ist man die ganze Gruppe los.

Noch tiefer reichen die berühmten *perinatalen Muster*. Vier Pfosten, an denen die COEX-Ketten befestigt sind wie die Saiten einer riesigen, unsichtbaren Sitar. Das Ziel jeder Psychotherapie besteht darin, diese Saiten zu lösen, die den Energiefluß behindern, diese Knoten zu öffnen. Dazu gibt es nur ein einziges Mittel. Der Moment, in dem die perinatalen Muster sich gebildet haben, also die Geburt, muß noch einmal durchlebt werden. Das Individuum macht eine der stärksten Erfahrungen, die es überhaupt gibt: Es «lebt seinen Tod» und «wird wiedergeboren».

Das Überraschendste an dem psychologischen Material, das Grof für seine Kartographie benutzt, sind die Einzelheiten. Die Halluzinierenden geben oft unwissentlich eine Fülle von Auskünften: über ihre Lage in der Gebärmutter, die Qualität der Amnionflüssigkeit, Wehenrhythmus, Sekretionen. Nicht selten entdeckt ein Individuum unter LSD, daß es beinahe von der Nabelschnur erwürgt worden wäre – was sich, wenn eine Nachprüfung möglich ist, als zutreffend erweist.

Doch kann man sich wirklich an das Innere des Mutterschoßes erinnern? Gegen die Geschichte mit der Nabelschnur gibt es einen einfachen Einwand: In der Familie könnte darüber gesprochen worden sein. «Wußtet ihr, daß Max beinahe gestorben wäre, weil die Nabelschnur um seinen Hals lag?» Max hat diesen Satz gehört, aber dann vergessen. Doch die tieferen Erinnerungen? Die Erinnerung an die Fruchtblase, die mehrere Stunden zu früh platzte? Die Erinnerung an das Herz der Mutter, das in Phase drei beinahe versagt hätte? Und das ist noch gar nichts, denn die «Erinnerungen», die wieder ins Bewußtsein steigen, scheinen noch von sehr viel weiter her zu kommen. Unter den etwa fünftausend Berichten über Trips, die ihm zur Verfügung stehen, hat Dr. Grof dafür unglaubliche Beispiele.

Erinnerung an ein rauschendes Fest, das die Mutter im Februar 1947 gab, als sie im siebten Monat schwanger war. Erinnerung an den Schock über den Tod ihres Vaters, als sie im dritten Monat schwanger war. Grof liest Auszüge aus mehreren psychedelischen Protokollen vor. Noch nie hat Ring dergleichen gehört. Keine Rede mehr von Theorie – die alten Konventionen blockieren jetzt die Evolution. Mit provozierend monotoner Stimme liest Grof seine Liste vor. Erinnerung, Spermatozoon, Ovulum gewesen zu sein, weit vor der Bildung eines Ichs. Erinnerung, jemand anderer gewesen zu sein (tibetische Erinnerungen einer Bäckersfrau aus Prag). Oder ein ganzer Stamm gewesen zu sein. Ein bestimmter Stamm, von dessen Existenz der Betreffende gar nichts gewußt hatte, sich aber durch Nachprüfung herausstellt, daß es ihn tatsächlich gegeben hat. Mit einer Fülle von Einzelheiten über die Sitten, die Rituale, die Kunst dieses Stammes. Erinnerung, ein Tier gewesen zu sein. Eine Pflanze. Ein Wald. Deutliche Erinnerung, eine pflanzliche Zelle gewesen zu sein – mit verwirrenden Einzelheiten über die Funktion des Chlorophylls, die Rhythmen der Chloroplasten oder Mitochondrien. Erinnerung, Fluß, Abhang, Gebirge gewesen zu sein. Feuer. Stern. Erinnerung, das ganze Universum gewesen zu sein.

Erregtes Murmeln wird im Hintergrund des Saales hörbar. Ring ist verstört. «Wollen Sie uns auf den Arm nehmen?» ruft jemand. Mehrere Pfiffe ertönen. In den ersten Reihen beginnen die Leute zu klatschen.

Tja, Doktor, jetzt müssen Sie aber rasch eine Erklärung liefern, sonst läuft die Hälfte der Zuhörer davon. Zuerst eine Frage: Handelt es sich wirklich um «Erinnerungen»?

«Nein», sagt Grof.

«Was dann? Symbolische Figuren?»

So könnte man sagen. Aber wissen die modernen Menschen, trunken von ihren Analysen, überhaupt noch, was das ist, ein Symbol? Ein Symbol begreift man mit seinem ganzen Sein. Der Geist allein geht sofort unter, ertrinkt. Und doch muß der Geist sein Siegel auf alles drücken.

Angesichts dieser Fülle von «Visionen» aller Art heben die Wächter der Orthodoxie die Arme zum Himmel: «Hirngespinste! Letztendlich muß alles durch das Unbelebte zu erklären sein.» Aber wissen sie, *warum* sie recht haben? Wissen sie, daß das angeblich Unbelebte intelligent ist? Oder wie sonst sollte zu erkären sein, daß vom Grund des Unbewußten «Symbole» auftauchen, die sofort anhand komplexer Kenntnisse zu entziffern sind, welche das Subjekt nachweislich in seinem Leben nicht erworben haben kann? Aha! Jetzt kommen die Archetypen von C. G. Jung. Einige sagen, dem in Trance befindlichen Individuum habe sich eine *phylogenetische* Erinnerung erschlossen – schließlich haben wir als Embryo im Leib unserer Mutter in neun Monaten die Geschichte des Lebens von Anfang an wiederholt. In gewissem Sinne waren wir nacheinander Amöbe, Seeschlange, Fisch, Krokodil... Sollten die berühmten «Erinnerungen» daher rühren?

Doch wie sind pflanzliche, mineralische oder ethnische Erinnerungen zu erklären? Muß man von einem kollektiven Unbewußten sprechen?

Grof gibt zwar zu, daß er seit neuestem auf Jungs Spuren wandelt, doch er schlägt einen anderen Weg ein. Er nutzt die klaffende Bresche, die die Physik vor gut einem halben Jahrhundert in die alte Weltsicht geschlagen hat.

«Die Revolution der Quantenmechanik», ruft Grof vom Podium, «bedeutet neunundneunzig Prozent der Psychologen und Psychiater überhaupt nichts. Das ist äußerst bedauerlich.»

Denn, so erklärt er, sie sei eine Zeitbombe, auf gewisse Weise verrückter als die H-Bombe. Wenn man bis ganz auf den Grund der Materie hinabsteigt und zu verstehen versucht, woraus die Atome bestehen, dann kommt man zu völlig bizarren Phänomenen: Physikalisch deutlich verschiedene Teilchen verhalten sich plötzlich, als seien sie ein und dieselbe Sache. Oder zwei Seiten derselben Sache. (Darauf werden wir im folgenden Kapitel zurückkommen.) Grof ist der Meinung, der Umsturz der Quantenphysik finde eine gewisse Entsprechung in den Wissenschaften von der Psyche. Ihre zentrale Ungewißheit besteht darin, daß man niemals *gleichzeitig* einen Prozeß und seine Zustände erfassen kann, und ihre verwirrende Intuition besagt, daß auf einer gewissen Ebene zwei getrennte Einheiten sich so verhalten können, als seien sie nur eine. Gewiß, nichts gestattet die Aussage, daß diese Einheit auf der *aktuellen* Ebene der physikalischen Welt angesiedelt ist. Doch selbst wenn sie nur auf der *virtuellen* oder potentiellen Ebene angesiedelt wäre, bliebe sie deshalb nicht weniger real. Jedenfalls mindestens so real wie die subatomaren Grundmauern der Materie, die die Quantenmechanik impliziert. (Auch darauf kommen wir noch zurück.)

Die Mutation, die eine solche Vision im Denken auslöst, ist schwindelerregend. Das Loch, das die Physiker der Renaissance in den Panzer der Welt bohrten, dieses zu Beginn des Jahrhunderts unendlich kleine Loch, ist zu einem riesigen Portal geworden: Ein neues Licht erhellt die gesamte Realität von der Materie bis zur Psyche. So wären die seltsamen «Erinnerungen», die von den Psychodrogen (und allen möglichen anderen, weniger aggressiven Techniken der Trancezustände und der «Reisen nach innen», wie wir sehen werden) ausgelöst werden, tatsächlich Zugänge zu einer besonderen Art von *Information*. Oder vielmehr eine andere «Ordnung» von Realität als jene der trivialen Zeit, wie wir sie im Alltagsleben begreifen: der Zeit der in kleine Segmente zerlegten Vernunft, sehr praktisch, um in der Gesellschaft zu leben und mit Materie umzugehen, aber relativ und illusorisch, sobald man Abstand gewinnt und sich das Reale als Kontinuum vorstellt, als dauernde Strömung.

Was hat das alles zu bedeuten? Im ersten Augenblick begreift Ken Ring es nicht recht. Er macht sich Notizen und beendet jede Zeile mit Fragezeichen.

«Das ganze psychologische Denken», fährt Grof fort, «ist im Rahmen eines mechanistischen Zeitbegriffs entstanden, den wir von den Griechen geerbt haben. Heute taucht aus den physikalischen Wissenschaften ein neuer Begriff von Zeit auf.»

Wer von uns weiß nicht, daß wir, wenn wir nachts das Himmelsgewölbe betrachten, das die Sterne bilden, gleichzeitig Raum und Zeit sehen? Manche Sterne glänzen noch, und doch existieren sie seit Millionen Jahren nicht mehr. Was ist die Zeit? Die Wissenschaftler haben diese Frage lange ignoriert. Freud (wie übrigens auch Einstein oder Marx) lebte mit einem Fuß in der *alten* und einem Fuß in der *neuen* Zeit. Er entdeckte das Unbewußte (eine ganz neue Zeit), behauptete jedoch, man werde eines Tages zwangsläufig dahin gelangen, dessen Quellen in den Begriffen von mechanischen Molekularkombinationen zu erklären (alte Zeit). Der Vater und Begründer der modernen Wissenschaften von der Psyche machte die große Entdeckung der Wendeltreppe, die in die Höhlen des Ich führt. Nachdem er aber in eine gewisse Tiefe gelangt war, versperrte er die Treppe und verkündete, man könne nicht tiefer hinabsteigen, ohne in den Wahnsinn umzukippen und das Gebiet der Wissenschaft zu verlassen.

Grof dagegen behauptet, das neue Paradigma, eingeführt – in ihrer spezifischen Sprache – von den Physikern, biete die Mittel, diese Untersuchung weiter in die Tiefe zu treiben bis in jene allen spiritualistischen Traditionen vertraute Zone, wo das Bewußtsein das Ich überschreitet und transpersonal wird.

Was ist das für eine Zone? Sie zu entdecken, erkärt der Redner, sei die Aufgabe, die sich die neue Vereinigung für transpersonale Psychologie gestellt habe, die 1969 unter dem Einfluß des Psychologen Abraham Maslow gegründet wurde und der vor allem Therapeuten angehören. Ihr Ziel sei nicht reine Forschung, sondern klinische Arbeit. Auf diesem Gebiet habe das Unternehmen, meint Grof, schon ganz schöne Erfolge aufzuweisen. Die Psychoanalyse habe zunächst alle durch ihre begriffliche Kühnheit bestochen, dann aber durch ihre mangelnde therapeutische Effektivität enttäuscht. Nun öffne sich ein neuer Weg ...

Ring kehrt sehr verwirrt nach Hause zurück. Er hat das Gefühl, nicht mehr allein dazustehen. Er beginnt, die gesamte «transpersonale» Literatur zu verschlingen, derer er habhaft werden kann. Er hat gefunden, wonach er gesucht hat.

Ein Jahr vergeht. Dann zwei.

Ring macht sich unablässig Gedanken. An welcher Front soll er kämpfen? Welches Arbeitsgebiet wählen? Die von Grof dargelegte Perspektive erscheint ihm am vielversprechendsten, aber wie soll man die Postulate verifizieren? An welcher konkreten Materie kann ein Sozialpsychologe sie testen? Das ist nicht leicht zu beantworten. Soll er die sogenannten «mystischen» Zustände untersuchen? Wo soll er eindeutige Fälle finden? Das alles verlockt ihn nicht sonderlich.

Ken wird vier Jahre brauchen, bis er sein Terrain findet.

Es ist im Sommer 1976 und brütend heiß. Ring liegt im Garten hinter seinem Haus in einem Liegestuhl unter Bäumen, zwei Schritte vom Universitätsgelände von Storrs entfernt. Zerstreut sieht er einen Stapel Bücher durch, die ein Freund ihm geliehen hat. Bücher für den Sommer. Darunter befindet sich ein schmales Bändchen von Raymond Moody, *Life after Life*. Zuerst liest Ring ohne besondere Aufmerksamkeit. Dann ist er plötzlich wie elektrisiert. Himmel, das könnte ein fabelhaftes Forschungsgebiet werden! Was für ein Gebiet? Es ist keineswegs der Tod, der ihn in erster Linie interessiert, sondern zunächst die unverhoffte Tatsache, daß man auf einen *Bewußtseinszustand* gestoßen ist, der anscheinend weit verbreitet, in den Annalen der Psychologie aber überhaupt nicht verzeichnet ist. Er eignet sich dazu, die Behauptungen von Stanislav Grof zu prüfen. Ein verbreiteter, aber noch unbekannter Bewußtseinszustand? Das wäre einfach zu schön. Ring wagt nicht, daran zu glauben. Haben die «Visionen» der *dem Tod Entronnenen* etwas mit den mysteriösen «Erinnerungen» der Halluzinierenden Grofs zu tun? Ring macht sich sofort an die Arbeit. Binnen drei Monaten ist die Sache in Gang gebracht. Mit einigen Studenten der Universität von Connecticut beginnt er die lange Untersuchung, von der in Kapitel 5 bereits die Rede war.

Ring geht nicht mit der fast kriminalistischen Genauigkeit von Michael Sabom bei der Überprüfung der Berichte der Überlebenden vor. Dennoch umgibt er sich mit einem doppelten Sicherheitszaun: Einerseits recherchiert er seine Fälle, ohne die Interviewten über die Natur seiner Untersuchung zu informieren. Andererseits werden die Überlebenden, die eine Nah-Todeserfahrung hatten, immer von mehreren Forschern gleichzeitig angehört.

In dreijähriger Untersuchungsarbeit – von 1977 bis 1979 – bereinigt Ring das Schema Moodys, arbeitet das von Sabom weiter aus und beleuchtet die fünf Stadien des typischen Profils der Nah-Todeserfahrung. Wir wollen sie kurz in Erinnerung rufen. Erstes Stadium: *Das Hinaustreten des Körpers in Dunkelheit* (60 Prozent der befragten Überlebenden) – Friede, Heiterkeit, Wohlbefinden, Leichtigkeit. Zweites Stadium: *Austritt aus dem Körper in Autoskopie* (37 Prozent der Überlebenden) – erste «Desinkarnations»erfahrung, erste *kalte Hitze*, Erinnerungen an den Operationssaal. Drittes Stadium: *Eintritt in die Dunkelheit* (23 Prozent der Überlebenden, von denen wiederum 9 Prozent einen riesigen Tunnel oder eine sehr finstere Spirale erwähnen) – Erstaunen darüber, keine Angst zu haben, Eindruck großer Geschwindigkeit. Viertes Stadium: *Anblick des Lichts* (16 Prozent – winziger Punkt, Stern im Unendlichen, der Wärme, Farbe und immer größerer Frieden wird, je umfassender er wird. Fünftes Stadium: *Eintritt in das Licht* (10 Prozent) – goldenes Licht, das aus einem «Kristall der Liebe» entspringt...

Gewisse Variablen markieren außerdem die ganze Strecke der Nah-Todeserfahrung auf eher zufällige Weise. Nur zwölf Überlebende (von hundertsechsundfünfzig) haben die Erinnerung, ihr ganzes Leben sei binnen eines Augenblicks noch einmal an ihnen vorübergezogen. Zwanzig sagen, sie hätten «mit jemandem gesprochen», ohne ihn zu sehen. Acht jedoch haben ihn gesehen: Meist handelte es sich um einen verstorbenen Verwandten, der sie herzlich grüßte, dann aber dringend zur Umkehr riet, weil «die Zeit noch nicht gekommen» sei. Sechzehn hatten den Eindruck, sie hätten selber beschlossen zurückzukehren. Fünf dagegen empfanden es eher so, als hätten sie gehorchen müssen.

Natürlich prüft Ring seine Daten genau, weil er versucht, Korrelationen zu finden. Erlebt man eher eine Nah-Todeserfahrung, wenn man gläubig ist? Oder wenn man alt ist? Oder wenn man schon vorher von Nah-Todeserfahrungen gehört hat? Ist die Todesart von Bedeutung? Oder der Bildungsstand? Oder das Geschlecht? Doch wie Moody und Sabom vor ihm, findet Ring nicht viel. Die Korrelationen, die sich ergeben, sind ziemlich geringfügig. So scheint die Wahrscheinlichkeit einer Nah-Todeserfahrung bei Kranken größer zu sein (56 Prozent) als bei Unfallopfern (42 Prozent). Das bestätigt sich vor allem bei den Frauen. Die Männer haben in beiden Fällen fast gleich viele Erfahrungen. Was die Biographie des Betreffenden, das Milieu, aus dem es kommt, seine religiösen Überzeugungen, sein soziokulturelles Niveau und sein Alter betrifft, so scheint nichts einen statistisch signifikanten Einfluß auf die Nah-Todeserfahrung zu haben.

Eine einzige Korrelation springt Ring ins Auge: die Selbstmörder. Sie bilden tatsächlich, wie auch Moody schon festgestellt hatte, eine beondere Kategorie. Zunächst haben die Überlebenden eines Selbstmordversuchs eine geringere Tendenz als andere Überlebende, sich überhaupt an irgend etwas zu erinnern. Tatsächlich berichtet nur ein

Drittel der gescheiterten Selbstmörder von einer Nah-Todeserfahrung. *Und diese geht niemals über das erste Stadium hinaus*. Die von einem Selbstmordversuch zurückgekommenen *experiencers* erzählen im allgemeinen, sie hätten das Gefühl gehabt, «in einem angenehmen Nebel zu schweben». Mehrere erwähnen eine Frauenstimme. Alle sagen, sie hätten «begriffen, wie müßig ihr Versuch war»; wäre er gelungen, so hätte er «auf der anderen Seite» nichts geregelt.

Ganz allgemein fallen unserem Forscher besonders die ruhige Präzision und freimütige Sicherheit der Überlebenden auf. Ihre Berichte und ihr Ton zeugen von rationalem, klarem, scharfem, logischem, unabhängigem Denken. Rings «Reisen» unter LSD waren ebenfalls erstaunlich klar – am Anfang sind sie für ihn ein wertvoller Bezugspunkt. Dank ihrer «spürt» er vage, wovon die Leute reden wollen. Aber sehr vage. Nie hätte er gewagt, seine «psychedelischen Entdeckungen» zu benutzen, um mit derselben ruhigen Bescheidenheit wie die *experiencers* zu sagen: «Ich habe die Wirklichkeit ohne Maske gesehen. Sie ist ein Licht bedingungsloser Liebe und universalen Wissens. Darin zu baden gab mir das Gefühl, *zu Hause* zu sein.» Sie müssen also eine außerordentlich starke Emotion erlebt haben. Doch je intensiver ihre Erfahrung war, desto weniger sind sie anscheinend geneigt, darüber zu sprechen. Wenn man ihnen zufällig über den Weg läuft und sie danach fragt, dann erzählen sie. Sonst nicht. Sie bewahren eher Stillschweigen. Manchmal beginnen sie zu weinen, vor allem, wenn von dem berühmten Licht die Rede ist...

Ring ist mitten in seiner Untersuchung, als er von der Existenz John Audettes erfährt. Eine interessante Persönlichkeit. Audette, marxistisch ausgerichteter Soziologe, der in Peoria an der Universität in Illinois arbeitet, hat das Phänomen der Nah-Todeserfahrung anfänglich mit dem inneren Abstand eines Ethnologen des vorigen Jahrhunderts untersucht, der sich mit magischen Ritualen bei den Eingeborenen Borneos befaßt. Doch er ging bald in die Falle. Tatsächlich rechnete er damit, gewisse evidente soziale Daten zu finden, die allen Soziologen des Paranormalen bekannt sind.

Im Falle der Nah-Todeserfahrungen gibt es nichts dergleichen. Obwohl John Audette mit einer noch zu kleinen Stichprobe arbeitete, war er von Anfang an erstaunt über die soziale Verschiedenheit seiner Fälle. Eine bunte Mischung aus Reichen und Armen, Arbeitern und Chefs, Analphabeten und Doktoren der Philosophie. So erstaunt, daß er beschloß, eine interdisziplinäre Vereinigung zu schaffen mit dem einzigen Ziel, das Rätsel zu erhellen. Er taufte sie ANDS: *Association for Near-Death Studies*. Kaum sind die Statuten festgelegt (ethisch-wissenschaftlich ausgerichtet, kein Profit), da meldet sich Ring. Audette ist entzückt: Er hat sein erstes Mitglied. Ein sehr aktives Mitglied, das bald die Richtung der Vereinigung bestimmen wird, und zwar so stark, daß die ANDS ihren Sitz von der Universität von Illinois an die von Connecticut verlegt. Audette hat nichts dagegen.

Gemeinsam nehmen Ring und Audette Kontakt mit Moody auf. Dieser willigt sofort ein, der ANDS beizutreten. Darauf hatte er ja nur gewartet: daß Wissenschaftler verschiedener Fachrichtungen sich seriös mit der Erforschung der Nah-Todeserfahrung befassen. Binnen weniger Monate stellen die drei Männer eine richtige Organisation auf die Beine. Tausende von Briefen werden an die amerikanischen Psychiater, Psychologen und Soziologen verschickt: Haben sie schon einmal mit Nah-Todeserfahrungen zu tun gehabt? Sind sie an einer eventuellen Erforschung der Frage interessiert? Die Antworten übertreffen bald alle Erwartungen der drei Männer. Hunderte von Wissenschaftlern – vor allem Psychiater und Psychologen, Philosophen und einige Ärzte – antworten der ANDS positiv. Mehrere schreiben, sie befaßten sich bereits aus eigenem Antrieb mit dieser Sache. So Noyes, der Psychiater aus Iowa, so auch Sabom, der texanische Kardiologe, oder Fred Schoonmaker, ebenfalls Kardiologe, der in Denver, Colorado, arbeitet. Und Karlis Osis, Präsident der sehr alten und sehr angesehenen Parapsychological Association in New York.

Gegen Ende des vorigen Jahrhunderts gegründet (zuerst in London, dann in New York), war die Parapsychological Association lange Zeit kühnste Vorreiterin der Forschung an den Grenzen des Unbekannten. Bevorzugte Gebiete: Telepathie, Telekinese, Hellsehen etc. Natürlich machte sich die Gemeinschaft der Wissenschaftler gern über sie lustig. Doch die Parapsychological Association ließ sich nicht entmutigen. Nach mehreren Jahrzehnten gewann sie sogar eine Art inoffizieller Ehrbarkeit. Man muß das alte Gebäude der Association in New York gesehen haben! Es liegt in einem luxuriösen Viertel nahe dem Central Park, und wenn man es betritt, glaubt man, am Sitz einer überaus konventionellen Akademie zu sein, für die Oxford, die Sorbonne und Heidelberg gleichzeitig Pate gestanden haben. Es gibt eine großartige Bibliothek, in deren Stille einige alte, monokelbewehrte Forscher arbeiten.

Diese Ehrbarkeit – trotz des Gezeters, das allein die Nennung ihres Namens auslösen kann – haben die Parapsychologen auf einfache Weise gewonnen: durch experimentelle Arbeit. Keine verrückten Thesen, keine wolkigen Verlautbarungen. Empirie. Nackte Tatsachen. Doch diese erzwungene Seriosität und Zurückhaltung hatten ihren Preis: Die Parapsychologen haben sich jeglicher Synthese enthalten. Heute werden sie paradoxerweise von der Physik und ganz «offiziellen» Forschern eingeholt – was sie mit etwas spöttischem Lächeln quittieren: «Aha, da seid ihr ja endlich! Ihr habt lange gebraucht!» Und man beobachtet einen sehr amüsanten Vorgang: Alte Parapsychologen raten zu Vorsicht und Geduld, und dies gegenüber jungen Wissenschaftlern, die ganz außer sich sind vor Erregung über das herrliche Forschungsgebiet, das sie entdeckt haben, nämlich den Tod und die Bewußtseinszustände Sterbender.

So etwa Dr. Karlis Osis. Ein großer, schmaler, weißhaariger Mann voller Güte, der Englisch mit dem rollenden Akzent seines heimatlichen Litauen spricht. Er wird Ring die Notwendigkeit klarmachen, sein neues Forschungsgebiet so schnell wie möglich auch anderen Kulturen und Kontinenten zugänglich zu machen. Die Amerikaner neigen leicht zu der Auffassung, sie seien allein auf der Welt.

Osis selbst hat den Weg schon gezeigt. Mit seinem Kollegen Erlendur Haraldsson, einem isländischen Psychologen, hat er einige Monate in Indien verbracht, um herauszufinden, ob die Mitglieder einer ganz anderen als der amerikanischen Gesellschaft auf der Schwelle des Todes die gleichen Visionen haben. Die Resultate ihrer Untersuchung werden 1981 in einem Buch mit dem Titel *Der Tod – ein neuer Anfang* veröffentlicht. Doch die Begründer der ANDS wissen schon 1978 davon. Verblüffend: Die dem Tod Entronnenen scheinen stets genau die gleiche Erfahrung zu durchlaufen, welchen kulturellen Hintergrund sie auch haben.

Wie sind Osis und Haraldsson in Indien vorgegangen? In den

meisten Fällen indirekt, und zwar aus einem einfachen Grund: Sie sprechen weder Hindi noch Urdu, noch einen der anderen Dialekte des Subkontinents. So haben sie sich an Ärzte und Krankenschwestern wenden und diese bitten müssen, ihnen Berichte möglicher *experiencers* wiederzugeben. Natürlich ist das keine perfekte Methode. Doch wer schon einmal mit indischen Ärzten oder Wissenschaftlern gearbeitet oder einfach gesprochen hat, dem ist sicher aufgefallen, wie sehr – und manchmal übertrieben – diese Leute darum besorgt sind, als rationale und moderne Geister zu gelten. Osis und Haraldsson gingen, wie ich glaube, kein großes Risiko ein, von Märchenerzählern oder Abergläubischen hinters Licht geführt zu werden. Ihre Untersuchung ist dennoch nur ein Richtungsanzeiger für den einzuschlagenden Weg.

Ring und Audette sind bald davon überzeugt, daß man die Untersuchungen in großer Zahl und in aller Welt durchführen müßte. Daher fügen sie dem Signum ihrer Vereinigung bald noch ein I für «International» bei, und sie heißt nun *The International Association for Near-Death Studies* (IANDS). Leider wird dieses I lange Zeit ein toter Buchstabe bleiben, und Audettes Reisen, vor allem in Europa, führen zuerst nur zu vereinzelten Resultaten; ein Forscher in Deutschland, eine Forscherin in Finnland... nichts, was mit der Bewegung zu vergleichen wäre, die in Amerika im Entstehen begriffen ist. Warum?

Der Grund scheint klar. Diese Bewegung, die die Amerikaner heute *Death and Dying Movement* (Bewegung für Tod und Sterben) nennen, hat nicht mit der Neugier kühner Universitätsforscher begonnen, sondern mit der Besorgnis und der Unruhe mitfühlender Pflegepersonen. Nicht Raymond Moody hat den Weg geöffnet, sondern Elisabeth Kübler-Ross. Eine Frau, kein Mann; auf diesen Punkt werden wir später noch ausführlicher zurückkommen. Europa braucht erst eigene Anreger dieser Art, ehe die IANDS dort Fuß fassen kann.

Doch kehren wir zurück zu Kenneth Ring. Während die Resultate seiner eigenen Untersuchung sich ansammeln und die verrückte Information über die psychischen Zustände Sterbender bestätigen, zerbricht sich Ring den Kopf darüber, wie diese Daten zu interpretieren sind. Das erste Rätsel, das gelöst werden muß, ist natürlich: Wie kann man auch nur eine Sekunde lang annehmen, daß das Bewußtsein eines Individuums ohne dessen Körper auskommen kann? Im Gegensatz zu Michael Sabom, der sich ganz auf die erste Phase der Nah-Todeserfahrung konzentrierte, die er *autoskopisch* nannte, wendet sich Ring direkt der fünften Phase zu. Er sucht den Schlüssel zu dem Rätsel in den Berichten jener Überlebenden, die von der «tiefsten» Reise zurückkehren. Und er hat erstaunliche Begegnungen.

So etwa die mit Jo Geracci, dem dicken Polizisten aus Hartford, der bei einem Herzanfall «von der Liebe getroffen» wurde. Jo hat mehr als fünf Jahre gebraucht, um sich von seiner Erfahrung zu erholen und wieder mit beiden Beinen auf der Erde zu stehen. Das Verhalten der Menschen erscheint ihm jetzt so schäbig – auch und vor allem, wenn es um die Liebe geht ... Noch heute kann er manchmal stundenlang schweigend und hingerissen dem Fallen des Regens zusehen. Jo ist sicher der sympathischste Polizist Connecticuts geworden.

Oder die Begegnung mit Helen Nelson, die achtundvierzig Stunden lang in ihrem Haus im Koma lag, ehe der älteste ihrer Söhne auf die Idee kam, die Tür aufzubrechen. Helen hat ebenfalls das fünfte Stadium kennengelernt. Und ihr Geist hat sich geöffnet. Doch ihr Mann konnte mit der Veränderung nicht fertig werden. Sie mußten sich scheiden lassen. «Ohne Haß», sagt sie, «wir sind Freunde geblieben.»

Oder die Begegnung mit Tom Sawyer. Das ist kein Witz. Einem *wirklichen* Tom Sawyer, der in Rochester im Staate New York am Ufer des Ontariosees wohnt. Ein blonder Mann von dreißig Jahren, stämmig, gutaussehend, Vater von zwei Kindern. Er ist Automechaniker, und seine Werkstatt liegt neben seinem Haus. Eines Nachmittags arbeitete er unter der Hebebühne an einem Lieferwagen, als sich auf einmal die Hebewinde löste und der Wagen auf seinen Körper stürzte. Drei Tonnen.

Tom Sawyer stößt einen schrecklichen Schrei aus. Eines seiner Kinder, das im Garten spielt, hört ihn und läuft herbei. Entsetzen: Papa zerquetscht unter einem Lieferwagen! Weinend rennt das Kind zu den Nachbarn. Die Feuerwehr ist in zehn Minuten da.

Zehn sehr schwierige Minuten für Tom. Denn er verliert nicht das

Bewußtsein. Ein glühender Balken durchbohrt seine Brust und seinen Bauch. Sein Geist schwankt zwischen einem roten und einem schwarzen Nebelschleier hin und her. Die Schmerzen sind mörderisch, und Wellen von Erstickungsgefühlen überfluten ihn. Endlich treffen die Feuerwehrleute ein. Sie schieben eine Hebevorrichtung unter das Chassis des Lieferwagens und setzen ihre Winde in Gang. In der Sekunde, in der sie die drei Tonnen Stahl von der Brust Toms heben, wird dieser ohnmächtig. Man legt ihn auf eine Trage. Er stirbt. Oder doch beinahe: In dem Krankenwagen, der ihn im Eiltempo ins Hospital bringt, hört Tom Sawyer auf zu atmen. Dann steht sein Herz still.

«Armer Kerl», sagt ein Feuerwehrmann, «mit dem ist es vorbei.» Doch man kann nie wissen, und so bemüht man sich, ihn wiederzubeleben. Tom Sawyers Herz schlägt erst wieder, als sie im Hof des Krankenhauses angelangt sind, zwanzig Minuten später. Die verrücktesten zwanzig Minuten seines Lebens. Von außen sah das nicht gut aus. Aber von innen!

Sechs Jahre später steht er wieder fest auf beiden Beinen und erzählt; regelmäßig wird seine Schilderung von einem Schluchzen unterbrochen, das er zu verschlucken sucht wie ein Kind. Einem fröhlichen Schluchzen allerdings. Die Art von Tränen, die hochkommen, wenn man einen lieben Menschen nach allzu langer Trennung wiedersieht. Bei Tom Sawyer ist das zum Dauerzustand geworden. Seit seinem Unfall. Denn in der Sekunde, in der die Feuerwehrleute ihn unter seiner Hebebühne hervorzogen, fühlte er sich auf einmal gut.

So ruhig, wie er noch nie zuvor gewesen war. Und ganz leicht. Das Gewicht seines Körpers schien mit dem des Lieferwagens verschwunden zu sein. Leichter als Luft, hatte er nun das Empfinden, er schwebe auf einem Kissen aus ... aus was? Aus nichts, einem Kissen aus nichts, unendlich erholsam. Ein Zustand vollkommener Seligkeit. Als sei er nur noch ein einziges Lächeln, das im Leeren schwebt. Und dann hat Tom sich plötzlich gesehen.

Da, auf dem Boden seiner Werkstatt, umgeben von Feuerwehrleuten. Blut lief aus seinem Mund und vermischte sich mit dem Öl des Lieferwagens. Er sah die ganze Szene, den roten Notarztwagen, der in die Straße einbog, die Bahre, die man hastig daraus hervorzog. Er sah auch seine Kinder, die armen Kleinen, die auf einmal in einen Alptraum geraten waren und von den Nachbarn zurückgehalten wurden. Tom sah all die Leute, einen nach dem anderen, in allen Einzelheiten. Wie eine unsichtbare Kamera sah er alles. Von wo? Zuerst von einem Punkt etwa drei Meter über dem Boden aus. Dann aus vier, fünf, zehn, hundert Metern Entfernung... Dann sah er noch – diesmal ganz aus der Nähe – seinen reglosen Körper, der in großer Eile über die Autobahn abtransportiert wurde. Plötzlich hörten die Bilder auf. Tom hatte das Gefühl, in eine dunkle Höhle gesogen zu werden. Eine unaussprechliche Dunkelheit zog ihn an. Doch noch immer fühlte er sich unendlich ruhig und wohl. So ruhig. Merkwürdig: Die Dunkelheit war ohnehin schon von einer den Menschen unbekannten Dichte, und dennoch verdichtete sie sich immer mehr, je weiter er vordrang. Er dachte, dieses Paradoxon müsse er sich merken.

Wie machte er es, «voranzukommen»? Diese Frage stellte er sich nicht. Er ließ sich ganz einfach treiben. Etwas zog ihn immer stärker an. Er schwebte noch immer, aber jetzt mit einer absolut wahnsinnigen Geschwindigkeit. Er sagte sich, bei dieser Geschwindigkeit müsse er bald die Sterne erreichen. Er fühlte das. Und doch erzeugte sie kein Schwindelgefühl. «Ich muß tot sein», sagte er sich schließlich. Dann begann das Licht aufzutauchen.

Zuerst war es wie ein Stern, ein Punkt am Horizont. Dann wie eine Sonne. Eine riesige Sonne, eine gigantische Sonne, deren gleißende Helligkeit dennoch nicht blendete. Im Gegenteil, es war eine Freude, sie anzusehen. Dann näherte er sich diesem weißen und goldenen Licht, und je näher er kam, desto mehr hatte er das Gefühl, dessen Natur wiederzuerkennen. Als werde eine sehr, sehr alte, in den Tiefen seines Gedächtnisses versunkene Erinnerung wieder wach und fülle nach und nach sein ganzes Bewußtsein aus. Das war wirklich wundervoll, denn... es war eine Erinnerung an Liebe. Außerdem – war das möglich? – schien dieses seltsame Licht selbst ausschließlich aus Liebe zu bestehen. Die Substanz «reiner Liebe» war alles, was er jetzt von der Welt wahrnahm. Und doch war er nicht trunken. Er hatte vielmehr den Eindruck, nie in seinem Leben so aufmerksam und konzentriert gewesen zu sein. *Leben?* War er nicht tot?

Je näher er dem Licht kam, desto stärker wurde die Erscheinung, und als er schließlich in das Licht eindrang, war es eine unbeschreibliche Ekstase – denn dabei wurden seine Aufmerksamkeit und sein Gefühl, wie er sagt, «noch tausendmal stärker». Und während sich unter ihm unendlich weite, märchenhafte Landschaften entfalteten, wurde er sich klar darüber, daß er diese Landschaften *war*, daß er diese riesige Fichte *war*, der Wind *war*, dieser silberne Fluß und jeder darin glitzernde Fisch *war*. Dann, und erst dann, kam ihm sein ganzes Leben wieder in Erinnerung. Es war ein äußerst seltsames Phänomen. Er hatte den Eindruck, sich an alles gleichzeitig zu erinnern, und kein Detail fehlte. Kein einziges.

Während Tom Sawyer das erzählt, weint er bei jedem dritten oder vierten Satz. «Aber das Wesentliche», sagt er mit verlegenem Lächeln, «kann man mit Worten nicht sagen.»

«Warum denn nicht?» fragt ein junger Journalist.

«Weil es etwas ist, das wir gewöhnlich im Leben nicht kennen.»

«Aber sie sprachen von Liebe», erwidert der andere, «und die kennen wir!»

«Sehen Sie», sagt Tom, «ich liebe meine Frau und meine zwei Kinder. All diese Liebe in ihrer allergrößten Intensität plus alle Liebe, die ich in meinem ganzen Leben empfunden habe, ergeben zusammen nicht einen Bruchteil der Liebe, die ich in Gegenwart des Lichts gespürt habe. Eine totale, unendliche Liebe.»

Tom Sawyer wird nie wieder derselbe sein.

Einen seltsamen Aspekt hat seine Veränderung noch. Plötzlich interessiert er sich für Physik, insbesondere für Quantenmechanik. Er sagt, das sei ihm bruchstückhaft in seinen Träumen «eingefallen». Der kleine Automechaniker aus Rochester fing an, sich an Max Planck und Niels Bohr «zu erinnern», Leute, von deren Existenz er bisher nicht die geringste Ahnung gehabt hatte. Doch er findet das normal. Er behauptet, in Gegenwart des Lichts habe er «alles gewußt». Denn in gewisser Weise war er alles.

«Und Sie haben nicht das Bewußtsein verloren?» fragt ein Fernsehreporter.

«Nein, ganz im Gegenteil», antwortet Tom, «im Gegenteil.»

Dann verstummt er, kann vor Bewegung nicht weitersprechen.

Nach einigen Berichten dieser Art hat Ken Ring nur noch einen

Gedanken: Er will seine ganze Forschungsarbeit dem fünften Stadium widmen.

Aber zunächst muß er ein allgemeines Buch über die Nah-Todeserfahrung schreiben – *Life at Death* («Das Leben im Augenblick des Todes») –, ehe er sich daran wagt, alle Scheinwerfer auf den Kulminationspunkt, die Phase zu richten, die seiner Meinung nach der Schlüssel ist: den Eintritt des Bewußtseins in dieses unwahrscheinliche innere «Licht».

Die meisten der Überlebenden, die es gesehen haben, und all jene, die in das Licht eingedrungen sind (fünfzehn Personen in Rings Stichprobe), charakterisieren es mit dem Wort: *unaussprechlich*, und dann, da man ja in der Realität ist und nur Worte zur Verfügung hat, mit noch zwei, nämlich *Liebe* und *Wissen*. Letzterer Begriff fasziniert Ring besonders. Welches Wissen? Tom Sawyer sagt, er habe von seiner Erfahrung bruchstückhafte Kenntnisse in Quantenphysik mitgebracht. Wie ist das möglich? Er hat keine höhere Schulbildung und behauptet, vor seinem Unfall niemals von der Physik vor oder nach Einstein gehört zu haben ...

Nach seinem Unfall und während der ganzen Genesungszeit ging ihm ein Wort durch den Kopf wie der Ruf eines Lockvogels, absurd und eindringlich: *Quanten, Quanten, Quanten* ... Parallel dazu wuchs in ihm der unwiderstehliche Wunsch, mehr über die «materielle Realität der Welt» zu erfahren. Als er wieder gesund war, führte sein erster Weg in eine Universitätsbuchhandlung. Seine Frau konnte es gar nicht fassen. Er war auch selbst sehr beeindruckt, wagte nicht, die Verkäufer um Rat zu fragen, und schickte sich an, völlig ratlos an den Regalen entlangzugehen, ganz ertrunken in diesem Meer von Wissen. Endlich nahm er all seinen Mut zusammen, näherte sich einem Kunden, der einen friedlichen Eindruck machte, und fragte ihn ziemlich leise: «Entschuldigen Sie bitte, aber sagt Ihnen das Wort *Quanten* etwas?»

«Wie bitte?»

«Tja, es geht um ein Spiel, und ... ich muß ein Buch über ... also, wissen Sie, was das ist, *Quanten*?»

«*Quanten*», antwortete der andere, «warten Sie, *Quantum, quantisch* ... ja, sicher, das hat mit Physik zu tun, mit Teilchenphysik oder so etwas. Sie sollten besser in dieser Abteilung suchen.»

Und er zeigte ihm den Weg in die richtige Abteilung. Als Tom Sawyer geblendet die erste Seite der *Elementaren Quantenmechanik* aufschlug, die er gekauft hatte, war er ziemlich schockiert. Das Buch hätte genausogut auf chinesisch oder arabisch abgefaßt sein können: Er verstand kein Wort. Doch er ließ nicht locker. Er überwand seine Hemmungen und erkundigte sich in einem College. Vergebens. Er gab nicht auf. Man schickte ihn zum Institut für Elektronik und noch zu anderen Stellen. Schließlich entdeckte er einen Einführungskurs für Autodidakten. Sechs Jahre später bereitet er sich auf eine Art Examen in Physik vor. Und in seiner Überzeugung ist er nicht im geringsten wankend geworden. Er behauptet, an der Universität habe er nur Stück für Stück ein Wissen wiedergefunden, zu dem er globalen Zugang hatte, als er in das «Licht» eindrang.

«Was soll dieser Unsinn?» fragt sich Ring, der natürlich an die «Erinnerungen» von Grofs Patienten denkt. Erinnerung, «Pflanze», «Pflanzenzelle», «Chloroplast» gewesen zu sein...

Alle Überlebenden, die aus der fünften Phase zurückgekehrt sind, erzählen dasselbe: «In dem Augenblick, in dem ich das Licht verließ, sagte eine Stimme zu mir: *Du wirst alles vergessen.* Ich antwortete: *Aber warum? Ich will meinen Freunden doch alles erzählen.* Doch die Stimme beharrte: *Nein, das wirst du nicht können. Du wirst vergessen.* Später mußte ich es zugeben: Ich hatte das Wesentliche vergessen.»

«Woher wissen Sie denn das», fragt der Forscher, «da Sie doch alles vergessen haben?»

«Die Freude bleibt. Aber ich weiß, daß ich vergessen habe, was sie ausgelöst hat.»

»Erzwungenes Vergessen?»

«Wie ein Trunk aus der Lethe.»

Der Fluß Lethe war die Quelle des Vergessens. Griechen, die das Land der Toten besucht hatten, mußten daraus trinken, ehe sie zu den Menschen zurückkehren durften. Der Fluß, der die Erinnerung löscht. Folgende uralte Worte sind in einen Stein graviert, der zu Beginn des Jahrhunderts in Griechenland im Grab eines Anhängers der orphischen Riten gefunden wurde:

In der Nähe der Wohnstatt der Toten wirst du links eine Quelle finden.
In ihrer Nähe, ganz weiß, erhebt sich eine Zypresse.
Zu dieser Quelle gehe nicht, nähere dich ihr nicht.
Du wirst eine andere finden, die aus dem See der Erinnerung entspringt, kaltes, sprudelndes Wasser, Wächter stehen davor.
Sage ihnen: Ich bin die Tochter der Erde und des gestirnten Himmels, aber ich habe meinen Ursprung im Himmel. Das wißt ihr selbst.
Der Durst verzehrt und tötet mich. Ach! Gebt mir schnell von dem kalten Wasser, das aus dem See der Erinnerung entspringt. Und sie werden dir gestatten, an der göttlichen Quelle zu trinken, und dann wirst du unter allen Helden regieren.[4]

Der See der Erinnerung? Kenneth Ring wird die ägyptischen und griechischen Mysterien entdecken. Sie werden ihn faszinieren. Doch wie kann man sich, wissenschaftlich ausgedrückt, an eine Tatsache oder einen Zustand «erinnern», den man zu Lebzeiten niemals kennengelernt hat? Und was ist überhaupt die Erinnerung? Als Ring noch Student war, erschienen ihm die Antworten auf diese Frage immer vage. Wie erinnert man sich? Keiner wußte es. Er fragt sich, ob man inzwischen wohl Fortschritte gemacht habe. Er denkt wieder an die Behauptungen Grofs: Die Entdeckungen der Physiker des zwanzigsten Jahrhunderts lieferten eine solide theoretische Basis für die Intuitionen der transpersonalen Psychologie. Wie das?

Tapfer dringt Ring in den Dschungel ein, in dem sich – auf unerhörten Wegen – Neurologie, Psychologie und Physik treffen ... Ohne zu ahnen, daß dieser Dschungel einen Namen hat, nämlich Philosophie, und daß er dessen Fallstricke nicht kennt.

Ring wird mich mit in diesen Dschungel ziehen. Zunächst schlägt er den Weg der Neurologie ein, entdeckt das holographische Modell Pribrams und erlebt eine neue Euphorie. Doch Bergson kommt wieder hoch. Das Modell muß seine Verwegenheit eingestehen. Die Sphinx der Erinnerung ist stärker. Und die Hologramme verschwinden. Dann stößt unser Freund auf die Briten Bohm und Sheldrake, die ihn an die verblüffenden Grenzen der heutigen avantgardistischen Wissenschaft führen.

Für ein ziemlich langes Kapitel werden wir uns nun von den Sterbenden entfernen. Sie haben uns nämlich vor eine Reihe von drängenden Fragen gestellt: Was ist Erinnerung? Was ist Realität? Was ist Leben? Mit ihnen müssen wir uns zunächst beschäftigen – bevor wir dann auf die andere Seite des Spiegels überwechseln.

11 Die große Umkehrung und die neue Mythologie

Ken Ring will also zunächst herausfinden, was Bewußtsein ist. Und stößt sofort auf ein Problem: Wie funktioniert das Gedächtnis? Ist das *Bewußtsein* das *Gedächtnis*? Zweifellos nicht! Es ist vielleicht sogar das Gegenteil von Gedächtnis! Doch wie auch immer: Wenn er seine Reise an den seltsamen Ufern des Todes entlang fortsetzen will, fühlt Ring sich jetzt gezwungen, das Rätsel zu lösen. Wie funktioniert das Gedächtnis psychophysisch? Binnen weniger Tage verschafft er sich in der Universitätsbibliothek einen Überblick über den Stand der entsprechenden Forschung.

Erstens wird allgemein angenommen, das Gedächtnis habe seinen Sitz im Gehirn. *Zweitens* erweist sich das menschliche Gehirn unbestreitbar als die komplexeste Organisation, die wir im Universum kennen. Wir könnten stolz darauf sein, daß wir eine solche Vorrichtung zwischen den Ohren tragen, wenn uns nicht, *drittens*, noch weitgehend unklar wäre, wie sie funktioniert, was unserem Stolz allen Glanz nimmt.

Die Menschen haben schon immer versucht, ihr Gehirn mit der jeweils raffiniertesten Technologie ihrer Zeit zu vergleichen. Die Römer sollen es gern als sehr kompliziertes System von Abzugskanälen dargestellt haben (aber sie interessierten sich im Prinzip mehr für das Herz als für das Gehirn). Ende des neunzehnten Jahrhunderts glaubte man, das Gehirn funktioniere wie eine Telefonzentrale. Nach dem Zweiten Weltkrieg sagte man, es gleiche eher einem Computer. Seit den siebziger Jahren denken die Wissenschaftler lieber an eine biochemische Maschine. Bis heute ist dieses kleine Spiel noch nicht im entferntesten beendet, und man wird das Gehirn noch mit vielen anderen Maschinen vergleichen – Ken Ring soll das bald merken.

Doch da die Produkte unseres Gehirns (die Maschinen) immer als Spiegel für unser eigenes inneres Funktionieren dienen mußten, sozusagen in einer endlosen Flucht nach vorn – wird unser Gehirn jemals in der Lage sein, etwas so Komplexes zu konzipieren, wie es selbst ist?

Im Zentrum des Geheimnisses steht das Gedächtnis. Auch dafür haben die Menschen verschiedene Modelle gefunden entsprechend der jeweils fortschrittlichsten Technik. Zur Zeit der Erfindung der Telefonzentralen stellte man sich unsere Erinnerungen in Form von biomechanographischen Karten gelagert vor. Als die Mikroprozessoren aufkamen, sagte man sich natürlich, das Gedächtnis müsse mit Hilfe genial in die grauen Zellen integrierter «Bio-Software» funktionieren. Am enthusiastischsten sind die Informatiker, die das schon immer so gesehen hatten. Die Neuropsychologen dagegen werden immer bescheidener. Sie haben so viele Modelle des Gedächtnisses zusammenbrechen sehen, daß sie sich inzwischen vor globalen Vergleichen hüten.

Zunächst sind alle modernen Modelle des Gehirns «ortsgebunden»: Man will die Erinnerungen um jeden Preis irgendwo im Nervensystem lokalisieren. Doch von Penfield (1940) – der das «Gedächtniszentrum» im Hippokampus des limbischen Systems entdeckt zu haben glaubte – bis Ungar (1970) – der glaubte, «Erinnerungsmoleküle» isoliert zu haben – sind die Lokalisten einer nach dem anderen gescheitert. Die meisten ihrer Forschungen haben Dinge unterstrichen, die schon lange auf der Hand lagen. So spielt etwa die Emotion eine Schlüsselrolle bei der Aufzeichnung und beim Lesen unserer Erinnerungen. Das wußte man schon zur Zeit der alten Griechen, doch jede neue Forschungsarbeit bestätigt es detaillierter. Das «Erinnerungszentrum» Penfields? Es spielt eine entscheidende Rolle in unserem emotionalen Gleichgewicht. Was das «Erinnerungsmolekül» Ungars betrifft, so ist es ein Neurotransmitter, ein Hormon der Emotion. Sehr interessant. Doch das Geheimnis bleibt bestehen.

Dennoch wachsen die globalen Kenntnisse über das Gehirn laufend. Man lokalisiert immer mehr Funktionen: visueller Bereich, Sprachbereich, analytischer Bereich, Phantasiebereich, Organisationsbereich... Die Versuchung ist also nach wie vor ungeheuer groß, herausfinden zu wollen, wo sich unsere Erinnerungen «befinden». Aber da ist nichts zu machen. Alles läuft ab, als sei das Gedächtnis gleichzeitig überall und nirgends. Nehmen Sie Schwerverletzte, denen man ganze Gehirnlappen entfernen mußte: Die meisten haben ihr gesamtes Gedächtnis behalten. Würde man jemandem die Hälfte seines Nervensystems wegoperieren, er würde deshalb nicht auch die Hälfte seiner Erinnerungen vergessen.

Die Forscher werden wirklich bescheiden. Während er die Dokumente in der Universitätsbibliothek von Storrs durchgeht, stößt Ken Ring auf äußerst pessimistische Erklärungen: «Das Gedächtnis werden wir erst in Jahrhunderten verstehen!» erklären manche Wissenschaftler sogar.

Langsam akzeptieren auch die materialistischsten Neurologen den Gedanken, daß das Gedächtnis vielleicht nicht der Ordnung der *Dinge* angehört, sondern der der *Fluxionen*, der *Syntagmen*. Doch die Frage verfolgt sie, wo diese Syntagmen verlaufen. Sie fangen an, sich diese Fluxionen als unentwirrbares Netz aus Milliarden Bahnen im Dschungel der Nervenzellen vorzustellen, wobei jede Bahn in ihrer ganzen Länge durch spezifische chemische Auschüttungen markiert ist. Diese Sicht wird etwas schwieriger, als Neuropsychologen (vor allem Jacques Paillard aus Marseille) in das Neuronennetz die Vorstellung von Oszillatoren und Rhythmen einführen. Doch man steht noch am Anfang, und Ken Ring verliert beinahe die Hoffnung, auch nur die geringste Aufklärung für die Fragen zu finden, die ihn beschäftigen. Wie sollte es möglich sein, sich an vorgeburtliche Erfahrungen zu erinnern? Oder an Erfahrungen, die andere Menschen gemacht haben? Eine Erklärung ist nirgends in Sicht.

Und dann stößt Ring eines schönen Tages auf die Arbeiten von Karl Pribram. Pribram ist ein Neuropsychologe tschechischer Abstammung, der an der Universität Stanford arbeitet. Was dieser Wissenschaftler sagt, ist ganz einfach. Schließen Sie die Augen. Denken Sie an das Gesicht Ihrer Mutter. Sehen Sie es? Dieses Bild nun soll eine sehr spezielle Form von Hologramm sein.

Das Hologramm ist eine erstaunliche mathematische Erfindung. Ihr Urheber, Denis Gabor, ein Brite ungarischer Abstammung, der um 1946 an der Perfektionierung des Radars und dann des Elektronenmikroskops arbeitete, ahnte nicht, daß er soeben eine wahre begriffliche Bombe gelegt hatte. Wir kennen vor allem ihre optische Anwendung: Dank des Lasers ermöglicht die Holographie die Herstellung räumlicher Fotografien. Was hat das mit dem Gedächtnis zu tun? Nun, in einem Hologramm ist wie im Gehirn die Information gleichmäßig verteilt, gleichzeitig überall und nirgends. Wenn Sie den Plastikfilm in Stücke brechen, auf dem Sie ein Hologramm aufgezeichnet haben, sehen Sie auf jedem Bruchstück das ganze Bild dieses Hologramms. Das *Zugangsfenster* zum Bild ist kleiner geworden, aber das Bild hinter dem Fenster ist immer da, und zwar vollständig. Ein faszinierendes Phänomen.

Sehr schematisch stellt der Vorgang sich folgendermaßen dar: Wenn Sie eine beliebige Welle nehmen, selbst eine sehr komplizierte mit Vertiefungen und Erhebungen wie bei einer Berg- und Talbahn, können Sie sie, wenn sie sich regelmäßig identisch wiederholt, immer in eine Summe einfacher Sinuskurven zerlegen. Das ist das alte Gesetz des französischen Mathematikers Fourier. Gabor hat begriffen, daß, wenn er eine Figur aus Interferenzen aufnehmen und dabei alle Wellen, aus denen sie besteht, «konservieren» könnte, eine einfache Anwendung von Fouriers Theorem ihm anschließend gestatten würde, diese Wellen anhand einer einzigen Referenzwelle wiederzuerstellen.

Nehmen Sie etwa ein «kohärentes» Licht, also einen Laser, dessen Wellen in Phasen verlaufen (andernfall wäre es unkontrollierbar und unentzifferbar), und lassen Sie ihn zwei Strahlen ausschicken. Lassen Sie den ersten Strahl auf ein Objekt fallen, sagen wir, eine Statue, und sich mit dem zweiten, unberührten Strahl schneiden. Legen Sie genau an die Schnittstelle eine empfindliche Platte (oder einen Film), die die Lichtfigur aus Interferenzen aufzeichnet. Nach der Entwicklung schauen Sie sich den belichteten Film an. Sie erkennen nichts, das Hologramm ist roh. Wie ein marmorierter Raster. Jetzt beleuchten Sie diesen Abzug mit dem gleichen unberührten Laserstrahl: Er interferiert mit seiner eigenen Spur in der aufgezeichneten Figur, und dadurch kommt es zu einer Rediffusion des Lichts des anderen Strahls (der die Statue beleuchtet hat) unter gleichen Bedingungen wie bei der Aufzeichnung. Einer Rediffusion seines *gesamten* Lichts: Wie aus dem Nichts erscheint plötzlich eine Statue, und zwar dreidimensional.

Dieser Trick, der etwas Spielerisches an sich hat, ist im Grunde eine Erfindung, die unsere ganze Zivilisation verändern könnte. Wie die Erfindung des Rades. Vor nicht ganz langer Zeit, in der Renaissance, spielte ein anderes Hilfsmittel eine ähnlich entscheidende Rolle: die Linse. Dank ihrer begannen Mikroskope und Teleskope, das Universum zu durchdringen. Später fuhren Fotografie und Film fort, unseren Geist im gleichen Sinne zu beeinflussen. In der Optik heißt «Linse» auch «Objektiv». Es hat eine Funktion: Es *objektiviert*, zeigt das Reale in Form von *Objekten*, separaten Objekten. Alles, was nicht *objektiv* war, wurde in gewisser Weise *irreal*. Die Linse trat die Herrschaft an. Man empfand das als berechtigt, weil sie schließlich die Verlängerung unserer sensorischen Fenster ist – die alle mehr oder weniger anhand von Linsensystemen funktionieren. Die Rückwirkung des Modells «Linse» auf den modernen Geist war beträchtlich.

Doch nun kommt ein neues Werkzeug: das Hologramm. Plötzlich ist die Ikone ihrem lebenden Modell um eine Oktave näher. Sie schaukeln in einem Aquarium, wo die Bilder der Fische, die um Sie herumschwimmen, ein überwirkliches Relief haben. Sie beugen sich vor, Sie schauen darunter, Sie stellen sich auf die Zehenspitzen und schauen von oben. *Bei der Aufzeichnung gibt es keine Linse*. Nur einen gegabelten Laser, der die Dunkelheit durchschneidet. Alle Bezüge werden ungültig. Kein Brennpunkt mehr, keine Einstellung mehr, keine Blende mehr, nichts. Eine Welt zersplittert. Ist das die Ankündigung einer neuen Renaissance? Die Ankunft eines Zeitalters, in dem wir endlich unser eigenes Gedächtnis und folglich auch das dahinterstehende Bewußtsein werden verstehen können?

Wie ist Karl Pribram auf die Idee gekommen, das Gedächtnis funktioniere vielleicht nach dem holographischen Modell? Als Ken Ring mir zum ersten Mal von ihm erzählte, stellte ich ihn mir als einen Außenseiter vor, eine Art Professor im Elfenbeinturm. In Wirklichkeit gehört er einer ganzen Ahnenreihe von Forschern an, die schon ein gutes Jahrhundert alt ist.

Ein einfaches Bild macht deutlich, worin diese Wissenschaftler sich vom Hauptstrom der Forschung zu unterscheiden behaupten (für deren Vertreter sie Häretiker sind): «Wenn unser Gedächtnis wie ein Tonbandgerät funktionierte», sagt Pribram, «würden sich wohl die meisten Forscher mit dem Plastikband befassen. Sie würden versuchen, es chemisch zu analysieren. Dabei ist es nur ein neutrales Hilfsmittel für den magnetischen Aufzeichnungsvorgang. Betrachten Sie das als reine Allegorie. Ich persönlich würde mich nicht sonderlich für das Plastikmaterial interessieren. Ich glaube nicht, daß die chemische Fährte uns viel über das Gedächtnis verrät.»

Zunächst ist Pribram Neurochirurg. Er macht Anfang der vierziger Jahre in Chicago sein Diplom und bekundet sofort ein lebhaftes Interesse an der einzigen Frage, deren Antwort zu finden in seinen Augen lohnend ist: Wie erzeugt unser Gehirn das Denken? Seine Kollegen glauben an einen Scherz. Das Denken? Das ist etwas für die Psychologen. Pribram beschließt also, Psychologie zu studieren. Man ist mitten in der *behavioristischen* Welle. Was Pribram an Skinner, dem Papst dieser Denkschule, schätzt, ist seine Strenge. Er überprüft eine Sache hundertmal, ehe er sich dazu äußert. Und er scheint derart überzeugt von der Unzulänglichkeit der zur Zeit verfügbaren Daten über das Gehirn, daß er es als *black box*, als «schwarze Kiste», bezeichnet. Das geheimnisvolle Ding, über das er auf keinen Fall etwas sagen wird. Die Behavioristen begnügen sich damit, das zu beobachten, was in das Gehirn eintritt und aus ihm hervorgeht.

Dem Neurochirurgen erscheint diese Einstellung sehr eigenartig. Die Hirnrinde ist eine schon weitgehend erforschte Welt. Doch Pribram ist trotzdem sehr beeindruckt von den Fangfragen, die Skinner ihm stellt. Er muß einräumen, daß er nicht weiß, wo das «Denken» verläuft, nicht weiß, wie Erinnerungen gespeichert werden, nicht weiß ... kurz, daß er überhaupt nichts weiß.

Doch er gibt deshalb seinen Beruf nicht auf. In der Neurologie ist es gerade Mode, das archaische Gehirn zu studieren. Pribram nimmt sich seiner gründlich an. Aber man kann das Gehirn nicht ohne Fenster nach außen studieren – und die Fenster des Gehirns sind die Sinne. Pribram studiert also parallel dazu die Mechanismen des Sehens. Er wird Assistent des Deutschen Wolfgang Köhler. Köhler hat eine Marotte: Er meint, der Königsweg zum Verständnis des Gedächtnisses sei die «globale elektrische Potentialität» des Gehirns. Das ist sehr vage, aber es funktioniert. Man weiß, daß die Hirnrinde ständig von Tausenden elektrischer Ströme durchlaufen wird, was ein Feld induziert. «Studieren wir dieses Feld», sagte sich der Deutsche.

Das dauert jahrelang. Er findet nichts. Doch Pribram bezieht daraus seine erste Idee: Wäre es nicht aufregend, elektrische Mikrofelder zu untersuchen? Das globale Feld ist zwangsläufig zu konfus. Doch wo gibt es Mikrofelder?

Pribram ist natürlich nicht der einzige, der zwischen Psychologie und Neurologie hin- und herpendelt. In Florida gibt es eine Gruppe von Wissenschaftlern unter der Leitung eines gewissen Prof. Lashley, die sich als «Laboratorium für Neurophysiologie» bezeichnet. Aus der Sicht der offiziellen Neurologie sind diese Leute Rebellen. Statt lokalistischer Theorien versuchen sie, kybernetische Modelle anzuwenden. Sie denken an Schleifen und Feedbacks und suchen nach passenden Erklärungen.

1950 wird Pribram Neurochirurg dieses Laboratoriums. Sehr bald spricht Lashley mit ihm über seine Ideen bezüglich der Welleninterferenzen. Wenn man zwei Steine ins Wasser wirft, treffen die beiden so erzeugten Wellen zusammen. Aus diesem Zusammentreffen entsteht auf der Wasseroberfläche eine bestimmte besondere Figur aus Vertiefungen und Erhebungen: eine Figur aus Interferenzen. Wie der Deutsche Goldscheider denkt Lashley, daß das Gehirn zwangsläufig eine Fülle von Interferenzfiguren enthalten muß, die er im vorhinein «Kraftlinien» tauft. Welche Rolle spielen diese Linien? Er weiß es nicht. Existieren sie? Man wendet alle möglichen Maßnahmen an, doch man findet nichts.

Lashleys Rebellion stützt sich im wesentlichen auf die Lücken der offiziellen lokalistischen Theorie. Wenn ich nur deshalb mit den Muskeln meiner rechten Hand schreibe, weil diese Muskeln von einer bestimmten Zone meines Gehirns dazu «dressiert» worden sind, wie kommt es dann, daß ich auch, ohne das je gelernt zu haben, mit dem Fuß oder dem Mund schreiben kann?

Lashley stirbt, ehe er den Beweis gefunden hat, den er suchte. 1954 wird Pribram sein Nachfolger als Leiter des Labors für Neuropsychologie. Zehn Jahre lang zertrümmert er etliche lokalistische Modelle (vor allem das von Penfield), ohne jedoch zu einer ernsthaften Alternative zu gelangen.

Da entdeckt zu Beginn der sechziger Jahre der Brite Eccles dank ultrafeiner Mikroelektroden winzige elektrische Ladungen im Inneren aller Neuronen auf der Höhe der Synapsen. Diese Entdeckung trägt ihm den Nobelpreis ein. Seiner Ansicht nach sind diese Ladungen – oder «langsamen Potentiale» – in Übereinstimmung mit Wellengrenzen angeordnet, die miteinander interferieren.

Als Pribram von Eccles' Entdeckung erfährt, ist er ganz aufgeregt. Elektrische Mikrofelder: seine intuitive Idee als Anfänger. Interferenzen: die Vorstellung von Goldscheider und Lashley. Es gibt also tatsächlich Interferenzfiguren im Nervensystem. Nur der Mangel an technologischen Finessen hat die ersten Visionäre auf einer zu groben Ebene festgehalten. Man mußte sie also *im Inneren der Neuronen* suchen. Durch die Erfindung der Mikroelektrode kam man schließlich darauf.

Einige Monate lang lebt Karl Pribram in fieberhafter Erregung. Er muß unbedingt mehr über die synaptischen Mikrofelder Eccles' erfahren. Etwas geht da vor sich, aber was? Pribram sagt sich plötzlich, es könne sich durchaus um einen für das Gedächtnis wesentlichen Mechanismus handeln. Reine Intuition. Doch die Koinzidenzen hören nicht auf.

1964 stößt Pribram auf einen Artikel im *Scientific American*, der ihn auffahren läßt. Dabei steht eigentlich nichts Neues darin: Pribram hört nur zum ersten Mal von der holographischen Theorie. Sechzehn Jahre nach Gabors Entwicklung? Nun ja, selbst unter Wissenschaftlern zirkulieren Informationen manchmal langsam. Was Pribram an dem Artikel über Gabor elektrisiert, ist natürlich, daß aufgrund der Natur der Interferenzfiguren die Information eines Hologramms gleichmäßig verteilt ist – jeder Punkt enthält das Bild des Ganzen. Genau wie das Gedächtnis! Von diesem Tag an verändert sich das Leben des Wissenschaftlers. All seine Forschungen konzentrieren sich jetzt auf ein einziges Ziel: Er will prüfen, ob die *holographische Hypothese des Gedächtnissses* zu halten ist oder nicht.

Einige Monate später lernt Pribram Gabor in London kennen. Sie gehen in ein Restaurant. Der Amerikaner tschechischer Abstammung (Pribram) bittet den Engländer ungarischer Abstammung (Gabor): «Erklären Sie mir, wie Ihre Sache *konkret* funktioniert. Ich bin Chirurg, kein Mathematiker.» Drei Stunden später trägt Pribram in seiner Aktenmappe zehn mit Gleichungen bedeckte Papierservietten davon.

Doch wie läuft die Sache im Gehirn ab? Zunächst einmal ist ein seziertes Gehirn ebenso unentzifferbar wie eine holographische Platte. Jede Unze Ihres Gehirns könnte alle Ihre Erinnerungen enthalten. Aber *wie* enthalten?

Im Laufe von vier Jahren gelangt Pribram zu einer neuen Sicht des Erinnerungsprozesses und damit des gesamten Funktionierens des Gehirns. Noch handelt es sich nur um Hypothesen. Doch angesichts der Sackgasse, in der alle anderen Spezialisten des Gedächtnisses einhertrotten, wäre es töricht, eine solche Hypothese zu verwerfen.

Beobachten wir, sagt sich Pribram, einen eintretenden Nervenreiz, eine «Eingabe», ausgelöst beispielsweise durch einen besonderen Geschmack an den Geschmackspapillen. Folgen wir dieser Eingabe. Die gesamte Hirnrinde steht ständig unter Spannung wie ein elektrischer Zaun. Die Eingabe bewegt sich in einem Zug von Wellen umgekehrter Polarität an diesem Zaun entlang. Ihre Geschwindigkeit ist variabel, zwischen zehn und hundert Metern pro Sekunde. Jetzt ist sie bei den Zellen des visuellen Bereichs angelangt.

Schauen wir genauer hin. Die Eingabe stößt auf ein synaptisches Gitter. Indem sie es überschreitet, induziert sie mittels zwischengeschalteter Neurotransmitter sofort in dem Neuron, das sie aufnimmt, eines der berühmten *langsamen Potentiale* von Eccles. Die Eingabe ist schon weit, aber sie hinterläßt ihre Spur in allen Synapsen, die sie durchläuft. Jedes der Mikrofelder Eccles' hat fünf Mikrovolt und eine Lebensdauer von einigen Sekunden – was dem sehr kurzfristigen Gedächtnis entsprechen könnte.

Natürlich ist es unmöglich, Überlegungen nur in diesem Maßstab anzustellen. Per Definition. Was die Kraft des Gehirns ausmacht (und den Forschern auch manchmal als Alibi dient), ist, daß dort alles simultan an Milliarden Stellen gleichzeitig abläuft. Doch sehen wir trotzdem weiter. Wenn die Interferenzfigur all dieser Mikrofelder (die Physiognomie ihrer bewegenden Hochzeit) das Neuron an eine alte Figur «erinnert» (wie, werden wir später sehen), beginnt es, eine Resonanz zu geben. Stellen Sie sich eine ektoplasmische Masse vor, die vibriert. Man sagt, daß sie «sich erinnert». Sie erzeugt dann ihrerseits Eingaben, die sich auf den Weg machen, um ihre Botschaft einigen tausend benachbarten Neuronen zu bringen.

Doch wie wird ein Neuron empfänglich für eine Frequenz? Anders gefragt: Wie behält es die Erinnerung an diese Frequenz? Hier nimmt

Pribrams Hypothese bestimmte Eigenschaften der Protoplasmen zu Hilfe, also des inneren Sees jeder Zelle. Dieser enthält in zunächst zufälliger Anordnung eine Menge freier Makromoleküle, Proteine und Fette. Man weiß, daß bestimmte Kräfte, vor allem gewisse wiederholte elektrische Felder, eine Ordnung in diesen Wirrwarr bringen können. Eine Ordnung, die einfach durch Winkel charakterisiert ist, welche die Makromoleküle miteinander bilden. Diese Ordnung wäre bestimmt durch die «statistisch dominante» unter all den vibratorischen Figuren, die sich dem Neuron von Anfang bis Ende des Lebens aufdrängen. Die einfachsten Figuren erweisen sich dabei als die stabilsten. Genauso erzeugen die dominanten Meeresströmungen feine Kräuselwellen auf dem sandigen Meeresboden. Das soll allerdings nicht heißen, das Langzeitgedächtnis sei in diesen Strukturen «konserviert». Die Erinnerung beruht vielmehr auf der Tatsache, daß diese langen Anordnungen von Makromolekülen das Protoplasma, in dem sie baden, für bestimmte Frequenzen empfindlich machen. Das ist etwa so, als sei der innere See jedes Neurons ein Radioempfänger, den man anhand der Verteilung der Steine, die er enthält, und anhand der Formen der kleinen Kräuselwellen auf dem sandigen Grund einstellen kann. Diese Verteilung und diese Formen werden ihrerseits von den großen, dominanten Strömungen bestimmt.

Ein absolut entscheidendes Faktum: Bei einem Hologramm können sich mehrere Figuren überlagern und doch deutlich ablesbar sein. Es genügt, daß ihre Bezugswellen (ihre «Laser») verschieden sind, sei es in der Frequenz, sei es im Einfallswinkel, sei es in der Amplitude etc. Derselbe physikalische Träger kann also dazu dienen, unendlich viele verschiedene Hologramme aufzuzeichnen. Ein Neuron könnte ebenso für unendlich viele Interferenzfiguren empfänglich sein – es würde genügen, daß die Bezugsfrequenzen verschieden sind.

Sobald alle Botschaften einmal die mathematische Mühle der Frequenzselektion der Neuronenkolonnen passiert haben, käme man zu einer Hyperstandardisierung der Elemente: nur noch einfache sinuskurvenförmige Wellen. Also auch keine Spezialisierungen mehr: Bilder, Geräusche, Gerüche würden in unserem Gedächtnis nur noch als Kombinationen gemeinsamer Elemente existieren. Die

«Erinnerung an ihre Frequenzen» wäre in den gleichen Seen «gelagert». Das würde erklären, warum vor allem bei Kindern, die noch nicht gelernt haben, ihre Sinne zu verschließen, ein Geräusch auch einen Geruch und ein Duft auch eine Farbe haben kann. Daher also Phänomene wie die Synästhesie!

Das holographische Modell würde, sollte es sich verifizieren lassen, unzählige Rätsel lösen. Stellen Sie sich vor, Sie müßten lernen aufzuschlagen, indem Sie jemandem beim Tennisspielen zuschauen. Die alte *lokalistische* Auffassung sagte, daß Ihr Gehirn Sie die Geste Stück für Stück kopieren läßt. Man spürte zwar, daß das zu mechanisch gedacht war, aber man fand kein Ersatzmodell dafür. Pribram meint, die gelernte Bewegung müsse «in einem einzigen Strauß einfacher Sinuskurven zusammengefaßt» und in einer einzigen Kurve aufgezeichnet sein, mathematisch durch eine einzige Funktion erklärbar. Er hat noch keine Beweise, aber er hat das Gefühl, das Bewegungsgedächtnis müsse aus einem Stück sein, sich wie ein Teleskopstab an einer einzigen Stelle ineinanderfalten. Scheint sich übrigens nicht das gesamte Gedächtnis an einem einzigen Punkt zusammenfalten zu können?

Doch da bleiben noch genügend Rätsel. Am Fuß des archaischen Gehirns, auf dem Grund des Nervensystems stehen noch immer etliche angeseilte Forscher, die durch einen Sumpf stapfen: *Keiner von ihnen hat es jemals geschafft, bis zur Quelle der beiden Flüsse vorzudringen, die daraus entspringen: Aufmerksamkeit und Emotion.* Alle Welt weiß, daß es sich dabei um zwei Bestandteile handelt, die für jedes Lernen unentbehrlich sind. Wir erinnern uns an das, was wir beachtet haben und was uns bewegt hat (oder, weiter gefaßt, wir merken uns die *Zusammenhänge*, in denen unsere Aufmerksamkeit und unsere Gefühle gefordert wurden). Und weiter? Hier nimmt ein Großteil der Forscher, die angetreten sind, die Gehirnchemie zu entziffern, eine Art Rache an Pribram: Hat er nicht behauptet, das Gedächtnis sei niemals auf dem Wege der Chemie zu erklären? Über den Umweg der Emotion erzwingt sich die Chemie wieder einmal einen Zutritt. Man weiß, daß *all* unsere Emotionen in diesem oder jenem Augenblick durch chemische Botschaften ausgelöst werden. Doch welcher Zusammenhang besteht letztlich zwischen den Gefühlen und dem Gedächtnis?

Pribrams Modell verrät uns darüber nicht mehr als die anderen Modelle. Es läßt höchstens eine unerhörte Ahnung zu: Könnte man Aufmerksamkeit und Emotion nicht als unsere «inneren Laserstrahlen» betrachten? Die Strahlen, ohne die das geistige Hologramm unmöglich wäre und unser Bewußtsein leer bliebe, ohne jedes Schauspiel? Denn wenn sich die holographische Hypothese eines Tages als richtig erweisen sollte, müßte man wohl herausfinden, was dabei als *Referenzwellen* dient!

Beschäftigen Sie sich mehrere Tage mit Pribrams Schriften, und Sie werden eine Vision haben – eine Vision von tausend Milliarden Seen, die schweigend vibrieren und von Feuerzungen durchquert werden. Das Modell stützt die phantastischsten Vorstellungen. Grob ausgedrückt: Angenommen, Sie seien ein eingeschaltetes Radio, worauf wäre dann Ihr inneres Ich reduziert? Auf den Apparat selbst oder auf die Sendung, die er empfängt?

Ein amüsantes Bild, aber ist das holographische Modell im Grunde etwas anderes als eine Fortschreibung unserer ewigen Tendenz, unseren Geist mit der jeweils neuesten Technologie zu vergleichen? Die Computer von morgen werden zweifellos holographisch sein – sie werden nicht mehr mit Elektrizität, sondern mit Licht funktionieren, und Berge von Informationen werden darin gespeichert sein, einer über dem anderen, in Form von Interferenzfiguren. Hat Karl Pribram also nichts anderes getan, als auf intelligente Weise das allegorische Arsenal eines Gehirn-Geist-Interface zu erneuern? Oder kann man sagen, daß unsere Erinnerungen *wirklich* eine gewisse Art von Hologrammen sind?

Mehrere Experimente haben erste Demonstrationen erbracht – vor allem das von Campbell 1968 in Cambridge über die Kapazitäten der Neuronen des visuellen Bereichs zur Frequenzanalyse. Doch das reicht nicht aus. Pribram hat in der wissenschaftlichen Gemeinde zahlreiche Gegner, die seine unerhörte Kühnheit nicht ertragen. «Das holographische Modell des Gedächtnisses», sagen die strengsten, «beruht nur auf Phantasien.» Wie das? Sehr einfach, sie sagen, niemand habe bisher, und sei es nur theoretisch, ein *bewegliches Hologramm* konzipieren können.

Unter den heftigsten Kritikern Pribrams sind zwei Franzosen, die Philosophen Guy Fihman und Claudine Ezykman. Sie wissen, wovon sie reden, da sie eine der leistungsfähigsten Verfahrensweisen des holographischen Kinos erfunden haben – wahrscheinlich die Grundlage der Schauspiele des 21. Jahrhunderts. Das «Reliefkino», so merken sie an, darf uns nicht täuschen. Im Grunde beruht es auf der guten alten «Bild für Bild»-Montage des gewöhnlichen Films: Es schafft die Illusion von Bewegung, indem es sukzessive bewegungslose Bilder aneinanderreiht.

«Henri Bergson», sagt Claudine Ezykman, «hat uns auf geniale Weise erklärt, in welcher Hinsicht die *kinematographische Illusion* so alt ist wie die Philosophie. Die Wissenschaftler neigten schon immer zu der Annahme, eine Kontinuität bestehe aus einer Reihe von Diskontinuitäten, eine Linie aus einer Reihe von Punkten, eine Bewegung aus einer Abfolge von fixen Zuständen. Aber das stimmt nicht! Wenn Zenon von Elea uns in einer Parodie auf die Pythagoräer glauben machen kann, sein Pfeil werde sein Ziel niemals erreichen – weil man die Entfernung, die ihn davon trennt, immer halbieren könne –, so läßt er uns zunächst den Gedanken schlucken, eine Bewegung sei auf eine Summe von Unbeweglichkeiten reduzierbar. Einen Gedanken, den Bergson als so schön wie falsch entlarvt hat: Der Lauf des Pfeils bildet ein unteilbares Ganzes, und man kann unmöglich sagen, in einem gegebenen Augenblick *sei* er an dieser oder jener Stelle. Er passiert diese Stelle. Er *ist* dort niemals. Wenn das Kino – auch das holographische – dieselbe Strecke reproduziert, teilt es sie in eine Abfolge von Augenblicken, in denen der Pfeil im Raum stillzustehen scheint.»

Bergson sagt, das Leben sei ein ständiges Fließen. Wie das Bewußtsein. Wie das Gedächtnis. Dieses Fließen entzieht sich leider der Wissenschaft – zumindest dem, was man seit der Zeit der alten Griechen trotz scheinbarer Veränderungen als Wissenschaft bezeichnet –, weil man, um es zu erfassen, *sich die Zeit von innen vorstellen, das heißt, durch die Dauer ersetzen* müßte. Die Zeit ist eine menschliche Erfindung, deshalb ist sie zerlegbar; die Dauer ist eine gelebte Erfahrung, sie bildet ein unteilbares Ganzes. Für die Aufgabe aber, die Zeit durch die subjektive Dauer zu ersetzen, scheint die menschliche Intelligenz besonders ungeeignet ... Und Pribram gelingt das natürlich nicht besser als den anderen Wissenschaftlern.

Und doch ... hätte Bergson, dieses Genie der Intuition, nicht auch gefunden, daß das holographische Modell *ganz intuitiv* verlockend ist?

Kenneth Ring ist dessen sicher. Er sagt sich: Nehmen wir an, unser Gehirn funktioniere wirklich wie ein protoplasmischer Rezeptor, der «Interferenzen von Erinnerungswellen» empfängt, ohne daß wir mehr darüber wissen ... Um welche Art von *Wellen* könnte es sich denn eigentlich handeln? Um Wellen welcher Ordnung von Realität?

Auf der Suche nach einer Antwort auf diese scheinbar verrückte Frage entdeckt Kenneth Ring schließlich eine weitere skandalöse Theorie. Eine Theorie, die in Großbritannien seit 1981 die Gemüter bewegt: die *formative Kausalität und die morphogenetischen Felder*. Postuliert hat sie ein junger englischer Biologe namens Rupert Sheldrake.

Sheldrake behauptet, die moderne Wissenschaft wisse strenggenommen überhaupt nichts über die Formen, die die Natur annimmt, seit die Welt besteht. Von der Form des Wasserstoffatoms bis zu der des Menschen seien die Myriaden von Formen, die die Evolution erzeugt hat, dem Scharfblick der westlichen Wissenschaftler schlicht und einfach entgangen. Mit seiner Theorie von der *formativen Kausalität* behauptet Sheldrake, diese ungeheure Lücke zu füllen.

Was hat das mit dem Gedächtnis zu tun? «Sehr einfach», antwortet der junge Wissenschaftler, «unsere Erinnerungen, unsere Gewohnheiten, unsere Verhaltensweisen, unsere Instinkte, kurz, alle unsere inneren Figuren gehorchen exakt denselben Gesetzen wie die physikalischen Formen.»

Unsere Erinnerungen seien also Formen, die durch *morphogenetische Felder* erzeugt seien und ihrerseits solche erzeugten, anders ausgedrückt, Felder aus *Wellenformen*.

Ken Ring fragt sich, ob das vielleicht die Wellen sein könnten, die Pribrams holographisches Gehirn angeblich auffängt.

Und damit ist er auf einer neuen Fährte.

Schon als sehr junger Mann war Rupert Sheldrake von den vielen tausend Arten von Blütenblättern, Fellen und Schmetterlingsflügeln fasziniert, die die Natur geschaffen hat. Wenn seine Eltern ihn mit aufs Land in der Nähe von Nottingham nahmen, war er eines von den

Kindern, die stundenlang im Gras liegen können, um Reisig tragende Ameisen, Libellen und Wasserspinnen zu beobachten... Er war hingerissen vor Bewunderung und sah buchstäblich, wie die Natur sich vor seinen Augen entfaltete, und die Vielfalt der Formen, die da zutage traten, erschien ihm ebenso seltsam wie die nie versagende Regelmäßigkeit ihrer Wiederholungen.

Als er größer wurde, wollte er verstehen. Warum bringen Rosen niemals Margueriten hervor? Warum haben auch die Insekten, die uns so fremd sind, Augen? Und wie kann aus einem Samenkorn ein riesiger Baum entstehen? Als er alt genug war, um zu studieren, rieten ihm seine Lehrer, sich den Naturwissenschaften und später der Genetik zuzuwenden. Er war ein begabter Junge und landete schließlich in Cambridge.

Dort brachte man ihm bei, daß jeder Organismus seine Form seinen Genen verdankt, also seinen riesigen DNS-(Desoxyribonukleinsäure)-Molekülen, in denen wie auf Manuskripten Außerirdischer und in einem geheimnisvollen Alphabet alle Informationen enthalten sind, die die angeborenen Merkmale des Tieres oder der Pflanze bestimmen, insbesondere seine gesamte Form.

Sheldrakes Faszination durch die Formen übertrug sich also auf die DNS. Nachdem er zu Beginn der sechziger Jahre die wissenschaftliche Laufbahn eingeschlagen hatte (noch immer in Cambridge), stürzte er sich begeistert ins Forschungsabenteuer. Er war nicht der einzige. Binnen weniger Jahre hatte die Entdeckung der Doppelhelix durch Watson und Crick die gesamte Biologie auf den Kopf gestellt. Zahlreiche Streitigkeiten zwischen verschiedenen Schulen wurden beigelegt und machten großer, bewundernder Ruhe Platz. Viele wissenschaftliche Teams machten sich daran, das unwahrscheinliche, riesige Molekül zu entziffern. Tausend Fragen stellten sich: Wie liefert die DNS ihre Information ab? Oder vielmehr, wie macht sie es, nicht pausenlos und ungeordnet Informationen auszugeben? Wer kontrolliert das unablässige Hin und Her der ANS zwischen DNS und Proteinwerkstätten? Kurz, wo ist der Plan des bewundernswerten Bauwerks versteckt?

Sheldrake suchte. Er machte einige Entdeckungen über die Enzyme. Doch sehr bald legte sich seine Begeisterung, denn die für ihn so wichtige Frage: Wie ist es möglich, daß die Doppelhelix in ihrem Code die globale Form eines Lebewesens enthält, und wie «entfaltet» sich diese Form? ließ sich nicht beantworten.

Man weiß, daß die DNS-Moleküle in allen unseren Zellen dieselben sind. Doch wie weiß beispielsweise die DNS in der Zelle eines Arms, daß sie sich in einem Arm befindet und nicht in der Bauchspeicheldrüse oder im Auge? Man erhielt die Antwort, es handele sich um eine «positionelle Information», und dann war man beeindruckt und schwieg. Sheldrake, der sich mehr für Formen interessierte als seine Kollegen (die sich um die Proteine stritten), stellte fest, daß damit so gut wie nichts gesagt war: Man hatte nicht den geringsten Mechanismus gefunden, der den Zellen gestattete, sich dem globalen Organismus entsprechend anzusiedeln.

Woher wissen die Zellen des Hühnerembryos, nach welcher Gesamtanordnung sie ein Küken bilden werden? Indem sie die Parole sozusagen von einer zur anderen weitergeben? Und transportieren die Zellen diese Information in ihren Membranen? Möglich. Doch je mehr die Forscher suchten, desto komplizierter wurden die Dinge. Wieso behält unser Gesicht seine Form, obwohl seine Zellen sich pausenlos erneuern? Man wußte es nicht. Und damit wurden viele Diskussionen über die Evolution des Lebens einfach müßig.

Nach und nach wurde Rupert Sheldrake eines klar: Die konventionelle Wissenschaft täuschte ihr Publikum, sobald sie vorgab, die Formen zu erkären. Das war offensichtlich nicht ihr Fachgebiet. Die Formen gehorchen keinem Gesetz der gegenwärtigen physikalischen Kategorien. Nehmen Sie einen Strauß Orchideen. Werfen Sie ihn ins Feuer. Binnen weniger Sekunden bleibt davon nur etwas Asche und Rauch übrig. Dank der Gesetze der Thermodynamik wissen wir jedoch, daß nichts verlorengeht: Wenn man ein geschlossenes System voraussetzt, hat sich die größte Masse des Orchideenstraußes in Dampf und Hitze verwandelt; selbst wenn es Ihnen gelingen würde, die Atome des Straußes in ein Bündel von Atomkernen zu zerlegen, bliebe die Gesamtsumme der Energien konstant. Nichts geht verloren, nichts kommt hinzu, so lautet das Gesetz. Nichts geht verloren? Und mein Orchideenstrauß? Ich meine, seine Form? «Aber die zählt doch nicht!» sagen die Wissenschaftler.

Nein, sie zählt nicht. Stellen Sie sich einen Augenblick lang die Myriaden von Formen vor, die die Natur annimmt – Panther,

Diamant, Affenbrotbaum, Kirsche, Ratte, Rose, Gesäß –, und hören Sie gut zu: Die allmächtige Wissenschaft versagt kläglich, wenn man ihr auch nur die geringste Frage über diese Formen stellt. Für die Physik – wenn es darum geht, das *Reale* im Essentiellen zusammenzufassen – zählen sie nicht. Das liegt daran, daß die Formen als solche ohne Energie sind. Sie bleiben außerhalb der Gleichungen der Wärmelehre, und deshalb sind sie der Welt der Physik und damit dem offiziellen *Realen* nicht zugänglich. Wahre Phantome.

Ein eigenartiger Rückschritt. In alter Zeit gab es zahllose Wissenschaften von den Formen. Vielleicht verdankten die Weisen der damaligen Zeit ihr Wissen der Tatsache, daß sie die meisten inneren Mechanismen der Materie nicht kannten, daher vor allem das Äußere studierten und mehr und mehr verstanden. Dann kam die Moderne. Man machte sich daran, zu sezieren und zu analysieren, und es gelangen fabelhafte Entdeckungen. Also ließen sich die Wissenschaftler vom Inneren der Dinge blenden, überzeugt, seine Algebra enthalte den Schlüssel zum Universum. Das war nicht unbedingt falsch. Doch sie vergaßen das Äußere, die Formen, das Qualitative, die Ästhetik, das Unquantifizierbare ...

Enttäuscht entschließt Sheldrake sich schließlich, Philosophie zu studieren. Er geht nach Harvard. Er besitzt bereits einige Grundlagen. In Cambridge gehörte er dem Klub «Theoria to Theory» an, in dem sich seit Jahren Wissenschaftler aller Fachrichtungen und Philosophen trafen. Gemeinsam diskutierten sie über den seltsamen Vorgang der Schöpfung. Könnte man nicht manchmal sagen, daß die Evolution durch eine Art ständiger Selbstschöpfung vorangetrieben wird? Doch wie kann die Wissenschaft, die eigentlich die Kunst ist, Wiederholungen zu begreifen, ein einmaliges Phänomen erfassen? Der Definition nach *erschafft* sich eine Form nur einmal. Also ist der Motor der Evolution der Wissenschaft nicht zugänglich? Und sie diskutierten stundenlang über die Intuition.

Im Klub nahm Sheldrake vor allem die Gedanken von Henri Bergson und Alfred North Whitehead auf. Bergson war zweifellos derjenige, der ihn am stärksten prägte. Der Autor der *Evolution créatrice*, der *Schöpferischen Entwicklung*, hatte die modernen Wissenschaftler vor eine Herausforderung gestellt, der sich bislang niemand zu stellen gewagt hatte. Man hatte es vorgezogen, den

Zürnenden zu ignorieren. Sheldrake war um so beeindruckter von der Attacke des französischen Philosophen, als diese sich vor allem an die Biologen wandte. Die menschliche Intelligenz, sagt Bergson, hat die Funktion des Handelns, des Handelns an Materie. Sie kann sich eindeutig nur das Träge, das Unbewegliche, das Zusammenhanglose vorstellen. Um Bewegung zu berücksichtigen, kann sie nur eine Reihe von Reglosigkeiten aneinanderreihen wie im Film. Das scheint zwar zu funktionieren, doch es ist eine Täuschung. Und daher ist sie unfähig, das Leben, das ununterbrochene Schöpfung, dauerndes Fließen ist, wirklich zu begreifen. Das war hart für die Biologen. So hart, daß sie nicht einmal zuhörten. Doch Sheldrake ahnte aufgrund seiner unerfreulichen Erfahrungen mit den Genetikern, daß da tatsächlich ein wunder Punkt war. Die Kritik Bergsons traf ins Schwarze. Ernsthaft fragte er sich, ob es wirklich keine Möglichkeit gäbe, das Leben wissenschaftlich zu verstehen. Doch, antwortet Bergson, aber man müsse ein ganz anderes wissenschaftliches Vorgehen konzipieren. Eine Vorgehensweise, die uns «durch eine Anstrengung von Sympathie ins Innere des Werdens transportiert». Und Sheldrake hatte begierig die Sätze des Philosophen aufgenommen:

> Man würde sich nicht mehr fragen, wo ein Bewegliches wäre, welche Konfiguration ein System annehmen würde, welchen Zustand eine Veränderung in irgendeinem Augenblick durchlaufen würde: Die Augenblicke der Zeit, die nur Stillstände unserer Aufmerksamkeit sind, wären abgeschafft; es ist der Ablauf der Zeit, das eigentliche Fließen des Wirklichen, das man zu verfolgen versucht hätte. Die erste Art von Wissen hat den Vorteil, uns die Zukunft voraussehen zu lassen und uns in gewissem Maße zum Herrn der Ereignisse zu machen; dafür aber behält sie von der sich bewegenden Realität schließlich nur Unbeweglichkeiten, also Ansichten unseres Geistes von ihr. Sie symbolisiert das Reale und überträgt es ins Menschliche, statt es auszudrücken. Das andere Wissen, falls es möglich ist, wäre praktisch unnütz, würde unsere Herrschaft über die Natur nicht vergrößern, sondern sogar gewissen natürlichen Strebungen der Intelligenz zuwiderlaufen; wenn es aber Erfolg hätte, wäre es die Wirklichkeit selbst, die es mit einer endgültigen Umarmung umfaßte.[5]

Das zu sagen war schon nicht leicht. Es in die Tat umzusetzen, schien unmöglich. Womit anfangen? Rupert Sheldrake zerbrach sich noch monatelang den Kopf. Er las Whitehead noch einmal, dem zufolge der größte Fehler der modernen Wissenschaft darin besteht, das Ganze durch die Summe seiner Teile erklären zu wollen. Whitehead meinte, man müsse es umgekehrt machen und die Teile anhand des Ganzen erklären.

In Harvard entdeckt Sheldrake die deutschen Vitalisten vom Anfang des Jahrhunderts, vor allem das Werk des Biologen Hans Driesch. Sie meinten, das Lebendige sei nur in seiner Ganzheit verständlich, und hatten eine Theorie des sogenannten «vitalen Feldes» erarbeitet. Eine Theorie, die heute überholt ist, ohne die Sheldrake aber zweifellos nie zu seiner eigenen Theorie gefunden hätte. Diese Deutschen sahen vielleicht vieles richtig. Aber sie kamen zu früh. Zuerst mußte die mechanische und reduktionistische Analyse bis auf den Grund des Brunnens steigen und sich dort an den größten Paradoxa stoßen.

Rupert Sheldrake ist verwirrt. Wenn sich, wie die Vitalisten sagen, die Formen unter dem Druck immaterieller *Muster* wiederholen, fällt man dann nicht mitten in den Platonismus zurück?

Die philosophischen Kurse faszinieren ihn zwar, aber die Botanik läßt ihn nicht los. Die Pflanzen rufen ihn. Sheldrake findet sich in Indien wieder, wo er Agronom am Institut von Haiderabad wird. Dort bemüht er sich um die Verbesserung der landwirtschaftlichen Erträge und arbeitet gleichzeitig seine Hypothese aus. Könnte es nicht sein, daß die lebendigen Formen (die geistigen wie die biologischen) und allgemeiner alle selbsterzeugten Formen durch die *Präsenz* von vergangenen Formen bestimmt sind? Diese *Präsenz* wäre eine der modernen Wissenschaft unbekannte Form. Eine Art Feld, das nicht physikalisch ist und über Raum und Zeit hinweg wirkt. Jede Erscheinung einer neuen Form würde umgekehrt das Auftauchen eines neuen «Feldes» dieser Art hervorrufen.

Am Ende zieht Sheldrake sich in ein Ashram zurück und schreibt drei Jahre lang. Seine Freunde finden die erste Version seines Buches zu aggressiv. Er schreibt alles noch einmal, findet den richtigen Ton. Die westlichen Wissenschaftler haben Wunder vollbracht, aber nun müssen sie die frische Neugier ihrer Kindheit wiederfinden, wenn sie nicht die Fortsetzung ihres Romans verderben wollen. 1981 erscheint *Das schöpferische Universum. Die Theorie des morphogenetischen Feldes*.

Das Buch macht Furore, sobald es erschienen ist. Sheldrake, der nur an einen kleinen Kreis von Gleichgesinnten gewöhnt ist, kann es gar nicht fassen. Die britische Wissenschaftsgemeinde debattiert leidenschaftlich.

«Muß man dieses Buch verbrennen?» fragt John Maddox, der Chef von *Nature*, und erklärt: «Diese neue Theorie versucht, die Magie wieder in die Wissenschaft einzuführen! Am besten ist es, sie zu ignorieren.» Und er zögert nicht, die Wissenschaftler vor der Versuchung zu warnen, «diese genialische Hypothese zu testen». Sheldrake muß also einen empfindlichen Punkt der Orthodoxie getroffen haben.

Doch der *New Scientist*, eine andere große Wissenschaftszeitschrift Englands, jünger und kühner, ist ganz und gar nicht dieser Meinung. Er ergreift lebhaft Sheldrakes Partei. Man liest: «Dr. Sheldrake hat eine äußerst interessante Theorie formuliert, die viele Rätsel der gegenwärtigen Wissenschaft zu lösen scheint. Als Hypothese ist sie wissenschaftlich. Bleibt natürlich, sie zu beweisen.» Der *New Scientist* stiftet sogar einen Rupert-Sheldrake-Preis, um die beste Idee für einen wissenschaftlichen Test zu prämieren, der die Theorie der «formativen Kausalität» bestätigt oder widerlegt.

Bald wird der häretische Biologe zu Vorträgen an mehreren großen Universitäten eingeladen (Harvard, Berkeley, Leningrad, Göttingen ...). Ich selbst höre seinen Vortrag vor der Ojai Foundation in den kalifornischen Bergen, zwei Autostunden von Los Angeles entfernt.

Rupert Sheldrake wirkt sehr britisch. Er ist groß, schlank, leicht gebeugt, hat einen rosigen Teint und spricht zögernd. Er ist noch keine vierzig Jahre alt. In der Hand hält er Akazienblätter. Er fragt: «Woher kommen diese Formen? Wie perpetuieren sie sich? Wie entwickeln sie sich?» Er geht sehr weit in die Vergangenheit zurück. Was wissen wir von der Evolution des Lebens seit den Anfängen? Die Darwinisten und Neodarwinisten sprechen immer von der harten natürlichen Auslese. Diese Auslese existiert natürlich – wer wollte daran zweifeln? Doch wie konnten Zufall und Notwendigkeit, die ihr

Antrieb sind, allein alle diese Formen bilden? Der heute gültigen orthodoxen Lehre zufolge hat der Zufall alle möglichen Formen vorgeschlagen, und die Notwendigkeit hat entschieden, wobei sie den größten Teil der Vorschläge als nicht lebensfähig zurückwies.

Sheldrake behauptet, dieser Mechanismus erkläre die Formen in keiner Weise. Damit eine einzige Form jemals «durch Zufall» entstanden sein könnte (was unbeweisbar ist), wäre eine mathematisch unendliche Zeitspanne nötig gewesen, in der die Natur «zufällig» alle Formen finden konnte, die wir kennen. Und die Notwendigkeit? Keines der großen physikalischen Gesetze, die das ausdrücken, sagt auch nur ein Jota über den Weg der Formen aus. Die Genetik lebt von unbewußten *Annahmen*, die gefährlich werden könnten. Sie hat nicht die geringste Ahnung von der Art, wie die im Verlauf der Existenz *erworbenen* Formen mittels Feedback im genetischen Code verankert worden sein könnten. Daß eine Anpassung des Lebens an die Umwelt stattfand, liegt auf der Hand. Doch die Frage ist, wie und wo diese Anpassung festgeschrieben wurde. Die klassische Sichtweise weist zu viele Lücken auf. Sie vergißt etwas. Aber was?

Um das zu erkären, beginnt Sheldrake mit dem berühmten Beispiel der Kristalle. Die Kristalle repräsentieren die vollendete Form der mineralischen Materie. Nun ist es aber bei den Chemikern eine wohlbekannte Tatsache, daß man immer schrecklich lange braucht, um ein neues Produkt, dessen Synthese gelungen ist, kristallisieren zu lassen. Es kann Jahre dauern. Und eines Tages erhält ein Wissenschaftler plötzlich die gewünschte Kristallisation. Nehmen wir an, sein Labor befinde sich in London. Dann spielt sich jedesmal das gleiche Szenario ab: Eine Woche später gelingt einem anderen Wissenschaftler am anderen Ende der Welt, sagen wir, in Tokio, die gleiche Kristallisation. Und zwei oder drei Tage später einem dritten in San Francisco. Dann kommt es zu einer wahren Kettenreaktion, und bald hat niemand mehr die geringste Schwierigkeit, das betreffende Produkt zu kristallisieren.

Klassische Erklärung: direkte Ansteckung; kleine Fragmente des ersten Kristalls sind durch die Atmosphäre von einem Labor zum anderen spaziert. Es ist eine Tatsache, daß die Kristallisation immer viel schneller beginnt, wenn man dem Produkt etwas von einem bereits gebildeten Kristall zusetzt. Diese Erklärung, sagt Sheldrake, verdeckt den wahren Prozeß der Schöpfung und Evolution der Formen. Kontakt auf dem Weg über Staubkörnchen ist gar nicht notwendig, denn das, was einem Kristall seine Form gibt, ist ein *morphogenetisches Feld*.

Und wie sieht diese eigenartige «Kraft ohne Energie» aus, von der angenommen wird, sie gebe den Dingen und Gedanken ihre Form? Zunächst einmal soll sie ein Feld sein. Wir kennen mehrere physikalische Kraftfelder. Das Schwerkraftfeld beispielsweise. Wir können ein Feld nur kennenlernen, indem wir es eine Resonanz geben lassen. Was ein Schwerkraftfeld zu Resonanz veranlaßt, sind Massen. Jeder von uns hat eine bestimmte Masse, löst daher bei dem enormen Schwerkraftfeld der Erde eine *Resonanz* aus und hat das Gefühl, etwas zu *wiegen*. Was Sheldrake zufolge bei einem morphogenetischen Feld eine Resonanz auslöst, sind die Formen selbst. Weil sie bereits eine spezifische Form hat, ein dreidimensionales Relief, soll die Eichel ein bestimmtes Frequenzfeld erfassen und zu einer Eiche heranwachsen und nicht zu einem Aprikosenbaum.

Die Physiker haben eine bequeme topologische Methode, ein Feld darzustellen: Sie zeichnen eine ebene Oberfläche, vergleichbar einem elastischen Laken, das sich da eindrückt, wo das Feld eine Resonanz gibt – in einem Schwerkraftfeld beispielsweise erzeugt eine große Masse einen großen Krater. Dasselbe gilt für die topologische Darstellung des morphogenetischen Feldes: Solange es keinerlei Form gibt, bleibt das Laken völlig glatt; sobald die erste Form erscheint, nehmen wir an, die erste Form eines Atoms, erscheint die erste Falte, das erste Tal.

Warum ein Tal und kein Krater? Sheldrake möchte die Herausforderung Bergsons annehmen und «in der Dauer fließen». Er will die Evolution der Formen vom *Inneren der Zeit* aus studieren. Langsam sollen die Milliarden Formen durch die Milliarden Täler der *morphogenetischen Felder* strömen. Diese Täler, Bilder der geheimnisvollen Felder, werden als *Chreoden* bezeichnet.

«Präzisieren wir das Bild», sagt Sheldrake. «Wenn eine Form noch neu ist, etwa ein neuer Kristall, dann ist sein Tal (oder seine Chreode) noch sehr flach. Die Manifestation ihrer Erschaffung ist noch instabil. Doch jedesmal, wenn die Form sich wiederholt, gräbt ihre Chreode sich ein wenig tiefer ein. Die Milliarden Jahre alten und sehr verbreiteten Formen wie das Wasserstoffatom haben so tiefe Chreoden, daß man den Grund nicht mehr sieht. Und das einfache Getreidekorn, dessen Form ebenfalls zahllose Male wiederholt wurde, hat eine Chreode, die tief ist wie ein Cañon.

Wie wird die Materie in diesen unsichtbaren Täler gefangen, um dort eine Form zu erhalten? Zunächst, haben wir gesagt, indem sie eben einen Anfang von Form aufweist, einen *morphischen Keim*, empfänglich für ein ganz bestimmtes morphogenetisches Feld, mit dem sie in Resonanz tritt. Dieser Keim selbst wäre aus einer anderen Form hervorgegangen, wäre das Kind einer früheren Form, und so weiter bis zur Genese der ersten Form, deren Erschaffung jedem Versuch einer theoretischen Einkreisung widersteht.

Sobald der Kontakt einmal hergestellt ist, läßt der Einfluß des Formfeldes den Keim nicht mehr los. Dank dieser *morphischen Resonanz* «bewohnen» alle vergangenen Formen der gleichen Familie diese noch immer. Nehmen wir einen sich entwickelnden Hühnerembryo. Von Anfang an tritt das Ei in Resonanz mit dem ‹morphogenetischen Feld des Huhnes›, das es lenkt, wie ein Tal einen Fuß lenkt. Jedesmal, wenn der Zufall oder die Launen der Materie versuchen, ihn aus seinem normalen Entwicklungsbett heraustreten zu lassen, wird der Hühnerembryo durch die abrupte Form des Tales wieder zurückgeholt.»

Je mehr Hühner es gibt, desto stabiler ist ihr Formfeld. Denn jede Materialisation einer Form gräbt ihre Chreode ein wenig tiefer ein. Das ist einer der wesentlichen Aspekte von Sheldrakes Hypothese, ohne den sie sehr an die Archetypen Platons, diese idealen, unwandelbaren und ewigen Formen erinnern würde, von denen die Welt für alle Zeiten nur Kopien hervorbringt. Sheldrake stimmt dieser antiken Sichtweise nicht zu. Ihm zufolge wäre das, was eine gegebene Form determiniert, so etwas wie das statistische Mittel aller vergangenen, ähnlichen Formen. Ein menschlicher Fötus, der wächst, würde von «morphischer Resonanz» auf eine Form hingelenkt, zu der die ganze Menschheit seit Beginn der Zeiten beigetragen haben soll. Dieser Fötus wäre also selbst eine dauernde Zukunft und in ständiger Evolution – und diese wiederum enthielte einen faszinierenden Anteil von Freiheit.

So könnte man sich auf dem Grund der riesigen Chreode der

allgemeinen menschlichen Form zahllose Flüsse vorstellen – rassische, ethnische, familiäre... Im Detail einer Form, etwa eines Gesichts, kommen tausend andere Faktoren ins Spiel, die die Geschichte eines jeden Menschen ausmachen. Sheldrake denkt, daß jeder von uns die Tendenz hat, vor allem der Form zu gleichen, mit der er die meisten morphischen Affinitäten hat. Raten Sie, welche das ist: Wir selbst! Die Form, mit der wir während unseres ganzen Lebens die größte Resonanz haben, wäre das Mittel all unserer eigenen vergangenen Formen. Und deshalb verändert sich unser Gesicht nicht, obwohl unsere Zellen sich ständig erneuern.

Jedes lebende Wesen besteht aus einem komplexen Ensemble von immer kleineren Formen, die ineinanderstecken. Bei den morphogenetischen Feldern könnte man eine ähnliche Verschachtelung finden, wobei jede einen globalen Einfluß auf diejenigen ausübt, die sie enthält. Sheldrake zufolge würde das erklären, warum die Synthese von Proteinen durch die DNS immer im richtigen Augenblick und am richtigen Ort erfolgt: Es wäre nicht so sehr deshalb, weil die Zelle spontan «weiß», was sie an der Stelle, an der sie sich befindet, zu tun hat, sondern vielmehr, weil ein Formfeld es ihr diktiert. Mit anderen Worten, die DNS enthielte nicht nur alle Fabrikationspläne der Proteine, sondern außerdem auch noch eine ausgezeichnete Antenne: Sie empfinge ebenfalls sofort die morphischen Botschaften. Ähnlich wie eine Fernsehantenne ein elektromagnetisches Feld auffängt und in Bilder umsetzt – nur, daß das Televisionsfeld nicht schneller als das Licht sein kann und vor allem sofort verschwindet, wenn der Sender zu funktionieren aufhört, während das morphogenetische Feld sich ohne Zeitverlust bewegen (es ist nicht auf den Raum angewiesen) und zeitliche Dauer haben soll, selbst wenn keinerlei materielle Form mehr da ist, die es repräsentiert.

Eine seltsame Theorie! Das Eigenartigste ist, daß die empirische Beobachtung Rupert Sheldrake sehr bald auf Beispiele aufmerksam macht, und zwar nicht physikalischer, sondern geistiger oder verhaltensbezogener Art, die in Richtung seiner Hypothese deuten.

Nehmen wir die Erfindungen. Jeder Angestellte eines Patentamts weiß, daß eine neue Erfindung fast nie allein kommt. Die Erfinder haben oft zur gleichen Zeit die gleiche Idee. Man sagt dann gern: «Nun ja, das lag eben in der Luft!» Doch genauer: Was war es denn, das da *in der Luft* lag? Eine Konvergenz von Informationen? Aber wenn es sich um eine Erfindung handelt, die Vorstellungskraft voraussetzt? Und wenn sich das rückblickend auch hinsichtlich der Entdeckung des Feuers (ein Problem, das zur Zeit die Vorgeschichtler beschäftigt) oder der Erfindung des Rades bestätigt?

Es gibt da das berühmte Rattenexperiment des Harvard-Psychologen William McDougall:

1920 hatte McDougall eine Gruppe von Ratten dazu gebracht, durch ein Wasserlabyrinth zu schwimmen. Die Tiere lösten diese Aufgabe – die einen rascher als die anderen, wie das wohl so bei allen Tieren (und Menschen) der Fall ist. Und gewissenhaft notierte der Psychologe die Anzahl der Fehler, die jede Ratte beging, bis sie die Aufgabe gemeistert hatte.

McDougall führte sein Experiment fort, züchtete von seinen Labyrinth-Ratten über zwanzig Generationen und stellte allen Nachkommen die gleiche Aufgabe. Es zeigte sich, daß die späteren Rattengenerationen allmählich immer *besser* lernten, durch das Labyrinth zu schwimmen; tatsächlich gelang es der letzten Generation zehnmal so schnell wie der Stammgruppe. Da Ratteneltern ihre Kinder nicht in eine Schule für Labyrinthschwimmen schicken, sind McDougalls Ergebnisse wirklich verblüffend.

Aber die Geschichte geht noch weiter. In Schottland und Australien wiederholten andere Wissenschaftler McDougalls Untersuchungen. Und erstaunlicherweise gelang es in beiden Fällen gleich der ersten Generation Ratten, das Labyrinth fast so schnell zu durchschwimmen wie McDougalls letzter Generation. Manche Ratten machten nicht einen einzigen Fehler!

Wie lassen sich derartig merkwürdige Resultate – Sheldrake berichtet noch von einigen anderen – erklären? Das ist mit konventionellen Mitteln nicht möglich, aber Sheldrakes Hypothese bietet eine Erklärung: Er meint, daß McDougalls erste Rattengeneration ein morphogenetisches Feld für dieses Verhalten errichtete. Dieses Feld hat dann das Verhalten der späteren Ratten «geleitet», in einem Prozeß, den Sheldrake «morphische Resonanz» nennt und der bewirkt, daß die Aufgabe schneller bewältigt wird.

Nehmen wir an, Sheldrake habe recht. Das würde bedeuten, je häufiger ein Verhalten sich wiederholt, ganz gleich in welchem Teil der Welt, desto leichter wäre es zu übernehmen. Und am Ende würde es sich allen sogar aufdrängen. Sheldrake ist überzeugt, daß die Instinkte alte Gewohnheiten sind, so oft wiederholt, daß ihre Chreoden nach und nach ebenso tief geworden sind wie die der Formen des Huhns oder des Affenbrotbaums. So tief, daß diese Verhaltensformen schließlich direkt die *Hardware* des Nervensystems beeinflussen und vollkommen «verkabelte» Automatismen erzeugen würden. Auf dem Umweg über die morphogenetischen Felder könnte man endlich dem alten genetischen Streit über Angeborenes und Erworbenes ausweichen. Wie so oft, wäre die Lösung dabei aus einer unerwarteten Richtung gekommen.

Wenn unsere Gedanken mit *Feldern* in Beziehung stehen, die unabhängig von Raum und Zeit sind, braucht man natürlich kein Magier mehr zu sein, um sich vorzustellen, daß wir beispielsweise die Erinnerungen eines anderen Menschen *auffangen* könnten, auch wenn dieser schon lange nicht mehr lebt, oder eines Tieres oder einer Pflanze, da es sich immer um «Felder» von gleicher Natur handeln würde. Welche *psychische Ökonomie* sollte uns veranlassen, diese Erinnerungs-Formen aufzufangen? Welche *unbewußte Strategie*? Das ist eine andere Sache. Doch man kann sich leicht vorstellen, wie zufrieden ein Mann wie Kenneth Ring war, als er merkte, daß die Theorie Sheldrakes vielleicht endlich die Erklärung für die unmöglichen «Erinnerungen» von Stanislav Grof enthielt.

Ist Rupert Sheldrake ein Spinner?

Wenn man seine Hypothese ernst nehmen müßte, was würde dann aus dem, was wir gewöhnlich als «Realität» bezeichnen? Die schwerwiegendsten Einwände kommen von Wissenschaftlern wie dem französischen Mathematiker René Thom, der zwar völlig mit der reinen *Theorie* der morphogenetischen Felder einverstanden ist, sich aber ernsthafte Fragen bezüglich der konkreten Anwendungen stellt, die Sheldrake vornimmt. «Wo ist das physikalische Substrat Ihres Feldes?» fragt René Thom eines Tages Rupert Sheldrake. Anders ausgedrückt: Wie könnte ein Feld, von dem angenommen wird, es sei ohne Energie, auch nur den geringsten Einfluß auf die Materie ausüben?

Hier argumentiert Sheldrake folgendermaßen: Den Spezialisten der Quantenmechanik zufolge besteht die äußerste Grenze dessen, was wir über die physikalische Realität erfahren können, ihrerseits aus «Feld»-Phänomenen. Diese Felder gehorchen eigenartigen Gesetzen: Die Phänomene, die man dort wahrnimmt, scheinen nicht bestimmt, sondern nur wahrscheinlich. Auf diesem «Quanten»-Niveau der Materie siedelt Sheldrake die Verbindung zwischen seinen morphogenetischen Feldern und der Energie an. Es handelt sich um eine Realitätsebene, auf der die Materie nicht «objektiv determiniert» ist, und Sheldrake postuliert daher, daß keine Energie im physikalischen Sinne nötig ist, um sie zu beeinflussen. Anders ausgedrückt, die morphogenetischen Felder wären die Kraft, die aus mehreren Möglichkeiten der Materie eine auswählt, um sie unseren Sinnen in Form «objektiver Realität» erscheinen zu lassen.

Nachdem er Sheldrakes Ausführungen bis hierher gefolgt ist, fühlt sich Ken Ring vollkommen verwirrt. Was ist denn eigentlich Energie? Wie weit sind denn die Physiker, daß sie solche Ausblicke zulassen? Und plötzlich wird ihm klar, daß er keine andere Wahl mehr hat: Er muß Stanislav Grof bei seinem verrückten Unternehmen folgen. Er muß herauszufinden versuchen, welche geheimen Resonanzen die Entdeckungen der Physik in bezug auf das Studium der Psyche auslösen könnten.

Ring verläßt die Bibliothek des Universitätsgeländes von Storrs nicht. Er wechselt nur die Abteilung. Aufgebrochen war er, um eine Erklärung des Bewußtseins zu finden, dann mußte er den langen Weg des Gedächtnisses verfolgen, und nun sitzt er schließlich über dicken Physik-Wälzern! Lassen wir ihn in Ruhe studieren – und besuchen wir lieber gleich einen der hervorragendsten Vertreter dieser Wissenschaft. Er heißt David Bohm und lehrt Quantenmechanik an der Londoner Universität.

Von allen Wissenschaftlern, die ich im Zuge meiner Recherchen kennengelernt habe, ist er der sensibelste.

Da wir selbst keine Physiker waren (ich war mit Manuel Simoes gekommen, einem portugiesischen Künstler, da wir keinen Artikel schreiben wollten, sondern eine gezeichnete Geschichte), fühlten wir uns etwas unbehaglich bei der Befragung dieser weltweit berühmten

Kapazität der Quantenphysik über die letzten Entdeckungen seiner Disziplin. Doch wir wußten, daß Bohm für den Dialog mit Laien offen war. Er bewies es uns sofort: Nach ein paar Sätzen hatte er unsere (sehr geringen) Kenntnisse eingeschätzt und richtete sich danach.

Was wußten wir über die Quantenmechanik? Nicht viel. Alles war zu Beginn des Jahrhunderts passiert – Einstein, Niels Bohr und die ganze sogenannte «Kopenhagener Gruppe». Sie waren vollkommen verrückt, inszenierten ihre Entdeckungen in Form von Theaterstükken. Theaterstücke! Sie hatten in der mathematischen Kenntnis der Welt ein solches Niveau erreicht, daß eine Gleichung sie zum Weinen bringen konnte. Oder entzücken. Oder anekeln.

«Ihre Gleichung ist obszön!» schrie Heisenberg Schrödinger an (oder war es Pauli?). Und sie empfanden das wirklich so. Für sie konnte eine Gleichung wirklich abstoßend erscheinen. Oder sexy. Oder geheiligt.

Obwohl er nicht wirklich zu ihrer Gruppe gehörte, beherrschte der große Einstein sie lange Zeit alle: Wenn er gesprochen hatte, dachte man dreißig Sekunden nach, ehe man antwortete. Seine geometrischen Visionen waren einfach stark! Nachdem Planck die ersten Banderillas – sprich: Quanten – in den Rücken des alten mechanistischen Stiers gestoßen hatte, ging alles ganz schnell. Von nun an wußte man, daß man zwar das Licht als Welle betrachten – und analysieren – konnte, aber auch wie eine unstetige, also in Teilchen, in Partikel segmentierte Substanz. Aber man konnte es nie *gleichzeitig* als Welle und als Teilchen betrachten. Es war *entweder* das eine *oder* das andere. Entweder der *Prozeß* (Wellen) oder der *Zustand* (Teilchen). Der Forscher mußte sich im Augenblick seines Experiments für das Unstete oder das Kontinuierliche entscheiden.

Diese eigenartige Freiheit führte bald zu einem Gefühl von Ohnmacht. Handelte es sich nicht um die Freiheit, sich die Scheuklappen auszusuchen? Diese *ohnmächtige Freiheit* quälte die Wissenschaftler. Was sollte aus der Welt werden, wenn es dem Menschen oblag, im Augenblick ihrer Analyse über ihre innere Natur zu entscheiden? Alles wurde ungewiß. Die Zitadellen des Mechanismus, der seit der Renaissance die Macht innegehabt hatte, erzitterten. Einstein warf sich in die Bresche. Er visualisierte klarer als jeder andere vor ihm, wie das, dessen man gewiß war, mathematisch zu formulieren sei. Tatsächlich steckte er die Grenzen des Bekannten ab.

Raum und Zeit verschmolzen miteinander. Die beiden großen Kräfte, die der damaligen Physik zufolge das Universum regierten (Gravitation und elektromagnetische Kraft), verwandelten sich in *Deformationen* eines neuen Kontinuums: Raum-Zeit. Und dafür wurde eine absolute Grenze entdeckt: die Lichtgeschwindigkeit. *Wenn du schneller bist als das Licht, stirbst du.* Nicht nur, weil dein Gewicht unendlich wäre, sondern weil es jenseits des Lichts einfach nichts mehr gibt, nicht Raum, nicht Zeit, nichts. Heute (ein Dreivierteljahrhundert später), da die meisten Physiker und Astrophysiker überdies die Hypothese vom *Urknall* akzeptieren – derzufolge das Universum aus einer grandiosen Explosion vor etwa achtzehn Milliarden Jahren entstanden ist –, findet der Laie sich hier leichter zurecht.

Zuerst, sagen die Wissenschaftler, war nichts. Nichts im physikalischen Sinne. Und dann soll, bumm, ein Ding ohne Dimension, etwas Verrücktes, das als «Singularität» bezeichnet wird, ein «Punkt aus nichts», explodiert sein. Und alles erschien. Aus diesem Urkeim sollen (werden später einige Wissenschaftler sagen) elf (oder neun) Dimensionen entstanden sein! Sechs (oder fünf) wären bald wieder verschwunden, und uns blieben in physikalischer Entfaltung nur vier: Länge, Breite, Höhe, Dauer. In diesem raumzeitlichen Rahmen entwickelten sich unsere Erde, ihre Bäume, ihre Walfische, ihre Mörder und ihre Wissenschaftler, die mit ihren kinematographischen Suchern der letzten Natur des Ganzen auf der Spur sind.

Die Wissenschaftler beobachten das Beobachtbare. Mit der Erfindung der Linse wurde, wie schon erwähnt, das Beobachtbare das *Objektive*. Und zwar so sehr, daß man die beiden schließlich verwechselte. In Wirklichkeit reduziert die *Objektivierung* das Reale auf nur eine seiner Ausdrucksmöglichkeiten, auf nur einen seiner Reflexe. Doch wie auch immer, das System hat auf diese Weise lange funktioniert, und trotz seiner Grenzen waren seine Ergebnisse bemerkenswert: Innerhalb dieser Objektivierung des Realen konnte sich die ganze moderne Technik und Wissenschaft bis zur Atombombe entfalten.

Doch eines Tages bekamen die Grenzen des Objektiven Sprünge. An dem Tag nämlich, an dem die Wissenschaftler, die die Geschwindigkeit der elektromagnetischen Strahlung untersuchten, sich im Nebel wiederfanden.

An dem Punkt widersetzte sich der große Albert der Kopenhagener Gruppe und ermahnte sie eindringlich, den Versuchungen des Nebels zu widerstehen. Einstein meinte, der Nebel werde sich zwangsläufig auflösen. Es fehlten noch gewisse Daten, aber eines Tages werde man verstehen. Nicht alle waren seiner Meinung. Heisenberg, Bohr und andere etablierten einfach etwas, das bis dahin undenkbar gewesen war: Mathematik des Nebels, Gleichungen der Ungewißheit. Sie entgegneten Einstein, man brauche nicht auf die Entdeckung «versteckter mechanischer Variabler» zu warten, um das neue Rätsel zu lösen, sondern solle sich vielmehr diesem anpassen und das ganze menschliche Denken einen phantastischen Sprung in Komplexität, Elastizität und Paradoxie tun lassen.

Welcher Nebel? Welche Paradoxie?

Zunächst einmal gab es da die doppelte Natur des Lichts und überhaupt aller Materie: Welle oder Teilchen, je nach Wahl des Beobachters. Ins Extrem getrieben, verbreitete sich die mathematische Logik der Ungewißheit überall, gleichzeitig mit der schwindelerregenden Machtillusion des Beobachters: Wenn er die Teilchensicht «wählte», fiel er in eine neue Ungewißheit. Es war unmöglich, gleichzeitig Geschwindigkeit und Umlaufbahn dieses Teilchens zu messen. Wieder mußte man entweder das eine oder das andere wählen, als bestehe die menschliche Beobachtung schließlich nur darin, konventionelle Etiketten auf eine fundamental unerkennbare Realität zu kleben.

Den Erfindern der Quantenmechanik zufolge glich die Materie schließlich einem Wirrwarr von mathematisch kalkulierbaren Wellen – obwohl wir außer einigen Interferenzen und ein paar *Partikel* getauften «Wahrscheinlichkeitsknoten» nichts von ihr wahrnehmen. Das war unerhört; diese «Knoten» schienen in der beobachteten Form nur dann zu existieren, *wenn man sie gerade beobachtete*. Das Reale, so sagten die Wissenschaftler, ist seinem Wesen nach unbestimmt, und nur unser Hinschauen gibt ihm seine aktuellen Formen.

Es begann eine fundamentale Auseinandersetzung, von der die

meisten von uns auch fünfzig Jahre danach noch nichts mitbekommen haben.

Einstein kleidete sein Argument in die negative Form eines Paradoxons: Wenn die Unschärfegesetze der Quantenmechanik die Wahrheit sagten, dann würde die *Gabe der Ubiquität* möglich, die sich doch aufgrund der wesentlichsten Grundlagen des modernen Denkens verbot, nämlich des Axioms der Axiome seit Aristoteles, daß ein Objekt sich nicht gleichzeitig hier und an einem anderen Ort befinden kann. Also zog Einstein den Schluß, die Quantenmechanik irre sich.

Wie kam er dazu, in seiner Argumentation von der *Gabe der Ubiquität* zu reden? Sein Paradoxon war schlau. Man wußte, daß zwei Elementarteilchen, die aus derselben Kollision hervorgegangen sind, zwangsläufig entgegengesetzte *Spins* (etwa: Drehimpulse) haben. Wenn das eine sich nach rechts dreht, dreht das andere sich nach links. Wenn also, so überlegte Einstein, der Blick des Beobachters die Drehbewegung des einen dieser Teilchen «determinierte», dann müßte man voraussetzen, daß das Zwillingsteilchen sofort über die «Entscheidung» des fraglichen Blickes informiert wird – da es automatisch die entgegengesetzte Drehbewegung vollzieht. Wie sollte es nun möglich sein, daß zwei Partikel, die sich mit doppelter Lichtgeschwindigkeit voneinander entfernen, sich überhaupt irgend etwas mitteilen können, da nichts schneller ist als das Licht? Also, schloß Einstein, sei die von der Quantenmechanik erwähnte *Unschärfe* nur ein vorübergehender Morgennebel. Und der angebliche «Einfluß des Blicks des Beobachters» eine Illusion.

Leider blieb all das rein theoretisch. Damals konnte kein Meßgerät die ungeheure Subtilität und Schnelligkeit der Drehbewegung zweier Elementarteilchen messen, die gleichzeitig an zwei verschiedenen Orten waren.

In den fünfziger Jahren entwarf David Bohm, ein Schüler Einsteins, zum ersten Mal das experimentelle Protokoll, das es ermöglichen würde, das berühmte Paradoxon im Labor zu testen. Doch die Technologie war noch nicht soweit. Man mußte das Ende der siebziger Jahre abwarten, bis das Experiment schließlich realisiert werden konnte. Das geschah in Frankreich im Institut für Optik der Université d'Orsay, und zwar im Labor des Physikers Alain Aspect.

Und alles deutete damals darauf hin, daß Einstein sich geirrt und die Kopenhagener Schule recht hatte: Zwei aus derselben Kollision hervorgegangene Teilchen verhielten sich tatsächlich, als blieben sie untereinander in dauerhafter und unmittelbarer Beziehung. Wenn der Forscher willkürlich beschloß, eines von ihnen solle sich nach rechts drehen, drehte sich das andere automatisch nach links. Anders ausgedrückt, es sieht so aus, als stellten diese beiden aus der gleichen Kollision hervorgegangenen Teilchen zwei Facetten ein und derselben Realität dar – obwohl sie sich mit einer Geschwindigkeit von sechshunderttausend Kilometern pro Sekunde voneinander entfernen.

Trotzdem: Innerhalb unserer Raum-Zeit kann ein und dasselbe Objekt sich *noch immer nicht* an zwei Orten gleichzeitig befinden. Es wird das nie können. Und doch hat die Quantenmechanik recht: Zwei Milliarden Lichtjahre voneinander entfernte Teilchen können sich tatsächlich verhalten, als seien sie ein und dieselbe Entität. Wie ist das möglich?

«Das ist gleichzeitig sehr einfach und sehr kompliziert», sagt Bohm. «Was wir jetzt wissen, ist, daß die Elementarteilchen den Gesetzen unserer Raum-Zeit nur partiell gehorchen. Ein ganzer Teil ihres Verhaltens scheint von Gesetzen einer anderen Ordnung beherrscht zu werden. Eine Ordnung, die der unseren zugrunde liegt und von der wir nur sehr wenig wissen. Einer Ordnung, die in Bewegung ist und für die das Universum, wie wir es kennen, nur ein möglicher Ausdruck oder eine mögliche Erklärung ist. Eine Ordnung, die ich deshalb als *implizite Ordnung* zu bezeichnen wage.»

Oder, trivialer ausgedrückt: ein *zusammengefaltetes Universum* (so haben wir spaßeshalber diese «Ordnung» in unserer gezeichneten Geschichte über Bohm genannt). Diese «Ordnung» läge tatsächlich *zusammengefaltet auf dem Grund der Dinge*. Wir könnten sie natürlich nur kennenlernen, wenn sie sich äußert, sich ent-faltet. Dann könnte man sagen, daß sie sich öffnet wie eine Blume, die sich immer weiter entfaltet. Wenn die Welt von Descartes ihre Altersgrenze erreicht hat, dann deshalb, weil das eigentliche Substrat der Welt sich nicht aus *Objekten* (wie klein auch immer) bestehend erweist und auch nicht aus Raum, sondern aus untereinander in Beziehung stehenden Feldern in ständiger Bewegung.

Wie soll man sich eine Bewegung vorstellen, die nicht der Raum-Zeit unterliegt?

«Wollen Sie eine ganz einfache Analogie?» fragt Bohm. «Nehmen Sie den Fall der beiden berühmten Teilchen, die physikalisch getrennt sind und doch eine einzige Entität zu bilden scheinen. Gut. Nun stellen Sie sich vor, daß diese beiden Teilchen in Wirklichkeit nur zwei sekundäre Äußerungen, zwei Projektionen ein und derselben primären Realität auf zwei Leinwänden sind, von zwei Kameras direkt aufgenommen... Nehmen Sie zum Beispiel einen Fisch in einem Aquarium, der mit zwei Objektiven gefilmt wird und in Form von zwei Bildern projiziert wird. Was passiert für den Zuschauer, der nur die Leinwände sieht? Alles, was dem Bild auf der ersten Leinwand zustößt, scheint einen direkten Widerhall in dem auf der zweiten Leinwand zu haben. Der Zuschauer kann sich stundenlang den Kopf zerbrechen und sich die verrücktesten Kommunikationswege zwischen diesen beiden Fischbildern ausdenken. Bis zu dem Tag, an dem er begreift, daß er sich von sekundären Realitäten hat irreführen lassen: Er hätte hinter der Leinwand suchen müssen. Die Analogie führt natürlich nicht sehr weit, denn man müßte sich dazu Kameras vorstellen, die ebenfalls der Raum-Zeit nicht unterliegen...»

«Aber das ist Platon! Ihre implizite Ordnung ist das *Idealmuster*, aus dem die Archetypen hervorgehen, nichts anderes!»

«In gewisser Weise», sagt Bohm, «bis auf den entscheidenden Unterschied, daß für die Griechen die Welt der Ideen die Unbeweglichkeit selbst war, während die *implizite Ordnung*, die man hinter dem Schleier der Materie erraten kann, reine Bewegung ist, dauernde Schöpfung. Wir sagen nicht, die *explizite* Ordnung bestehe aus vollkommen illusorischen Schatten. Sie hat eine gewisse Autonomie. Sie könnte sogar in einer Art Rückkoppelung mit der primären Ordnung verbunden sein, deren Ausdruck sie ist – zumindest ist das eine interessante Arbeitshypothese. In der Sprache Platons: ein Dialog zwischen dem Archetyp und seinen Manifestationen. Manche, so auch unser junger Freund Sheldrake, würden sogar so weit gehen, von einer ‹permanenten Erschaffung des Archetyps durch seine Manifestationen› zu sprechen.»

Nun fragte Simoes, der bisher geschwiegen hatte: «Aber nehmen

Sie diese *Singularität*, von der man sagt, ihre Explosion habe das Universum entstehen lassen. Würden Sie sagen, daß sie zur *impliziten Ordnung* gehörte und ihre Explosion die *explizite Ordnung* hat entstehen lassen?»

«Das könnte man sagen...»

«Aber wie soll man sich das vorstellen, was *vor* dem Urknall war, da es ja keine Zeit gab und damit auch kein *Vorher*? Und wie soll man erforschen oder sich auch nur vorstellen, was *jenseits* des fernsten Lichts ist, da es doch *jenseits* der Lichtgrenze keinen Raum mehr gibt?»

Ein kurzes Lächeln erhellte Bohms Gesicht:

«Ich kenne mindestens zwei Mittel, um dieses Anderswo zu erforschen. Das erste ist mathematisch. Es ist das schärfere, aber begrenztere Mittel. Es erlaubt uns in keiner Weise eine Aussage darüber, was die *implizite Ordnung* ist. Es kann höchstens ein paar flüchtige Streifzüge dorthin unternehmen und Schnittzeichnungen, symbolische Fragmente daraus mitbringen.»

«Fragmente von was?»

«Von mathematischen Gesetzen. Die Zahlen dieser Art von Mathematik werden als *multiplex* bezeichnet. Ihre Substanz ist die *Holobewegung der Leere.*»

«Der Leere?»

«In der Hypothese, der ich mich anschließe, ähnelt *das, was ist*, einer reinen Bewegung. Einer Bewegung *an sich*. Einer Bewegung, die nicht der Raum-Zeit unterliegt, weil sie diese erzeugt. Also raumzeitlich einem ‹Nichts›.»

«Einem... Nichts, das eine Bewegung wäre?»

«Eine nicht meßbare Bewegung.»

«Aber Sie sind Mathematiker!»

«Das mag Ihnen seltsam erscheinen, in der Tat. Und doch wissen wir, daß diese ‹Bewegung› sozusagen ‹mit Energie angefüllt› ist. Doch nicht in dem Sinne, in dem wir Energie gewöhnlich verstehen. Die Gleichungen, die Sie zu charakterisieren versuchen, übersetzen keine *Transformationen* mehr, sondern *Metamorphosen*, und das holographische Gesetz des Ganzen und des Teils bestätigt sich darin: Jeder Teil enthält die Information des Ganzen, und gleichzeitig ist die Information überall gleichmäßig verteilt. Ich kann Ihnen kaum mehr darüber sagen, ohne für einen Nicht-Mathematiker unverständlich zu werden. Doch eigenartigerweise hindert mich das nicht, Ihnen zu antworten. Denn es gibt ein zweites Mittel, um die *implizite Ordnung* zu erforschen. Und das ist nicht mathematisch. Es genügt, ein Mensch zu sein, um dieses Mittel zu besitzen, das uns das Wesentliche von dem liefert, was wir Mathematiker und Forscher der theoretischen Physik nach jahrelanger Arbeit schließlich zu begreifen anfangen.»

«Und was ist das für ein Mittel?»

«Die musikalische Emotion.»

«Wie das?»

«Sehen Sie, es ist Ihnen doch sicher schon pasiert, daß eine Musik Sie bewegt hat? In eben dem Moment, in dem die Musik Sie bewegt, können Sie, wenn Sie aufmerksam sind, wahrnehmen, wie Vergangenheit, Gegenwart und Zukunft Ihrer Melodie sich in einem Punkt teleskopartig zusammenschieben – einem Punkt, der Ihr Bewußtsein ist. In gewissem Sinne setzen Sie in diesem Augenblick, wenn ich mich einmal so ausdrücken darf, einen Fuß in die *implizite Ordnung*. Ein Teil von Ihnen beginnt bewußt, an dieser ‹primären Realität› teilzuhaben, die die Implikation unserer Raum-Zeit ist.»

Schweigen. Dann: «Die *implizite Ordnung* des Universums ist zweifellos das, was unser Bewußtsein vor allem berührt, denn es selbst scheint fundamental dieser Ordnung anzugehören. Doch unsere sensorische Intelligenz stellt sich sofort zwischen die primäre Realität und uns, um sie uns differenziert wiederzugeben, aber gleichzeitig auch fremd. Das ist die schreckliche Illusion des gewöhnlichen ‹gesunden Menschenverstandes›.»

Langsam begann sich in meinem Kopf alles zu drehen.

Träumte ich? Saß ich wirklich einem großen Physiker gegenüber, der versuchte, mir die innere Natur der Realität zu erklären? Von was redete er? Von musikalischer Emotion! Und das ganz ernsthaft! Was wollte er damit sagen? Wollte er damit zu verstehen geben, die «primäre» Natur des Realen, die Matrix, aus der heraus sich unsere Raum-Zeit *expliziert*, bestünde aus «emotionaler Substanz»? Ich wagte die Frage kaum auszusprechen, so verrückt erschien sie mir. Er antwortete: «Die Emotion ist sicher eine Art, Zugang zur *impliziten*

Ordnung zu finden. Zu behaupten, diese Ordnung *sei* Emotion, ist eine andere Sache. Es wird uns zweifellos niemals möglich sein, diese Ordnung mit Worten zu erfassen.»

Ich mußte schlucken. Ein Physiker, ein Kenner der äußeren Welt, appellierte an mein Inneres, um mir zu helfen, die äußersten Grenzen des materiellen Universums zu erraten. Wollen Sie die Natur des Realen kennenlernen? Dann stellen Sie Ihre Emotionen in den Mittelpunkt Ihres Bewußtseins und lernen Sie sie von innen kennen! War es nicht das, was er gesagt hatte? Großer Gott, dachte ich, was für eine Umkehrung! Das Außen wird Innen und das Innen wird Außen. Auf dem Grund unseres Gedächtnisses, im zentralen Knoten unseres Bewußtseins, da, wo sich unser Wille und unsere Empfindungsfähigkeit kreuzen, soll ein Loch sein? Ein Loch, durch das wir der Raum-Zeit entgehen? Das berühmte *Schwarze Loch* wäre in uns? Durch dieses Loch nähmen wir an der *impliziten Ordnung*, der primären Ordnung des materiellen Fließens der Welt teil?

Was für ein Gefühl, wenn man endlich begreift, was diese Worte bedeuten könnten! Da hat man plötzlich den Eindruck, in sich selbst hineingesogen zu werden, ehe man sich als riesiger Sternenmantel wieder entfaltet. Als kehre sich wirklich alles um. Als sei das ganze Universum wirklich in jedem von uns enthalten. Als beginne in dieser Umkehrung auf dem Grund der unendlich dichten Schwarzen Löcher, der geheimnisvollen Lichtfallen am Ende der Galaxien, plötzlich etwas zu leuchten ... das Bewußtsein!

In den alten Initiationsriten spielte die Umkehrung, die Durchquerung des Spiegels, schon immer eine Schlüsselrolle. Sexuelle Inversion: Die Männer verkleideten sich als Frauen und die Frauen als Männer, um sich die Kräfte des jeweils anderen Geschlechts anzueignen und so der Dualität zu entgehen. Oder moralische Inversion: etwa in den christlichen Mysterien, bei denen der Postulant auf das Kreuz spucken mußte, um jenseits von Gut und Böse anzulangen ... Es gab eine unendliche Vielfalt von Inversionen. Doch im Mittelpunkt des Rituals stand immer die wesentliche Umkehrung: Man ließ den Betreffenden sterben, zeigte ihm also den Tod, und zwar nicht mehr von außen, sondern von innen.

Jetzt, in London bei David Bohm, beginne ich zu begreifen, wie weit die gegenwärtige Umkehrungsbewegung über alles hinausgeht, was ich mir je hätte vorstellen können.

Was für eine seltsame Welt! Nehmen Sie Einstein. In gewisser Weise erwies sich sein Genie als unerbittlich mechanisch, und er kanzelte den sensiblen Bergson, der an die Sorbonne gekommen war, um ihm Fragen über die *Intuition* und die *gelebte Zeit* zu stellen, erbarmungslos ab. Doch derselbe Einstein konnte Sätze schreiben wie diese:

> Das herrlichste und tiefste Gefühl, das wir spüren können, ist die mystische Empfindung. Dort liegt der Keim jeder wahren Wissenschaft. Derjenige, dem dieses Gefühl fremd ist, der nicht mehr von Bewunderung ergriffen oder von Ekstase hingerissen werden kann, ist ein toter Mensch. Zu wissen, daß das, was uns undurchdringlich ist, dennoch existiert, sich als höchste Weisheit und strahlendste Schönheit manifestiert, die unsere stumpfen Fähigkeiten nur in äußerst primitiver Form wahrnehmen können, diese Gewißheit, dieses Gefühl steht im Kern jedes wahrhaft religiösen Sinnes.[6]

Als wir uns schließlich von David Bohm verabschiedeten, war sein Gesicht ernst geworden, fast schmerzlich ernst. Er hatte sich hinter seinen Schreibtisch gesetzt und sagte nichts mehr. Manuel Simoes und ich standen wortlos vor der schwarzen Tafel, auf der noch Fragmente mathematischer Formeln aus dem letzten Kurs des Semesters einem nachlässigen Schwamm entgangen waren.

«Wohin führen uns diese Forschungen?» wagte mein Gefährte endlich zu fragen.

Der Physiker antwortete mit plötzlich müder Stimme: «Die Antwort ist besorgniserregend, wenn auch seit Urzeiten bekannt. Aber jede Epoche muß sie auf ihre Art neu formulieren. Ich selbst würde sagen, daß es eine ziemlich grobe Illusion ist, in jedem Menschen eine unabhängige Realität zu sehen. Auf einer bestimmten Ebene kommen wir alle von einer einzigen und einzigartigen Entität her. Das zu vergessen führt zu einer ernsten Verwirrung aller Sinne und folglich zu großen Gefahren.»

Er hustete einige Male und fuhr dann fort: «Leider scheinen unsere

Zeitgenossen ganz und gar nicht den Weg einzuschlagen, der zum Verständnis dieser Evidenz führt. Und so ist dieser Planet in realer und großer Gefahr.»

Wir verließen London begeistert und beunruhigt zugleich. Manuel Simoes sprach über Proust, von dem ich damals noch nicht viel gelesen hatte. Zwei Jahre später sollte ein französischer Mathematiker, Ivar Ekeland, ein Buch herausbringen, in dem er genau die Passage aus *Auf der Suche nach der verlorenen Zeit* anführt, die der portugiesische Künstler auf dem Flughafen von Heathrow erwähnt hatte. Ich zitiere sie hier. Nicht ohne Genugtuung.

> Das Wesen, das in mir wiedergeboren war, als ich derart vor Glück erbebend das Geräusch vernahm, das zugleich dem Löffel, der den Teller berührt, und dem Hammer eigen ist, mit dem man auf ein Rad klopft, sowie das Gemeinsame auch in der Ungleichheit der Pflasterung des Guermantesschen Hofes und der des Baptisteriums der Markuskirche verspürte, dieses Wesen nährt sich einzig von der Essenz der Dinge und findet in ihr allein seinen Bestand und seine Beseligung. Es kümmert traurig dahin bei der Beobachtung der Gegenwart, in der die Sinne ihm jene Essenz nicht zur Verfügung zu stellen vermögen, bei der Betrachtung einer Vergangenheit, die der Verstand ihm ausgedörrt verabfolgt, bei der Erwartung einer Zukunft, die der Wille aus Bruchstücken der Gegenwart und der Vergangenheit zusammensetzt, denen er noch dazu ihren Wirklichkeitsgehalt entzieht, da er von ihnen nur beibehält, was dem utilitaristischen, eng auf Menschliches beschränkten Zweck entspricht, den er ihnen zuerkennt. Sobald aber ein bereits gehörtes Geräusch, ein schon vormals eingeatmeter Duft von neuem wahrgenommen wird, und zwar als ein gleichzeitig Gegenwärtiges und Vergangenes, ein Wirkliches, das gleichwohl nicht dem Augenblick angehört, ein Ideelles, das deswegen dennoch nichts Abstraktes bleibt, wird auf der Stelle die ständig vorhandene, aber gewöhnlich verborgene Wesenssubstanz aller Dinge frei, und unser wahres Ich, das manchmal seit langem tot schien, aber es doch nicht völlig war, erwacht und gewinnt neues Leben aus der göttlichen Speise, die ihm zugeführt wird.

> Eine aus der Ordnung der Zeit herausgehobene Minute hat in uns, damit er sie erlebe, den von der Ordnung der Zeit freigewordenen Menschen wieder neu erschaffen. Man kann aber wohl verstehen, daß dieser nun Vertrauen zu seiner Freude faßt, selbst wenn der einfache Geschmack einer Madeleine nicht logischerweise die Gründe für diese Freude zu enthalten scheint, verstehen auch, daß das Wort Tod keinen Sinn für ihn hat; was könnte er, der Zeit enthoben, für die Zukunft fürchten?[7]

Es gibt eine Quelle der Inspiration, aus der *alle* großen Kulturen geschöpft haben. Das ist der Tod. Die «schwarze Quelle» der Inspiration. Ich meine den konkreten Tod, die intime Beobachtung der Agonie. Anscheinend waren die Sterbenden für alle Kulturen bevorzugte Anreger für das Leben. Aus dem, was sie den Lebenden mitteilen konnten, bezogen diese Glaubensinhalte, einen Mythos. Und auf diesem zentralen Mythos, diesem Fundament, erbauten sie dann Rituale, eine Kunst, eine Weltsicht. *Alle* Zivilisationen. Außer unserer, der westlichen. Aus vielen Gründen hat sich der moderne Mensch nach und nach von dieser Inspirationsquelle abgewandt. So sehr, daß er sie vergessen hat...

Bei den Anthropologen gibt es eine alte Arbeitshypothese, die allgemein akzeptiert wird: Die großen Menschenaffen seien erst mit den ersten Begräbnissen zu Menschen geworden. Indem dem Individuum seine eigene Sterblichkeit bewußt wurde, sei es in ein neues Reich eingetreten. Doch laufen wir Heutigen nicht Gefahr, unsere menschliche Qualität zu verlieren und wieder vormenschlich zu werden, weil wir uns so glühend wünschen, den Tod zu vergessen? Könnte es sein, daß unsere Gefühlswelt nach und nach so anämisch geworden ist, weil wir ihn vergessen wollten?

«Die wissenschaftliche Weltsicht ersetzt nach und nach die religiöse.»

So ist es. Die Wissenschaft ersetzt tatsächlich die Religion. Doch sie tut das auf allen Gebieten. Und dadurch verwandelt sie sich. Das Pendel schlägt nach der anderen Seite aus. Inversion der Inversion. Eine faszinierende Idee, die mich nicht mehr losläßt. Wenn in einer religiös strukturierten Gesellschaft jemand starb, dann war man glücklich, wenn man sagen konnte: «Er hatte Zeit, er hat den Tod kommen sehen und konnte sich darauf vorbereiten.» Der moderne Mensch hat diesen Satz ins Gegenteil verkehrt. Heute freut man sich, wenn man sagen kann: «Zumindest eines ist tröstlich: Er war auf der Stelle tot und hat nichts gemerkt.» Eine kapitale und anscheinend definitive Umkehrung. Und jetzt, da das Jahrhundert zu Ende geht, gibt es Ärzte, die den Satz wieder umdrehen: «Bleib ruhig und klar bis zum Ende, mein Freund», murmelt Elisabeth Kübler-Ross.

Die Wissenschaft unserer Zeit steht im Begriff, ihrerseits einen machtvollen Todesmythos hervorzubringen! Denn das ist gewiß keine Wissenschaft mehr. Es ist Mythologie. Aber lebendige Mythologie, und das ändert alles! Bislang haben die modernen Menschen nur tote oder sterbende Mythologien gekannt, die ihrem Glaubenssystem fremd waren – oder Bruchstücke von Pseudo-Mythologien, von denen es ein unerschöpfliches Repertoire gibt.

Mit der Nah-Todeserfahrung entsteht plötzlich mitten in der modernen Welt eine neue, zentrale, lebendige Mythologie. Sollten die Visionen eines Bohm, eines Sheldrake oder eines Pribram deshalb so beeindruckend sein, weil sie mit diesem neuen, zentralen Mythos verwandte Mythen sind?

Ja, eine neue Mythologie entsteht. Wir nehmen erst Fragmente von ihr wahr. Doch es sieht so aus, als gehörten diese Fragmente zu einem riesigen Puzzle. Einem weltweiten Puzzle – im Raum und in der Zeit (die Schamanen waren beispielsweise unersetzliche Führer, als die Kinder der Moderne den Weg des Menschen über das primitive Mittel des LSD wiedergefunden haben). Als ich nach meiner ersten Serie von Recherchen bei den Amerikanern nach Frankreich zurückkehrte, blätterte ich im Flugzeug noch mal im *Tibetischen Totenbuch.* Ganze Passagen des seltsamen kleinen Buches wurden mir plötzlich verständlich. Diese Menschen kannten Rings Szenario schon vor tausendfünfhundert Jahren. Sie besaßen weder Quantenmechanik noch holographisches Modell, noch ausgefeilte Reanimationstechniken. Doch man sagt, daß bestimmte große Lamas bis zu einem fortgeschrittenen Stadium ihrer eigenen Agonie fortfuhren, ihren Schülern ihre Visionen zu diktieren.

Als ich ihr verehrungswürdiges «Gebet für den Zwischenzustand des wahren Seins» las, mußte ich immer wieder lächeln: Sie sagten dieselben Dinge wie Ring, aber mit einer ungeheuren Freude an der Inszenierung, an Drachen und funkelnden Gottheiten und mit unglaublicher Leichtigkeit in der symbolischen Erforschung des Reichs der reinen Frequenzen!

> Oh, Edelgeborener, als sich dein Körper und Geist trennten, mußt du einen Schimmer der Reinen Wahrheit erfahren haben, sanft, sprühend, hell, blendend, wunderbar und strahlend, ehrfurchterregend, anzusehen wie eine Fata Morgana, die über eine Landschaft im Frühling in einem ununterbrochenen Strom von Vibrationen dahinzieht. Laß dich nicht davon anfechten, nicht erschrekken, nicht einschüchtern. Das ist die Strahlung deiner eigenen wahren Natur. Erkenne sie.[9]

Das ganze Problem wäre also die Angst, die unsere «eigene Natur» uns schließlich einflößt. Warum? Zweifellos, weil sie «zuviel» ist: zu groß, zu schön, zu sanft, zu gut ... Sagt man nicht: «Diese Frau ist einfach *too much*?» Anscheinend braucht man lange, um sich vom Gedanken des *too much,* diesem Schutzschild des Jünglings, zu befreien. «Sagt nie, die Braut sei zu schön», rät uns die alte tibetische Mythologie, «aber erwartet auch nichts von ihr.»

Weder Furcht noch Hoffnung, das wäre das Rezept der Weisen. In allen Breiten und zu allen Zeiten scheint die Tradition in diesem Punkt sehr deutlich: Man muß versuchen, ohne Bindungen zu sterben. Die Bindungen können sinnlicher Natur sein oder religiöser, intellektueller oder physischer. Die Bindung des Bigotten an seinen Glauben oder die des Intellektuellen an seine Begriffe wären vergleichbar mit der Bindung des Alkoholikers an seine Droge. Angst und Hoffnung sollen die beiden Extreme desselben Grats durch den unaussprechlichen Fluß sein. Das Erlernen der inneren Leere aber soll nicht geschehen, indem man «Engel und Dämonen» (die Bilder unserer Wünsche und Befürchtungen) gewaltsam verjagt, sondern indem man sie im Gegenteil empfängt, sich ihnen innerlich öffnet, um sie besser hinter sich lassen zu können.

Eines schönen Morgens begriff ich,daß in meinem Innersten die Fiktion Rings für mich zu einer Realität geworden war – zu einer inneren Überzeugung. In ihrer ersten Formulierung war sie natürlich noch sehr naiv; doch mein Freund sollte weiterhin auf außerordentliche Tatsachen stoßen. Mit entwaffnender Aufrichtigkeit sollte Ring sich wieder an die Arbeit machen und entdecken, daß sich das Bewußtsein der *experiencers* im Augenblick des Beinahe-Sterbens in einem Zustand befindet, der den Kontemplativen seit der Frühzeit der Menschheit wohlbekannt ist. Diesmal wurde die Silhouette des neuen zentralen Mythos geradezu riesig.

12 Die fünfte Ekstase und die Schlange des Lebens

Zurück in Paris, hatte ich endlich meinen Artikel geschrieben. Einige Monate lang redete ich von nichts anderem mehr. Manchmal war ich unvorsichtig. Nichts schlägt die Leute so schnell in die Flucht, wie wenn man lächelnd sagt: «Ich interessiere mich zur Zeit vor allem für den Tod.» Hinterher muß man ihnen nachlaufen, um sie zu überzeugen, daß es sich in Wirklichkeit um das Leben handelt!

Drei Jahre vergingen. Auf der anderen Seite des Atlantiks wurde die IANDS zu einer Institution, der Dutzende von Forschern angehörten. Man muß sagen, daß die Nah-Todeserfahrung seit 1982 zu einem ganz offiziellen Phänomen geworden ist. Teilweise ist das George Gallup junior zu verdanken, dem Besitzer des berühmtesten Meinungsforschungsinstituts der Welt. Er ist ein großer, kräftiger Mann um die Fünfzig, hat sich des Themas *death and dying* angenommen und eine große Umfrage in den ganzen Vereinigten Staaten veranstaltet, um herauszufinden, wie viele Menschen schon eine Nah-Todeserfahrung hatten. Er kam auf die umwerfende Zahl von acht Millionen! Acht Millionen Amerikaner behaupten, zumindest eine Episode dieser unglaublichen Erfahrung erlebt zu haben! Natürlich hat das die ganze Welt verblüfft, angefangen bei den Forschern der IANDS selbst.

Die Nah-Todeserfahrung existiert, welche Erklärung auch immer man dafür geben mag. Millionen von Individuen haben sie gemacht.

Jetzt will man *qualitativ* mehr über die Sache erfahren, und zwar möglichst in allen Einzelheiten! Ja, die kleinsten Details werden wichtig. Die Spezialisierung beginnt. Die IANDS gliedert sich in Unterabteilungen auf. Es gibt das *Verlassen des Körpers,* den *Tunnel,* die *Begegnungen mit Verstorbenen,* den *Lebensrückblick,* die *Verän-*

derung der Überzeugungen nach der Erfahrung... Bruce Greyson, ein junger und brillanter Psychiater aus Michigan, dem Ken Ring bald die Leitung der Organisation überlassen wird, befaßt sich ausschließlich mit Selbstmördern. Gescheiterten Selbstmördern natürlich. Philosophen beginnen aufmerksam zu werden. Und dann werden die Militärs der parapsychologischen Abteilung des Pentagon neugierig! Außerdem gibt es noch die soziale Abteilung der IANDS, die Madeleine Pordurgiel am Herzen liegt, der Direktorin der Schwesternschule der Universität von Connecticut. Hat man erst einmal eine Nah-Todeserfahrung entdeckt, dann kann man nicht sagen: «Vielen Dank, auf Wiedersehen!» Oft muß man dem betroffenen Menschen helfen, wieder auf die Erde zurückzukehren, sich neu zu integrieren, seine Umgebung veranlassen, die Erfahrung zu akzeptieren. Das kostet sehr viel Zeit.

Ken Ring selbst hatte geglaubt, *Life at Death* werde sein einziges Buch über die Frage der «Nah-Todeserfahrung» bleiben. Vielleicht würde er später einmal einen zweiten Anlauf nehmen. Doch vorerst war die Sache für ihn abgeschlossen. Die beinahe militante Form seiner ersten Untersuchung hatte ihn erschöpft.

Doch das Buch erschien, und die Öffentlichkeit wollte den Autor kennenlernen. Der Verlag organisierte Vorträge und Konferenzen. Fernsehsender luden Ring zu Veranstaltungen mit großem Zuschauerkreis ein.

Er wird mit Briefen überschwemmt. Leute, die gierig sind nach Informationen. Aber auch Hunderte von Berichten über Nah-Todeserfahrungen werden ihm zugeschickt. Überlebende sprechen ihn auf der Straße an. *Experiencers* erscheinen auf dem Universitätsgelände von Storrs. Manche kommen von weit her. Die Visionäre sind fieberhaft daran interessiert, sich zu treffen, miteinander zu reden, stehen plötzlich vor Ken Rings Haustür.

Ken Ring und seine Frau Norma haben bald ein volles Haus. Selten sitzt beim Abendessen kein «Todesvisionär» mit am Tisch. Man redet von nichts anderem mehr. Eines Abends zu später Stunde müssen Ken und Norma sich das Offensichtliche eingestehen – ihr Haus trägt jetzt einen Namen: Es ist das *Nah-Todeshotel.* Selten hat man am Ufer des Styx ein fröhlicheres Haus gesehen! Sie empfangen dort Dutzende und Aberdutzende von «Klienten». Maria, eine junge chilenische Psychologin, zieht bei ihnen ein. Sie hatte ihr Exil in Spanien genutzt, um dort mit einer Studie über die iberischen Nah-Todeserfahrungen zu beginnen. Der Gedanke, mit Ring arbeiten zu können, Zugang zu seinem großartigen Netz von *experiencers* zu haben, begeisterte sie.

Maria hat eine fixe Idee: die Überlebenden, die ohne Erinnerung zurückgekommen sind. Jene, die wie die anderen beinahe gestorben wären, aber nicht vom Zauberstab berührt wurden, für die sich nichts verändert hat. Warum? Haben sie einfach vergessen? Das ist eine delikate Frage, die umfangreiche Recherchen erfordert, wenn man sie angemessen erforschen will.

Seine Gastfreundlichkeit ist sein Verderben. Je mehr *experiencers* bei Ring absteigen, essen, schlafen, reden, lachen, trinken und weinen, desto verblüffter erkennt Ken, daß diejenigen, die in der Nah-Todeserfahrung am weitesten gekommen sind – viele der Besucher haben das fünfte Stadium erreicht –, wirklich ganz besondere Menschen sind. Er hat sie *vor* ihrer Erfahrung allerdings nicht gekannt, er kann also nicht wissen, ob sie sich danach so verändert haben oder schon immer so waren.

Als erstes stellt Ring fest, daß die *experiencers* des fünften Stadiums vor Vitalität überschäumen. Nachdem sie den (oft sehr schwierigen) «Wiedereintritt in die Atmosphäre» einmal geschafft haben, besitzen sie eine Form, wie man sie selten antrifft. Bei ihnen stimmt einfach alles. Und sie behaupten, das habe mit ihrer Nah-Todeserfahrung begonnen! Als er die zwanzigste «Hochform» antrifft, hat es den Wissenschaftler Ring wieder gepackt. Zuerst macht ihn das wütend: Und seine Ruhe? Zu spät: Er hat sich die Frage gestellt! Und je mehr er darüber nachdenkt, desto faszinierter ist er: Wie läßt sich der erstaunliche Schwung dieser Leute physiologisch erklären? Könnte es vielleicht sein, daß die Nah-Todeserfahrung den Stoffwechsel ihrer Zellen beeinflußt hat? Ob die Erfahrung ein biologisches Moment besitzt, das die Forscher bis jetzt noch nicht entdeckt haben?

«Psychosomatische Brücken», flüstert ihm eine innere, professionelle Stimme müde zu. Doch wie funktionieren sie denn, diese Brücken?

Das war im Frühjahr 1980. Binnen weniger Wochen erliegt Ring der Versuchung und geht wieder an die Arbeit. Jetzt ist er sicher: Er hat dem «Übergang» (an der Schwelle des Todes) zuviel Bedeutung beigemessen. Was man studieren muß, sind die «Reisenden» selbst. In Fleisch und Blut. Man muß sie beobachten, sie beschnuppern, sie berühren, abtasten, röntgen. Und vor allem: Man muß ihnen zuhören. Was sagen sie? Wie leben sie jetzt konkret?

Ring vertieft sich wieder in die Akten der IANDS (die die Forscherteams inzwischen weiter gefüllt haben). Er stellt eine Liste derjenigen Überlebenden auf, die aus dem vierten und fünften Stadium zurückgekommen sind – derer, die sagen, sie hätten das Licht gesehen, und derer, die sagen, sie hätten darin gebadet. Jetzt hat er siebzig extreme Fälle. Um die Wahrheit zu sagen, die Statistiken interessieren ihn nur noch am Rande, aus wissenschaftlicher Gewohnheit. Von nun an ist es der *Sinn* der Nah-Todeserfahrung, der ihm wichtig ist.

«Vor Ort» erleichtert ihm diese «qualitative» Sicht seine Aufgabe nicht, ganz im Gegenteil. Es handelt sich nicht mehr einfach darum, die Leute ihre «Reise» erzählen zu lassen, sondern man muß alle Auswirkungen dieser Reise auf ihr Alltagsleben erfassen und bestimmen. Zu seinem Glück ist Ring nicht allein. Als Hausherrin des Nah-Todeshotels ist seine Frau Norma ihm eine große Hilfe. Er wird ihr sein zweites Buch widmen, das verblüffende *Heading toward Omega (Den Tod erfahren – das Leben gewinnen)*. Danach werden sie sich trennen, wie zwei Delphine plötzlich auseinanderschwimmen – aus welchem Grund auch immer.

Wir haben nicht genug Platz, um Rings zweite Untersuchung chronologisch zu schildern. Hier also nur die Fakten, wie sie im Abschlußbericht von Rings zweitem Buch erscheinen, einem der fundamentalen Berichte dieses Jahrhundertendes.

Und was sagt dieses Buch so Eindrucksvolles?

Ring hat festgestellt, daß die *experiencers* des fünften Stadiums eine vierfache Verwandlung durchgemacht haben: körperlich, emotional, intellektuell und spirituell.

Worin sind sie verwandelt?

Paradoxerweise sind die allerersten Auswirkungen der Nah-Todeserfahrung oft negativ. Zuerst mit dem «sublimen Nektar» vereint gewesen zu sein, wie die Überlebenden früherer Zeiten sagten, um dann in die Welt zurückzukehren, ist zunächst eine Quelle schrecklicher Probleme. Man darf nicht verschweigen, daß der *vor Liebe strahlende Überlebende,* sobald er wiederhergestellt ist, seine Mitmenschen im allgemeinen über das Maß des Erträglichen hinaus zu reizen beginnt. Alles, was mit Sozialem zu tun hat, schockiert ihn; er findet unsere zwischenmenschlichen Beziehungen grob.

Der «Wiedereintritt in die Atmosphäre» kann Monate dauern. Dann kommt langsam die Duldsamkeit der Welt gegenüber wieder. Und mit ihr oft das Schweigen. Eine Frau versucht, ihrem Mann ihre unaussprechliche Erfahrung mitzuteilen. Dieser spielt mit; doch an dem Tag, an dem sie ihm gesteht, sie hätte *alles* dafür gegeben, «dort unten», in diesem anderen Zustand, bleiben zu können, nimmt er ihr das sehr übel. Da sie sieht, daß er leidet, schweigt sie schließlich. Jahrelang spricht sie nicht mehr darüber.

Doch trotz der anfänglichen Schwierigkeiten werden die *experiencers* (des fünften Stadiums; wir sprechen jetzt nur noch von ihnen; sie repräsentieren etwa ein Zehntel aller überprüften Nah-Todeserfahrungen) sich bald eines völlig überraschenden Phänomens bewußt: Ihre Neurosen scheinen verschwunden zu sein. Die Schüchternen sind plötzlich ruhig und sicher und fürchten sich nicht mehr, der Welt gegenüberzutreten. Die Masochisten lieben plötzlich friedlicher und betrachten mit einem gewissen Abscheu die verzerrten Triebkräfte, die sie einst dem Schmerz auslieferten. Die Gereizten werden ruhiger, die Lethargischen lebhafter ... In allen Fällen scheint die Verwandlung den gleichen Weg gegangen zu sein: Der *experiencer* sagt, er habe entdeckt, «wer er ist». Sich endlich *gefunden* oder erkannt zu haben, habe ihn veranlaßt, sich zu akzeptieren. Und zwar in ganz unterschiedlichen Szenarios.

Szenario von Barbara. Sie ist die Tochter von Farmern aus dem Mittelwesten, verheiratet, hat drei Kinder und erstickt in einem kleinbürgerlichen, schrecklich konformistischen Komfort. Ausgeprägte Neurose paranoider Färbung. Sie fühlt sich überall zurückgewiesen, ergreift keinerlei Initiative, verwandelt sich langsam in einen Zombie. Mit dreißig Jahren kommt sie bei einem Autounfall beinahe ums Leben. Nah-Todeserfahrung des fünften Stadiums. Sie sieht ihr Leben an sich vorüberziehen. Eine Szene ist besonders wichtig; sie ist in dieser Szene noch ganz klein und hat gerade ins Bett gemacht. Ihr

Vater und ihre Mutter stürzen sich schimpfend auf sie und schlagen sie.

Barbara erlebt die Szene noch einmal, aber *global*: Sie *ist* alle Personen gleichzeitig, begreift von innen sowohl die Rollen der Erwachsenen als auch die des Kindes und weiß auf einmal, daß ihr ganzes zukünftiges Elend hier seinen Ursprung hat. Sie ergreift nicht Partei für das Kind, das sie war, und gegen ihre Mutter oder ihren Vater. Sie empfindet alle drei Emotionsströme. Und so *sieht* sie die Wurzeln ihrer Neurose, versteht, warum sie sich seither immer abgelehnt gefühlt hat. Sie verzeiht sich selbst und verzeiht ihren Eltern. Später wird sie sagen: «Es war, als hätte ich auf einmal die Fensterläden geöffnet. Wir alle waren Opfer einer Struktur, die uns schließlich über den Kopf gewachsen war, und errichteten immer höhere Mauern zwischen uns.»

«Und Sie haben alle diese Szenen nacheinander wiedererlebt?» fragt Ring.

«Das ist schwer zu sagen», antwortet die junge Frau. «Ich sah wohl die *aufeinanderfolgenden* Schichten meines Lebens, die sich angehäuft hatten. Aber es war wie ein Dominoeffekt. Nachdem ich begriffen hatte, wo der Beginn meiner Krankheit lag, zog sich dieses Verständnis durch mein ganzes Leben und ließ überall, wo es vorbeikam, alles wieder wach werden. Es war eine Kettenreaktion: In meinem Innern kam alles wieder in Ordnung. Wie eine Blitzheilung. Wenn ich wollte, konnte ich bei diesem oder jenem Ereignis verweilen, ob es positiv oder negativ war – aber eigentlich gab es positiv und negativ nicht mehr, nur ein globales Wiedererleben aller Dinge, die ich erlebt hatte.»

Barbara wird schließlich wieder gesund. Verblüfft entdeckt sie in sich auf einmal eine enorme Lust, zu leben und zu kämpfen. Zum ersten Mal akzeptiert die blockierte Kleinbürgerin, daß sie gefällt. «Bis dahin», sagt sie, «wollte ich mein wahres Ich immer verbergen, weil ich es für hassenswert hielt. Wenn jemand mir etwas Nettes sagte oder freundlich zu mir war, dann dachte ich: ‹Ja, aber sie wissen nicht, wer ich *wirklich* bin.› Nach meinem Unfall habe ich begriffen, daß ich nicht schlecht war, daß ich einfach nur ich selbst sein mußte. Ich habe mich vollkommen und für immer verändert. Das war nicht leicht, denn meine Familie, die nicht immer verstand, was da vorging, warf mir dauernd Steine in den Weg. Ich habe sieben Jahre kämpfen müssen, um mich durchzusetzen.»

Dieser Identitätserwerb kann sehr weitreichend sein. In manchen Fällen entdeckt der *experiencer* in rein biographischen Begriffen, «wer er ist». So erging es der schönen und faszinierenden Stella. Sie war im Alter von sieben Monaten zur Adoption freigegeben worden und zu braven, etwas beschränkten Leuten gekommen, die ihre Adoptivtochter äußerst streng und konservativ erzogen. Mit acht Jahren erfuhr Stella von einer Schulkameradin, daß sie nicht die Tochter ihrer Eltern war. In Tränen aufgelöst, lief sie nach Hause. Ihre Mutter gestand ihr sehr verlegen die Wahrheit. Danach war alles verändert. Stella wurde gehemmt, linkisch und ängstlich und verlor jegliche Lebensfreude. Doch sie war schön. Ein reicher New Yorker heiratete sie. Sie bekam fünf Kinder und wurde eine «ideale» Bürgerin der Kennedy-Ära. Vollkommen frustriert.

Eines Tages wird sie schwer krank. Peritonitis mit Nierenversagen. Sie ist dem Tod sehr nahe. Eines Nachts hat sie eine erste, seltsame Vision: Völlig zusammenhanglos erscheinen ihr unbekannte Schriftzeichen vor einem dunklen Hintergrund. Später wird sie feststellen, daß es sich um Hebräisch handelte und soviel hieß wie «über den Fluchtpunkt hinaus». Ihre Krankheit verschlimmert sich. Sie fällt ins Koma. Dabei hat sie eine starke Nah-Todeserfahrung. Das berühmte Licht verwandelt sich für sie in eine strahlende Stadt aus Kristall. Ein Wesen (das ebenfalls aus Licht ist) nähert sich ihr.

«Zu Beginn», erzählt sie, «sah ich nur seine nackten, verletzten Füße. Dann habe ich langsam den Kopf gehoben und ihn schließlich angesehen: Er hatte zwei übereinanderliegende Gesichter, das eine schön und friedlich, das andere leidend und gequält.»

Mittels einer Art «emotionaler Telepathie» gibt dieses Wesen ihr dann eine Fülle von Informationen. Unter anderem die, daß das Leben mit dem physischen Tod nicht endet, daß es intensivere und subtilere Realitätsebenen gibt, daß die Menschen dies erfahren müssen und Stella deshalb wie viele andere wieder zu ihnen zurückgeschickt wird. Doch ehe es sie zurückschickt, teilt es ihr etwas Überraschendes mit: Sie sei als Jüdin geboren und müsse, um ihren Weg fortsetzen zu können, ihre Familie wiederfinden. Eine merkwürdige Erleuchtung. Niemand hatte ihr je etwas Derartiges gesagt.

Kaum ist sie geheilt, fühlt sich die junge Frau von einer unbegreiflichen Kraft getrieben, nach ihrer hypothetischen jüdischen Familie zu suchen. Ihr Mann glaubt, sie sei verrückt geworden. Er beschwört sie, damit aufzuhören. Doch sie kümmert sich nicht mehr um die Meinung der anderen und sucht hartnäckig weiter. Von amtlichen Stellen erfährt sie nichts. Dann passiert eine Serie von fünf oder sechs eigenartigen Koinzidenzen, bis sie plötzlich im alten Süden einem pensionierten Friedensrichter gegenübersteht. Als dieser sie sieht, ruft er spontan aus: «Mein Gott, das ist eine Kahn-Enkelin!» Er stellt sofort Verbindung zu ihrem Großvater her, der als Rentner in Florida lebt.

Ein unglaubliches Wiedersehen. Der Großvater umarmt Stella, die er sofort als seine Enkelin erkennt. Er zeigt ihr Fotoalben der Familie. Mit vierunddreißig Jahren sieht Stella zum ersten Mal die Gesichter ihres Vaters und ihrer Mutter. Sie erfährt, daß sie auch einen Bruder hat – der ihr auffallend ähnlich sieht. Die Familie lebt in Texas. Stella reist sofort hin. Doch der Empfang ist eisig – ihre Mutter lächelt nicht einmal.

Traurige Rückkehr nach New York. Doch Stella merkt plötzlich, daß eine Zentnerlast an Angst von ihrer Brust gewichen ist. Je besser es ihr gelingt, ihr Drama zu rekonstruieren, desto mehr Kraft spürt sie in sich. Ihre Mutter hatte das immer ungeliebte Kind im Alter von sieben Monaten zur Adoption freigegeben, und Stella litt unbewußt unter unendlichen Schuldgefühlen und machte sich selbst für alles verantwortlich. Später beugte sie sich ohne Widerstand den fanatisch calvinistischen Forderungen ihrer Adoptiveltern, um sich selbst zu bestrafen. Doch nun hatte sie auf mehr als seltsamen (Um-) Wegen die Wahrheit erfahren...

Binnen weniger Monate wird aus der bedrückten, frustrierten, gehemmten Frau ein freies Menschenwesen. Der Kampf ist nicht leicht. Stella läßt sich scheiden, tritt zum Judentum über und wird eine Art «Karrierefrau». Sie arbeitet im Weißen Haus als Spezialistin für Adoptionen und schreibt ein Buch über ihre Erfahrung. Es sollte «Über den Fluchtpunkt hinaus» heißen. Die Figur des Lichtwesens mit den nackten, blutigen Füßen spielt eine zentrale Rolle darin. Für Stella gibt es überhaupt keinen Zweifel daran, daß es sich um Christus handelte. Wie vereinbart sie das mit ihrer neuen Religion?

Kein Problem: Sie habe nur ihre eigenen Quellen finden müssen, um gesund zu werden. Doch die Überlebenden kümmern sich ganz allgemein wenig um konfessionelle Probleme – wir werden darauf zurückkommen.

Eine einfache Verwandlung: physisch, emotional, intellektuell und spirituell. Wenn man den Weg von Stella verfolgt, begreift man allerdings, daß es schwierig, ja absurd wäre, wollte man ihn im einzelnen untersuchen oder verallgemeinern.

Es war vor allem die glänzende physische Verfassung der *experiencers,* die Ring veranlaßte, seine Untersuchungen wiederaufzunehmen. Manche Nah-Todeserfahrungen beruhen auf einer *physiologisch unbegreiflichen* Rückkehr ins Leben. Ring zitiert den besonders schönen Fall einer sterilen Frau, deren Bauch völlig vom Krebs zerfressen war. Nach langer Agonie verschied sie endlich. Tot. Doch nein, plötzlich richtete sie sich wieder auf – und verlangte, man solle ihr möglichst schnell eine gute Mahlzeit servieren! Die Ärzte sind entsetzt, verordnen eine nahezu totale Diät: Sie hat keinen Magen mehr, und ihre armen Därme sind zerstört! Doch irrtümlich gelangt ein üppiges Dinner in das Zimmer der Frau, das diese rasch verzehrt. Die Unglückliche hat gute Aussichten, daran zu sterben! Aber nein, es geht ihr glänzend. Kurz darauf verläßt sie das Krankenhaus, schläft mit einem Mann und wird schwanger. Ihr Leib ist nicht nur frei von Metastasen, er scheint völlig regeneriert. Für die junge Frau beginnt ein neues, hell erleuchtetes Leben. (Für jene, die diese kaum glaubliche Geschichte nachprüfen wollen: Die Patientin heißt Betty Malz, und ihre Nah-Todeserfahrung fand an einem Julimorgen des Jahres 1959 im Union Hospital von Terre Haute in Indiana statt.)

Als Ken jedoch versucht, den biologischen Ursachen dieser Regeneration nachzugehen, kommen sofort Emotionen ins Spiel. Wie erfolgt die Auswahl? Man weiß, daß frohe Menschen schneller genesen als traurige. Die *experiencers* haben jede Angst vor dem Leben verloren, und sie als froh zu bezeichnen wäre untertrieben. Das Leben scheint sie förmlich zu überfluten. Wenn man die Ärzte befragt, die sie behandelt haben, zucken diese nur hilflos mit den Achseln: Ja, es ist wahr, es gibt spektakuläre Heilungen, aber wer kann sagen, welchen seltsamen Gezeiten der Strom des Lebens gehorcht?

Ring stützt seine neuen Untersuchungen auf vierfaches Material: die Schilderungen der Überlebenden, den medizinischen Bericht über ihren körperlichen Zustand, ihre Antworten auf eine ganze Batterie von Fragen und schließlich die Aussagen mehrerer ihrer Freunde. (Haben sie sich wirklich verändert oder bilden sie sich das nur ein?) Beim sechsundzwanzigsten Fall hat Ring keinen Zweifel mehr: Die Nah-Todeserfahrung löst eine völlige Umwälzung des Wertsystems der betroffenen Individuen aus.

So interessiert es sie beispielsweise nicht mehr, «was die Leute sagen». Die *experiencers* merken, daß ein großer Teil ihrer Einstellungen bislang von Angst vor der Meinung anderer bestimmt war. Einen guten Eindruck machen wollen, berühmt werden wollen, sich vor der Lächerlichkeit fürchten, all das verschwindet aus ihrem Leben wie Kinderkrankheiten. Ebenso verschwindet die übertriebene Bindung an materielle Güter – die sie als eigentliche Quelle der berühmten «Unsicherheit» erkennen, die den modernen Gesellschaften so zu schaffen macht.

Umgekehrt werden bestimmte Werte sehr viel höher geschätzt als vorher. Die Lebensfreude beispielsweise. «Ich langweile mich nie mehr» ist ein Satz, der in den Berichten der *experiencers* des fünften Stadiums immer wiederkehrt. Sie behaupten, sie seien mit geläuterten fünf Sinnen aus der Erfahrung hervorgegangen. Die Natur gewinnt eine ungeheure Bedeutung. Sie erscheint ihnen unendlich viel schöner als früher. Die Farben, die Gerüche, die Schatten, die Struktur von Oberflächen ... Die Einzelheiten! Sie sagen, sie hätten die vorrangige Bedeutung der Einzelheiten des Alltagslebens entdeckt.

Zusammen mit der wiedergefundenen Lebensfreude ist auch die Aufmerksamkeit gegenüber anderen im Wert gestiegen. Eine komplexe Mischung aus Geduld, Toleranz, Fürsorge, Verständnis, Mitgefühl ... man kann es kaum schildern.

«Es ist stärker als ich», gesteht eine alte Frau. «Ich liebe jetzt die meisten Leute, die ich kennenlerne, wie sehr gute Freunde. Unwillkürlich umarme ich jeden, der ins Haus kommt, selbst Unbekannte – manchmal sind die ziemlich überrascht.»

«Seit meiner Erfahrung», sagt eine jüngere Frau, «kommt man immer zu mir, wenn es hier in der Nachbarschaft ein Familien- oder

Eheproblem gibt. Ich muß sagen, daß ich mich nie mehr aufrege. Ich *sehe* den Kummer in den Augen der Leute.» Ein ehemaliger Boxer meint, die Menschen verletzten sich deshalb, weil sie nicht begriffen, daß unsere Beziehungen zueinander das Wichtigste überhaupt seien. Die Liebe sei die Antwort auf alles.

Doch auch hier kann man keinen einfachen Mechanismus isolieren. Bei der Untersuchung der physischen, emotionalen und ethischen Veränderungen stößt Ring auf die Fährte der Motivationen. Die *experiencers* sagen, ihr Leben werde jetzt dadurch erhellt, daß es einen Sinn bekommen habe. Das unschlüssige Herumirren ist zu Ende. Jeder hat seine eigenen Worte dafür, doch ein Wort faßt den Vorgang am besten zusammen: Ein *spirituelles* Leben ist in ihnen erwacht.

Das hat nicht viel mit Religion zu tun. Die meisten der *experiencers* bekennen sich nicht – oder nicht mehr – zu einem bestimmten Glauben. Die alten Rituale und Credos erscheinen ihnen vielmehr häufig als Zerstörung jedes spirituellen Elans. Manche gehen zwar gern in Tempel oder Kirche, weil man dort besser meditieren kann als anderswo; falsche, bärtige Götter regieren dort jedoch nicht mehr. Was Fassade war, fällt ab. Das höchste Wesen wird wieder unbenennbar, die Welt geheiligt. Die mystische Quelle der Religionen befreit sich von jahrtausendealtem Schlamm.

Keine Umkehr nach rückwärts. Die *experiencers* kehren nicht zur Bibel oder zur Thora zurück. Ein unwiderstehliches Bedürfnis nach Synthese veranlaßt sie, sich für alle spirituellen Traditionen gleichzeitig zu interessieren. Die Reinkarnation wird für nahezu sämtliche *experiencers* des fünften Stadiums zur Evidenz – sie betonen jedoch die Tatsache, daß der moderne Mensch mit seinem dominanten Ego es sehr schwer hat, wirklich zu begreifen, was sie bedeutet. «Das wahre *Ich* überlebt den Tod», wird mir ein Metzgerlehrling aus Ohio sagen. «Das ist natürlich nicht das Ego, sondern genau das Gegenteil.»

Es sieht so aus, als befänden sich die *experiencers* des fünften Stadiums, um diese Umwälzung (physisch, emotional, intellektuell und spirituell) besser zu assimilieren, in einem neuen *Bewußtseinszustand.*

Mehr als drei Viertel der von Ring befragten *experiencers* des fünften Stadiums weisen in der Tat ganz außergewöhnliche *Gaben* auf. Seit ihrer «Reise ins Licht» können manche beispielsweise durch Handauflegen heilen. Oder die Gedanken der Menschen lesen. Oder die Farbe ihrer *Aura* sehen. Oder ihre Krankheiten aus der Ferne visualisieren. Tatsächlich hat Raymond Moody Ring schon vor Jahren aufgefordert, sich mit einem sehr seltsamen Phänomen zu befassen, das er *Prophetic Visions,* PVs, getauft hat: *Prophetische Visionen.* Manche Überlebende sehen in die Zukunft. Einige würden darauf übrigens gern verzichten. Sprechen wir nicht von den großen, apokalyptischen Visionen (darauf kommen wir noch): Schon allein die Tatsache, daß das Alltagsleben hundertprozentig vorhersehbar ist, empfinden sie als furchtbare Last. Keine Überraschungen mehr. Jemand klopft an die Tür, oder das Telefon läutet, und sie wissen automatisch, wer es ist. Eine Frau hat Moody die ungeheure Freude gestanden, die sie an dem Tag empfand, als ihr bewußt wurde, daß gestern jemand an die Tür geklopft hatte und sie nicht wußte, wer es war.

Anfangs war Ring geneigt, diese Geschichten über «übernatürliche» Gaben, die Moody so faszinierten, auszuschließen. Doch im Laufe seiner Untersuchung mußte er das Phänomen einfach zur Kenntnis nehmen und als eine weitere «natürliche» und höchst eigenartige Gegebenheit berücksichtigen.

Die häufigsten Prophetischen Visionen sind langfristig. Ring bezeichnet sie als *Flashes Forward* (FF): Das Individuum hat die vollständige (mit Musik und Duft) Vision einer Szene, die sich später in seinem Leben abspielen wird. Natürlich kann man nur FF beurteilen, die sich überprüfen ließen, also mit alten Nah-Todeserfahrungen zusammenhängen. Doch da das Gedächtnis der *experiencers* unveränderlich scheint, erweist sich die Überprüfung als möglich.

Wir wollen die Liste dieser seltsamen Gaben nicht unnötig verlängern. Das Phänomen übersteigt das Begriffsvermögen. Jeder normale Forscher würde, wenn er unvermutet damit konfrontiert wird, schnellstens die Flucht ergreifen. Doch Ring steckt schon zu tief in diesem Abenteuer. Er kann nicht mehr umkehren. Er fragt sich immer wieder, ob er vielleicht im Begriff ist, verrückt zu werden.

Doch da findet er eines Tages in seiner Post einen Brief, der alles verändern wird.

Eine Frau berichtet auf ungefähr zwanzig Seiten von ihrer Erfahrung. Auf den ersten Blick sieht sie einer Nah-Todeserfahrung des fünften Stadiums zum Verwechseln ähnlich. Ring liest aufmerksam, aber ohne Überraschung. Die tiefen Veränderungen, die auf die Erfahrung folgten, sind typisch: 1. Die Überlebende hat ein besseres Bild von sich selbst. 2. Sie hat keine Angst mehr vor dem Tod (vor Schmerzen schon, doch das ist eine andere Sache). 3. Seither kann der bloße Anblick eines Baumes oder einer Grille sie für Stunden entzücken. 4. Sie, die sich als Agnostikerin bezeichnete und ohne Glauben lebte, hat die Spiritualität entdeckt (die sie von der Religion deutlich unterscheidet). 5. Ein unersättlicher Wissensdurst beherrscht sie Tag und Nacht. 6. Ihr neues Lebensziel ist es, zu anderen Menschen in Beziehung zu treten und ihnen zu helfen. 7. Sie hat dauernd prophetische Träume...

Der Brief endet mit einem Eingeständnis, das Ring verblüfft: Diese Frau war niemals dem Tod nahe. Sie hatte ihr Erlebnis binnen weniger Sekunden an einem Sommernachmittag, während sie auf einer Wiese Blumen pflückte (Freunde, die bei ihr waren, haben nichts davon bemerkt).

Plötzlich ist das ganze Gebäude der Forscher der IANDS aus seinem ursprünglichen Rahmen katapultiert. Wenn man eine Nah-Todeserfahrung des fünften Stadiums haben kann, während man friedlich auf einer Wiese Blumen pflückt, könnte es doch sein, daß *die Nah-Todeserfahrung im Grunde mit dem Tod selbst überhaupt nichts zu tun hat.* Ring sieht sich gezwungen, sein ganzes Vorgehen neu auszurichten. Er entdeckt mehrere Dokumente über Nachforschungen, die seinen eigenen seltsam ähnlich sind, obwohl sie nicht mit dem Tod verbunden sind.

So hat der Psychiater Stanley Dean ausführlich das studiert, was er als *Ultrabewußtsein* gewisser Mystiker bezeichnet. Er beschreibt diesen ungewöhnlichen Zustand in zehn Punkten.

Erster Punkt: Das Licht erfüllt alles. Es ist das im Orient beschriebene *brahmanische Strahlen,* das *unaussprechliche Licht* Walt Whitmans, das nach Dantes Worten *fähig ist, einen Menschen in Gott zu verwandeln.*

Zweiter Punkt: Das Individuum ist von einer so unerhörten Freude erfüllt, einer Anbetung und einem Entzücken, die so groß sind, daß sie nicht mit Worten zu schildern sind. Es ist die Ekstase, der Superorgasmus des *Ja*.

Dritter Punkt: Eine ebenso unbeschreibliche intellektuelle Erleuchtung überkommt das Individuum. Es hat intuitiv das Gefühl, es *kenne schon* den Sinn des Universums. Es identifiziert sich mit der Schöpfung über jeden offenbarten Sinn hinaus. Es wird sich in seinem Inneren der Existenz eines höheren *Selbst* bewußt, das so allmächtig ist, daß die Religionen es bisher mit «Gott» übersetzt haben.

Vierter Punkt: Es hat das Empfinden totalen Mitgefühls mit allen lebenden Wesen.

Fünfter Punkt: Der Betreffende legt seine Angst vor dem Tod ab wie ein altes Kleidungsstück. Alles Leiden löst sich auf. Er ist physisch und geistig von neuer Energie erfüllt. Sein Fleisch verjüngt sich buchstäblich. Von nun an begnügt er sich mit zwei oder drei Stunden Schlaf pro Nacht.

Sechster Punkt: Sein Interesse an materiellem Besitz schwindet. Sein Sinn für Schönheit wird schärfer.

Siebter Punkt: Seine Intelligenz läßt ihn sein eigenes, latentes Genie erkennen. Sein Gedächtnis wird phantastisch. Bewußtsein und Denken sind nicht mehr vermischt. Der ganze Körper erweist sich auf allen Ebenen als *bewußt*.

Achter Punkt: Die Erfahrung ist so tief und so bewegend, daß er alles tun muß, um sie mit seinen Mitmenschen zu teilen.

Neunter Punkt: Seine Persönlichkeit gewinnt Charisma. Er strahlt eine Kraft aus, die andere anzieht und inspiriert.

Und schließlich der *zehnte Punkt*: Er weist (plötzlich oder nach und nach) außergewöhnliche psychische Gaben auf wie Hellsehen, Telepathie, Präkognition, die Fähigkeit zu heilen und dergleichen. Wunderbare Gaben, von denen die *Visuddhi-Magga* (wörtlich: «Weg der Reinheit«, buddhistische Texte des V. Jahrhunderts in Pali) sagen, es handele sich um kleinere Niederschläge der spirituellen Entwicklung, die für einen unreifen Menschen sehr gefährlich sein können (weil er möglicherweise mit einem monströsen Ego daraus hervorgeht).

Nun gibt es für Ring kein Halten mehr. Fieberhaft stürzt er sich in die Lektüre der alten, großen Bücher – der Ägypter, Tibeter, Kabbalisten, Gnostiker, Sufis ... Eine Fülle verstreuten Wissens formt sich vor seinen Augen zu einem erstaunlichen Bild. Am Ende ist es Indien, das ihm das so lange gesuchte zentrale Stück liefert.

Vielleicht den Schlüssel zum ganzen Geheimnis der Nah-Todeserfahrungen.

Am unteren Ende der Wirbelsäule, in der Mitte des Beckens, soll bei jedem von uns eine ungeheure Reserve an Lebensenergie schlummern, für die die Inder das Bild einer mächtigen «Lebensschlange« gefunden haben – das Sanskritwort *kundalini* bedeutet «zusammengerollt» (wie eine Schlange). Der traditionellen indischen Weisheit zufolge ist diese Kundalini-Energie die eigentliche Grundlage des Lebens. Eines mysteriösen Fließens, das auf chinesisch *chi* und auf japanisch *ki* heißt oder auch *baraka* bei den arabischen Sufis, eine Energieebene, die die modernen westlichen Wissenschaftler noch nicht kennen. Die Alchimisten dagegen sollen sie gekannt haben: Angeblich zeugt davon die Schlange des Äskulapstabes der Ärzte ...

Unter bestimmten Bedingungen soll die Schlange aus ihrem sehr langen und sehr tiefen Schlaf geweckt werden können (tatsächlich schläft sie nie ganz, sonst würden wir augenblicklich zu leben aufhören – bei einem «normalen» Individuum, wenn sie also im Halbschlaf liegt, läßt die Schlange die Energie Tropfen für Tropfen entweichen wie ein undichter Wasserhahn). Die Yogis wissen seit Jahrtausenden, wie man die Kundalini weckt. Sie strebt dann zum Licht und durchquert den Körper von unten nach oben, wozu sie ein ganzes Netz von unvermuteten Kanälen benutzt, die in unserer inneren Anatomie die Existenz eines «subtilen» oder «feinstofflichen» Leibes enthüllen (in Sanskrit *nadis* genannt), einem echten «Doppel» des physischen Leibes, das berühmte energetische Netz der Akupunkteure.

Während sie vom Ende der Wirbelsäule zum Schädel aufsteigt (durch einen zentralen Kanal namens *sushummna,* der parallel zur Wirbelsäule verläuft), soll die Energie der Kundalini den gesamten Organismus «erobern», insbesondere das Nervensystem, um ganz neuen Gebrauch davon zu machen. Im Vorübergehen weckt sie sieben «Lebensknoten» oder Energiezentren, die *Chakras* heißen und wichtige Kreuzungspunkte des oben erwähnten «feinstofflichen» Leibes sind (das erste Chakra befindet sich auf der Höhe der Geschlechtsorgane, das zweite im Bauch, das dritte am Plexus, das vierte in der Höhe des Herzens, das fünfte im Hals, das sechste im Kopf und das siebte über dem Scheitel). Diese sieben Chakras gelten als Regulatoren, die für unsere physische, emotionale und geistige Gesundheit verantwortlich sind. Ihr Wachheitsgrad soll über unser Bewußtseinsniveau entscheiden. Während sie die sieben Chakras durchquert, soll die Kundalini diese zu optimaler Funktion animieren und dem Individuum sein eigenes Potential zugänglich machen, das bislang zu neunzig oder fünfundneunzig Prozent ungenutzt war. Den Yogis zufolge macht derjenige, dessen Kundalini geweckt wurde, den Eindruck eines Übermenschen. In Wirklichkeit ist er aber nur ein Mensch. Ein Mensch, der einfach wach ist.

In *Den Tod erfahren – das Leben gewinnen* berichtet Ring von einem indischen Yogi, Gopi Krishna, der sehr jung ein phänomenales Erwachen der Kundalini erfuhr. Der gesamte Vorgang erstreckte sich über mehrere Monate. Beim ersten Mal glaubte er, sein Kopf würde explodieren, und bis zum nächsten Tag blieb er steif auf dem Boden liegen. Dann begann er, prophetische Träume zu haben und die Gedanken der Menschen zu lesen. Er fühlte körperlich, daß seine drei ersten Chakras geweckt worden waren. Einige Wochen später durchlief ihn wieder das gebieterische Fließen. Diesmal erwachte das vierte Chakra, das des Herzens. Zwanzig Minuten lang spürte Gopi Krishna eine enorme Energie zwischen seiner Brust und seinem Schädel. Seine Mutter, die bei ihm war, sah ein Licht um seinen Kopf und ein anderes in Höhe seiner Brust leuchten.

Danach begann der junge Mann, durch Handauflegen zu heilen. Er veränderte sich völlig und trennte sich insbesondere von materiellen Gütern. Später erwachte sein fünftes Chakra, und er fing an, in die Zukunft und in die Vergangenheit zu sehen. Als das sechste Chakra zu tanzen begann, hat er intensive Nah-Todeserfahrungen. Gopi Krishna «verläßt seinen Körper» und taucht in ein mit violettem Licht gefülltes Tal ein ... Einige Zeit später erweckt er durch langes Anhalten des Atems in der entsprechenden Meditationsstellung schließlich sein siebtes Chakra. Ein goldenes Licht beginnt ihn zu umfließen, das seinen Ein- und Ausgang über dem Scheitel hat. «Ein unendlich süßer Nektar», sagt er später. Dann sieht er einen blauvioletten Buddhakopf, der ebenfalls von goldenem Licht gekrönt ist. Von neuem verliert er das Gefühl für seinen Körper, bleibt aber sehr bewußt, sogar hyperbewußt. Und er hört eine «mächtige und zärtliche» Stimme durch das Universum schallen. Indem er ihr zuhörte, seien ihm plötzlich seine «vergangenen Inkarnationen bewußt geworden» und auch sein spiritueller Entwicklungszustand. Eine unendliche Ruhe erfüllt ihn. Dann spürt er die gebieterische Notwendigkeit, in die physische Welt zurückzukehren. Er nimmt den gleichen Weg, auf dem er auch seinen Körper verlassen hat: durch die Schädeldecke. Sein Körper ist ganz steif, und er muß ihn mit Hilfe seiner spirituellen Energie buchstäblich *wiederbeleben.*

Was kann die westliche Wissenschaft zu einem solchen Vorgang sagen? Die meisten hier angeführten Begriffe bedeuten ihr nichts. Die westlichen Neurologen räumen allerdings eines ein: Wir benutzen nur zehn Prozent (oder fünf oder fünfzehn, das spielt keine große Rolle) unserer Gehirnkapazität. Was sofort ein sehr interessantes Problem aufwirft: Wie könnten die restlichen neunzig Prozent programmiert sein? Wie hat die Natur ein System einrichten können, das dem unmittelbaren Soll voraus ist? Im Namen welches erstaunlichen Zufalls oder welcher weitsichtigen Notwendigkeit? Für die klassischen Theoretiker ist das ein unergründliches Geheimnis. Der Darwinismus – bis hin zu Monod – hat keine Antwort auf diese Frage. Die Antwort der Yogis dagegen liegt auf einer anderen Ebene, die eben nicht wissenschaftlich ist. Sie sagen, die Kundalini sei göttlich und ihr Erwachen mache göttlich. Sie verbrenne alles negative Gestrüpp, das sich von Karma zu Karma angesammelt habe.

Für Kenneth Ring ist jedoch eines sicher: Dieses *Erwachen der Kundalini* scheint Auswirkungen zu haben, die in allen Punkten mit denen der Nah-Todeserfahrung vergleichbar sind. Mehrere Überlebende sprechen übrigens ganz deutlich von einer Art *Energie,* die seit ihrer Begegnung mit dem Tod nicht aufgehört habe, in ihnen zu wirken. Eine Frau erzählt: «Merkwürdigerweise habe ich den Eindruck, daß diese Licht-Energie jedesmal eine ungeheure Entfernung zurücklegt, wenn sie meine Brust verläßt, wo sie gewöhnlich ruht, in meinen Kopf aufsteigt und meine Schädeldecke erhellt. Wenn sie einmal da angelangt ist, kann ich sie nicht mehr aufhalten, sie muß ihren Weg zu Ende gehen – selbst wenn mein Körper nicht mehr kann und um Gnade bittet: Diese Energie kümmert sich nicht um Müdigkeit. Mir können vor Erschöpfung die Augen zufallen, sie fährt fort, das Innere meines Kopfes zu blenden. Manchmal dauert das stundenlang.»

Kenneth Ring nimmt Kontakt mit dem Kundalini Research Center in Toronto auf, dessen Direktor, Dr. Joseph Dippong, überzeugt ist, daß es sich bei den Nah-Todeserfahrungen einfach um ein «wildes» Erwachen der Kundalini handelt. Wieso «wild»? Die Yogis üben ihr ganzes Leben lang ausdauernd, um mit Hilfe der *Prassayama*-Atmung oder der *Asana*-Stellungen oder der Meditation über die Chakras in eher seltenen Fällen diese wunderbare Erleuchtung zu erlangen. Und nun scheinen auf einmal ganz beliebige, ungeübte Menschen ein Anrecht auf das große Los zu haben, nur so, einfach, weil sie den Tod gestreift haben. Ohne langes Training, ohne mühevolle mönchische Disziplin sollen sie – im Namen welcher Gnade? – jenen seltsamen Zustand erreicht haben, der in uns unerhörte Fähigkeiten mobilisierbar macht.

Nach einigen Monaten der Untersuchung ist Ring überzeugt: Wenn die Nah-Todeserfahrungen nicht wirklich ein Erwachen der Kundalini sind, dann handelt es sich zumindest um zwei Phänomene der gleichen Familie. Nachdem er zu diesem Schluß gelangt ist, denkt der Wissenschaftler weiter: Was hat es mit diesem plötzlich so demokratischen und duldsamen Erwachen der Kundalini auf sich?

Noch gestern fragte er sich vage, ob es nicht vielleicht möglich sein könnte, einen «Sinn» im Phänomen der Nah-Todeserfahrung zu finden, und nun scheint dieser Sinn plötzlich in greifbare Nähe gerückt ...

Ring zwingt sich nicht ohne Schwierigkeiten, ruhig zu bleiben und die Daten, über die er verfügt, gewissenhaft aufzulisten:

1. Es gibt ein bei den Orientalen gut bekanntes Phänomen, das sich Erwachen der Kundalini nennt.
2. Den Spezialisten der Kundalini zufolge erweckt dieses Phänomen im Menschen riesige und großartige schlummernde Fähigkeiten.

3. Die westliche Wissenschaft erkennt zumindest auf neurologischer Ebene diese Idee der «schlummernden menschlichen Fähigkeiten» an.
4. Den Weisen des Yoga zufolge erfolgt das Erwachen der Kundalini allerdings nur bei Individuen, die ein sehr hohes Niveau von Selbsterkenntnis und innerer Disziplin erreicht haben.
5. Das fünfte Stadium der Nah-Todeserfahrung hat große Ähnlichkeit mit den Beschreibungen, die es vom Erwachen der Kundalini gibt.
6. Die Nah-Todeserfahrung kann aber jederzeit jedem Menschen zustoßen.
7. Die Vervollkommung der Reanimationstechniken scheint die Zahl der Fälle von Nah-Todeserfahrung auf unserem Planeten zu vervielfachen. In den Vereinigten Staaten soll es (nach Gallup) acht Millionen davon geben, von denen wahrscheinlich zehn Prozent das fünfte Stadium erreicht haben.
8. Also ...?

«Also», ruft Ring eines schönen Morgens aus, «gehören unsere *experiencers* einer weitverbreiteten Mutation an! Sie sind Mutanten!»

Ich weiß, daß man dieses Wort heute in allen möglichen Zusammenhängen verwendet. Im Unterschied zu den vielfältigen Variationen von «Mutant», die gewöhnlich vorgeschlagen werden, würde die hier vorliegende alle Science-fiction-Supermänner übertreffen, weil dieser Mutant sich einfach als Mensch bestätigt. Als Mensch! Zu dreißig Prozent, zu vierzig Prozent, und endlich auch, warum nicht, zu hundert Prozent. Was bedeutet das?

Ein Cherokee-Indianer hat mir folgende Parabel erzählt:

«Als der große Geist beschloß, die Welt zu erschaffen, kreuzte er seinen eigenen Blick, und das war die erste Vollendung, die erste Ekstase: das Licht.

Dann erschienen die Steine, die den langen Weg zur zweiten Vollendung darstellten, zur zweiten Ekstase: dem Kristall.

Dann keimte das Gras. Langsam befreite es sich vom Boden – in Form von Pflanzen, von immer höheren Büschen, um schließlich die dritte Ekstase zu ermöglichen: den Baum.

Inzwischen kamen die Tiere. Sie alle bildeten den Weg der vierten Ekstase: des Walfischs.

Schließlich kamen wir an die Reihe. Wir, die wir der Weg zur fünften Ekstase sind: zum Menschen.

Aber merke dir eines, Kleiner: Wenn wir dieses Ziel erreichen wollen, müssen wir die vier vorhergehenden Ekstasen verstehen und respektieren können. Zu viele Menschen wissen das leider nicht, und deshalb trinke ich. Doch im Grunde meines Herzens habe ich die vier Ekstasen, die uns vorangehen, nie vergessen, und niemals, hörst du, werde ich aufhören zu hoffen, daß die fünfte Ekstase kommt, die fünfte Anbetung.»

Diesem alten Cherokee habe ich es zu verdanken, daß ich später besser verstanden habe, warum Konrad Lorenz sagte, wir seien das fehlende Kettenglied zwischen Affe und Mensch. Er sagte das nicht leichtfertig. Auf vielen Gebieten und vielen Ebenen sind wir noch immer nur sehr partiell menschlich – oder vielmehr: Wir haben unser *menschliches Potential* nur sehr partiell verwirklicht. Wir sind Wesen im Werden. Die Welt fließt, die Dinge bewegen sich, das Leben entwickelt sich. Wir sind ein fehlendes Kettenglied, das verschiebbar ist. Mit welcher Geschwindigkeit verschieben wir uns?

«Wir sind entsetzlich langsam», seufzte der Neuropsychologe Henri Laborit, den wir konsultierten, müde. «Schlimmer noch: Was das Gehirn betrifft, haben wir uns seit dem Neolithikum nicht verändert. Milde ausgedrückt, ist das eine Stagnation von zehntausend Jahren.»

Seit zehntausend Jahren unverändert? Wir (die große Masse) vielleicht... Doch sollten sich auf einmal gewisse Mutanten dem Ziel genähert haben...?

Eines Abends trifft Ken Ring nach einem Vortrag, den er vor der Akademie für Religion und psychische Wissenschaften in Chicago gehalten hat, einen alten Freund, einen Philosophen namens John White. Sie essen zusammen. John White ist begeistert. Er hat soeben sein Buch *Homo Noeticus* beendet, und der Vortrag, den er von Ring gehört hat, paßt ausgezeichnet zu seiner Hypothese.

«Wir sind im Begriff, einen entscheidenden Moment der kosmischen Evolution zu durchleben», ruft er unter den erstaunten Blicken der Leute an den Nebentischen, «einen Moment, der zweifellos wichtiger ist als selbst die neolithische Revolution! Vielleicht sind deine berühmten Nah-Todeserfahrungen ein Evolutionsmechanismus, der den Sprung der Individuen aus unserem gegenwärtigen in den nächsten menschlichen Entwicklungszustand betrifft, indem er die bis dahin schlummernden spirituellen Potentiale freisetzt!»

Ken Ring ist verwirrt. Sollte der «Sinn» der Nah-Todeserfahrung tatsächlich auf kollektivem Niveau zu suchen sein? Sagt man nicht, daß der Planet, um überleben zu können, geschmeidigere, kooperativere, liebevollere Individuen braucht? Hat man nicht bei dem immer schnelleren technischen Fortschritt und der Konzentration der Macht über die Energien den Eindruck, daß die Menschheit in der Tat eine rasche Mutation braucht, wenn sie überleben will? Sollten die *experiencers* des fünften Stadiums vielleicht Prototypen des Menschen der Zukunft sein?

«Man wird sie nicht mehr *Homo sapiens* nennen, sondern *Homo noeticus*!» ruft John White.

Den Begriff *noeticus* hat er zu Ehren Teilhard de Chardins gewählt, denn die «Noetik» – Erkenntnislehre oder Studium des Bewußtseins – ist eine der wichtigsten Aufgaben des Menschen. Ring ist wie elektrisiert: Das ist das Wort, das er seit seiner ersten psychedelischen Erfahrung im Wald vor mehr als zehn Jahren gesucht hat. Es war eine *noetische* Erfahrung!

Doch John White führt seinen Gedankengang fort, er ist nicht mehr zu bremsen:

> Der *Homo noeticus* läßt sich aufgrund seines höheren Bewußtseins und seines Selbstverständnisses nicht von traditionellen Formen, Kontrollen und Institutionen der Gesellschaft in seiner Entwicklung beeinflussen. Seine psychische Veränderung beruht auf ungehemmter Emotionalität, nicht auf der Sublimierung von Gefühlen und Trieben. Seine Motivation ist Liebe, seine Maxime heißt Kooperation, nicht Konkurrenzkampf oder Aggression. Seine Logik ist mehrschichtig/integrativ/simultan und nicht linear/folgerichtig/entweder-oder. Sein Gefühl für Identität ist auf die Gemeinschaft gerichtet, nicht auf das Individuum. Seine außergewöhnlichen psychischen Fähigkeiten nutzt er für wohltätige und ethische Dinge, nicht um schädliche und unmoralische Wünsche zu

verwirklichen. Mit den konventionellen Gesellschaftsformen gibt er sich nicht zufrieden, er sucht vielmehr nach möglichen neuen Lebensformen und Institutionen, nach einer Kultur, die im höheren Bewußtsein wurzelt, einer Kultur, die auf Liebe und Weisheit beruht und auf dem Prinzip der *Philosophia perennis*.

Die apodiktischen Worte Whites werden Ring noch lange durch den Kopf gehen. Könnte es wirklich sein, daß die *experiencers* Mutanten sind, Prototypen jenes sagenhaften *Homo noeticus*? Wie denken sie selbst darüber?

Ring braucht sie nicht zu fragen, die «fünften Stadien» haben es ihm hundertfach zu verstehen gegeben: Sie sind überzeugt, mit einer präzisen Mission «auf das irdische Bewußtseinsniveau» zurückgeschickt worden zu sein, nämlich der, der Menschheit zu helfen, ihre Evolution zu beschleunigen... ihre noetische Evolution.

Also steht uns ein goldenes Zeitalter bevor? Man müßte Zeitreisen unternehmen können...

Sie werden sagen: «Aber das ist doch ganz einfach: Man muß nur die berühmten Todesvisionäre befragen, die ja angeblich durch Zeit und Raum schauen können!»

Das ist eben das Problem. Man hat ihnen die Frage gestellt: «Wie sehen Sie die kollektive Zukunft der Menschheit?»

Manche haben nichts gesehen. Doch die anderen sind bleich geworden. *Alle anderen*. Es dauerte einen Augenblick, bis sie bereit waren, es auszusprechen...

Entsetzen.

Grauenhafte Visionen.

Unfaßbare Massaker, aus denen sich mit großer Mühe riesige «Klumpen menschlicher Seelen» lösten, die schrecklich ineinander verstrickt waren. Unfähig zu begreifen, was mit ihnen geschah, glitten sie auf unvorstellbare Abgründe zu.

Der allgemeine Holocaust?

Die Apokalypse?

Einige Forscher der IANDS haben begonnen, sich mit diesen schrecklichen prophetischen Visionen näher zu beschäftigen. Natürlich gibt es die verschiedensten Deutungen. Die naivsten Pessimisten erinnern daran, daß die PVs der *experiencers* sich im allgemeinen verwirklichen. Sie rechnen also damit, in den kommenden Jahren einen globalen atomaren Konflikt ausbrechen zu sehen. Das Ende der Welt.

Die gemäßigten Pessimisten fragen sich, ob man in diesen Visionen nicht eher die Ankündigung einer Art riesiger, kollektiver Nah-Todeserfahrung sehen sollte: Indem die menschliche Rasse ihrer eigenen Auslöschung nur knapp entgeht, wird sie sich endlich ihrer selbst und ihres Platzes im Kosmos bewußt.

Die gemäßigten Optimisten dagegen haben eine Vorliebe für die «Erpressungs»version. Unbewußt soll sich der Mensch selbst drohen: «Wenn du dich nicht änderst, wenn du nicht dein Herz und deine Augen öffnest, dann wird es das sein, was mit dir passiert!»

Doch Ring ist nicht einverstanden. Seiner Meinung nach müssen die Schreckensvisionen der *experiencers* symbolisch interpretiert werden. Diese physischen Massaker könnten in Wirklichkeit eine ungeheure psychische Umwälzung repräsentieren: den Tod des alten Menschen, die bevorstehende Mutation unserer Art, die große, kollektive Umkehr.

Doch wie soll unsere Spezies sich verändern, die sich doch so lange gleich geblieben ist?

Hier erwähnt Ring Rupert Sheldrake – für den, wie Sie sich erinnern werden, die physische Manifestation einer Form immer leichter wird, je häufiger sie sich wiederholt.

«Dank Sheldrake», erklärt Ring, «und dank der Klarheit seiner Theorie über die morphogenetischen Felder wissen wir, wie eine kollektive Mutation erfolgen könnte. Jahrtausendelang ist es nur einer Handvoll Menschen gelungen, ihre Kapazitäten voll zu verwirklichen. Die ersten wurden natürlich als Götter angesehen. In gewissem Sinne waren sie das auch. Doch bei jedem neuen Erfolg, bei jedem neuen Aufstieg von Kundalini wurde das morphogenetische Feld des Erwachens verstärkt. Genauso haben übrigens alle großen Mutationen seit Beginn der Zeiten stattgefunden: Eines schönen Tages wird das Feld so intensiv, daß sich alles beschleunigt und die am weitesten nachhängenden Elemente von der neuen Form aufgesaugt werden. Heute könnte das Phänomen der Nah-Todeserfahrung beweisen, daß wir kurz (zehn Jahre? hundert Jahre?) vor einer allgemeinen Wirkung der Kundalini oder etwas sehr Ähnlichem stehen.»

Sie müssen zugeben, daß das eine äußerst kuriose und erhellende Demonstration zugunsten der Hypothese von den morphogenetischen Feldern wäre. Eine Demonstration, die meiner Ansicht nach schon begonnen hat.

Die Menschheit ist eins. Wie groß auch die Unterschiede der Kulturen und Überzeugungen sein mögen, vom tiefsten afrikanischen Urwald bis an die Spitze der amerikanischen Wolkenkratzer gehören die Menschen doch zu einer einzigen Spezies. Wir alle sind unserem Wesen nach gleich.

Doch welches ist dann das unsichtbare Band, das uns durch die Evolution hindurch miteinander verbindet? Dieses Band, das uns seit Hunderttausenden, ja Millionen von Jahren und trotz aller äußeren Umwälzungen – und ungeachtet der jeweiligen Prozentsätze der genutzten Kapazitäten – auf der gleichen «inneren Bank» sitzen läßt, den einen in seinem hochtechnologischen Raumschiff und den anderen mit bemaltem Körper nackt in der Sonne hockend und mit dem Finger Figuren in den Sand zeichnend? Was könnte dieses seltsame Band sein, wenn nicht ein enormes *menschliches morphogenetisches Feld,* das die ganze Mehrheit in einem einzigen Strahl zusammenfaßt, einem einzigen Schiff, das mit vollen Segeln ein einziges Ziel ansteuert: die fünfte Vollendung. Die fünfte Ekstase. Den Menschen. In Demut göttlich. Den die schattigen Ufer des Todes für alle Zeit nicht mehr schrecken.

Eine erhebende Hypothese. Zu erhebend. Der «hundertprozentige» Mensch? Die «fünfte Ekstase»? Aber das ist die Apokalypse! Ich kann nicht daran glauben...

Vielleicht ist der *Homo noeticus* im Entstehen. Doch noch sind Leiden, Gier und Dummheit auf unserer Welt erschreckend. Wie kann man *Anteil nehmen* an den Strömen von Elend, ohne daß es einem das Herz zerreißt, solange man nur ein gewöhnlicher *sapiens sapiens* ist? Ein Sterblicher, dessen Bewußtsein nur zu einem Zehntel wach ist! Der Hilfe und Wärme braucht wie ein Kind...

An dieser Stelle habe ich spontan das Bedürfnis, zu der Mutterfigur zurückzukehren, die am Anfang dieser ganzen Geschichte stand. Zu Elisabeth Kübler-Ross.

Und jetzt werde ich auch die erstaunliche Erklärung für EKRs unglaubliche Energie kennenlernen: Sie selbst hat das sagenhafte Erwachen der Kundalini kennengelernt. Eine merkwürdige Geschichte.

Eines Nachts, bei einem gewissen Robert Monroe...

13 Urmütter und Grenzgängerinnen – Hüterinnen der «schwarzen Quelle»

Obwohl es eigentlich nicht zu übersehen war, brauchte ich eine Ewigkeit, um mir darüber klarzuwerden: Moody, Sabom, Noyes, Grof, Ring, Pribram, Sheldrake, Bohm... Lauter Männer. Ihr Hauptanliegen, wenn auch immer von einer gewissen Humanität getragen, war vor allem geistiger Art: Sie wollten verstehen. Deshalb sind sie einer nach dem anderen in die große Umkehr gestolpert, die Matrix der neuen Mythologie – und unterlagen dann zweifellos selbst der eigenartigen Metamorphose, bis sie sich nicht mehr nur vom Kopf lenken ließen. Aber niemand kann leugnen, daß der Weg, den sie beschritten, *zunächst* ein verstandesmäßiger Weg war. Verstandesmäßig und spielerisch. Doch als sie merkten, daß sie mit dem Feuer spielten, steigerte das nur ihre Erregung: Nun hatten sie es wirklich mit *großer* Science-fiction zu tun.

Das eigenartige Gebiet, auf dem diese Wissenschaftler arbeiten, war jedoch, wie niemand leugnen kann, von einer Frau erschlossen worden. Elisabeth Kübler-Ross. Von mehreren Frauen, wie manche berichtigen. Frauen wie Mutter Theresa in Indien und vielleicht Cicely Saunders in Großbritannien. Und von Dutzenden anderen, die man noch nicht kennt. Zurück in Frankreich, sollte ich entdekken – nachdem die Bewegung in den achtziger Jahren auch zu uns gelangt war –, daß es auch hier Frauen sind, die sehr konkret den Weg öffnen. Hauptsächlich Ärztinnen, unterstützt von Krankenschwestern.

Bei ihnen ist die wissenschaftliche Seite der Medizin von wesentlich geringerer Bedeutung als der karitative, mitfühlende, menschliche Aspekt. Er ist es, der ihnen den Wunsch und die Kraft einflößte, sich der ungeheuren, zerstörerischen Strömung zu entziehen, die die Menschheit mit dem Ruin bedroht. Der Strömung, die uns jahrzehntelang immer weiter von der «schwarzen Quelle» entfernt hat, der vitalen Inspirationsquelle des Dialogs mit den Sterbenden. Ich bin überzeugt, daß ohne das große Herz dieser Frauen der Dialog nicht wiederaufgenommen worden wäre und die genialsten männlichen Wissenschaftler der Welt daran nichts hätten ändern können.

Warum Frauen? Liegt es daran, daß nur sie Leben geben (während die Männer es tötend nehmen), daß nur sie den Menschen wieder die Augen für den Tod öffnen können?

Natürlich haben die neuen «Grenzgängerinnen» aus ihrer großen Erfahrung mit Sterbenden auch *intellektuell verwirrende* Elemente mitgebracht – alle Forschungsarbeiten von Elisabeth Kübler-Ross legen davon lebendiges Zeugnis ab. Doch diese Elemente dienen ihnen weniger dazu, neue Theorien zu entwickeln, als vielmehr dazu, neue Erfahrungen zu durchleben. Die logische Erklärung der Phänomene kommt nachträglich und zusätzlich. Verstehen wird man später.

Wie reagiert Kübler-Ross, als Raymond Moody ihr 1974 schreibt, um sie zu bitten, ein Vorwort für seine so seltsame Sammlung von Nah-Todeserfahrungen zu schreiben? Sie stimmt sofort zu und sagt: «Sie sind mutig, Ihre Kollegen werden Sie angreifen, aber halten Sie stand; ich habe selbst eine große Sammlung solcher Erfahrungen, die Sie Nah-Todeserfahrungen nennen. Doch ich hatte bisher keine Zeit, sie in Form eines Buches zusammenzustellen. Sicher werde ich das eines Tages tun.»

Eines Tages? In dem Augenblick, in dem ich diese Zeilen schreibe, also viele Jahre später, hat EKR sieben Bücher über die Begleitung Sterbender geschrieben, aber nicht ein einziges über die Nah-Todeserfahrung. Sie mußte zu vielen Sterbenden beistehen. Zu vielen Lebenden Mut machen. Sie hatte nicht, wie all diese gelehrten Männer, die Muße, dem seltsamen Phänomen Monate und Jahre wissenschaftlicher Studien zu widmen. Das bedeutet keineswegs, daß die «NDE-Akte» sie nicht interessiert. Sie ist fasziniert davon. Und sie ist fest entschlossen, sich «bald» damit zu beschäftigen und eine Arbeit vorzulegen, in der sie endlich die unerhörten NDE-Fälle anführen kann, zu denen sie aufgrund ihrer sehr privilegierten Situation Zugang hatte (vor allem in der Welt der Blinden). Anscheinend spielt sich für EKR der Hauptschlacht anderswo ab. Ihr geht es nicht darum, den Menschen reifer zu machen, sondern darum, ihn intellektuell (wieder) von der Existenz der Seele zu überzeugen. Vor allem aber darum, sein Herz wieder aufzuwecken. Die Intelligenz seines Herzens. Mit dieser Intelligenz nämlich verfolgt sie die «Akte». Sie ist Pragmatikerin. Die reine Theorie interessiert sie nicht sonderlich. Wenn man sie nicht testen kann, ist die schönste Hypothese kaum mehr als müßige Spekulation. Wenn man dagegen die Erfahrung selbst wiederholen kann, dann werden die verrücktesten Hypothesen zulässig.

Mit dieser Einstellung liest sie 1971 ein eigenartiges Buch über «Reisen außerhalb des Körpers» von einem gewissen Robert Monroe. Er war Toningenieur, wurde in den fünfziger Jahren Programmgestalter beim Rundfunk und später Chef eines ganzen Senders, des Mutual Broadcasting System in New York. Er wäre das zweifellos geblieben, wenn ihm nicht eine seltsame Geschichte zugestoßen wäre: Nachts im Schlaf begann Robert Monroe, «seinen Körper zu verlassen».

Anfangs glaubte er natürlich zu träumen. Einen unglaublich deutlichen Traum. Immer den gleichen: Zuerst sah er sich selbst schlafend im Bett liegen, dann hatte er das Gefühl, durch die Zimmerdecke zu gehen und im Freien in der Luft zu schweben und sein Haus und die Straße zu betrachten. Ein ruhiges Viertel. In dieser Wohngegend von Long Island waren nachts nur wenige Autos unterwegs. Von Zeit zu Zeit kam eine Katze vorbei. Oder eine Polizeistreife. Nichts Ungewöhnliches. Alles ganz normal. Und das jede Nacht. Doch nach und nach merkte Monroe, daß er nicht träumte.

Die Geschichte begann, ihn zu amüsieren. Er spazierte durch das ganze Viertel, besichtigte einige Nachbarhäuser und spielte ein paar Freunden Streiche. Dann bekam er Angst und konsultierte einen befreundeten Psychiater, Dr. Foster Bradshaw, dem er alles erzählte. «Sag mir die Wahrheit», flehte er ihn an, «glaubst du, ich bin wirklich verrückt geworden?» – «Ich weiß nicht», erwiderte der andere etwas spöttisch, «eigentlich siehst du nicht so aus.» – «Was würdest du an meiner Stelle machen?» – «Ich würde Ferien machen, irgendwo in freier Natur, weit weg, und nachdenken.»

Robert Monroe wartete zwei Jahre, ehe er die Ratschläge seines

Freundes befolgte. Inzwischen begann er, über seine geistige Gesundheit beruhigt, ein perfektes Doppelleben zu führen. Tagsüber blieb er der New Yorker Geschäftsmann, und nachts wurde er zum Erforscher des Phantastischen. Er sammelte immer mehr Erfahrungen und entdeckte, wie er sein «Heraustreten aus dem Körper» willentlich auslösen konnte. Dazu mußte er ein *bestimmtes Geräusch* erzeugen, und zwar genau in dem Augenblick, in dem er spürte, daß der Schlaf ihn übermannte. Ein inneres Geräusch, das seinen ganzen Körper in leise Vibrationen versetzte.

Von einem Verlassen des Körpers zum nächsten lernte Monroe nach und nach, sein außergewöhnliches Talent zu benutzen, um seine Reisen immer weiter auszudehnen. Er leitete daraus eine seltsame *innere Kartographie* ab. Wenn er seinen Körper erst verlassen habe, so sagte er, habe das Bewußtsein die Möglichkeit, entweder im Inneren unserer Raum-Zeit umherzuspazieren – er bezeichnete diese Zone als *Lokalzone I* – oder diese zu verlassen und eine sagenhafte Zone zu besuchen – die er *Lokalzone II* taufte –, in der der Reisende neben anderen Wundern beispielsweise kleine historische Nachprüfungen vornehmen könne.

Nach zwei Jahren der Forschung kündigte Robert Monroe seine Stellung als Generaldirektor und ließ sich in einem Haus auf dem Lande in Virginia in Nelson County nieder, wo er sich damit befaßte, ein präzises Projekt durchzuführen: Er wollte ein Laboratorium bauen, um seine «innere» Forschungsarbeit mit Hilfe der Technologie zu perfektionieren.

Nach jahrelangen Recherchen gelang es Monroe, eine sehr merkwürdige Methode zu entwickeln, um Leuten zu ermöglichen, «ihren Körper zu verlassen«: Der Kandidat wird in einen dunklen und schalldichten Raum eingeschlossen, liegt auf einem Wasserbett, hat Kopfhörer über den Ohren sowie Elektroden am Kopf und an den Händen – diese gestatten eine ständige Kontrolle seines emotionalen und zerebalen Zustands. In der ersten Phase schickt Monroe (am Steuerpult eines wahren Raumschiffs) eine Reihe von entspannenden Geräuschen über die Kopfhörer (etwa das Geräusch von «Meereswellen»), die den «Forschungsreisenden» in Alpha- bzw. Thetawellen versetzen (charakteristisch für den Zustand zwischen Wachen und Schlafen). Wenn der Körper des «Forschungsreisenden» (so nennt ihn Monroe) genügend entspannt und dieser im Begriff ist einzuschlafen, ändert Monroe plötzlich die Übermittlung und schickt *das Geräusch.* Eigentlich handelt es sich dabei um die Überschneidung zweier Geräusche – seine Recherchen hatten zunächst zu einem Geräusch von so niedriger Frequenz geführt (vier Hertz), daß es unhörbar war. Monroe löste das Problem, indem er in beide Ohren zwei hörbare, aber leicht unterschiedliche Geräusche schickte (die Differenz betrug genau vier Hertz): Das Gehirn nimmt sie auf, als ob es sich um ein einziges Geräusch handle. Das Ergebnis dieser Prozedur ist überraschend. Der Körper des «Forschungsreisenden» bleibt entspannt, beinahe schlafend, während sein Bewußtsein erwacht. Dann kann die *Reise* beginnen.

EKR ist von Monroes Buch frappiert. Sollte es tatsächlich seriöse Leute geben, die am «Verlassen des Körpers» arbeiten? Elisabeth versteht nichts von Parapsychologie und hat zu dieser Zeit auch nur wenig Ahnung von esoterischen Techniken. Natürlich erwähnen manche Berichte von Überlebenden ein solches «Verlassen des Körpers». Aber sie hätte nie geglaubt, daß man das willentlich herbeiführen kann. Sie schreibt an Monroe und bekundet ihr Interesse. Und dieser zögert nicht, ihr eine Einladung zu schicken. Er erwartet gerade eine Delegation aus Ärzten, Psychiatern und Ingenieuren, die seine Erfindung testen sollen. EKR möge sich ihnen doch anschließen!

Und so betritt EKR die kleine, dunkle Kabine und streckt sich auf dem Wasserbett aus. Die meisten Leute brauchen etwa eine halbe Stunde, bis sie so entspannt sind, daß man ihnen das Geräusch über Kopfhörer zuspielen kann. Und das *Abheben,* das darauf folgen soll, geschieht nicht automatisch jedesmal. Im allgemeinen sind mehrere Übungssitzungen notwendig. Anders bei Elisabeth! Binnen zehn Minuten «schwebt sie an der Decke der Kabine». Hinter seinem Kontrollpult voller Bildschirme im Steuerraum merkt Monroe das sofort: Die Zeiger und Monitore lügen nicht. Er wird unruhig, weil es viel zu schnell geht. Nur ein geübter «Forschungsreisender» kann so schnell abheben. Mit seiner geübten Sprecherstimme befiehlt er die sofortige Rückkehr zur Basis. Doch Elisabeth, kaum wieder gelandet, schilt ärgerlich: «Das hätten Sie nicht tun dürfen. Wenn ich eine Sache in Angriff nehme, dann mache ich sie gern gründlich.»

Am nächsten Tag wiederholt sie den Versuch, entschlossen, sich nicht behindern zu lassen und die Erfahrung so weit wie möglich voranzutreiben. Denn sie hat noch nie etwas derart Unglaubliches erlebt: Ihr Körper war plötzlich leicht wie ein Vogel, völlig gewichtslos, und ein faszinierendes Gefühl von Freiheit erfüllte sie von Kopf bis Fuß. Dazu muß man erwähnen, daß EKR 1972 krank war. Sie litt unter Obstipation, mußte ständig Medikamente nehmen und konnte nicht länger als eine Stunde körperlich arbeiten, ohne vor Erschöpfung zusammenzubrechen – sie begann, ihre Jahre verbissener Arbeit teuer zu bezahlen. Die Tatsache, daß sie ihrem erschöpften Körper «entkommen» konnte, empfand sie offenbar als köstlich.

Es folgte also das zweite Abheben. Zweite Reise. Sie verschwindet für ungefähr zwanzig Minuten «auf der erdabgewandten Seite des Mondes» (Originalton Monroe). Das ist lang. Sie erwacht problemlos. Doch diesmal kann Elisabeth sich an nichts erinnern. An nichts, außer an zwei Wörter, *shanti nilaya.* Sie fragt die anderen Besucher Monroes, ob jemand wisse, was diese beiden Worte heißen. Jemand versichert, *shanti* müsse ein Sanskritwort sein. Doch das ist alles. Beinahe alles, denn eine unglaubliche Veränderung hat sich vollzogen: Elisabeth ist in glänzender Verfassung. Die kleine Frau mit dem grauen Gesicht von vorhin macht jetzt den Eindruck, als habe sie gerade sechs Monate Ferien im Gebirge hinter sich. Dennoch braucht sie ein paar Stunden, bis sie verblüfft feststellt: Ihre Leibschmerzen sind verschwunden. Mehr noch: Sie ist geheilt.

Man kann sich die allgemeine Aufregung und den langen Diskussionsabend vorstellen, die folgten. Wie ist ein derartiges Phänomen zu erklären? Gegen Mitternacht jedoch hegt Elisabeth aus unerfindlichen Gründen leise Befürchtungen. «Bin ich nicht zu weit gegangen?» fragt sie sich plötzlich. Um ein Uhr morgens, als sie in den kleinen Bungalow zurückkehrt, den Monroe ihr zur Verfügung gestellt hat, ist ihre Befürchtung offener Beunruhigung gewichen: Sie *weiß,* daß etwas Ernsthaftes im Gange ist. Aber was? Das weiß sie nicht. Ein schreckliches Vorgefühl bemächtigt sich ihrer: *Sie darf auf keinen Fall einschlafen.* Warum? Auch das weiß sie nicht. Doch sie hat Angst, große Angst. Einen Augenblick lang denkt sie daran, Hilfe zu erbitten – jemand möge kommen und ihr Gesellschaft leisten. Doch eine seltsame Resignation hält sie sofort davon ab:

Nichts zu machen, zu spät, sie kann nicht mehr zurück. Dennoch läßt sie alle Lampen brennen und kämpft noch eine halbe Stunde. Vergeblich. Angekleidet auf dem Sofa liegend, schläft sie schließlich ein. Und dann ein weißer Blitz ...

Kaum verliert sie (äußerlich) das Bewußtsein, als sie sich aus sich selbst herausgerissen fühlt. Diesmal ist es kein Spiel mehr. Und der gute Monroe ist nicht da, um ihr den Befehl zur «Rückkehr zur Basis» zu geben. EKR hat den Eindruck, mit großer Geschwindigkeit in die Nacht zu steigen. Und plötzlich beginnen Bilder vorbeizuziehen: Eine nach der anderen sieht Elisabeth alle Personen wieder, denen sie beim Sterben beigestanden hat. Alle. Eine nach der anderen. Da, vor ihren Augen. Sie sieht ihre Gesichter im Todeskampf. Und sofort zieht ein gräßlicher Schmerz ihr Herz und Kehle zusammen und durchfährt sie wie ein Blitz. In Sekundenbruchteilen begreift sie: Sie empfindet das, was die Menschen empfunden haben, die in ihren Armen gestorben sind. Jedesmal, wenn das Gesicht eines dieser Menschen erscheint, spürt sie eine neue Welle von Schmerzen und Kummer. Und es sind Hunderte! Wie entsetzlich! Angstvoll versucht Elisabeth zu fliehen. Doch wo ist der Ausgang? Sie will aufwachen. Aber eine eisige Erkenntnis drängt sich ihr auf: Ihr Körper schläft zwar, doch ihr Bewußtsein *ist* wach. Gewiß, in einer ungewöhnlichen Situation, aber immerhin wach. Sie ist gefangen. Und niemand kann etwas für sie tun. Dann beginnt ein höllischer Traum. Eine endlose Qual.

EKR spürt den Krebs, der ihr Gesicht und ihre Eingeweide frißt. Die Sklerose läßt ihre Venen platzen. Ihre Muskeln befinden sich im Starrkrampf. Ihr Rücken verrenkt sich, und schneidende Schmerzen durchfahren sie von den Zehenspitzen bis zur Schädeldecke. Wie Messerstiche. Sie möchte schreien. Das ist schlimmer als alles andere. Einer nach dem anderen brechen ihre Knochen. Ihr Blut verfault, vergiftet sich. Ihre ganze Haut bläht sich zu einer riesigen, eiternden, brennenden Wunde ... Sie erleidet ein Martyrium. Und der körperliche Schmerz betäubt den Kummer nicht. Im Gegenteil! Nie hat sie solche Trauer empfunden, solche Einsamkeit erlebt.

Sehr schnell begreift sie, daß sie nichts tun kann, um diesem monströsen Alptraum zu entgehen, und beginnt, sich die Gegenwart eines Mannes zu wünschen. Sie hört sich flehen: «Herr, wenn ich nur meinen Kopf an die Schulter eines Mannes lehnen könnte.»

Zu ihrer größten Überraschung ertönt von nirgendwo und überall auf einmal eine ruhige, aber kategorische Stimme, die ihr antwortet: «Nein.» Sie erbebt. Was? Sollte diese Qual ein vorbereiteter Trick sein? Hat man sie nur zu Robert Monroe gelockt, um sie besser quälen zu können? Wer ist «man»? Keine Zeit, sich danach zu fragen. Der Leidensweg beschleunigt sich. Elisabeth leidet mehr, als ein Mensch ertragen kann. Die Gesichter der Sterbenden ziehen mit unerträglicher Intensität und Langsamkeit an ihr – in ihr – vorbei. Von neuem breitet sich in ihrem Geist die Sehnsucht nach männlicher Gegenwart aus. Von neuem beginnt die Ärmste zu bitten, ohne zu verstehen: «Bitte, Herr, laß mich nur die Hand eines Mannes halten!» Und von neuem ertönt wie eine Ohrfeige die Antwort: «Nein.»

Elisabeth ist außer sich. Der qualvolle Alptraum dauert eine Ewigkeit. Wird sie sterben? Ach, wenn sie das nur könnte! Das, was mit ihr geschieht, ist viel schrecklicher. Ihr ganzer Körper ist nur noch ein Bündel Fleisch, das im Feuer liegt. Aber ist das wirklich ihr *Körper*? Nie ist ihr Bewußtsein so tief in irgend etwas eingetaucht. Nie hätte sie geglaubt, daß man solche Qualen durchstehen kann, ohne vernichtet zu werden. Sie kann nicht mehr. Sie schickt sich an, in ihrem Flehen noch einen Schritt tiefer zu steigen. Sie schickt sich an zu stammeln: «Wenn ich keine Hand halten kann, dann aus Barmherzigkeit wenigstens einen Finger, wie ein kleines Kind den Zeigefinger seines Vaters hält.» Da plötzlich steigt in ihr, völlig unerwartet, äußerste Wut auf. Mit dem letzten Tröpfchen Energie, das ihr bleibt, hört sie sich murmeln: «Ein Finger ... Oh! Nein, das ist zu erbärmlich! Dann eben nicht. Rutscht mir den Buckel herunter, ihr Bande von Geizhälsen! Dann eben gar nichts!» Und sie gibt jeden Kampf auf und überläßt sich dem Leid, das sie zerreißt ...

Genau in diesem Augenblick zieht ein schwarzer Schleier durch sie hindurch. Und schlagartig kehrt sich alles um. Sie spürt, wie die Schmerzen sie verlassen und ein unendlicher Friede sie erfüllt. Was geht da vor? Zwei Sätze kommen ihr in den Sinn, an die sie sich erinnern wird: «Ich bin akzeptabel» und «Ich bin Teil des Einen». Jetzt verwandeln sich die tausend sterbenden Gesichter in tausend Paar Hände, die eine sanfte Tragbahre formen. Während sie sie tragen, hat Elisabeth das Gefühl, daß diese Hände sie aufladen, sie mit Energie erfüllen. Dann erscheint ein Licht, weiß und golden. Ein Strom von Genuß erfüllt sie. Später wird sie von einem «zehntausendfachen Orgasmus» sprechen.

Als sie endlich zu sich kommt, ist noch immer Nacht. Dreieinhalb Stunden etwa sind vergangen, seit sie einschlief. Angekleidet liegt sie auf dem Sofa im Bungalow von Monroe, in dem alle Lichter brennen.

Danach sieht Elisabeth das Leben nicht mehr mit den gleichen Augen an. Das Erlebnis, das sie in der Nacht bei Monroe hatte, wird sie nie mehr loslassen. Monatelang wagt sie nicht, sich jemandem anzuvertrauen, doch eines kann sie nicht verhehlen: ihre wiedergewonnene Gesundheit. Nie hat sie sich so gut in Form gefühlt. «Was für ein Wunder ist bloß mit dir passiert?» fragen ihre Freunde sie. Sie weiß nicht, was sie antworten soll. Ein Wunder? Nein, kein Wunder – es sei denn, man fasse das Leben selbst als Wunder auf –, denn der Strom von Gnade, der Elisabeths Körper durchfegt hat, gehorcht Gesetzen, die die Menschen kennen. Vor allem die Menschen des Ostens. Handelt es sich nicht ganz einfach um das *Erwachen der Kundalini*?

Elisabeth wird Jahre brauchen, um sich wirklich von ihrer Erfahrung zu erholen. Die ersten, die sie aufklären, sind Psychologiestudenten in Berkeley – Freunde von Stanislav Grof. Ihnen wagt sie, die ganze Geschichte zu erzählen, ohne befürchten zu müssen, für verrückt gehalten zu werden. Die Studenten sagen ihr, sie habe da ein Erlebnis gehabt, das den Weisen sehr gut bekannt sei. Sie sagen, sie habe den Zustand *kosmischen Bewußtseins* erreicht. Was die Worte *shanti nilaya* betrifft, deren Sinn sie nicht herausfinden konnte, so bedeuten sie in Sanskrit «letztes Haus des Friedens». Später, 1977, als Elisabeth sich im Süden Kaliforniens, in Escondido nahe der mexikanischen Grenze, niederläßt, wird sie so ihr Haus taufen. Und Shanti Nilaya wird für Tausende von Menschen zum Synonym für Wiedergeburt. Nicht nur für Sterbende oder Trauernde. Denn die Erleuchtung der Nacht bei Monroe hat Elisabeths Weg in einem entscheidenden Punkt verändert: Für sie ist der Tod von nun an kein Bruch mehr, sondern ein «Wachstumsstadium». Und ihre Arbeit wird ab jetzt darin bestehen, den Menschen beim «Wachsen» zu helfen.

Das, was wir fürchten, ist das Leben und nicht das Sterben! Nur der hat Angst vor dem Sterben, der es nicht verstanden hat, wirklich voll zu leben. Doch was bedeutet *leben*? Und *wachsen*?

Elisabeth wird noch andere mystische Erfahrungen machen. Eine ganz besondere Persönlichkeit wird in ihr Leben treten. Sie wird sie einmal als ihren Führer bezeichnen und einmal als ihren Geist . . . Ja, wie Jeanne d'Arc hört sie Stimmen. Eine Stimme. Eine innere Stimme. Ein regelmäßiger Dialog beginnt zwischen ihr und ihrem Engel. EKR verläßt definitiv die wissenschaftliche Szene. Sie selbst wird dennoch behaupten, ihre Kriterien hätten sich nicht verändert. «Ich bleibe», sagt sie gern, «völlig skeptisch gegenüber allem, was ich nicht selbst erlebt habe.» Doch ihre Erfahrungen weichen derart von der Norm ab, daß sie vielen unserer Zeitgenossen unerträglich wird. Ihre ganzen weiteren Lehren werden aus ihrem Dialog mit dem Engel schöpfen.

Ihre mystischen Erfahrungen geben ihren klinischen Erfahrungen die Tiefenperspektive, die ihnen noch fehlt. Elisabeth hat den Eindruck, endlich den verbissenen Kampf *benennen* zu können, den sie seit so vielen Jahren führt. Gegen wen kämpft sie denn im Grunde? Was ist das für eine berühmte *Grenze,* die weiter hinauszuschieben sie seit ihrem elften Lebenjahr erträumt? Die Grenze des Todes? Alles deutete darauf hin. Sie selbst hat sich lange täuschen lassen. Aber nein. Das ist es nicht. Aber was dann?

Nichts Kompliziertes. Für EKR klärt sich alles auf, als sie begreift, daß sie *gegen die Negativität* ankämpft. Was ist Negativität? Alles, was den Energiefluß blockiert und uns hindert, in Liebe und Harmonie zu leben – und damit alles, was uns unglücklich, böse, dumm, krank macht . . .

«Die Negativität jedes Individuums», sagt der Engel, «trägt dazu bei, einen riesigen Klumpen von allgemeiner Negativität zu nähren, der die Welt bedroht. Umgekehrt wird jedesmal, wenn ein Wesen irgendwo auf dem Planeten positiver wird, die Gefahr ein wenig kleiner, daß die Menschheit sich selbst zerstört.»

Wie wird man positiver? Der Engel widerspricht den modernen Kennern der Psyche nicht (sollte er sie inspiriert haben?): Die verdrängten Gefühle müssen aus dem Gefängnis des Unbewußten entweichen, damit der Lebensstrom wieder frei fließen kann. Die *natürlichen* Emotionen, flüstert der Engel Elisabeth zu, ließen sich an den Fingern einer Hand abzählen. Es gibt die Angst (Angst zu fallen, Angst vor lauten Geräuschen), die Wut (gegen die Veränderung), die Eifersucht (die zur Nachahmung und Besserung drängt), die Trauer (bei Verlust) und schließlich die Liebe (die häufiger, als man glaubt, darin besteht, nein zu sagen). Alle anderen Emotionen (alle!) sind, Elisabeths «Geist» zufolge, durch Verdrängung entstandene pervertierte Nebenprodukte dieser fünf natürlichen Emotionen.

«Und der Tod?» fragt Elisabeth eines Tages. «Welche Beziehung besteht zwischen der Hilfe für Sterbende und dem Kampf gegen die Negativität?»

«Das ist sehr einfach», antwortet der seltsame Gesprächspartner. «Die Agonie stellt die letzte Chance für das Individuum dar, sich von der Negativität zu befreien, die es während seiner Existenz nicht ablegen konnte. Die letzte Chance also, das zu erfüllen, wozu es inkarniert war. Das ist übrigens das einzige, was ein Mensch tun kann, um ‹der Welt zu helfen›.»

«Was denn?»

«Selbst positiver zu werden. Selbst wenn es in der letzten Sekunde geschieht, hat er damit in gewisser Weise seine Aufgabe erfüllt. Doch es wäre schwierig, wenn er in einem der Zwischenstadien der Agonie steckenbliebe.»

«Und was geschieht dann?»

«Nun, dann muß er wiederkommen, sich reinkarnieren, um die gleiche Arbeit wieder und wieder aufzunehmen, bis es ihm gelungen ist und er auf eine andere Bewußtseinsebene übergehen kann.»

Reinkarnation?

Seit der Dialog mit dem Osten wiederaufgenommen wurde (seit kaum einem Jahrhundert), finden immer mehr westliche Menschen diesen sehr alten Glauben auf ihrem Weg. Haben nicht sogar die Christen ihm angehangen, ehe Rom das Verbot erließ, darüber zu sprechen (auf dem Konzil von Nizäa)?

Dieser Glaube an die Reinkarnation (oder dieser Mythos, oder das Märchen) hat von neuem Aufwind bekommen. Element um Element wird allmählich das Puzzle einer universalen Kosmologie deutlich.

«Was ist der Tod?» fragt der moderne Mensch.

«Die Antwort ist nicht zugänglich», antwortet der Mensch des

Altertums, «wenn man den Menschen nur in seinen physischen Grenzen sieht. Wir sind unendlich viel mehr als der physische Leib.»

«Und doch», protestiert der Moderne, «spielt sich dort alles ab, in diesem Leib!»

«Aber er hat mehrere Schichten. Nur die physische ist sichtbar. Schon die psychische entgeht unseren Sinnen. Und auch der Raum-Zeit. Trotzdem ist sie ein sehr wirklicher Leib. Ebenso wirklich wie der feinstoffliche, in dem die Menschen sich davonmachen, wenn sie träumen – oder wenn sie aus diesem oder jenem Grund ‹ihren Körper verlassen›.»

«Wie bei der Nah-Todeserfahrung?»

«Zum Beispiel.»

«Aber stirbt das Individuum, das ‹seinen Körper verläßt›, weil der Tod unmittelbar bevorsteht, wirklich für einen Augenblick?»

«Nein», antwortet der Mensch der Antike, «wenn man stirbt, dann stirbt man.»

«Was geschieht dann im Augenblick des Todes?»

«Das unsichtbare Band, das den physischen Körper mit dem feinstofflichen Leib verbindet, zerreißt.»

«Der feinstoffliche Leib wäre also das, was man Seele nennt?»

«Die Seele ist ein Eintauchen in noch subtilere Leiber ...»

«Und das ist noch immer Leben?»

«Jedesmal ein wenig mehr!»

«Und du», fragt Elisabeth eines Tages ihren Engel, «reinkarnierst du dich auch?»

«Natürlich», anwortet die innere Stimme.

«Und weißt du, als was?»

«Natürlich. Wir reinkarnieren uns (er spricht oft im Plural) in einem Kind, das an Hunger stirbt.»

«Was? (aufrichtig schockiert) Gibt es eine grausamere und absurdere Idee?»

«Im Gegenteil», antwortet der Engel. «Wir haben das nötig.»

«Aber warum denn, um Himmels willen?»

«Es erweitert unseren Sinn für Mitgefühl.»

Man kann sich ohne weiteres vorstellen, welche verheerende Wirkung Elisabeth auslöst, als sie anfängt, alle ihre Geschichten über Träume und einen Engel von einem Podium aus einem ahnungslosen Publikum vorzutragen. Vor allem in Europa. Ohne Vorbereitung kann ihre Rede nicht ankommen. Man muß sie bei der Arbeit sehen. Wenn die Masken fallen. Wenn alle Welt «Rette sich, wer kann!» schreit und den Kopf in den Sand steckt, weil der äußere Schein zu abstoßend wird und das Leiden des Sterbenden jede Kommunikation zu verhindern scheint. Dann muß man beobachten, wie EKR handelt. Und ist überwältigt.

Ich habe sie bei der Arbeit sehen wollen, mit meinen eigenen Augen. Ich wußte noch nicht, daß sie mir vor allem zum Weinen dienen würden. Denn EKR hat einen ganz eigenen Platz in dieser neuen Mythologie. Ich hatte die Hauptperson dieses Buches selbst noch gar nicht kennengelernt. Ich sollte EKR in ihrem seltsamen *Zimmer der Tränen* entdecken. Sie und die Metamorphose der Leidenden. Von der man nur so schwer sprechen kann.

14 Im Tal der Tränen

Es gab nur eine einzige Möglichkeit, sich Elisabeth Kübler-Ross zu nähern: die Teilnahme an ihrem berühmten Seminar «Leben, Tod und Übergang». Doch man mußte sich Monate vorher anmelden – zwanzig Jahre nach ihrem ersten Vortrag waren EKRs Seminare stets ausgebucht. Durch einen glücklichen Zufall konnte ich den Klappsitz nutzen, der immer für unerwartete Gäste bereitsteht. Das war im Januar 1984, in einem Franziskanerkloster in Wappingers Falls, etwa fünfzig Kilometer von New York entfernt. Die Vorstellung der Teilnehmer beanspruchte den ganzen ersten Tag. Jeder mußte der Reihe nach seinen Namen und seinen Herkunftsort nennen und sagen, warum er gekommen war. Nachdem die beiden ersten Personen sich kurz vorgestellt hatten (zwei junge Frauen, braunhaarig und lebhaft, aus gutbürgerlichem Haus, die sich, wie sie sagten, in ihrer Haut nicht recht wohl fühlten, sonst aber eigentlich nicht klagen könnten), hatte ich mich auf meinem Stuhl zurückgelehnt und damit gerechnet, mich nun stundenlang ziemlich zu langweilen, da an diesem Seminar ungefähr hundert Personen teilnahmen und nun jeder seine kleinen Kümmernisse auspacken würde.

EKR hörte wortlos zu.

Dann erhob sich plötzlich die dritte Person. Wieder eine Frau. Sie war mir von Anfang an aufgefallen, weil sie unbestreitbar die hübscheste der anwesenden Frauen war. Schlank, mit langem, rotem Haar, das ihr fast bis auf die Hüften fiel. Blaue Augen, spitz zulaufendes Gesicht. Sie hatte während der ersten Stunden eisige Gleichgültigkeit gegen alles an den Tag gelegt, was sich um sie herum abspielte. Sie hatte mich fasziniert. Und nun wurde sie aufgefordert, sich allen zu eröffnen.

Ich konnte kaum hören, wie sie ihren Namen nannte. Sie hieß Patricia. Der Rest ihrer Worte wurde sofort von Tränen weggeschwemmt. Ihr Mann war gerade an einer schnell verlaufenden Knochenkrankheit gestorben. Er war noch keine dreißig Jahre alt gewesen. Die junge Witwe mußte sich wieder setzen, von Schmerz geschüttelt. Sie weinte schweigend, mit geschlossenen Augen und offenem Mund. Mit einem Schlag war die Spannung steil angestiegen. Sie sollte eine Woche lang nicht mehr nachlassen.

Bei jeder dritten oder vierten Vorstellung trafen mich tränenerstickte Worte wie Faustschläge. Die Menschen hier brauchten über ihre Motivationen nicht viel zu reden. Anfangs verstand ich nicht immer ganz, was sie sagten – mein Ohr hatte sich noch nicht an weinend gesprochenes Amerikanisch gewöhnt. Und dann sprangen mich die Worte brutal an: *«I won't die! I won't die!»* Sie wollten nicht sterben. *«I won't die!»* Sie waren zum Sterben verurteilt, und alles in ihnen bäumte sich auf.

Oder auch: *«Give me my baby back!»* Sie flehten, man solle ihnen ihr Kind wiedergeben. Sie hatten ihren Waffenbruder sterben oder ihre Geliebte erlöschen sehen. Ihre Eltern waren gestorben, ohne ihnen zu verzeihen. Oder ohne daß sie ihnen verziehen hatten. Ohne daß sie ihnen hätten sagen können: «Ich habe dich immer geliebt, ohne jemals zu wagen, es dir zu sagen.»

Der letzte Teilnehmer stellte sich gegen elf Uhr abends vor. Wir waren wie ausgelaugt. Aber schon hatte sich alles verändert. Aus einer anonymen Menge waren Gesichter aufgetaucht.

Das eigentliche Ritual begann erst am zweiten Tag. Ich begriff nicht sofort, was sich abspielte. Eine dicke Dame von etwa fünfzig Jahren mit rötlichem Gesicht kniete inmitten des Raumes auf einer bereitliegenden Matratze nieder. Sie wandte EKR das Profil zu. Zweiundneunzig Augenpaare waren auf sie gerichtet. Eine durchschnittliche Amerikanerin in engen Blue jeans, einer halb durchsichtigen, weißen Nylonbluse, unter der man ein strammes Mieder ahnte. Sie wurde gebeten, die Brille abzunehmen und die Schuhe auszuziehen. Sie begann zu sprechen.

Mit zunächst sehr ruhiger Stimme erzählte sie in ein paar Sätzen von ihrer Kindheit. Ihre Mutter war krank und ihr Vater schwach. Man hatte sie also der Großmutter anvertraut. Bewußt oder unbewußt verhielt sich diese Großmutter sadistisch: Wenn die Eltern die Kleine am Wochenende besuchten, schloß die alte Frau das Kind in einem anderen Zimmer ein, damit es «die Unterhaltung der Erwachsenen nicht störte». Dabei hatte das Mädchen nur einen Wunsch: Es wollte seinen Eltern in die Arme stürzen, sich an sie drücken. Die Großmutter verbot es – außer zur Begrüßung und zum Abschied. Das Kind litt schrecklich. Es verschloß den Kummer in seinem Innern, wurde apathisch, weigerte sich, im Garten zu spielen. Es konnte nicht einmal mehr weinen. Später, wenn die Eltern wieder fort und das Mädchen allein war, weinte es sich die Augen aus dem Kopf. Und empfand schreckliche Wut auf seine Großmutter.

Auf der Matratze kniend, beginnt die Frau, sich mit angespanntem Rücken und Schenkeln vorwärts und rückwärts zu wiegen. Ihre Stimme verändert sich. Als sie zu sprechen begann, fand ich das etwas gezwungen. Das freiwillige Spiel einer insgesamt etwas banalen Psychotherapie. Als sie zu weinen begann, zögerte ich. Als sie schrie, fühlte ich mich seltsam. Alles veränderte sich mit ihrer Stimme. Sie wurde wirklich wieder das kleine Mädchen, dem man nicht gestattete, an den Wochenenden seine Eltern zu sehen. Und plötzlich kam der Haß auf die Großmutter hoch.

EKR flüsterte einen Satz, den ich nicht sofort verstand. Er hieß: «Sagen Sie, was Sie Ihrer Großmutter zu sagen haben. Sie ist da, vor Ihnen.» Da geriet die Frau vor Zorn außer sich. Sie ergriff den Knüppel, den man ihr reichte, und begann, wütend auf die Matratze einzuschlagen. Schreiend. Sie legte ihre ganze Körperfülle in jeden Schlag. Sie zertrümmerte ihre Großmutter in kleine Stücke. Dann nahm die Wut eine andere Richtung. Sie sah ihre Eltern wieder. Deren untröstliche Gesichter, wenn es an der Zeit war abzufahren und sie das Kind umarmten. Untröstlich! Sie sah den unendlich feigen Blick ihres Vaters, als er ihr sagte: «Nächstes Mal werden wir länger miteinander sprechen, Betty.» Dabei wußten sie doch, daß sie litt. Aber sie waren zu schwach, zu feige, hatten zu viele Schuldgefühle gegenüber der Alten, die ihnen mitleidlos ihren Willen aufzwang. Wie sie sie haßte, sie auch! Wie sie sie noch heute haßt! Weil sie sie ausgeliefert hatten. Ebensogut hätten sie sie verkaufen können!

Die Frau verdoppelt ihre Attacken auf die Matratze. Sie zerschlägt ihren Eltern die Gesichter. Sie zerschmettert ihnen die Kinnladen. Eine Assistentin von EKR schiebt alte Telefonbücher unter den Knüppel. Platsch! Platsch! Bald fliegen Tausende von losen Seiten um sie herum. Dann ist sie außer Atem. Ihre Wut versiegt. Sie ist schweißgebadet. Sie hat völlig vergessen, daß alle ihr zusahen, hundert Blicke auf sie gerichtet waren. Jetzt weint sie, auf den Knien zusammengesunken. Wellen schweren Kummers lassen ihre Schultern ruckweise zucken. Sie ist acht Jahre alt. Ihr ganzes Denken ist auf die Abwesenheit der Eltern konzentriert. Wie hätte sie sie geliebt! Wie hätte sie sich in ihre Arme geschmiegt! Jetzt hält man ihr ein Kissen hin, das sie stöhnend an sich preßt. Lange kniet sie so. Niemand sagt etwas. Eine gewisse Beruhigung tritt ein. Eine Atmosphäre stellt sich her. Die geheiligte Tragödie stellt sich her. Die geheiligte Tragödie kann beginnen.

Denn bisher haben wir nur einer ziemlich klassischen Gruppentherapie-Sitzung beigewohnt. Doch jetzt öffnet das Seminar plötzlich seinen wirklichen Vorhang, und der Tod betritt die Bühne. Jetzt fügt sich alles zusammen. Die einfachsten Berichte gewinnen plötzlich eine unerbittliche Kraft, und jeder spürt sie.

Die nächste Frau – in dieser Geschichte gehen die Frauen immer voran – wurde geschlagen. Wieder einmal kaputte Eltern. Diesmal aber direkt. Schläger. Die vielen Trachten Prügel, die im Laufe dieser Trancen erscheinen! Töchter, die von ihren Brüdern oder Vätern vergewaltigt wurden! Ich bin verblüfft. Die zweite Frau also ist eine der wenigen Mageren. Sie hat etwas von einer Hinterhofkatze. Mager von innen. Rachitis des Herzens. Große Familie. Sanfte Dirne als Mutter, Vater Alkoholiker.

Als sie ihrerseits in Trance fällt, versteift sich ihr Rücken, ragt spitz nach oben, und ihr Leid ist in der Kehle blockiert, weigert sich, anders als durch rauhe Schreie ihren Körper zu verlassen. Doch plötzlich findet diese Frau darin einen unerwarteten Riß: Eines Tages hat ihr Vater einen ihrer Brüder derartig verprügelt, daß dieser an den Verletzungen starb. An ihn beginnt sie jetzt zu denken. Auf ihn richtet sie ihren Kummer. Auf ihn, der so schön war. Und so lieb. Zwei Jahre jünger als sie. Sie glaubte, verrückt zu werden, als der Junge starb. Er war dreizehn Jahre alt. Man brachte ihn ins Krankenhaus, wo er starb, ohne daß sie sich von ihm hatte verabschieden können.

«Sagen Sie ihm jetzt *Adieu*», murmelt Elisabeth. «Er ist da, vor Ihnen.» Die magere junge Frau verfällt dem Spiel völlig. Sie *sieht* ihren toten Bruder. Sie sieht, wie er ihr zulächelte. Sie beschreibt sein Gesicht, wenn er schlief. Sie beginnt, mit ihm zu sprechen. Ihn an sich zu drücken. Ihn zu küssen. Sie weint. Zuerst zitternd. Doch nach und nach verringert sich der Tränenstrom. Sie schluchzt weniger verzweifelt und liegt schließlich völlig erschöpft auf dem Bauch.

Und jetzt beginnt sie, mit ihrem Vater zu sprechen. Auch er ist inzwischen tot. Sie sieht ihn, als er selbst noch ein Kind war – lange, sehr lange, ehe er zu trinken begann. Dieses Bild macht sie noch unendlich viel trauriger. Bis zum Schluß hat der Vater getrunken. Am Ende war er nur noch eine alkoholgetränkte Maske. Ein schwankendes Knochengestell. Aber in seinen Augen leuchtete eine verzehrende Bitte voller Haß – oder war sie es, die den Haß ins Spiel brachte? Sie leidet plötzlich darunter, daß sie diese Maske gehaßt hat. Sie kann ihren Vater nur noch als das Kind sehen, das er einmal war. Jetzt ist es dieses Kind, das sie in ihre Arme schließt, indem sie das Kissen an sich drückt, das man ihr reicht.

Die zehnte Person, die sich auf der Matratze ausliefert, ist ein Mann. Ein New Yorker. Ein großer, blonder Mensch mit Schnurrbart und strohigem Haar, der bisher nur durch seine übertriebene Vorliebe für jüdische Witze auffiel.

Er hat Aids. Man sieht es noch nicht. Nicht so sehr wie bei dem kleinen, kahlen Grauhaarigen – kahl, seit er von der Krankheit ergriffen wurde. Doch der große Blonde weiß, daß er Aids hat, und das genügt. Er ist homosexuell; wie alle anderen Teilnehmer, die diese Krankheit haben. Er braucht lange, bis er abhebt. Als er über seine Homosexualität spricht, fängt seine Stimme an zu zittern. Er sieht sich wieder, mit zwölf, dreizehn Jahren, als die Scham begann, an seinem Inneren zu nagen. Er sieht sich wieder, als er sich selbst verleugnete, weil ihn Männer anzogen und das nicht vorgesehen war. Er sieht sich wieder als Kind, und dieses Kind macht ihm Kummer. Er sieht dieses Kind, das von spottenden Freunden umgeben ist, und spürt auf einmal Mordlust.

EKR sagt: «Sprechen Sie mit diesem Kind.»

Da beginnt der große Blonde zu schreien: «Wehr dich, Kleiner! Schlag sie zusammen! Brich ihnen die Knochen! Feigling!» Die Wut übermannt ihn. Zwanzig Jahre danach wiederholt er die Metamorphose, die ihn brutal ins Bett seines ersten Liebhabers warf, weil das Verlangen ihn übermannte, und er verwandelt sich in eine Furie. Er nimmt den Knüppel. Er wütet, und seine Schläge lassen einen noch in zwanzig Meter Entfernung zusammenfahren. Er schlägt. Er prügelt. Er mordet. Seine Freunde von früher – diese Schurken –, seine Eltern, seine Lehrer, alle! Erst als er in Trance ist – wirklich *außer sich* –, erwähnt er zum ersten Mal Aids. Aids, das ihn unwiderruflich entwaffnet hat, um ihn den ersten besten Bakterien auszuliefern. Er beginnt ausdauernd zu weinen. Ich verstehe nur noch Bruchstücke von dem, was er sagt.

Er sei fünfunddreißig Jahre alt. Er wolle leben. Er ruft: «Ich werde vielleicht an einem Schnupfen sterben. Einem Schnupfen! Wir können wegen jeder Kleinigkeit abkratzen!» Er beginnt zu schreien: «Wir werden krepieren wie die Fliegen!» Brüsk wendet er sich an die Zuhörer: «Und ihr, ihr Schweine, ihr Heuchler, ihr sagt: ‹Ist doch normal!›, nicht? ‹Sollen die Schwulen doch abkratzen!› Streitet es nicht ab, ihr sagt: ‹Steht doch schon in der Bibel, nicht? Die Schwulen sind verflucht, Sodom und Gomorrha, nicht?› Und ihr...»

Er bricht ab, wie von einem Maschinengewehrfeuer niedergemäht. Er wälzt sich am Boden, das Gesicht in den Händen. Er schluchzt: «Und Bobby ist nicht mehr da! Bobby! Mein Bruder! Bobby!» Vermehrtes Schluchzen. «Aids hat sein Gesicht zerfressen. Am Schluß sah er grauenhaft aus. Aaaah!»

Der große Blonde krümmt sich vor Schmerz. Er weint für alle homosexuellen Aids-Opfer. Er fühlt sich über den Tod hinaus mit allen solidarisch. Aber die Psyche des Mannes ist nicht so einfach strukturiert... Eine Zeitlang hatte er sich bürgerlich etabliert. Er hatte geheiratet und hat zwei Kinder. Zwei kleine Mädchen. Jetzt sind sie es, die er ruft. Er sieht ihre Gesichter wieder an dem Tag, an dem sie begriffen hatten, daß er homosexuell war und sie verlassen würde, sie und ihre Mutter, um mit einem Mann zu leben. Sie waren sechs und acht Jahre alt. Er war geflohen, ohne ein Wort zu sagen. Eine neue Woge von Traurigkeit überflutet ihn. Er wird sterben und zwei kleine Mädchen zurücklassen, die völlig verstört sind. Diesmal richtet er seine Wut gegen sich selbst. Er bearbeitet sein Gesicht mit Schlägen, hämmert mit dem Kopf auf den Boden. Eine Assistentin von EKR schiebt ihn sanft auf die Matratze zurück, wo er schließlich zusammenbricht und seine beiden kleinen Töchter anfleht, ihm zu verzeihen.

Langsam beruhigt er sich. Schließlich nimmt er das Kissen an, das man ihm reicht und das er vorher rüde zurückgewiesen hatte. Er schließt es in die Arme. Er spricht mit ihm. Er sagt zu ihm: «Ich werde sterben, meine Lieblinge. Euer Papa wird sterben.»

Ich brauche lange, um zu erfassen, wie die Gefühle um sich greifen. «Popcorn-Effekt» nennt EKR das: Ganz plötzlich findet das Leiden bei den Zuhörern Widerhall; hinter mir beginnt jemand so laut zu schluchzen, daß er aus dem Raum geführt werden muß. Eine Assistentin nimmt ihn bei den Schultern und führt ihn in eines der drei angrenzenden «Tränenzimmer» – die *screaming rooms,* die genauso ausgestattet sind wie der Hauptsaal: eine Matratze, ein Knüppel, Telefonbücher, ein Kissen.

Beim ersten Mal kann ich es gar nicht fassen. Jemand hinter mir beginnt lautstark zu weinen. Ein dicker Mann namens Philipp, der sich vorher so selbstsicher gab. So ironisch, so scharf! Ihn in diesem Zustand zu sehen verblüfft mich. Erst am dritten Tag verstehe ich wirklich. Wenn so viel tödliches Leid um uns herum ausgebreitet wird, reagieren wir darauf. Doch nie so stark, wie wenn das manifestierte Leid uns persönlich an einem empfindlichen Punkt trifft. *Ein monumentaler Egoismus reguliert die Ventile des entstehenden Mitgefühls.*

Eine an Krebs erkrankte Frau schildert ihr ganzes verkorkstes, verpfuschtes Leben, seit ihr Vater sie nach ihrem dreizehnten Geburtstag regelmäßig zu vergewaltigen begann. Alles erlebt sie noch einmal und läßt ihrer Wut freien Lauf. Mit den Füßen trampelnd, schreit sie: *«Get out of my body! Get out of my booody!»* (Raus aus meinem Körper!) Sie klingt so aufrichtig, daß alles Blut mein Gesicht verläßt. Ich bin kreidebleich, habe einen rauhen Hals. Aber ich weine nicht. Ich leide, weil ich sie leiden sehe. Doch er ist zu weit weg, der vergewaltigende Vater, zu verrückt, zu weit von mir entfernt. Das wirkliche Mitgefühl ist mir noch versagt. Als dagegen später eine andere Frau vom Mord an ihrem Kind erzählt, spüre ich, wie mir flau im Magen wird. Weil ich sofort an meine eigenen Kinder denke. Ich sehe sie sterben. Ich steige selbst hinab in das tiefe Tal. Und die Angst packt mich. Plötzlich breche ich in Schluchzen aus. Laut. Ich tauche ein in das seltsame Bad des Mitgefühls.

Am zweiten Abend, etwa drei Stunden nach seinem Zusammenbruch infolge des «Popcorn-Effekts», saß Philipp mir gegenüber im Refektorium. Er sah mich nicht. Er war völlig außer sich. Sandy, eine der Assistentinnen von EKR, saß neben ihm. Er hatte nur Augen für sie. Verzweifelte, platonische Anbetung. Wie ein Kind, das strahlt, weil es seine Mutter nach zehntausend Jahren Abwesenheit wiedergefunden hat. Er war selig.

Später, er war mein Zimmergenosse, erzählte er mir bis fünf Uhr früh, wie das Leid plötzlich in ihm hochgestiegen war. Es war ganz plötzlich passiert, als er einen jungen Mann von der erschreckenden «inneren Leere» reden hörte, die sich in ihm ausbreitete, je näher er dem Tod kam – er hatte Krebs. Diese einfachen Worte im Kontext des Augenblicks hatten ausgereicht, um ihn innerlich zu zerreißen. Er, der am Anfang gesagt hatte, er wisse nicht, warum er zum Seminar gekommen sei – er war weder krank noch in Trauer –, begriff auf einmal, wie sehr er selbst sich verletzt und vom Leben verraten fühlte. Und allein. Als Versager. Wie seine ganze Familie aus Versagern bestünde. Aus haßerfüllten Versagern, die voneinander isoliert waren. Er sagte, sein Kummer sei auf einmal so stark geworden, daß er zu sterben glaubte. Er hatte ganz körperlich das Gefühl, vor Kummer zu sterben.

Ich habe noch nie eine so rasche Veränderung erlebt. Philipp hatte mit einem Schlag seine ganze beißende Ironie verloren. Noch am Morgen hatte ich erlebt, wie er der geringsten persönlichen Frage mit einer spöttischen Pirouette ausgewichen war. Jetzt vertraute er sich mir rückhaltlos an. Er hatte seinen Humor nicht verloren, aber dieser war jetzt wärmer, das Gift war daraus verschwunden. Er war ein überaus menschlicher Mann geworden. Erstaunlich.

Am gleichen Abend erlebten wir das erste Geständnis eines Vietnamveteranen mit. Ein kräftiger Blonder mit buschigen Brauen und Baßstimme, der in den Pausen auf der Treppe Gitarre spielte. Er war der einzige, den Elisabeth ausdrücklich aufforderte, sich vor ihr auf die Matratze zu knien – die anderen kamen von allein, ungefähr eine Person pro Stunde, einem unausgesprochenen Gesetz folgend, das mir noch verborgen war.

Ich rechnete damit, er werde lange um seine eigene Beteiligung an den Metzeleien in Vietnam herumreden. Aber nein. Er sprach sofort davon. Ohne den Schatten eines Zögerns, den Kopf nach vorn geneigt, den Blick ins Vage gerichtet, brauchte er nicht länger als dreißig Sekunden, um wieder dort zu sein.

«Nie werde ich den Blick der Leute vergessen, die ich tötete. Männer. Manchmal auch Frauen und sogar Kinder. Doch meistens sah man nichts. Von den Hubschraubern aus war es unmöglich, eine Auswahl zu treffen. Und außerdem zählte es auch nicht wirklich. Es gab Tage, an denen es mir völlig egal war.»

So sprach er eine Zeitlang. Doch seine Stimme blieb ziemlich ruhig, solange es um den Tod auf der Gegenseite ging, so grausam dieser auch gewesen sein mochte. Er war traurig, aber ruhig. Das änderte sich, als er begann, von seinem eigenen Lager zu sprechen. Seinen eigenen Kameraden. Seinen eigenen Toten.

«Der Hubschrauber stürzte in die Mangroven, mitten im Dschungel. Ein wahres Wunder, daß ich davongekommen bin. Aber langsam fing das Ding an, im Sumpf unterzugehen. Und Chris, der blutüberströmt in seinem Sitz hing, fing an, im Schlamm zu verschwinden. Er machte mir mit dem Kopf verzweifelte Zeichen. Aber ich hatte die Beine voller Splitter. Ich konnte nichts für ihn tun, nichts. Gar nichts!» Er beginnt zu weinen, während er schreit: «Ich konnte nur blöde zusehen, wie er in diesem verdammten Sumpf verschwand. Langsam wie bei einer chinesischen Folter. Chris! Verdammte Scheiße, Chris!» Sein Gesicht ist jetzt tränenüberströmt. «Er wußte, daß er verloren war. Blut lief ihm aus dem Mund. Aber er akzeptierte es nicht. Ich sah es in seinen Augen. Er war noch ein Kind!» Mehrere Leute um mich herum beginnen zu weinen. «Wie alt war er? Zwanzig! Er fing an zu heulen. Und ich, oben in den Zweigen hängend, zitterte. Und warum das alles? Und warum das alles?»

Der ehemalige GI greift nach dem Knüppel und beginnt, aus Leibeskräften auf die Matratze einzuschlagen – und er ist stark. Wir werden Zeugen einer ungeheuren Entfesselung. Der Mann hat eine mörderische Wut. Er brüllt mit der Kraft eines Büffels. Speichel tropft ihm aus dem Mund. Offensichtlich weiß er nicht mehr, wo er ist. Was hindert ihn daran, auf die Leute um ihn herum einzuschlagen, um seinem Schmerz ein Ende zu machen? Und plötzlich, ohne Übergang, kommt er vom Tod seines Waffenkameraden auf das «Hundeleben», das er immer geführt hat, und auf die Peitschenschläge, die sein Vater ihm versetzte.

Nun kehrt der Vietnamveteran in seine Kindheit zurück. Zum zweiten Mal bricht seine Stimme. Sie wird ganz klein. Er spricht jetzt wie ein Kind. In kurzen Sätzen, von Schluchzen unterbrochen, schildert der ehemalige GI eine trostlose Kindheit. Winzige Alltagsdetails treten in ihrer ganzen Tragik zutage. Das hat nichts Lächerliches; es liegt am Ton. Der Vietnamveteran weint jetzt ganz leise. Er ist zwölf Jahre alt und hat gerade erfahren, daß seine Eltern sich scheiden lassen...

Er weint noch eine halbe Stunde. Am Ende kommt nur noch ein dünnes Wortgerinnsel aus seinem Mund. Er liegt mit angezogenen Beinen auf der Matratze. Um ihn herum atmen neunzig Menschen mit einer einzigen Bewegung. Kein Wort. Kein Flüstern. Der Vietnamveteran hat uns ganz auf den Grund des Tals der Tränen mitgenommen. Dorthin, wo die große Ruhe herrscht. Die Stille ist total. Es ist fast Mitternacht. Draußen schneit es. Dicke Flocken fallen auf die Steinplatten.

Vom dritten Tag an sieht man Menschen, die ununterbrochen weinen. Ein großer, magerer Mann mit dünnem Schnurrbart scheint sich von einer unvorstellbaren Menge von Kummer zu entleeren. Er sitzt immer an der gleichen Stelle, auf dem Fußboden links von EKR, die Beine zu einer Seite geknickt, die Arme gestreckt, Handflächen auf dem Boden, den Kopf gesenkt – nur von Zeit zu Zeit sieht man sein Gesicht, wenn er einen tränennassen Blick auf die Person richtet, die gerade auf der Matratze in der Mitte ihr Herz ausschüttet, und schon beginnt er wieder zu schluchzen. Es könnte immer so weitergehen. Die Schmerzen überwältigen uns.

Auf der Matratze lösen die *unfinished businesses,* wie Elisabeth sagt, einander ab. «Unerledigte Angelegenheiten», die geregelt werden. Ein junger, allzu blonder Mann wird sterben. Er sagt, er schäme sich. Man könnte meinen, er stürbe vor Scham, ehe sein zu mageres Herz versagt. Warum schämt er sich? Er schreit es heraus: Weil er nicht gelebt hat. Weil er dem Leben keine Ehre erwiesen hat. Weil alle seine Pläne im Stadium von Anwandlungen steckengeblieben sind, und jetzt, er weiß es, ist es zu spät. Weil er die große Liebe nie kennenlernen wird – kennt er wenigstens die kleine? Er wälzt sich vor Kummer am Boden. Wie ein zerschnittener Regenwurm. Seine Fäuste hämmern auf die Matratze, bis die Haut zu platzen beginnt. Am Ende hat man den Eindruck, alles mögliche könne seinen Kummer nähren. Dann taucht er langsam in die ruhige Dunkelheit der Erschöpfung. Und wir alle, die um ihn herumsitzen, folgen ihm; folgen jedesmal dem unerbittlichen Auf und Ab der Woge. Zuerst bis auf den Wellenkamm der Wut, wenn der Leidende schreit und weint; dann in den Strudel seines Innern, wenn er unzusammenhängend schluchzt; und schließlich gehen wir mit ihm, wenn sich die Welle am Strand bricht und er zerknittert wie eine durchsichtige Haut endlich erschöpft vor sich hin dämmert, jeden Widerstand aufgibt und wie ein Kind zu atmen beginnt. Ströme von Gift und Eiter sind endgültig in den Ozean der Leere geflossen. Langsam fange ich an, sehr alte Wahrheiten zu begreifen.

Ziemlich viele Leute haben inzwischen ihr Bündelchen ausgepackt. Man erkennt sie nicht wieder! Daß sie so in die Tiefen ihrer Schmerzen hinabgestiegen sind, läßt sie wie von innen leuchten. Ich kann es nicht fassen. Je größer das Leid war, desto mehr verwandelt das Licht sie jetzt. Je tiefer das Messer sie durchbohrt hat, desto stärker hat man jetzt das Gefühl, daß sie einen unvergleichlichen Schatz in sich tragen. Ich beneide sie! Und doch hat all das nichts Krankhaftes. Nichts Masochistisches. Nein, vielmehr eine bedingungslose Liebe zum Leben. Und gleichzeitig die unglaubliche Sicherheit: Wer nie gelitten hat, kann nichts begreifen. So gelangt man durch Leiden zum Wissen. Wie oft waren mir diese Worte verdächtig erschienen! Nie hätte ich geglaubt, daß sie eine so greifbare Realität bezeichnen könnten. Die befreiten Leidenden strahlen.

Ich selbst fühle mich mit einem Mal sehr elend. Seit dem dritten Tag bläht sich eine unbegreifliche Angst in mir. Am Nachmittag des vierten Tages erreicht das Unwohlsein schließlich eine solche Intensität, daß ich den Augenblick verfluche, in dem ich dummerweise beschlossen habe, dieses Seminar zu besuchen. Was für eine Depression! Eine Bleikugel unbekannten Ursprungs liegt mir in der Brust. Ich gehe im Wald spazieren, lasse das Eis unter meinen Schritten brechen. Ich versuche, mit den Bäumen zu reden. Doch nichts hilft. Ich kehre zurück, den Kopf voll schwärzester Gedanken. Ich sehe meine Kindheit wieder mit all ihren Haßgefühlen, voran dem Haß auf mich selbst.

Und plötzlich bricht etwas in mir auf. Jetzt bin ich es, der explodiert. In der gleichen Sekunde verstehe ich den «Popcorn-Effekt» vollkommen. Ich weine wie ein Schloßhund, und Sandy führt mich in eines der angrenzenden Zimmer. Dort packe ich den berühmten Knüppel und schlage ein Telefonbuch in Fetzen. Doch die Atemlosigkeit kommt schnell. Meine Leiden sind nicht so tief wie die der meisten anderen Teilnehmer des Seminars. Meine Fähigkeit, aus eigener Kraft ins Tal der Tränen hinabzusteigen, ist entsprechend geringer. Doch meine Pseudo-Trance gestattet mir wenigstens, wieder eine gewisse Ruhe zu finden und ohne «Neid» die große Verwandlung meiner Gefährten zu beobachten.

Die ungewöhnlichste Metamorphose war zweifellos die der jungen Witwe mit den langen, roten Haaren. Als sie spürte, daß sie an der Reihe war, kniete Patricia sich vor Elisabeth auf die Matratze. Und begann eine endlose Durchquerung. Mit dem Maß ihres Herzens gemessen, war das Tal der Tränen eine Million Kilometer breit. Der Mann ihres Lebens war tot. Er war noch nicht dreißig gewesen. Patricia wehrte sich mit ganzer Seele gegen sein Verschwinden. Es war ihr buchstäblich un-be-greif-lich. Denn, so sagte sie, «Gott selbst» habe sichtlich von Anfang an alles so eingerichtet, daß sie die schönste und dauerhafteste Beziehung der Welt zueinander hatten. Ihre Liebe konnte nicht tot sein! Ihr Leben fing doch erst an! «Es war so schön», wiederholte Patricia, «es war so schön!» Und sie schüttelte den Kopf, fassungslos.

Sie weinte, weinte, weinte. Konnte nicht aufhören. Stundenlang. Ihr Geist schien dazu verdammt, bis ans Ende aller Zeiten durch das Tal der Tränen zu irren. Sie weinte so lange, daß EKR eine der Assistentinnen bitten mußte, die junge Witwe auf ihr Zimmer zu begleiten und bei ihr zu bleiben, bis der Tränenstrom versiegte. Patricia ging hinaus, das Gesicht vor Schmerz verzerrt. Sie machte wirklich den Eindruck, als habe sie einen Dolchstoß ins Herz bekommen. So sehr, daß sie mir Angst einflößte. Ich dachte: «Und wenn EKR diesmal einen irreversiblen Prozeß ausgelöst hätte? Und wenn sie sie nicht mehr zurückholen könnte? Wenn sie vor Kummer sterben würde?»

Patricia weinte die ganze Nacht in ihrer Zelle und den ganzen folgenden Vormittag. Am Nachmittag glaubte Marilyn, die Assistentin, die bei ihr wachte, sie könne die junge Frau in den Gemeinschaftssaal zurückbringen. Doch kaum hatte sie die Schwelle überschritten, brach die schöne Rothaarige von neuem in Schluchzen aus und mußte rasch wieder hinausgeführt werden. «Diesmal», sagte ich mit einem kalten Schauder, «werden sie sie nicht zurückbringen.» Ich sah schon, wie sie, unwiederbringlich verrückt, ihre ganze Substanz durch Tränen entleerte.

Aber dann ... Am letzten Abend, als sich alle zum Abschiedsritual versammelten, erschien Patricia plötzlich. Ihr Gesicht war friedlich. Zum allgemeinen Erstaunen bat sie mit ruhiger Stimme ums Wort und begann, ohne Tränen den letzten Brief vorzulesen, den ihr Mann ihr unmittelbar vor seinem Tod geschrieben hatte. Dieser Brief war außerordentlich. Ich bedaure unendlich, daß ich der jungen Witwe anschließend schwören mußte, ihn nie zu veröffentlichen. Denn Sie hätten dann wie wir an jenem Abend begriffen, daß Patricia nicht Theater spielte. Und daß die Liebe, die sie verloren hatte, so groß, so sinnlich und gleichzeitig von so hoher Spiritualität gewesen war, daß tatsächlich Grund bestanden hätte, auf der Stelle vor Kummer zu sterben.

Ein ganzes Buch wäre nötig, um all diese Verwandlungen zu schildern, die ich im geheimnisvollen Tal der Tränen miterlebte, unter dem stillen Blick von EKR im Franziskanerkloster von Wappingers Falls im Staate New York.

Um von Nancy aus Boston zu erzählen, die einen so starken Eindruck auf mich machte an dem Tag, an dem unter ihrem altjüngferlichen Haarknoten eine wilde Tigerin zum Vorschein kam. Von Jacqueline zu erzählen, der krebskranken Französin, die ihre Muttersprache nur noch mit einem seltsamen Akzent sprechen konnte. Von Rita, der riesigen siebzigjährigen Krankenschwester, die an multipler Sklerose erkrankt war, die am ersten Tag vor Wut und Angst beim Gedanken an ihren Tod in die Luft boxte – was gegen alle Erwartung um so erschreckender wirkte, als sie alt war – und die zum Schluß alle Tränen lachen ließ, als sie in allen Einzelheiten von der irischen Beerdigung erzählte, die sie sich wünschte. Erzählen ...

Vor allem von Jeremiah, Deborah, Chuck, Carol und Cathy erzählen, die jeweils ein Kind verloren und das nie überwunden hatten.

Gebrochene Eltern.

Tatsächlich widmete Elisabeth Kübler-Ross sich ihnen besonders intensiv. Sie waren eindeutig das schwächste Glied in der Kette der Leiden. An sie war auch der wesentliche Teil der «theoretischen» Ausführungen gerichtet, die sie uns während dieser Woche vortrug – im allgemeinen morgens, ehe wir zusammen wieder ins Tal der Tränen hinabstiegen.

Es waren seltsame Vorträge. Dem ersten war ein Test vorangegangen. Mit Buntstiften hatten wir eine Viertelstunde lang alles, was uns durch den Kopf ging, auf ein Blatt Papier zeichnen müssen. Abends, ehe wir uns trennten, hatte EKR uns einige Hinweise zur Deutung dessen gegeben, was wir gezeichnet hatten. Einfache Hinweise, die mit den gewählten Farben, der Aufteilung des Blattes und natürlich den dargestellten Szenen zu tun hatten. Ich werde nichts weiter über diesen Test sagen, außer, daß der Tod darin eine zentrale Rolle spielte und EKR uns dies lehrte: Kinder, die sterben, wissen das vorher ... Sie kennen die besonderen Umstände ihrer Agonie und drücken dieses Wissen, natürlich unbewußt, in ihren letzten Zeichnungen aus. Die Mütter zeigten uns einige frappierende Beispiele. Ein Junge hatte so vorhergesehen, daß er beim Sturz von einem Baum sterben würde, andere wußten, daß sie ertrinken, bei einem Autounfall umkommen würden oder dergleichen.

Doch etwas war noch seltsamer. An einer bestimmten Stelle ihrer Zeichnungen hatten diese Kinder, wie Elisabeth meinte, die nächste Etappe ausgedrückt, und zwar noch immer unbewußt. Das, was *nach* dem Sturz vom Baum, *nach* dem Ertrinken, *nach* dem Autounfall kommen würde. Den großen Sprung ins Licht. Darüber sprach EKR zunächst nur in verhüllten Begriffen und begnügte sich mit dem Hinweis, ihre besten Lehrmeister seien sterbende Kinder gewesen und, so absurd das scheinen möge, die Tatsache, ein Kind zu verlieren, könne bei den Eltern ein echtes spirituelles Erwachen bewirken. Man müsse nur verstehen, sein Herz der Gegenwart der jungen Verstorbenen zu öffnen. Und sich dazu einer ganzen Menge «störrischen Aberglaubens», negativer Blockierungen und masochistischer Skepsis entledigen, die uns, wie sie behauptete, daran hinderten, die unsichtbare Gegenwart jener wahrzunehmen, die in das Reich totalen Mitgefühls eingegangen sind.

Je mehr Tage verstrichen – und je mehr Teilnehmer die «Matratze der Klagen» kennengelernt hatten –, desto deutlichere, wenn auch noch immer behutsame Anspielungen auf dieses unsichtbare Reich erlaubte sich EKR. Das Reich, zu dem das Tal der Tränen in gewisser Weise der Hauptzugang war.

Um die Wahrheit zu sagen, konnten nicht alle Teilnehmer, auch nicht die bewegtesten, dieser seltsamen Mutterfigur bis ans Ende ihrer phantastischen Geschichten folgen. Man stellt sich EKR jetzt vielleicht als manipulierenden Guru vor, der Leuten, die er zuvor durch eine kraftvolle «Gefühlsmassage» in einen empfänglichen Zustand versetzt hat, etwas vorschwafelt. Doch nichts dergleichen. Ich will damit sagen, daß die Atmosphäre genau entgegengesetzt war. Wenn Elisabeth über die Seelen toter Kinder oder über Erscheinungen zu sprechen begann, die sie mehrmals in ihrem Leben gehabt hatte, dann geschah das immer in offen scherzhaftem Ton. Im Ton eines Woody Allen erzählte sie von den strahlendsten mystischen Erfahrungen. Nicht, daß sie auswich – die skandalösesten Tatsachen blieben Tatsachen, und sie vertrat sie mit schweizerischer Bestimmtheit –, aber sie hatte offensichtlich ein Stadium erreicht, in dem Überzeugen nicht mehr ihr Problem war. Sie half den unglücklichen Todeskandidaten, die Freude am Leben wiederzufinden – indem sie sie kopfüber in ihre schwärzesten Gefühle stürzte! Und danach erzählte sie wie eine schelmische Großmutter, was das Leben sie über das Jenseits gelehrt hatte. Und hier konnte ihr folgen, wer wollte. Oder vielmehr, wer konnte.

Ich folgte ihr so weit wie möglich. Meine Überzeugung, daß wir im Begriff sind, die (Wieder-)Geburt einer «lebendigen Mythologie» mitzuerleben – wesentlich für das Erwachen des Menschen –, machte meinen Geist für alle Kühnheiten aufgeschlossen.

Doch meine schöne Begeisterung verbarg mein eigenes Elend nur unzulänglich. Es gibt ein Gebiet, auf dem das Leid mich sofort bremst: nämlich dann, wenn es Kinder trifft. Ist das der Grund, warum dieses Buch kein Kapitel über das Thema enthält? Zweifellos. Das ist meine Schwäche. Denn Elisabeth sprach stundenlang über den Tod von Kindern. Linda, die junge Leukämiekranke aus Denver, die eigentlich im Jahre 1965 Elisabeths «Theater» eröffnet hatte, war ja selbst noch ein Kind. Hatte das «irdische Totenbuch» für die Hauptperson dieser Geschichte nicht mit Kinderzeichnungen im Lager Maidanek begonnen?

Am meisten, so erzählte sie uns, habe sie von Kindern unter zehn Jahren gelernt. Mit ihnen hatte sie Hunderte von Stunden lang über das Leben und den Tod gesprochen (manche dieser Gespräche sind gefilmt worden). Elisabeth hat davon in einem Buch mit dem Titel *Kinder und Tod* erzählt. Sie legt darin ihren ganzen Mystizismus dar, aber das Buch ist auch an vielen Stellen eine elementare Abhandlung voll praktischer Weisheit für Eltern – der Abbruch des Dialogs mit den Sterbenden hat uns buchstäblich dumm gemacht, sobald es sich um Kinder handelt. Dabei können sterbende Kinder, wenn ihr Gesprächspartner sich als ihnen gewachsen zeigt, also ruhig und offen ist, wirkliche Weise werden, die ihren «bevorstehenden Abschied» mit einer Klarheit erwähnen, zu der die meisten Erwachsenen unfähig wären. Ein wesentlicher Teil von Elisabeths Arbeit besteht, wie wir schon sagten, mehr darin, den Eltern als den Kindern zu helfen.

Eine schmerzhafte Umkehrung. Der Tod von Kindern ist ein unannehmbares Rätsel. Er hat schon mehr als einen Voltaire zum Atheisten gemacht.

Das liegt daran, daß der kosmische Humor zu weit über unseren Horizont geht.

Humor? Warum dieses Wort an dieser Stelle?

Das wird das letzte Kapitel sein, das letzte Rätsel auf dem Weg. Indem sie eine weitere Schublade eines geheimen Schranks öffnet, wird die unglaubliche Nah-Todeserfahrung mich für einen Augenblick sehen lassen, auf welche sehr seltsame Weise die Menschen im Augenblick des Sterbens diesen mysteriösen Humor, der ihren Horizont übersteigt, verstehen können oder auch nicht.

15 Humor, Ironie oder Alptraum?

Am Anfang hatte ich nicht verstanden, welche Stellung genau Nancy Bush an der Spitze der IANDS einnahm. *Executive director,* und was weiter? «Sie befaßt sich mit der Organisation», erklärte mir Ring. «Sie ist ein Managementprofi. Wir hatten Glück, sie zu finden, sie arbeitet für die Hälfte ihres normalen Honorars.»

Jetzt unterhalten wir uns seit einer Stunde, sie und ich, in ihrem kleinen, kalten Büro in der Universität von Connecticut. Eine Frau von fünfzig Jahren, blond und mollig, mit freundlichem Katzengesicht, die den Eindruck macht, insgeheim viel geweint zu haben. Ihre nuancierte Ausdrucksweise und ihre skeptische Art beeindruckten mich sofort. Ein erstaunlicher Kontrast zu dem leicht apodiktischen Ton Rings und der anderen Forscher der IANDS.

Allerdings schrieb ich ihre Skepsis zunächst ihrer erst kürzlich erfolgten Einstellung und der Neuheit ihres Interesses für die Bewußtseinszustände Sterbender zu. Doch da senkte sie leicht die Stimme und begann, mir einen entsetzlichen Alptraum zu erzählen. Binnen weniger Sekunden verwandelte sich die Direktorin vor meinen Augen in eine fragwürdige Verwalterin ihrer eigenen Organisation! Und die ganze NDE-Akte drohte als miserable Maskerade in sich zusammenzustürzen.

Nancy Bush kommt aus einer sehr strenggläubigen calvinistischen Familie. Harte, naive Puritaner. Die Art von Amerikanern, die von der Ermordung John F. Kennedys und den folgenden Enthüllungen schwer erschüttert wurden. Damals schon beherrschte Nancy Bush mit großer Mühe eine beinahe ständige Melancholie. Jahrelang hielt sie sich nur dank ihrer drei Kinder aufrecht. Ihr Mann hatte sich schon bald von ihr scheiden lassen, und sie, die seit langem nicht mehr berufstätig gewesen war, machte sich wieder an die Arbeit. Sie kam gut zurecht. Wurde schließlich Chefin eines großangelegten Sozialprogramms. Es ging um Wiedereingliederungshilfe in Hartford. Sie hatte sechzig Angestellte unter sich. Und die Melancholie schwand.

Nancy engagierte sich für ihre Aufgabe. Aber zu leidenschaftlich. Und im falschen Moment. Reagan kam. Die Sozialprogramme wurden drastisch zusammengestrichen. Nancy blieb stur, ergriff Partei für ihre Klienten und gegen die Macht und verlor bald das Vertrauen ihrer Vorgesetzten. Binnen drei Monaten stand sie auf der Straße.

Die Melancholie kehrte zurück. Schlimmer denn je. Sie war schrecklich deprimiert. Sie hatte das Gefühl, die Ärmsten der Armen verraten zu haben, denen jede Hilfe verweigert wurde. Sie ging auf die Fünfzig zu. Sie hatte kein Geld mehr. Sie verkaufte ihr kleines Haus. Zwei Jahre tiefster Depression. Von neuem klammerte sie sich an ihre Kinder. Die jüngste Tochter suchte Arbeit. Unter starken Medikamenten stehend, half Nancy ihr, Stellenangebote durchzusehen.

Und da stieß sie eines Tages auf eine sehr merkwürdige Ausschreibung. Sie war mit IANDS unterzeichnet. Die «Todesforscher» brauchten einen Experten, um Ordnung in eine chaotisch gewordene Organisation zu bringen. Das angebotene Gehalt ist eher kümmerlich, doch Nancy ist derart fasziniert von dem unwahrscheinlichen Namen, daß sie zum ersten Mal seit Ewigkeiten in Lachen ausbricht. Sie vereinbart einen Termin mit Ring. Sie werden sich einig. In Wirklichkeit hat sie nicht die geringste Ahnung, was sie erwartet.

Kaum hat sie ihre Stellung angetreten, macht man sie mit *experiencers* bekannt. Nicht mit irgendwelchen: nur Überlebende des *fünften Stadiums,* die von Ring eingeladen worden sind, um sich über ihre jeweiligen Erfahrungen auszutauschen. Natürlich reden sie von dem unaussprechlichen Licht, der bedingungslosen Liebe, die es ausstrahlt. Ein ungeheuer zärtliches und vertrautes Gefühl, das...

Plötzlich springt Nancy Bush auf, bleich wie ein Leintuch und zitternd. Sie kann es nicht mehr hören! Fünf Minuten lang hat sie sich nach besten Kräften gewehrt, doch jetzt kann sie nicht mehr. Im Laufschritt verläßt die neue Direktorin den Raum und eilt in ihr kleines Büro, wo sie in Tränen ausbricht.

Ring folgt ihr bestürzt. Was ist los? Er faßt sie bei den Schultern: «Aber was haben Sie denn?» Zunächst kann sie nicht antworten. Zitternd macht sie sich los. Dann, ohne daß ihre Tränen versiegen, gesteht sie schließlich, daß sie etwas Entsetzliches begriffen habe: Sie hatte auch eine Nah-Todeserfahrung!

Jahrelang hat diese Geschichte sie verfolgt, und sie hat schwer arbeiten müssen, um sie auf dem Grund ihrer Erinnerung zu begraben. Sie wußte nicht, was das war. Sie hatte nie davon gehört und wollte auch auf keinen Fall davon hören, von wem es auch sei. Als sie auf die Anzeige antwortete, hatte sie nicht damit gerechnet, daß sie dadurch diese Geschichte wieder aufwühlen könnte. «Sonst», sagte sie, «wäre ich um keinen Preis der Welt gekommen!» Denn jetzt sei die Erinnerung wieder da, und sie frage sich, ob sie das überleben werde.

Ring unterbricht sie sanft, als spräche er mit einem Kind: «Aber das verstehe ich nicht, Nancy. Wir wissen seit langem, daß viele *experiencers* Mühe haben, über ihre Nah-Todeserfahrung zu sprechen. All das ist so verrückt, nicht? All diese Liebe, diese Schönheit...»

«Aber seien Sie doch still, Sie Dummkopf! Liebe? Schönheit? Hören Sie auf, solchen Unsinn zu erzählen! Meine Erfahrung war einfach grauenhaft! Von Anfang bis Ende!»

«Aber...?»

Nancy Bush beginnt wieder zu zittern. Unmengen Bilder erstehen vor ihrem inneren Auge. Plötzlich fährt sie auf, den Blick ins Leere gerichtet. Eine brutale Erkenntnis schießt ihr durch den Kopf: Ihre ganze unausrottbare Traurigkeit, diese Melancholie, die sie jahrelang bekämpfen und mit äußerer Geschäftigkeit übertünchen mußte, die eisige Depression, die ihr die besten Jahre des Lebens verdorben und ihre Ehe zerstört hat – mit dieser schrecklichen Erfahrung hatte alles begonnen.

Es war 1961. Sie bekam ihr zweites Kind. Eine unerträglich schmerzhafte Entbindung. Sie hatte Mordwünsche, so sehr fühlte sie sich verraten. Da lag sie nun schon zehn Stunden in den Wehen, nach Luft ringend, zermartert von Schmerzen, die dauerten und dauerten. Ihr erschöpftes Herz drohte, sie im Stich zu lassen. Sie konnte nicht mehr pressen. Die Wehen waren unwirksam. Und das Kind, auf halbem Wege feststeckend, begann langsam zu ersticken. Zu spät für einen Kaiserschnitt. Der Arzt geriet in Panik.

Plötzlich ein abrupter Blutdruckabfall. Sie wurde ohnmächtig. Blitzschnell fand sie sich «irgendwo schwebend» wieder, als habe sie in tintenschwarzer Nacht ihren Körper verlassen. Und plötzlich sah Nancy *sie,* die sie von allen Seiten umzingelten. Eine hundertmal verfluchte Erinnerung!

Von der Dunkelheit abgehoben blinkten um sie herum Hunderte von kleinen, schwarzweißen Kreisen – das Schwarz wurde zu Weiß und umgekehrt. Sofort *weiß* sie: Diese Figuren machen sich über sie lustig. Von ihrem Blinken gehen eine unerhörte Ironie und Unverschämtheit aus.

«Wie das?» fragt Ring.

«Das ist unmöglich zu erklären», sagt Nancy, «aber ich habe es sofort begriffen. Ihre Botschaft war verzweifelt klar. Sie sagten mir: *Dein ganzes Leben ist nur eine Farce. Übrigens hast du nie existiert. Dir war nur gestattet, dir dich selbst vorzustellen wie eine Luftblase auf einer Kloake. Du bist nur eine Illusion.* Ich argumentierte, so gut ich konnte. Ich breitete alles aus, woran ich glaubte und dessen ich sicher war, um mich daran festzuhalten: die Liebe, meine Eltern, mein erstes Kind, mein Land ... Doch nacheinander brachen die Argumente unter den Blicken der sarkastischen Kreise zusammen. Nur, indem sie blinkten, zerstörten diese monströsen geometrischen Figuren mein Leben. Ich fühlte mich unwiderruflich allein. Entsetzlicher Kummer und Verzweiflung erfüllten mich. Von allem, was ich geliebt hatte, blieb bald nichts mehr übrig.

Inzwischen mühte sich der Arzt ab, meinen Blutdruck wieder hochzubringen. Endlich kam ich zu mir. Meine Tochter war geboren. Es ging ihr äußerst schlecht. In den folgenden Tagen glaubten alle, ich sei so deprimiert wegen meiner Tochter. Doch das war es nicht. Ich wußte, daß sie durchkommen würde. Ich selbst war es, die sich bedroht fühlte. Der Alptraum war mir gefolgt. Die Figuren fraßen sich in mein Inneres. Ich glaubte, mein Leben sei vernichtet.»

Nach ein paar Monaten gelang es Nancy dennoch, den Eindruck existentieller Leere zu verdrängen und die tägliche Routine wiederaufzunehmen. Bis zu jenem Abend bei Freunden fünf Jahre später, 1966.

Sie blättert gerade müßig in einem Buch mit orientalischen Stichen. Plötzlich stößt sie einen Schrei aus, als habe sie gerade eine Tarantel auf ihrem Knie entdeckt. Sie läßt das Buch zu Boden fallen und springt auf, kreidebleich. Alle stürzen zu ihr. Sie sagt: «Da! Da!» Doch wer versteht sie? Wer kann den Schrecken des Bildes verstehen, auf das sie zeigt? Es ist die geometrische Figur ihrer Vision! Der unendlich ironische und destruktive schwarzweiße Kreis! Was für ein Kreis? Ganz einfach, das chinesische Zeichen für Yin und Yang.

Nancy Bush hatte es noch nie zuvor gesehen. Außer bei ihrer Entbindung natürlich. Doch da hatte es für sie noch keinen Namen. Zu entdecken, daß dieses Zeichen in der menschlichen Kultur wirklich existiert, daß es offenbar große Bedeutung besitzt, läßt Nancy vor Schreck erstarren. Im Bruchteil einer Sekunde öffnet sich wieder die Leere in ihr. Doch es ist weit schlimmer als beim ersten Mal: Jetzt hat diese Leere eine offizielle Legitimität. *Es ist also wahr.* Keine Möglichkeit mehr, sich etwas vorzumachen, sich zu sagen, schließlich handele es sich ja nur um eine Halluzination. Jeder, der auch nur etwas Erfahrung mit Halluzinogenen hat, kennt solche Phantome. Aber Nancy steht solchen Praktiken völlig fern! «Es war also wahr», wiederholt sie unablässig.

«Aber was war wahr?» fragt Ring, der jetzt wirklich beunruhigt ist.

«Die französischen Existentialisten hatten recht!» rief Nancy Bush aus. (*Sic*: Das waren ihr eigenen Worte.) «Sartre, Camus, all diese traurigen Franzosen, die uns nach dem Krieg gesagt haben, das Absurde sei die Regel. Sie hatten recht!»

«Aber wie um Himmels willen soll das Zeichen von Yin und Yang das gesagt haben?»

«Sehen Sie das nicht? Das ist doch ganz klar. Die Kreise blinkten: schwarz-weiß-schwarz-weiß ... Nie habe ich eine so trostlose Ironie erlebt. Das hieß eigentlich: richtig-falsch-richtig-falsch ... Alles war gleichzeitig richtig und falsch. Also war alles müßig. Man konnte sich auf nichts verlassen. Also war alles absurd. Das war das einzige, was klar war. Absolut klar! Verstehen Sie nicht? Aber ich verstand, mein Leben war zerstört. Was konnte ich tun? Mit meiner Familie darüber reden? Meinen Kindern? Wie grausam das gewesen wäre! Nein, ich mußte mich vor den Abgründen in meinem Innern hüten. Ich war definitiv allein.»

Sechzehn Jahre lang hat sie geschwiegen. Und jetzt ist sie Direktorin der IANDS! Die Tage vergehen. Nancy beruhigt sich. Daß sie zum ersten Mal von der Nah-Todeserfahrung bei ihrer Entbindung gesprochen hat – denn unbestreitbar war es eine –, hat sie schließlich doch erleichtert. Es gelingt ihr, nicht wieder alles zu verdrängen. Das schreckliche Gefühl der Absurdität des Lebens verliert dadurch ein wenig an Schärfe. Sie kann ihm jetzt ins Auge sehen, ohne in Tränen auszubrechen. Doch die glückselige Begeisterung Rings und der anderen teilen ... Nein! Wie dumm sie doch sind!

Das Schicksal liebt schwarzen Humor. Nancy hat die Euphorie ihrer neuen Kollegen bald satt. Nachdem es ihr durch bloßen Zufall endlich gelungen ist, der schmerzhaften Erfahrung, die sie vor dreiundzwanzig Jahren gemacht hat, einen Namen zu geben, wundert sie sich, daß sie augenscheinlich die einzige ist, die eine negative Nah-Todeserscheinung erwähnt. Was für eine Geschichte! Die neue Direktorin von IANDS wirft jenen, die sie eingestellt haben, Schwindel vor. Was sagt Nancy Bush genau?

«Ich fürchte», flüstert sie, nachdem sie die Tür geschlossen hat, «daß die Untersuchungen unserer Freunde von Anfang an unbewußt verzerrt waren und daß sie wie durch Zufall das gefunden haben, was sie dort gesucht hatten: positive Geschichten.»

«Aber warum sollten die Leute, wenn sie negative Erfahrungen hatten, das verschweigen?»

«Sie Armer, man sieht, daß Sie nicht wissen, wie das ist! Selbst die Überlebenden, die sagen, sie hätten die *totale Liebe* getroffen, haben große Schwierigkeiten, darüber zu reden (die ganze Arbeit der IANDS besteht ja gerade darin, ihre Zungen zu lösen). Aber wenn Sie das *totale Absurde* getroffen haben, ist es noch tausendmal schwieriger, glauben Sie mir! Sie würden Ihre Seele verkaufen, um das nicht noch einmal durchmachen zu müssen. Und keinem Forscher der Welt würde es gelingen, Sie zum Reden zu bringen.»

Dann legt Nancy Bush mir ihre Theorie über die negativen Nah-Todeserfahrungen dar. Sie spricht von dem schrecklichen Leid, das Tausende von Menschen kennen müssen, da sie diese Erfahrung gemacht haben. Vielleicht Millionen, meint sie. Wenn das Gallup-Institut acht Millionen Nah-Todeserfahrungen festgestellt hat, die zum größten Teil positiv waren, kann man doch annehmen, daß es ebenso viele negative gibt. Repräsentieren diese verflixten Yin- und Yang-Zeichen nicht das Gesetz des Gleichgewichts von Positivem und Negativem?

Was kann man tun, um den Unglücklichen zu helfen, die das Absurde gesehen haben und mit Sicherheit seine einsamen und stummen Gefangenen bleiben? Das ist die einzige Frage, die die neue Direktorin der IANDS wirklich interessiert. Durch ein einziges Interview stehen meine ganzen Recherchen plötzlich auf dem Kopf. Und ausgerechnet die erste Frau, die in das Hauptquartier der Organisation eintritt, muß das provozieren!

Ihre Argumente berühren mich. Tatsächlich, warum werden von diesen Reisen an den Rand des Todes nicht mehr alptraumhafte Berichte mitgebracht? Warum immer Ruhe, Heiterkeit, Liebe? Warum verzeichnen die verschiedenen Statistiken fast nie negative Visionen? Spricht nicht das *Tibetische Totenbuch* selbst von schrecklichen Geräuschen und furchterregenden Ungeheuern, die nicht ernst zu nehmen der Verstorbene zwar aufgefordert wird, die ihm aber dennoch real erscheinen?

Leichte Verwirrung. Kompromittiert dieser Formfehler wirklich die gesamte Arbeit der Forscher der IANDS? Ich werde mehrere Wochen brauchen, um darauf eine Antwort zu finden. Eine seltsame Antwort.

Zufällig (wenn ich so sagen darf) stoße ich auf drei weitere negative Fälle. Drei Nah-Todeserfahrungen, die zumindest alle sehr schlecht begonnen haben. Die erste ist die eines alten Arztes aus Rotterdam, herzkrank im letzten Stadium, der nach monatelangem Leiden endlich einschlief.

Sein Kopf fällt plötzlich auf seine Brust. Er atmet nicht mehr. Man hält ihn für tot. Eine Krankenschwester schließt ihm die Augen. Doch da richtet er sich unter seinem Laken wieder auf und murmelt: «Papier... einen Stift... ich will etwas aufschreiben...»

Die Krankenschwester zieht einen Notizblock aus der Tasche ihres Kittels und hält dem alten Mann ungläubig ihren Kugelschreiber hin. Ohne eine Sekunde zu verlieren, beginnt dieser mit zitternder Hand zu schreiben.

«Kaum merkte ich, daß ich das Bewußtsein verlor», schrieb der alte Doktor (nachdem er kurz seinen hoffnungslosen Gesundheitszustand erwähnt hatte), «als ich das Gefühl hatte, rückwärts zu gleiten, und mich in einer völlig fremden Welt wiederfand. In einer erschreckenden Welt, wo ich nicht mehr meine gewohnte Form hatte, sondern die eines Würfels. Eines perfekten Würfels, geschnitten aus ich weiß nicht was.
Notfalls hätte ich diesen Zustand ertragen, wenn ich nicht sofort gespürt hätte, daß man sich mir näherte. Nach und nach wurden mir Wesen wahrnehmbar (wie, weiß ich nicht, da ich keinen unserer gewohnten Sinne besaß). Diese Wesen waren nicht würfelförmig wie ich, sondern kugelförmig, und langsam kamen sie auf mich zu. Bald wurde mir ihre Absicht klar: Sie wollten, daß ich würde wie sie. Eine Welle von Furcht überflutete mich. Obwohl ich überhaupt nicht verstand, was sich abspielte, hatte ich intuitiv das Gefühl einer Bedrohung. Ich schrie: ‹Geht weg!›, und versuchte, mich so klein wie möglich zu machen.
Doch die entsetzlichen Kugeln blieben da, kreisten mich ein und streiften mich von Zeit zu Zeit. Jede ihrer Berührungen vergrößerte meinen Schrecken. Ich war wie ein Gefangener in einem Horrorfilm. Das war mir übrigens bewußt, und ich schrie (zumindest ist das die Erinnerung, die ich habe): ‹Rührt mich nicht an! Ich will nicht werden wie ihr!›
In meinem ganzen Leben habe ich keine so intensive Angst empfunden. Das Erstaunlichste war die Natur dessen, was sie so erschreckend machte. Die Sache ist fast nicht in Worte zu fassen. Das einzige Wort, das vage wiedergeben kann, was sie mich fühlen ließen, ist *Ironie.* Ich weiß, daß es verwirrend klingt, aber diese ‹Kugeln› hatten etwas Spöttisches, und das steigerte noch meinen panischen Wunsch, sie sollten weggehen.
Endlich zogen sie sich, ohne zu verschwinden, in eine gewisse Entfernung zurück. Ich stellte fest, daß ich mich in einer kahlen, eingeengten Landschaft befand, wie mitten in der Wüste auf dem Grund einer Schlucht. Das war nicht die gewöhnliche Atmosphäre des klassischen Alptraums. Ich fühlte mich *wirklich* verloren.
Endlich saugte mein ‹Würfel› sich selbst auf, und ich fand mich in meinem Bett wieder, im Krankenhaus, vor der dicken, pausbäcki-

gen Krankenschwester, die ich gut kenne. Ich bat sie sofort um Papier und einen Stift.

Warum, wird man sich fragen, diese Hast, um eine Halluzination aufzuschreiben? Kaum war ich wach, da füllte eine Art Leuchten meinen Kopf. Ich habe die ganze Szene wiedergesehen. Und blitzschnell habe ich begriffen, daß ich mich grundlegend geirrt hatte: Zu keiner Zeit haben diese seltsamen ‹Wesen› mir etwas Böses antun wollen. Im Gegenteil, als ich sie in meiner Erinnerung wieder an mir vorüberziehen sah, habe ich bemerkt, daß sie in Wirklichkeit nur die besten Absichten hatten. Sie waren bloß ein bißchen ‹amüsiert› über meinen Schrecken. Und dieses ‹Amüsiertsein› habe ich nicht ertragen.

Wie soll ich das ungeheure Bedauern schildern, das ich jetzt empfinde? Tatsächlich ist es dieses Bedauern, das mich veranlaßt hat, mich aufzurichten und so dringend Papier und einen Stift zu verlangen. Obwohl mir bewußt ist, daß meine Aussagen völlig phantastisch klingen, lege ich Wert darauf, hier zu sagen, daß diese kurze und überwältigende Erfahrung meine Auffassung von der Welt auf den Kopf gestellt hat. Ich bin jetzt sicher und erwarte ungeduldig, diese seltsamen Wesen wiederzusehen. Nach meinem Tod.

Dr. Philip Simpson»

Bei der Lektüre des Berichts dieses sehr besonderen Überlebenden fallen mir mehrere verwirrende Ähnlichkeiten mit dem unangenehmen Erlebnis der Nancy Bush auf. In beiden Fällen treten runde, abstrakte, aber augenscheinlich «lebendige» geometrische Figuren auf, die den Sterbenden erschrecken. Vor allem aber wird dieser Schrecken jedesmal durch die «unendlich ironische» oder «sarkastische» Haltung dieser Gestalten ausgelöst.

Zufällig gelingt es Dr. Simpson, länger kaltblütig zu bleiben als Nancy Bush und die Erfahrung zu analysieren. So erzählt er, er habe sich selbst als «Würfel» gesehen und sofort die Absicht der Kugeln begriffen, die ihn umgaben: Sie luden ihn ein, zu werden wie sie, also seine Ecken abzurunden. «Eine Welle von Furcht überflutete mich», schrieb er. Für ihn hätte der Übergang von der kubischen in die runde Form die klare Bedeutung gehabt, jede Menschlichkeit aufzugeben, alles, woran er hing und glaubte. Er begann zu schreien: «Rührt mich nicht an! Ich will nicht werden wie ihr!» und befahl den *Aliens,* sich zu entfernen. Merkwürdigerweise gehorchten sie ihm. Sie hielten Abstand. Aber ohne die spöttische Haltung aufzugeben, die ihm solche Angst machte.

Bis dahin ist die Erfahrung ähnlich wie die von Nancy Bush. Gegen jede Erwartung erholt sich der alte Arzt ebenfalls, beginnt wieder zu atmen und erwacht. Wird auch er feststellen, daß der Schrecken ihn bis in die normale Welt verfolgt? Nein. In genau dem Augenblick, in dem er zu sich kommt, hat er eine Erkenntnis. «Blitzschnell», schreibt er, habe er seinen ungeheuren Irrtum erkannt: Diese runden Figuren wollten ihm nichts Böses zufügen. Sie lächelten, gewiß, aber das, was er für grausame Ironie gehalten hatte, war in Wirklichkeit nur «Amüsiertheit». Und die Reue Dr. Simpsons wird zu einer Erleuchtung. Er erklärt, plötzlich von der Unsterblichkeit seines Bewußtseins überzeugt zu sein. Er gibt zu, daß er es eilig hat, diese Kugeln wiederzusehen, die ihm solche Angst gemacht hatten...

Die zweite negative Nah-Todeserfahrung, auf die ich nach meiner Unterhaltung mit der Direktorin der IANDS stoße, wird mir von einer Frau aus Minnesota berichtet. Auch sie verlor während einer Entbindung das Bewußtsein. Dasselbe Szenario: große Schmerzen, eine Blutung und auf einmal – das schwarze Loch. Diesmal aber keine abstrakten Figuren. Die junge Frau schwebt einen Augenblick in einem schwerelosen, dunklen Niemandsland. Dann erscheinen zwei anscheinend «normale» Gestalten. Lächelnde Unbekannte, die sie sofort beschimpft: Worüber sie sich eigentlich lustig machten. Wohin man sie gebracht habe? Warum sie so unverschämt grinsten? Und wo überhaupt ihr Vorgesetzter sei? Sie fordert, man solle sie sofort zu der für diesen Ort verantwortlichen Person führen. Der wolle sie klarmachen, mit wem sie es zu tun habe und daß sie es skandalös finde, gegen ihren Willen an diesen unbekannten Ort gebracht worden zu sein.

Während die junge Frau immer wütender wird, merkt sie, daß ihre Schreie eine Menge «Leute» anlocken. Sie umringen sie. Und plötzlich wird aus ihrem Zorn Schrecken. Warum? Sie begreift, daß sie an einem völlig fremden Ort ist, und sieht *ungeheure Belustigung in den Blicken der Personen, die sie umgeben. Diese Belustigung ist ihr absolut unerträglich.*

Doch damit ist der negative Teil der Erfahrung der Frau aus Minnesota zu Ende. Eine sehr helle Gestalt nähert sich ihr. Die nimmt sie bei der Hand, und sofort ist ihre Angst verschwunden. Dann führt die Gestalt sie zu einer großen Stadt aus Licht... Kurz, die Frau erlebt ein besonders ekstatisches fünftes Stadium. Dieses doppelte Gesicht ihrer Nah-Todeserfahrung ist besonders wertvoll für uns, weil wir viel daran ablesen können. Interessant ist, wie sie später den Schrecken zu Beginn ihrer Erfahrung analysieren wird. Sie sagt: «Je mehr ich daran zurückdenke, desto klarer wird mir, was das für eine Angst war: die eines Kindes, das einer Menge Erwachsener ausgesetzt ist, die sich totlachen. Sie lachen nicht bösartig. Weil sie aber fremdartige Gewänder tragen, einen unbekannten Akzent und ein seltsames Benehmen haben, faßt das Kind ihr Lachen als Ironie auf, dann sogar als Grausamkeit. Zuerst ist es beleidigt, dann wird es böse, und schließlich ist es entsetzt: Diese Unbekannten wollen ihm anscheinend etwas Böses antun! Genau das habe ich empfunden.»

Später sollte ich feststellen, daß eine große Zahl von Nah-Todeserfahrungen eine erschreckende Episode umfaßt. Die meisten *experiencers* jedoch, die eine solche Episode erwähnen, haben es so eilig, zum strahlenden Teil ihrer Erfahrung zu kommen, daß sie den negativen ziemlich schnell übergehen. Bemerkenswert ist, daß bei wirklich *allen* negativen Episoden der *experiencer* erklärt, sein Entsetzen sei durch die «Ironie», den «Spott» oder den «unerträglichen Sarkasmus» irgendeiner geheimnisvollen Wesenheit ausgelöst worden. Nur die *experiencers* jedoch, deren Nah-Todeserfahrung ein gutes Ende nahm, deuten diese «Ironie» rückblickend als *Humor* bzw. als *amüsiertes Mitgefühl.* Die anderen können in ihrer schmerzvollen Erinnerung den Sarkasmus nicht in Humor umwandeln.

Die vierte negative Nah-Todeserfahrung gehört dieser letzten Kategorie an. Eines Abends in New York hört ein junger Mann von fünfundzwanzig Jahren mich über meine Reportage sprechen. Zunächst sagt er keinen Ton, während alle anderen Anwesenden lauthals ihre Meinung über Leben und Tod zum besten geben und ein Franzose lachend eine Sondernummer der satirischen Zeitschrift

Jalons aus der Tasche zieht, die den Titel trägt: «Gibt es ein Leben vor dem Tod?» Später treffe ich den jungen Mann zufällig wieder. Wir trinken in einer Bar zusammen ein Glas. Mit sichtlicher Überwindung sagt er schließlich zu mir: «Ich habe Sie neulich abends von Ihrer Untersuchung reden hören. Es tut mir sehr leid, aber Sie irren sich. Ich kenne den Tod. Ich bin als Kind ein dutzendmal operiert worden. Einmal wäre ich beinahe gestorben. Ich habe erlebt, wie das ist.»

Er schweigt jetzt, sichtlich verlegen. Ich frage mich, ob er mir mehr erzählen wird. Endlich brummt er: «Ich werde nicht darüber reden. Übrigens habe ich es noch nie jemandem erzählt.»

«Warum?»

«Es ist ohnehin unmöglich. Man kann es nicht beschreiben. Ich *kann* nicht darüber reden. Und außerdem habe ich viel zuviel Mühe gehabt, diese Geschichte zu vergessen, als daß ich ... Die schlichte Tatsache, darüber zu reden, würde alles sofort wieder lebendig werden lassen. Alles, was ich Ihnen sagen wollte, ist, daß Sie sich irren. Was im Augenblick des Todes mit uns geschieht, ist entsetzlich. Das ist alles.»

Ich kann nicht weiter in ihn dringen. Dazu regt ihn die Sache offensichtlich zu sehr auf. Trotzdem platze ich vor Neugier. Wir sprechen über andere Dinge. Dann kommt er nach und nach von allein auf das Thema zurück. Am Ende habe ich folgendes erfahren: Im Verlauf einer Operation hat eine schwere Blutung ihn beinahe getötet. Er schwebte «wie außerhalb seines Körpers» in einem dunklen Raum, wo ihn plötzlich eine ungeheure, magnetische Kraft ergriff. «Wie ein Strom von dreihunderttausend Volt.» Diese Kraft ließ ihn hektisch an einer imaginären Acht entlangzittern.

Ich frage: «Hatten Sie physische Schmerzen?»

«Viel schlimmer. Ich hatte Angst. Grauenhafte Angst.»

Diese Angst ist allem Anschein nach in ihm lebendig geblieben. Er hat große Schwierigkeiten, sie zu beschreiben. Schon der Gedanke, es zu versuchen, entsetzt ihn. Schließlich murmelt er aber doch: «Sie können das nicht verstehen. Diese Art magnetischer Kraft hielt mich auf der Schneide einer Rasierklinge fest. Um die Wahrheit zu sagen, diese imaginäre Acht *war* die Schneide einer Rasierklinge. Und ich fuhr von einer Seite auf die andere, von einer auf die andere ... Es war furchtbar.»

«Aber warum war es so erschreckend?»

«Ich war gleichzeitig auf der Stelle festgebannt und ununterbrochen vom Herunterfallen bedroht. Und ich sah deutlich, daß auf beiden Seiten Leere war. Das Nichts. Sie können das nicht verstehen.»

«Und diese Acht, hatte sie eine Persönlichkeit?»

«Wie meinen Sie das?»

«Was für eine Atmosphäre, was für eine Stimmung strahlte sie aus?»

«Schrecklich. Man könnte sagen, sie machte sich lustig.»

«Und Sie, wie haben Sie darauf reagiert?»

«Ich habe es Ihnen doch gesagt: Ich habe bis zum Schluß wie ein Verrückter gekämpft.»

Diese Begegnung machte mir einiges klar. Als ich Nancy Bush wiedersah, sagte ich ihr, sie habe recht: Es muß in aller Welt eine bestimmte Anzahl von negativen Nah-Todeserfahrungen geben. Diese lösen keineswegs die Todesangst auf, wie es die positiven Nah-Todeserfahrungen tun, sondern verstärken sie sogar. Und ich denke wie sie. Man muß diese Erlebnisse in Zukunft unbedingt berücksichtigen und nach einem Mittel suchen, diesen unglücklichen Überlebenden zu helfen.

Die vier negativen Erfahrungen, die ich soeben beschrieben habe, erinnern mich an eine Art Sackgasse im Innern des ersten Stadiums der Einteilung von Ring. Vom Beginn des «Austretens aus dem Körper» an sperrt sich das Ego, will die Kontrolle behalten, als herrsche noch die Schwerkraft. Dann fängt ein Alptraum an. Der Sterbende erreicht nicht einmal das zweite Stadium (in dem er seinen Körper daliegen sehen würde). Er bleibt in einer Sackgasse stecken und beginnt, mit sich selbst Punchingball zu spielen. Als wende sich die kolossale Kraft der Kundalini, sobald sie freigesetzt ist, gegen ihn selbst.

Das ist eine wesentliche Entdeckung.

Dennoch scheint es mir unmöglich, dieser Sackgasse, diesem Steckenbleiben im ersten Stadium, die gleiche theoretische Bedeutung wie den fünf von Ring, Moody oder Sabom beschriebenen Stadien zuzumessen.

«Theoretisch ist sie vielleicht nicht so wichtig», ruft Nancy Bush, «aber mich interessiert die Praxis. Alles andere ist mir egal. Und ich fürchte, Ken Ring und die anderen lassen sich auf allzu schöne Hypothesen ein.»

Sie wirkt tatsächlich besorgt. Ich möchte, daß sie lächelt. «Finden Sie es denn nicht seltsam, daß alle negativen Erfahrungen auf einer ‹Ironie› beruhen, die sich gegen jene Individuen richtet, die entschlossen sind, die Situation bis zum Schluß unter Kontrolle zu behalten? Und daß diese ‹Ironie› sich in den Erzählungen jener, die losgelassen haben, sofort in ‹Humor› verwandelt, finden Sie das nicht amüsant?»

Sie zieht eine Grimasse: «Finden Sie das vielleicht amüsant?»

Sie sieht wirklich konsterniert aus. Ich muß laut lachen. Was ist denn schließlich passiert? 1961 sah sie sich bei einer Entbindung von spöttischen «Yin- und Yang-Kreisen» umzingelt. Und dreiundzwanzig Jahre später zittert sie noch immer, wenn sie daran denkt? Ohne darüber lachen zu können? Die Vorstellung ist um so drolliger, als Nancy unter einer Pinnwand sitzt, wo man ein Dutzend humoristischer Zeichnungen aufgehängt hat, die zum Thema Nah-Todeserfahrung in der Presse erschienen sind. Von der Art: Der Patient verläßt seinen todmüden Körper und dreht dem wütenden Arzt, der ihm vergeblich die Rechnung entgegenhält, eine lange Nase. Oder der Patient, der «seinen Körper verlassen hat», vergnügt sich an der Decke des Operationssaales, und der Chirurg fragt ihn: «Also, entscheide dich, Joe, was sollen wir machen? Kommst du wieder herunter, oder soll ich bekanntgeben, daß du tot bist?»

Ich erinnere Nancy an die Zeichnungen hinter ihrem Rücken. Sie dreht sich um und sagt: «Ich habe diese am liebsten.» Es handelt sich um zwei unbewegliche Gestalten, die nachts im Schneegestöber an einer Straße stehen. Die eine fragt die andere: «Wer sagt uns eigentlich, daß wir nicht im Einkaufsnetz von irgend jemandem stecken?»

«Ja, wer sagt uns das eigentlich?» wiederholt Nancy mehrmals mit entwaffendem Lächeln. «Wer sagt uns das eigentlich?»

Epilog

Europa erwacht

Wenn man sich 1970 in Europa den Spaß gemacht hätte zu schreiben, daß im Westen eine umfassende klinische Bewegung zur Wiederentdeckung von Agonie und Tod in Gang gekommen sei, wäre man wahrscheinlich ausgelacht worden. Europa hat fünfzehn Jahre Verspätung (ich spreche natürlich von der breiten Masse, zu der auch ich gehöre). Zweifellos ist das die Zeit, die die Grundwellen brauchen, um den Ozean zu überqueren. Heute kann man ohne großes Risiko darüber reden: Die Sache hat auch auf der anderen Seite des Atlantiks ein solches Ausmaß angenommen, daß man sich kaum irren kann. In den Vereinigten Staaten gab es 1980 hundertfünfzigtausend Kurse, Workshops, Seminare und Vorträge über den Dialog mit Sterbenden. 1965 gab es nicht einen einzigen. Wie viele werden es in fünf Jahren sein?

Man täusche sich nicht: Auch die überwältigende Mehrheit der amerikanischen Mediziner ist noch immer sozusagen auf klassische Weise modern. Sie befindet sich noch in den dreißiger Jahren: im Zeitalter der Entdeckung des Penicillins. Große Fanfare: Antibiotika haben Millionen menschlicher Leben gerettet. Dagegen ist nichts zu sagen. Man verneigt sich. Aber die Psyche, der Geist, die Seele? «Dummes Zeug», sagen sie. Doch was macht das? Die Welle, von der wir sprechen, führt jedenfalls nie nach rückwärts, sondern vielmehr wieder dazu, die Realität der Innenwelt zu erhellen.

Die Krankenschwestern und das Pflegepersonal sind die eigentliche Armee der *Death and Dying*-Bewegung. Sie sind diejenigen, die an der Front stehen. Oft bei Nacht. Gestorben wird im Morgengrauen. Und der junge diensthabende Arzt hat nicht die gleiche Beziehung zum Kranken wie jene, die ihn ausziehen, ihn waschen, ihn in manchen Fällen täglich säubern. Für den, der stirbt, ist natürlich dies am wichtigsten: Wie man seinen Körper behandelt. Das ist genau wie beim Säugling. Er ist darauf angewiesen, daß seine Mutter ihn berührt, ihn streichelt, ihn wäscht und ihm hautnah die Liebe mitteilt, die sie für ihn empfindet. Dasselbe gilt für den Sterbenden. Nur, daß es bei ihm nicht so leicht fällt. Doch der Kontakt ist schneller herzustellen. Eine Hand berührt seinen Arm, und er reagiert. Wenn eine Krankenschwester ihn eine halbe Minute lang massiert, ihm hilft, sich dem Schmerz zu überlassen, um ihn durch Entspannung zu lindern, ihm eine angemessene Dosis eines schmerzstillenden Mittels gibt, das ihn nicht allzusehr benebelt, dann reagiert er wunderbar. Selbst wenn man es nach außen hin nicht sieht, weil es ihm zu schlechtgeht. Zwei Worte und ein Lächeln, und ihm wird warm ums Herz.

Doch damit verlassen wir schon das rein Physische. Dies ist die zweite Priorität: Nach der physischen Bequemlichkeit muß man ihm Emotionen übermitteln. Gefühlsmäßig empfindet auch der Schwerstkranke alle Vibrationen seiner Umgebung. Dafür gibt es Beweise genug. Ein Wort des Trostes, und er lebt auf. Die Gegenwart eines ängstlichen Menschen dagegen, selbst wenn dieser sich heiter gibt, verdoppelt das Übel. Und der haßerfüllte Ehemann, der seine todkranke Frau besucht, könnte sie sogar töten, ohne ein Wort zu sagen.

Man kann also mit einem Menschen kommunizieren, der im Koma liegt? Es scheint tatsächlich so. Jeden Tag mit einem Menschen im Koma zu sprechen kann ihm helfen zu gesunden – oder zu sterben. Es heißt, es stelle sich eine Art emotionaler Telepathie von Herz zu Herz her. Krankenschwestern haben das schon immer gewußt. Jahrhundertelang waren es Nonnen. Nach der Pflege beteten sie. Das war die natürlichste Sache der Welt. Damals lag die Kommunikation mit den «Seelen» der im Koma Liegenden in der Natur der Sache. Sie brauchten nicht die von der *Quantenmechanik implizierte Ordnung* zu kennen, um das zu wagen. Man kam ohne wissenschaftliche Rechtfertigung aus.

Dann, nach und nach, wurde die Umwelt säkularisiert. Die Ärzte, die Chefs, fingen an, ihr Wort zu brechen. Äußerlich ermunterten sie die Schwestern zur Pflege, gaben aber zugleich zu verstehen: «Wacht nur ruhig weiter bei den Sterbenden. Aber rechnet nicht damit, daß wir euch große Hilfestellung dabei geben.»

«Gebete?» Darüber haben sie gelacht. «Abrakadabra – dummes Zeug! Die Sterbenden erzählen, sie verließen ihren Körper? Delirium! Spritze! Nickt mit dem Kopf, wenn ihr unbedingt wollt, aber glaubt ihnen bloß nicht!»

Nachdem die Ärzte so «aseptisch» geworden waren, blieben die Krankenschwestern sehr allein. Dennoch erfüllten sie ihre Aufgabe weiter. «Grenzgängerinnen», um welchen Preis auch immer. Mehr denn je starben die Menschen in Krankenhäusern und Altersheimen. In den langen Nächten bekamen die Krankenschwestern weiterhin – wenn auch immer heimlicher – kleine Bestätigungen des jetzt «Absurden». Natürlich bestanden große Hemmschwellen. Mit dem Tod ihrer Patienten konfrontiert, hatte manche junge Schwester entsetzliche Angst. Warum sollten sie besser gewappnet sein als ihre Zeitgenossen? Und auch die Erfahrensten waren da am Ende ihres Lateins. Wie kann man erklären, warum manche Kranke so angenehm sind und andere so unangenehm? Die psychologischen Phasen der Agonie sind so komplex und tückisch!

Für die Krankenschwestern, die sich mit Todkranken beschäftigen, war die *Death and Dying*-Bewegung der Anfang einer Befreiung. Alle von mir befragten Schwestern, die die Forschungen von Elisabeth Kübler-Ross verfolgt hatten, sagten, sie hätten ungeheuren Nutzen daraus gezogen. EKR hat in Hunderten von Schwesternschulen in Amerika, Kanada, England, Deutschland, Holland und der Schweiz Vorträge gehalten. Die Shanti-Nilaya-Organisation hat ein ganzes Lehrprogramm für Pflegepersonal entwickelt. Von hundert Personen, die an den Seminaren «Leben, Tod und Übergang» teilnehmen, gehören dreißig Pflegeberufen an. Ein großer Teil dieser Unterweisung ist dem Umgang mit Beruhigungs- und Schmerzmitteln gewidmet. Der Kampf gegen den Schmerz hat bemerkenswerte Fortschritte gemacht, selbst wenn man von vornherein auf alle Produkte verzichtet, die das Bewußtsein beeinträchtigen.

Doch viele Krankenschwestern gehen noch weiter. Unter den älteren gibt es kaum eine, die noch nie von seltsamen «Reisen» an die Ufer des Todes hat sprechen hören. Meistens wußten sie nicht, was sie den Überlebenden antworten sollten, die sie beim Kittel faßten und flehend fragten: «Sie glauben mir doch, nicht wahr?»

Heute haben diese Frauen eindeutig weniger Probleme. Sie wissen, daß man den *experiencers* helfen kann. Ausgehend von Moodys Buch haben amerikanische Schwesternschulen sogar Kurse über die Nah-Todeserfahrung abgehalten. Beim Seminar «Leben, Tod und Übergang» war ich erstaunt, am Schluß die radikalen Forderungen junger Krankenschwestern zu hören: Sie verlangten nicht nur die Einschränkung therapeutischer Hartnäckigkeit und betäubender Schmerzmittel, sondern auch freien Zugang zu den Sterbenden und die offiziell anerkannte Möglichkeit, mit ihnen zu sprechen. Mehr noch: Sie forderten die bindende Anordnung, der Leichnam sei nach dem Tod zwei oder drei Tage lang zu respektieren, und das unantastbare Recht, den Dialog mit dem Toten während dieser Zeitspanne fortzusetzen.

Konservative Geister geraten außer sich: Der Dialog mit Komatösen, das mag ja noch angehen, aber mit Toten?! Die Krankenschwestern der neuen Art zitieren dann tapfer das tibetische oder ägyptische Totenbuch oder die *Ars moriendi* des christlichen Mittelalters. Eine ganze Volkskultur knüpft wieder an ihre Traditionen an. In Wirklichkeit handelt es sich um *die* Tradition überhaupt, die in neuer Form wieder erscheint. Seltsame Begleitbücher tauchen auf.

Das kühnste dieser Bücher trägt den Titel *The New American Book of the Dead* («Das neue amerikanische Totenbuch»): «Begleiter» aus Nevada – darunter mehrere Ärzte – haben das tibetische Totenbuch in eine moderne Sprache übersetzt. Der erste Teil ist eine Anleitung zur «Ablösung», die jeden Tag geübt werden soll, auch bei guter Gesundheit: Atemübungen, Visualisierungsübungen, Hör- und Meditationsübungen und sogar solche für das «Heraustreten aus dem Körper».

Der zweite Teil ist ein Führer, der dem Toten in den sieben Wochen nach seinem Verscheiden vorgelesen werden soll. In den sieben symbolischen Wochen, während derer er (der Tradition zufolge) ins Reich des reinen Mitgefühls reist und dreimal das «helle Licht» sieht, in dem er sich auflösen kann. Je mehr Zeit vergeht, sagt die Tradition, desto schwerer fällt es dem Reisenden, der Anziehungskraft des «trüben Lichts» der Reinkarnation zu widerstehen. Dennoch soll die Seele bis zum letzten Augenblick, bis zum neunundvierzigsten Tag, also der neunundvierzigsten Prüfung (der «neunundvierzigsten Kammer», sagt das amerikanische Buch in Anlehnung an die ägyptische Terminologie), die Möglichkeit behalten, dem Zyklus der Reinkarnationen zu entgehen. Wie? Indem sie Kontakt zu dem Engel herstellt, der die «Kammer» des Tages beherrscht, und ihn um seine Hilfe bittet (hier haben die Amerikaner große Anleihen bei der jüdischen Tradition gemacht). Das Wesentliche, was das amerikanische Buch lehrt, steht jedoch in seiner Einleitung, die von John Lilly stammt, dem berühmten Delphinfreund.

Das Ziel des Lebens, sagt Lilly sinngemäß, bestehe darin, daß man lernt, die großen Koinzidenzen von den kleinen zu unterscheiden. Die großen Koinzidenzen, das sind alle großen Augenblicke unserer Existenz, die, die man in einer Biographie anführen würde: prägende Begegnungen, wichtige Entscheidungen, große Siege und eklatante Niederlagen. Lilly meint, all diese «großen» Dinge würden nicht von einem selbst entschieden. Für die *kleinen* Koinzidenzen aber, die kleinen Begegnungen, kleinen Gesten, kleinen Siege und kleinen Niederlagen, sei man selbst verantwortlich. Durch sie könne man sich aus dem Schlaf reißen und mit dem Licht verschmelzen.

Man bräuchte ein dickes Buch, um alle angelsächsischen Organisationen aufzuführen, die sich heute mit Sterbenden beschäftigen. Manche, wie die Hanuman Foundation von Baba Ram Dass (früher Richard Alpert) und Stephen Levine in Taos (Neu-Mexiko), verbinden die Lehren von Kübler-Ross mit denen tibetischer oder hinduistischer Weiser. Andere, wie das berühmte Saint Christopher's Hospice von Cicely Saunders in London sind diskreter bezüglich ihrer spirituellen oder religiösen Überzeugungen. Alle bekennen sich jedoch zur Idee der Euthanasie. Aber Vorsicht! Euthanasie bedeutet *sanfter Tod. Die Menschen müssen einander wieder helfen, einen sanften Tod zu sterben.* Doch ich habe nicht einen einzigen Menschen getroffen, der wirklich mit Sterbenden gearbeitet hat, der mir gesagt hätte: «Die weiseste und beste Lösung besteht darin, den letzten Augenblick (den eigenen oder den eines anderen) zu *wählen*!»

Selbstmordtabu? Demjenigen, der wirklich begriffen hat, was die psychologischen Phasen der Agonie und die Möglichkeit, sich vor dem Sterben von seiner «Negativität» zu läutern», bedeuten, erscheint der Wunsch nach Selbsttötung eher wie eine Zwischenetappe. Ein Anlauf, der nicht zum Ziel führt. Ein maskierter Durst. Es geht aber gerade darum, ohne Maske abzuheben. Der Greis oder der Todkranke, der wirklich vor Schmerzen nicht mehr kann, dessen Körper sich aber «absurderweise» zu sterben weigert, hat vielleicht noch eine Arbeit zu erledigen, wie Kübler-Ross sagt. Eine «Hilfestellung» von seiten entsprechend geschulten Krankenhauspersonals kann ungeheuer dazu beitragen, den Sterbenden nicht nur sterben zu lassen, sondern von dem psychologischen Knoten zu befreien, der ihn hemmt. Und ihm damit ermöglichen, endlich befreit zu sterben.

Am Tag, nachdem ich von meiner Untersuchung über die *Death and Dying*-Bewegung in den Vereinigten Staaten wieder zurück in Paris bin, stoße ich in *Le Monde* auf einen Artikel mit dem Titel «Den Sterbenden begleiten», der von zwei französischen Ärzten unterzeichnet ist: Dr. Michèle Salamagne und Dr. Renée Sebag-Lanoé. Zwei Frauen! Ein paar Tage vergehen, und ich erfahre von der Existenz eines neuen Dienstes zur «Begleitung Sterbender» im Krankenhaus Cognacq-Jay im 15. Arrondissement. Ich gehe hin und mache die Bekanntschaft von Dr. Anne de Pontavice. Diese ehemalige Krankenschwester hat mit achtunddreißig Jahren beschlossen, Medizin zu studieren, weil man ihr untersagte, sich mit den Sterbenden auf ihrer Station zu befassen! Sie wurde von Elisabeth Kübler-Ross «initiiert». Man schreibt mir aus Marseille, wo gerade Dr. Françoise Rozan-Lbath über «den Tod und sein Bild für den Sterbenden» promoviert hat. Etwas später erhalte ich ein kleines Buch der Editions Don mit dem Titel *Accompagnement du mourant en milieu hospitalier* («Begleitung des Sterbenden im Krankenhaus»): eine (für Ärzte bestimmte) Sammlung von klinischen (vor allem pharmazeutischen) Ratschlägen und tibetischen Visionen. Der Autor ist eine Frau, Dr. Blandine Beth, die, obschon noch sehr jung, bereits gearbeitet hat: bei Mutter Theresa im Sterbehaus von Kali Gath in Indien, bei Cicely Saunders in London, bei Dr. Renée Sebag-Lanoé im Paul-Brousse und bei Dr. Michèle Salamagne im La-Croix-Saint-Simon.

Ich bin verblüfft und begeistert. Europa ist also wirklich erreicht!

Und auch bei uns wird die Bewegung eindeutig von Frauen angeführt! Ich wüßte nicht, was sie aufhalten könnte. Auch die Europäer wollen nicht mehr ahnungslos sterben. Der Weg öffnet sich und führt bis in unseren eigenen Garten. Die Hoffnung auf den Menschen kann über den Gräbern wieder erblühen.

Dank

Meinen besonderen Dank möchte ich Francis Bueb aussprechen, der mich gedrängt hat, dieses Buch zu schreiben; der Zeitung *Actuel,* deren Reportagen wunderbarerweise mit meiner Untersuchung zusammentrafen; Derek Gill für seine umfassende Biographie von Elisabeth Kübler-Ross; dem Stamm von Saint-Maur für seine tagtägliche Unterstützung während der zweijährigen Niederschrift; und schließlich Denis Bourgeois und Monique Mayaud für die aufmerksame Lektüre des Manuskripts.

Anmerkungen

1. *Das Tibetische Buch der Toten,* übers. und hrsg. von Eva und Gesche Lobsang Dargyay, eingeleitet von Lama Anagarika Govinda, Scherz Verlag, Bern, München, Wien 1977.
2. *Life at Death* von Kenneth Ring, Coward McCann & Geoghegan, New York 1980.
3. «Notizen über den Tod durch Absturz» von Albert Heim, in: *Jahrbuch des Schweizer Alpenclub,* 27. Jahrgang, Bern 1892, S. 327–337.
4. *Ecrit orphique,* erwähnt von Simone Weil in *La Source grecque,* Collection *Espoir,* Gallimard, Paris 1953.
5. *L'évolution créatrice* von Henri Bergson (dt. *Die schöpferische Entwicklung,* 1912 u. ö.).
6. Passage aus der Korrespondenz Einsteins, zitiert von Ajit Mookerjee in *Art Yoga,* Presses de la connaissance, Paris 1975.
7. Passage aus *A la Recherche du Temps perdu* von Marcel Proust, zitiert von Ivar Ekeland in *Le calcul, l'imprévu,* Seuil, Paris 1984; dt. *Auf der Suche nach der verlorenen Zeit,* Suhrkamp Verlag, Frankfurt am Main 1964.
8. Siehe Anmerkung 1.

Literaturverzeichnis

Ariès, Philippe: *Geschichte des Todes,* München: Hanser, 1980.

Becker, Ernest: *Die Überwindung der Todesfurcht,* München: Goldmann, 1985.

Beth, Blandine: *L'Accompagnement du mourant en milieu hospitalier,* Paris: Doin Editions, 1985.

Bianu, Zeno: *Les Religions et... la Mort,* Ramsay: 1981.

Bohm, David: *Die implizite Ordnung,* München: Dianus-Trikont, 1985.

Budge, Wallis: *The Egyptian Book of the Death,* New York: Dover Publications Inc., 1895–1967.

Flammarion, Camille: *Après la mort,* Paris: Flammarion, J'ai lu, 1976.

Foos Graaber, Anya: *Deathing, an Intelligent Alternative for the Final Moments of Life,* Meading, Massachusetts: Addison-Wesley Publishing Company, 1984.

Freud, Sigmund: *Die Traumdeutung,* 1900,

– *Totem und Tabu,* 1913,

– *Metapsychologische Ergänzung zur Traumlehre,* 1917,

– *Das Unbehagen in der Kultur,* 1930 (sämtlich in: Gesammelte Werke, Frankfurt am Main: Fischer, 1968).

Gill, Derek: *Elisabeth Kübler-Ross. Wie sie wurde, wer sie ist,* Stuttgart: Kreuz, 1981.

Grof, Stanislav, u. Halifax, Joan: *Die Begegnung mit dem Tod,* Stuttgart: Klett-Cotta, 1980.

Grof, Stanislav: *Alte Weisheit und modernes Denken,* München: Kösel, 1986.
– *Topographie des Unbewußten. LSD im Dienst der tiefenpsychologischen Forschung,* Stuttgart: Klett-Cotta, 1978.

Huxley, Aldous: *Eiland,* München: Piper, 1985.

Kübler-Ross, Elisabeth: *Befreiung aus der Angst. Bericht aus den Workshops «Leben, Tod und Übergang»,* Stuttgart: Kreuz, 1983.
– *Interviews mit Sterbenden,* Gütersloh: Gütersloher TBV, 1971.
– *Kinder und Tod,* Stuttgart: Kreuz, 1984.
– *Leben, bis wir Abschied nehmen,* Stuttgart: Kreuz, 1979.
– *Über den Tod und das Leben danach,* München: Silberschnur, 1984.
– *Verstehen, was Sterbende sagen wollen,* Stuttgart: Kreuz, 1982.
– *Was können wir noch tun? Antworten auf Fragen nach Sterben und Tod,* Stuttgart: Kreuz, 1974.
– *Reif werden zum Tode,* Stuttgart, Kreuz, 1976.

Levine, Stephen: *Who dies? An Investigation of Conscious Living and Conscious Dying,* New York: Anchor Book, 1982.
Lilly, John: *Simulationen von Gott. Spielräume des menschlichen Bewußtseins,* Basel: Sphinx, 1986.
– *New American Book of the Dead,* Nevada City, CA 95959: IDHHB Publishing, PO Box 370.

Malz, Betty: *My Glimpse of Eternity,* Waco, Texas: Chosen Book, 1977.
Moody, Raymond: *Leben nach dem Tod,* Reinbek: Rowohlt, 1977.
– *Nachgedanken über das Leben nach dem Tod,* Reinbek: Rowohlt, 1978.
– *Lachen und Leiden. Über die heilende Kraft des Humors,* Reinbek: Rowohlt, 1979.

Osis, Karlis, u. Haraldson, Erlendur: *Der Tod, ein neuer Anfang. Visionen und Erfahrungen an der Schwelle des Seins,* Freiburg: Bauer, 1978.

Pribram, Karl: *Languages of the Brain, Experimental Paradoxes and Principles in Neuropsychology,* Monterey, California: Brooks/ Cole, 1971.

Rank, Otto: *Der Traum der Geburt und seine Bedeutung für die Psychoanalyse,* Leipzig: Internationaler Psychoanalytischer Verlag, 1924.

Ring, Kenneth: *Den Tod erfahren – das Leben gewinnen,* München, Bern, Wien: Scherz, 1986.

– *Life at Death,* Coward McCann, 1980.

Sabom, Michael: *Erinnerungen an den Tod,* München: Goldmann, 1986.

Satprem: *Der Mensch hinter dem Menschen,* München: Goldmann, 1985.

Saunders, Cicely: *La vie aidant la mort,* Paris: Medsi, 1985.

Sebag-Lanoé, Renée: *Mourir accompagné,* Paris: Deselée de Brouwer, 1986.

Sheldrake, Rupert: *Das schöpferische Universum: Die Theorie des morphogenetischen Feldes,* München: Herbig, 1983.

Steiner, Rudolf: *Metamorphosen des Seelenlebens,* Dornach: Rudolf Steiner, o. J.

Vespieren, Patrick: *Face à celui qui meurt,* Paris: Deselée de Bruower, 1984.

Vovelle, Michel: *La Mort et l'Occident, de 1300 à nos jours,* Paris: Gallimard, 1983.